Entwicklungswelten

Reihe »Globalgeschichte«
Band 6

Herausgegeben von Sebastian Conrad, Andreas Eckert und Ulrike Freitag

Hubertus Büschel, Prof. Dr. phil., ist Juniorprofessor für Kulturgeschichte am International Graduate Centre for the Study of Culture der Justus-Liebig-Universität Gießen.

Daniel Speich, Dr. phil., ist wissenschaftlicher Mitarbeiter im Bereich Geschichte und Philosophie des Wissens der Eidgenössischen Technischen Hochschule Zürich.

Hubertus Büschel, Daniel Speich (Hg.)

Entwicklungswelten

Globalgeschichte der Entwicklungszusammenarbeit

Campus Verlag
Frankfurt/New York

Gedruckt mit Unterstützung der Gerda Henkel Stiftung, Düsseldorf

Bibliografische Information der Deutschen Nationalbibliothek:
Die Deutsche Nationalbibliothek verzeichnet diese Publikation in der Deutschen Nationalbibliografie. Detaillierte bibliografische Daten sind im Internet unter http://dnb.d-nb.de abrufbar.
ISBN 978-3-593-39015-4

Umschlaggestaltung: Guido Klütsch, Köln
Umschlagmotiv: Schweizer Entwicklungsexperte mit Counterpart in Kibuye, Rwanda, ca. 1969. Privatarchiv Daniel Speich.
Satz: Christian Mentel, Berlin
Gedruckt auf Papier aus zertifizierten Rohstoffen (FSC/PEFC).
Printed in Germany

Besuchen Sie uns im Internet: www.campus.de

Inhalt

II. Lokale Erfahrungen globaler Zusammenhänge

Einleitung – Konjunkturen, Probleme und Perspektiven der Globalgeschichte von Entwicklungszusammenarbeit

Hubertus Büschel/Daniel Speich

1955 schrieb die amerikanische Anthropologin Margaret Mead in einem von der UNESCO herausgegebenen Band mit dem Titel *Cultural Patterns and Technical Change*, man müsse in der Entwicklungsarbeit[1] in »Übersee« darauf achten, dass die Menschen, deren alltägliche Lebenswelt sich durch die »Entwicklungshilfe« schnell und einschneidend verändere, möglichst geringen psychischen und sozialen Schaden nehmen.[2] Gerade bei den technischen Umbrüchen könne es in der »Heilsgewissheit schneller Veränderungen« zu unvorhergesehenen Störungen kommen.[3] Beispielsweise könnten Traktoren in den ländlichen Gebieten der »Dritten Welt« auf die Bauern erschreckend und terrorisierend wirken, Stress auslösen und zu psychischen Problemen führen.[4]

Mead war zu jener Zeit für die 1948 gegründete *World Federation of Mental Health* (WFMH) tätig, eine Körperschaft der UNO, in deren Rahmen sich gleich mehrfache Entwicklungswelten überlagerten. Die dort verfolgten Diskurse und Praktiken zielten darauf ab, die psychische Innenwelt als Resonanzraum und potentiellen Störfaktor von technischen Entwicklungsprozessen zur Geltung zu bringen. Zugleich machte man nicht nur das seelische Wohlbefinden der »zu Entwickelnden« zum Gegenstand der Sorge, sondern wollte auch durch Seminare und Anleitungsbücher friktionsfreie Kommunikationsräume schaffen, in denen ein »friedliches Zu-

1 Die Akteure der 1950er und 1960er Jahre sprachen vor allem dann von »Entwicklungsarbeit«, wenn sie sich im engeren Sinn auf Praktiken bezogen. Hier und im Folgenden wird meist der seit den 1980er Jahren übliche, dem (scheinbar) paritätischen Zusammenwirken der Geber und Empfänger entsprechende Begriff »Entwicklungszusammenarbeit« verwendet. Damit soll der Eindruck historischer Abgeschlossenheit der untersuchten Phänomene vermieden werden.

2 Mead, »Preface«.

3 Rees, »Introductory Note«.

4 Mead, *Cultural Patterns*, S. 17.

sammenleben« zwischen Entwicklungsexperten, *Counterparts*[5] und Anwohnern vor Ort möglich würde – so äußerte sich jedenfalls der Leiter der WFMH, der ehemalige Militärpsychiater John Rawlings Rees.[6] Fundamentale Zweifel an den Entwicklungszielen der Technisierung und an der Hierarchisierung der Verhältnisse in der Entwicklungsarbeit äußerten Mead und Rees trotz aller Warnungen vor psychischen Schäden nicht. Vielmehr ordneten sie sich in eine Expertengemeinschaft ein, in der Fachvertreter verschiedener Disziplinen – der Psychologie, der Soziologe, der Anthropologie und der Geschichtswissenschaft, vor allem aber der Ökonomie und der Ingenieurwissenschaften – neue Weltentwicklungsstrategien erarbeiteten, mit deren Hilfe die sozioökonomische Ungleichheit auf der Erde zum Verschwinden gebracht werden sollte.

Die praktische Tätigkeit und die diskursiven Problematisierungsweisen von Mead und Rees können Gegenstand einer Globalgeschichte der Entwicklungszusammenarbeit sein, weil sie explizit einen weltweiten Anspruch verfolgten. Individuelle psychische Strukturen und die überschaubaren Kollektive lokaler Entwicklungszusammenhänge, denen ihre konkrete Aufmerksamkeit galt, aber auch der gewaltige technische Wandel der Moderne waren für die beiden Fachleute drei planetarische Universalien des Individuellen, des Sozialen und des Welthistorischen, die inhärent aufeinander verwiesen. Globalgeschichte, wie sie die Herausgeber dieses Bandes verstehen, will solche Weltbezüge benennen, historisch verorten und auf ihre geschichtliche Wirkung befragen. Das Beispiel von Mead und Rees zeigt, wie unterschiedlich dimensioniert diese Entwicklungswelten waren und wie sehr sie sich durchkreuzten. Vor allem aber verdeutlicht das Beispiel, wie eng sich im Bemühen um die Bedürftigen der »Dritten Welt« hegemoniale Durchsetzungsstrategien und zivilisationsmissionarische Gewissheiten mit den Handlungsoptionen und dem Engagement von Einzelpersonen ver-

5 Mit *Counterparts* werden nach der entwicklungspolitischen Terminologie alle in einem Entwicklungsprojekt vor Ort Beteiligten benannt, die aus der Gesellschaft des Empfängerlandes stammen und die Empfängerseite vertreten. Es sind somit afrikanische, asiatische, nahöstliche und lateinamerikanische Experten, Entwicklungshelfer, aber auch Dorfvorstände, Lehrer oder Krankenpfleger gemeint.

6 John Rawlings Rees (1890–1969) war Offizier der britischen Armee, tragendes Mitglied und seit 1934 Direktor des *Tavistock Institute of Medical Psychology* in London, die zentrale Institution des *British National Health Service* zur Therapie von Traumata. Rees war unter anderem auch psychiatrischer Gutachter von Rudolf Heß. Nach dem Zweiten Weltkrieg leitete er mehrere Forschungsgruppen für »Übersee«, die von der Rockefeller Foundation finanziert worden waren. Vgl. Triest, *Tavistock Anthology*; Dicks, *Tavistock Clinic.*

banden. Diese spezifische Melange aus Paternalismus, Machtgebaren und Philanthropie hat sich immer wieder zu der inferiorisierenden Festschreibung der »zu Entwickelnden« auf die Rolle von jeglicher technischen Neuerung ängstlich gegenüberstehenden Nicht-Akteuren verdichtet. So lässt das Beispiel der WFMH und ihrer Exponenten vermuten, dass eine Globalgeschichte der Entwicklungszusammenarbeit vor allem als eine Geschichte globaler Machtabsicherung und Entmächtigung, mithin von Ungleichheiten zu schreiben ist – und zwar gerade auch dort, wo im weltweiten Einvernehmen jenseits nationalstaatlicher Interessen und Vorteilsnahmen gehandelt wurde.

Der Titel dieses Bandes *Entwicklungswelten* steht für eine Forschungsperspektive, die sich gerade auf dieses globale Zusammenwirken richtet: Gemeint sind Sinnzusammenhänge, Deutungen oder Universen, in denen soziales Handeln in globalem Bezug steht, und zwar sowohl in historischer wie auch geografischer Hinsicht. Zu untersuchen sind Konzepte, Konstellationen, Institutionen und Praktiken, dort, wo sie entwickelt wurden, in ihrer Anwendung vor Ort und vor allem in ihrer gegenseitigen Verflechtung.[7] Wie gegenwärtig zahlreiche globalhistorische Ansätze, so versuchen auch die Beiträge dieses Sammelbandes eurozentrische Perspektiven zu überwinden.[8] Sie stellen Betrachtungen aus den (vermeintlichen) Peripherien an, aus den Projektorten der Entwicklungszusammenarbeit, und sie blicken auf die (vermeintlichen) Zentren, deren Zentralität in der hegemonialen Verdichtung von Deutungsmustern erst entstand. Dort, wo Programme entwickelt, entworfen, ausgewertet und dort, wo sie eingesetzt, Praktiken ausgehandelt und Erfahrungen gesammelt wurden, wirkten jeweils Prozesse der »Glokalisierung«,[9] deren jeweilige historische Kontingenz wiederum zu erforschen ist.[10] So soll den Ambiguitäten, Vielschichtigkeiten und Aushandlungsprozessen, die Entwicklungszusammenarbeit seit dem Spätkolonialismus der Zwischenkriegszeit bedeuten konnte, Rechnung getragen werden.

---

7 Vgl. Eckert/Randeria, »Geteilte Globalisierung«, S. 9.

8 Vgl. zur Kritik an eurozentrischen Perspektiven der Geschichtsschreibung grundlegend: Chakrabarty, *Provincializing Europe*; Conrad/Randeria, »Geteilte Geschichten«.

9 Der Begriff der »Glokalisierung« entstand im Rahmen japanischer *Business Studies* der 1980er Jahre. In kulturwissenschaftlichen Bereichen steht das Konzept der »Glokalisierung« für die Verflechtung von Globalem und Lokalem, wobei immer wieder die Bedeutung lokaler Verhältnisse für Aushandlungsprozesse und Aneignungen betont wird. Vgl. Robertson, »Glokalisierung«.

10 Vgl. Bright/Geyer, »Globalgeschichte«.

Die Entwicklungszusammenarbeit ist mit ihren Visionen und Utopien, ihren Institutionen, Diskursen und Praktiken längst ein Teil der Geschichte und ein Gegenstand der Geschichtsschreibung geworden. Auch ist die Entwicklungszusammenarbeit nicht als Praxis verschwunden, obwohl man seit den 1980er Jahren häufig ihr baldiges Ende prophezeit hat[11] und obwohl insbesondere afrikanische Intellektuelle ein solches Ende wiederholt gefordert haben.[12] Vielmehr lässt sich fast überall auf der Welt ihre Vergangenheit erkennen, wodurch sich ihre Gegenwart verfestigt – ob nun durch Institutionen, Redeweisen, Praktiken oder Entwicklungshilferuinen. Entwicklungszusammenarbeit ist längst ein entscheidendes Element in der sozioökonomischen Realität fast aller Empfängerländer von Hilfe geworden, während die Mittelbeschaffungsstrategien der Hilfsagenturen das öffentliche Bild der »Dritten Welt« innerhalb der Gebergesellschaften stark beeinflussten. Das Prinzip des Transfers (von menschlichen Wissensträgern, Wissen, Apparaturen, Verfahren und Geld) vom »Norden« in den »Süden«, das seit der kolonialen Entwicklungspolitik der Zwischenkriegszeit[13] fast unbestritten herrschte, ist nach wie vor präsent.[14]

Dabei dominiert heute allerdings eine Sichtweise, die der Entwicklungszusammenarbeit als spät-, neo- oder postkolonialem Projekt vor allem Scheitern attestiert. Dieses Scheitern wiederum wird – wie im Folgenden näher auszuführen ist – in einer ungemeinen Bandbreite und unter vielfältigen Perspektiven beschrieben. So konnte Scheitern der Entwicklungszusammenarbeit bedeuten, dass gesetzte Ziele schlichtweg nicht erreicht wurden – dass eine geplante Fabrik nie Arbeitsplätze bot und Erträge erwirtschaftete, sondern als Bauruine, die Hunderttausende US-Dollar gekostet hatte, allmählich vom Wüstensand überdeckt wurde. Scheitern konnte auch meinen, dass sich Entwicklungszusammenarbeit nicht als nachhaltig erwies, dass Projekte nicht die Lebensbedingungen vor Ort verbesserten,

11 Eine der ersten, die diese Vorstellung in Deutschland aufgebracht haben, war Brigitte Erler: Erler, *Tödliche Hilfe*. Siehe auch Seers, »Birth, Life and Death«; Menzel, *Scheitern*; Mitchell, »Obituary« und Easterly, *White Man's Burden*.

12 Siehe Kabou, *Weder arm noch ohnmächtig*; Moyo, *Dead Aid*; oder das Porträt des kenianischen Intellektuellen James Shikwati von Christoph Bertram in *Die Zeit*, 11.5.2006.

13 Als Überblick nach wie vor noch grundlegend: Albertini, *Dekolonisation*. Neuerdings äußerst instruktiv: Tilly/Gordon, *Ordering Africa*; L'Estoile/Neiburg/Sigaud, *Empires*. Zu Großbritannien: Morgan, *History of Colonial Development*; Sieberg, *Colonial Development*; Cooper, »Modernizing Bureaucrats«. Zu Frankreich: Wilder, *French Imperial Nation-State*. Zu Deutschland: Laak, *Imperiale Infrastruktur*.

14 Deutlich etwa bei: Jeffrey Sachs, *Ende der Armut*. Vgl. Collier, *Bottom Billion*.

Hunger und Armut linderten, Krankheiten eindämmten und Kindersterblichkeitsraten reduzierten. Und nicht zuletzt sprachen die Protagonisten oft von Scheitern, wenn die jeweiligen politischen Absichten, die mit Entwicklungsvorhaben verbunden waren, nicht erfüllt wurden – wenn im Kalten Krieg ein Land sich nicht dauerhaft zur Blockpolitik des Geberlandes oder zu einer demokratischen Grundordnung bekannte, oder sich dem Schutz der Menschenrechte nicht verpflichtete.

1. Vom Scheitern der Hilfe und den Lehren daraus

Das Scheitern in der Entwicklungszusammenarbeit zieht sich auch – und dies sollte man berücksichtigen, gerade wenn es um historische Bewertungen der Entwicklungszusammenarbeit geht – als eine immer wiederkehrende Redeweise durch die Dokumente, welche die unmittelbar oder mittelbar beteiligten Akteure hinterließen. Die Rede über persönliches Versagen, über konzeptionelle Schwächen, interkulturelle Konflikte und Missverständnisse als Lehrstücke für die Zukunft durchzieht die Flut von Briefen, Berichten, Autobiografien, Leitlinien und Evaluationsprotokollen, die Entwicklungsexperten seit den 1920er Jahren in Archiven und Bibliotheken hinterlassen haben – ob nun in London oder in Dar es Salaam. Vor welchem Hintergrund und mit welchem Zweck auch immer, strukturieren Diskurse des Scheiterns besonders häufig Berichte von Experten, die im Gestus des unmittelbar persönlichen Erlebens, sozusagen in der doppelten Expertise des Entwicklungsexperten und des Augenzeugen, verfasst sind.

Ein Paradebeispiel hierfür sind die Tagebücher des Entwicklungsexperten Wolfgang Stolper, eines Professors für Wirtschaft, aus Nigeria Anfang der 1960er Jahre. Die Einträge berichten geradezu tagtäglich von Rückschlägen, Zweifeln und Scheitern.[15]

Mit Recht wurde allerdings in den letzten Jahren immer wieder darauf hingewiesen, dass es verkürzt wäre, das Scheitern der Entwicklungszusammenarbeit lediglich als Selbstinszenierung und rhetorische Figur der Beteiligten zu interpretieren. Die aufgebotenen Datenmengen, welche versickernde Geldströme repräsentieren, sprechen ebenso für sich wie Mortalitäts-

15 Gray, *Diaries of Wolfgang Stolper*. Vgl. zur Selbstdarstellung von Akteuren der Entwicklungszusammenarbeit in ihren Aufzeichnungen: Büschel, »In Afrika helfen«.

raten, die trotz groß angelegter Hilfskampagnen kaum sanken.[16] Als ein wichtiger Grund für dieses Scheitern sowohl der kapitalistischen als auch der sozialistischen Ansätze wird über alle ideologischen Unterschiede hinweg der gleichermaßen unerbittliche wie fatale Glaube an die Vorteile der Industrialisierung angesehen sowie die Überzeugung von den je eigenen zivilisatorischen Fähigkeiten der Geber und die Geringschätzung des Wissens der Empfänger.[17]

Welcher Wandel konkret angestrebt wurde, ist gut bekannt: In den als »unterentwickelt, primitiv, vormodern« markierten Gesellschaften sollten subsistenzwirtschaftliche Interaktionen kapitalisiert beziehungsweise marktförmig gemacht und industrialisiert werden. Ein Wandel von Groß- zu Kernfamilien sollte stattfinden, von religiösen zu säkularen Ideologien, von der Politik des Subjekts zur Politik des Teilhabers, von immer wieder neu verhandelten zu vertraglich verstetigten Beziehungen.[18] Die Durchsetzung dieser Ziele konnte globale Herrschaftsverhältnisse festigen,[19] lokale Sozialstrukturen zerstören, und – in den Worten von Margaret Mead – die Seelen der Menschen vor Ort zerbrechen. Oder anders gesagt: die drei planetarische Universalien des Individuellen, des Sozialen und des Welthistorischen verändern.

James Ferguson hat in diesem Zusammenhang das treffende Bild der »Entwicklungsmaschine« aufgebracht, die auf strikte Ziele programmiert die Länder der »Dritten Welt« durchpflüge.[20] In der geradezu mechanistischen Starrheit der Konzepte von Entwicklungs- und Modernisierungstheorien des »Nordens« sah Arturo Escobar gar die Quintessenz aller Entwicklungspolitik: die jeglichem Entwicklungsprojekt immanente Asymmetrie von Macht und Verfügungsgewalt, welche Unterdrückung schlechthin bedeutet.[21] Die Institutionen dieser Entwicklungspolitik wurden letztlich als Laboratorien, Katalysatoren oder Instrumente einer neuen Herrschaftsstruktur angesehen.[22] Ähnlich wies James C. Scott auf den rigorosen

16 Vgl. Grill, »Schneepflüge«; Easterly, *The Elusive Quest.*

17 Vgl. Cooper/Packard, *International Development*; Rist, *History of Development*; Eckert/Wirz, »Wir nicht, die Anderen auch«.

18 Cooper, »Globalisierung«, S. 139f.

19 Vgl. Wallerstein, *World Economy.*

20 Ferguson, *Anti-Politis Machine.* Besonders deutlich wird diese Art von Entwicklung auch in der Verbindung mit Krieg: Malinowski, »Modernisierungskriege«.

21 Escobar, *Encountering Development.*

22 Vgl. Hein, *Die Westdeutschen*; Maul, *Die internationale Arbeitsorganisation.* Vgl. auch Cowen/Shenton, »The Invention of Development«; dies., *Doctrines of Development.*

Durchsetzungsanspruch von Entwicklungskonzepten hin.[23] Kurzum, der Forschungsstand zeigt ein Bild, wonach sowohl die Theoretiker als auch die Praktiker über alle Blockbildung hinweg die geradezu missionarische, vermeintlich unabdingbare Industrialisierung, Kultivierung und »Zivilisation« des ganzen Planeten bezweckten und dabei alles übersahen, das nicht in die Entwicklungskonzepte passte.[24] Auf die Menschen vor Ort, auf ihre Ziele, Anliegen und Wissensbestände habe man kaum gehört.[25] So zeichnen auch Historikerinnen und Historiker mittlerweile das Bild einer rücksichtslos optimistischen Frühphase der Entwicklungsarbeit. Dieser Elan wirkt heute fremd und fragwürdig, und es scheint nur konsequent zu sein, dass er angesichts verhältnismäßig geringer Entwicklungserfolge in den 1970er Jahren zu verfliegen begann.[26] Stattdessen hat sich die Praxis der Entwicklungszusammenarbeit seit den 1980er Jahren zusehends in eine Aporie hinein manövriert, in der klare Handlungsanleitungen und normative Vorgaben aus dem »Norden« dem Zwang ausgesetzt sind, die Zielvorgaben der *Counterparts* im »Süden« gleichberechtigt wahrzunehmen.[27]

Insgesamt kann man diese Forschungen vielleicht so zusammenfassen: Entwicklungsinitiativen waren hinsichtlich ihrer Institutionen, Redeweisen und Praktiken bis in die 1970er Jahre hinein – darüber besteht kein Zweifel – die »Kinder des Spätkolonialismus und der Krise der großen Kolonialreiche Englands und Frankreichs in den 1930er Jahren«.[28] Allerdings birgt die historische Perspektive auf das Scheitern der Entwicklungsprojekte Gefahren: Auch unmittelbar Beteiligte der Entwicklungszusammenarbeit weisen immer wieder darauf hin, wie schwierig der Erfolg von Projekten zu beurteilen ist und dass man hier kaum weltpolitische Wetterlagen zum Anschlag bringen kann.[29] Dies kann nur gelingen, wenn man Modernisierung (als

23 Scott, *Seeing Like a State*, S. 103–146, 223–261.

24 Vgl. Barth/Osterhammel, *Zivilisierungsmissionen.* Die Verengung des Blicks in den großen Entwicklungsinstitutionen ist wiederholt untersucht worden. Vgl. Harper, *Inside the IMF.*

25 Vgl. als zeitgenössische Quelle den Präsidenten der deutschen Afrika-Gesellschaft Eugen Gerstenmaier: Gerstenmaier, »Das neue Afrika«, S. 216f. Vgl. zur Verknüpfung von Modernisierungseuphorien und Zivilisierungsmissionen: Osterhammel, »Uplifting Mankind«; Steinmetz, »Decolonizing German Theory«.

26 Vgl. Laak, *Imperiale Infrastruktur.* Eine ähnliche Periodisierung unterliegt auch neueren Studien zur Wirtschaftspolitik der Bundesrepublik Deutschland: Metzler, »Geborgenheit«.

27 Eine brillante Analyse dieses institutionellen *double bind* bietet Rottenburg, *Weit hergeholte Fakten.*

28 Eckert/Wirz, »Wir nicht, die Anderen auch«, S. 377.

29 Crewe/Harrison, *Whose Development?*

Verstetigung von Säkularisierung, Rationalisierung, Kapitalisierung und Arbeitsteilung) zu einem universellen Maßstab erhebt. Und gerade die Universalisierung dieses Wertsystems kann einen Gegenstand der Geschichtsschreibung darstellen. Es ist allerdings aus historischer Perspektive kaum zu beurteilen, ob das globale Entwicklungsunternehmen jenes Scheitern überwinden wird, unter dessen Schatten es immer wieder gestellt wird. Denn es gibt vermutlich, nimmt man kulturelle und historische Zusammenhänge ernst, keine übergeordneten Maßstäbe, die Prognosen über die Zukunft zulassen würden.[30]

So ist es Aufgabe historischer Reflexionen, diejenigen Verhältnisse der Vergangenheit der Entwicklungszusammenarbeit zu rekonstruieren, aus denen sich die Normen und Moralitäten ergaben, die erst zwischen Scheitern und Erfolg unterscheiden lassen. Ebenso wie die frühe Sicherheit über gelingende Entwicklung hat auch die Unsicherheit über die Zielvorgaben, die in der Entwicklungspraxis heute besteht, historische Hintergründe. Zweifel an Prämissen haben sich aus historischen Prozessen ergeben, die es zu beschreiben gilt.

2. Zur Kritik an der Modernisierungstheorie

Mit Untersuchungen zum historischen Scheitern der Entwicklungszusammenarbeit waren kritische Analysen der Dynamik modernisierungstheoretischer Deutungshoheiten verbunden.[31] Wiederholt ist aufgezeigt worden, wie sich aus den Interessen der politischen Einvernahme und der Blockbildung zivilisationsmissionarische, wirtschaftliche und machtpolitische Beherrschungsapparaturen über die Empfängerländer ergaben, welche

30 Der Philosph Hermann Lübber hat hierzu festgehalten: »Jener gesamtgesellschaftliche Prozess, den wir ›Geschichte‹ nennen, ist handlungsmäßig überhaupt nicht integrierbar, daher als solcher und im Ganzen auch nicht steuerbar. Die Geschichte hat auch kein angebbares, als Zukunftsprojektion ihre Gegenwart transzendierendes Ziel, und es ist daher nicht etwa allzu schwierig, sondern sinnlos, der geschichtlichen Entwicklung als solcher ein Ziel setzen zu wollen. [...] Der entsprechende Änderungsmodus komplexer sozialer Systeme ist also nicht Planrealisation, sondern eben Geschichte.« Siehe Lübbe, »Technokratie-Diskussion«, S. 102. Siehe auch Speich, *Technokratie und Geschichtlichkeit.*

31 Tipps, »Modernization«; So, *Social Change*; Latham, *Modernization as Ideology*, S. 21–68; Knöbl, *Spielräume der Modernisierung*, S. 25–220; Gilman, *Mandarins*; Engerman u.a., *Staging Growth*; Ziai, *Global Governance.*

die Menschen vor Ort als handelnde Subjekte weder erkennen noch zulassen konnten.[32] Hieraus resultierte die Diskreditierung des Begriffs der »Entwicklungshilfe«. Man begann stattdessen von »Entwicklungszusammenarbeit« zu sprechen, um die überhebliche und inferiorisierende Semantik zu umgehen, die dem Begriff der »Hilfe« zugeschrieben wird – und um den Eigenanteil, die Wünsche, Vorstellungen und das Wirken der Empfänger stärker zu betonen. Der Begriff Entwicklungszusammenarbeit beförderte die Vorstellung, dass vieles am Kolonialen der »Entwicklungshilfe«, etwa die Machtstrategien, die zivilisatorischen Heilsgewissheiten und die Durchsetzungs- und Beherrschungspraktiken, der Vergangenheit angehörten. Zugleich operierte aber auch der neue Begriff nicht ohne Heilsdimension, die sich wiederum auf die Gewissheit der »Ersten Welt« bezog, über nachhaltige, die Menschen vor Ort einbeziehende Wege der Entwicklungsförderung in der »Dritten Welt« zu verfügen, die wahlweise als *Grass Roots Development*, als *Hilfe zur Selbsthilfe* oder als *Participatory Rural Appraisal* endlich das Gelingen von Entwicklung versprachen.[33]

Viele Forschungen haben den kritischen Selbstreflexionsprozess von Entwicklungsexperten zwar weitgehend nachvollzogen, der seit den 1920er Jahren immer wieder zur Neuformatierung der Entwicklungsarbeit geführt hat. Sie haben sich allerdings nicht von der Vorstellung guter Entwicklungskonzepte – ob nun durch Modernisierung, Einbeziehen der Empfänger der Hilfe in Entscheidungen oder sanfte Bewahrung tradierter Verhältnisse – gelöst, worin ein ganz maßgeblicher Beitrag liegt zur heutigen, weitgehend globalen und durchaus strittigen Konsensbildung in Sachen Entwicklungszusammenarbeit.

Shmuel N. Eisenstadt hat aus dieser Verunsicherung heraus eine Vervielfältigung des Modernitätsbegriffs vorgeschlagen. Nicht ein einheitlicher, gerichteter Prozess des sozioökonomischen Wandels tauge als Grundlage für die sozialwissenschaftliche Beschreibung von Gesellschaft, sondern ein multiples Modell, das lokale Entwicklungen als eigenständige Ausprägungen begreife, anstatt deren Abweichung von der Norm zu messen.[34] Diesem Ansatz hat James Ferguson entgegengehalten, dass »die Mo-

---

32 Vgl. Escobar, *Power and Visibility*; Ferguson, *Anti-Politics Machine*. Siehe als glänzenden Überblick zur diskursiven Machtasymmetrie des Entwicklungsansatzes auch: Herzfeld, »Developmentalism«. Wir danken Michi Knecht, Humboldt-Universität zu Berlin, für diesen Hinweis.

33 Vgl. Chambers, *Rural Development*.

34 Eisenstadt, »Multiple Modernities«; Vgl. Eisenstadt, *Vielfalt*. Vgl. zur Anwendung dieses Konzepts in der Globalgeschichte: Conrad/Eckert, »Globalgeschichte«, S. 18ff.

derne« ihre Kraft als analytische Kategorie und als Handlungsanleitung in der Praxis nur im Singular behalte.[35] Für die Geschichtswissenschaft ergibt sich aus dieser Theorielage eine doppelte Herausforderung: Sie muss zugleich die vielfältige Ausformung von Modernisierungsprozessen globalgeschichtlich historisieren und »die Moderne« selbst als ein normatives Konstrukt ausweisen, das nur als Resultat geschichtlicher Prozesse verstanden werden kann. Dabei spielt die Historisierung von Wissensbeständen eine wichtige Rolle. Denn »die Moderne« ist gerade dadurch charakterisiert, dass sie der Vernunft in der Ordnung gesellschaftlicher Verhältnisse einen zentralen Ort zuweist. Auf die Gesellschaftsordnung angewandte Vernunft ist aber nichts anderes als sozialwissenschaftliche Planungs- und Steuerungsexpertise.[36]

Entwicklungserfolge können somit weder als Basis für historische Narrative dienen, noch kann man ihre Abwesenheit als Resultat politischer Rahmenbedingungen interpretieren, wie die des Kalten Krieges. Vielmehr sind gerade auch die Wertmaßstäbe, an denen sich Entwicklung misst, zu historisieren – und zwar in jener globalen Perspektive, die die Räume und Zeiten der Entwicklungszusammenarbeit betreffen.

3. Kalter Krieg in heißen Ländern

Die internationale politikhistorische Forschung hat sich bemerkenswerterweise mit der Geschichte jener Hintergründe und Wertmaßstäbe kaum befasst. Vielmehr hat man das Scheitern des globalen Entwicklungsunternehmens ganz maßgeblich dadurch zu erklären versucht, Diskurse, Ideologien und Praktiken in vergangene weltpolitische Kräftefelder, sprich den Kolonialismus und vor allem den Kalten Krieg, zu stellen. Leitend war dabei meist die nationale Perspektive, in der die »Entwicklungshilfe« einzelner Geberländer als Mittel ihrer Außenpolitik erschien. So sind »weiße Elefanten«, imperiale Entwicklungsruinen, beschrieben worden, die aufgrund imperialer Großmannssucht entstanden.[37]

Andererseits wurde herausgestellt, dass auf lange Dauer sogar solche Entwicklungsruinen zur Verbesserung der sozialen Lage vor Ort beitragen

35 Ferguson, »Decomposing Modernity«.

36 Raphael, »Verwissenschaftlichung des Sozialen«.

37 Laak, *Weiße Elefanten*.

können.[38] Auch wurde gezeigt, dass selbst im Bewusstsein der grundsätzlichen Machtproblematik von Entwicklungszusammenarbeit angelegte Projekte, die in der Hoffnung auf positive Effekte auf einen lokalen Maßstab angelegt wurden, bisweilen scheiterten oder ihre Effektivität durch programmatische Änderungen im Zeitalter des Neoliberalismus bedroht sahen.[39] Oder es wurde hervorgehoben, dass viele Entwicklungsprojekte ihre eigenen Ziele zwar nicht erreichten, aber dennoch weltweit Machtverhältnisse verschoben, Hoffnungen geschürt und enttäuscht haben. Man lässt heutzutage kaum Zweifel daran, dass das Entwicklungsunternehmen entweder vorrangig durch die Konkurrenz der Blöcke der industrialisierten Welt untereinander oder durch nationale Interessenslagen geleitet war. Mit dem Ende des Kalten Kriegs, so die Annahme, sei daher ein missliches Kapitel der Entwicklungszusammenarbeit abgeschlossen worden.[40]

Auch wird die Topografie der »Zentren« und »Peripherien«, welche die Diskurse und Praktiken der Entwicklung im Kalten Krieg stark prägten, übernommen und bisweilen sogar verfestigt, so dass die Dynamik dieses Weltbezugs, in dem Entwicklung immer wieder aufs Neue verhandelt wurde, aus dem Blick gerät. Bisweilen ist es unmöglich geworden, zu fragen, inwiefern sich »Zentren« durch die »Peripherien« und »Peripherien« durch die »Zentren«, die »Erste« und die »Zweite Welt« erst in der Auseinandersetzung mit der »Dritten«, oder der »Norden« und der »Süden« wechselseitig konstituierten.[41] Alle diese Begriffe sind historische Katego-

38 Corinna Unger diskutierte beispielsweise die wechselnden Beurteilungen der durch die Bundesrepublik Deutschland in Indien errichteten Stahlfabrik Rourkela: Unger, »Rourkela«.

39 Mosse, *Cultivating Development.*

40 Vgl. Leimgruber, *Kalter Krieg um Afrika*; Borstelmann, *Cold War*; Brüne, *Die französische Afrikapolitik*; Sieberg, *Colonial Development*; McWilliam, *Development Business*; Westad, *Global Cold War*; Raden, *Christliche Hilfswerke.* Vgl. zu Asien: Frey, »Indoktrination«; Frey, »Die Vereinigten Staaten und die Dritte Welt«.

41 Vgl. zur Kritik an statischen Konzepten von »Zentrum« und »Peripherie«: Stuart Hall, »Cultural Identity«; Catherine Hall, *Civilising Subjects*, S. 7; Fiske, *Power Plays*, S. 52. Zu den Wechselwirkungen zwischen Rand und Mitte in imperialen Strukturen siehe auch Maier, *Among Empires*; sowie das Forschungsvorhaben von Fred Cooper und Jane Burbank zur Globalgeschichte von Weltreichen. Alle Forschungen zur »Dritten Welt« bzw. zu den »Entwicklungsländern« leiden unter dem Problem, die kategoriale Abgrenzung dieser Einheiten sauber zu vollziehen. Die Begriffe selbst sind ein Teil der Geschichte, indem sie Trennungen verlangen, die den Wechselwirkungen nicht gerecht werden. Ein frühes Beispiel bietet die UNO, deren Weltentwicklungsbericht von 1951 die Definition von »under-developed country« als schwierig bezeichnete. Man griff auf makroökonomische Abstraktionen zurück, und meinte »countries in which per capita real income is low

rien, die globale Komplexität dann reduzieren, wenn ihre eigene Geschichtlichkeit unsichtbar gemacht wird.

In ihrer Summe ergeben diese Forschungsarbeiten ein Masternarrativ, das immer wieder aufs Neue das Ringen um außenpolitische Machtpositionen und die (bisweilen nur vermeintliche) Verlagerung des Kalten Krieges aus seinen Zentren (Europa, USA, Sowjetunion) heraus an die Peripherien (Asien, Afrika, Lateinamerika) betont. Erst unter dem Druck nationaler Interessen und bisweilen projizierter Kalter-Kriegs-Szenarien sei der Boden bereitet worden für jene fatale Hybris, dass die ganze »Dritte Welt« nicht nur »modernisiert« werden *müsste*, sondern auch *könnte*. Und in der Tat findet sich in den Entwicklungsdiskursen zu Afrika, Asien oder Lateinamerika immer wieder der »koloniale Blick« der Entwicklungsherren auf die »zu Entwickelnden«, unabhängig davon, ob die USA, Westeuropa oder die Sowjetunion untersucht werden.[42]

Solche Arbeiten und ihre Befunde waren weiterführend und bleiben nach wie vor wichtig. Aber es ist ein tiefgreifendes Problem, dass sie die Machtwirkungen und die Havarien des Entwicklungsunternehmens auf Systemkonflikte reduzieren, der versuchten Installierung einer neokolonialen Herrschaftsstruktur anlasten beziehungsweise den Mechanismen der Modernisierung zuschreiben. So werden Grundprobleme zwar keineswegs verharmlost und Ausbeutungsmechanismen nicht entschuldigt, aber mit der Bezugnahme auf den Kalten Krieg zu einem abgeschlossenen Teil der Geschichte erklärt und mit der Reduktion auf neokoloniale Strukturen zumindest stark vereinfacht. Die Mehrdimensionalität des Phänomens Entwicklungszusammenarbeit steht der kritischen Analyse nicht mehr offen.

Insgesamt kann man mit Stuart Hall zahlreiche bislang vorliegende Meistererzählungen zur Entwicklungszusammenarbeit essentialistisch nennen: Denn sie gehen in ihrer Frage nach Modernisierung von statischen und linearen Bewegungen aus und verstellen Betrachtungsweisen, die offen sind für Vielschichtigkeiten und Ambivalenzen oder auch nur für die schlichte Tatsache, dass auch »Unterdrückte unterdrücken können«.[43] So bergen die Versuche, das postkoloniale Entwicklungsunternehmen als glo-

---

when compared with the per capita real incomes of the United States of America, Canada, Australasia and Western Europe. In this sense, an adequate synonym would be ›poor countries‹«. Vereinte Nationen, *Measures,* S. 3.

42 Vgl. Zurmühl, *Koloniale Blick*; Kößler, *Entwicklung*; Ziai, *Global Governance*, S. 33–41.

43 Stuart Hall, »Kulturelle Identität«, S. 166.

bales Modernisierungsphänomen integral in den Blick zu nehmen und zu erklären, bisweilen auch die Gefahr, die unbeabsichtigten und ungewollten Auswirkungen der Entwicklungsplanung und -steuerung zu übersehen.

Sehr tief verwurzelt ist als Ausgangspunkt der Analyse jener Entwicklungsvorstellung, die seit den 1920er Jahren Weltgeschichte geschrieben hat, die Vorstellung, ein auf einzelne Nationen abgezirkelter »Normalprozess« des historischen Wandels sei bekannt, an dem die zu beobachtenden geschichtlichen Vorgänge gemessen werden könnten. Auch wenn die Forschung in den letzten Jahren davon Abstand genommen hat, von einem »deformierten Kapitalismus« in der »Peripherie« zu sprechen, dessen eigentliche Form im »Zentrum« zu finden sei,[44] ist doch die Differenz zwischen der Normalität und der Devianz ganzer Nationalökonomien ein zumindest implizites Leitmotiv geblieben. Denn diese Sichtweise erlaubt es, den Wohlstand einer Minderheit der Weltbevölkerung als normal anzusehen, während die Armut der Mehrheit zum Skandal wird. Gerade die Verflechtung zwischen Modernisierung und Normsetzung ist freilich zutiefst erklärungsbedürftig.[45]

In einer treffenden Kritik an James C. Scott hat Frederick Cooper in diesem Zusammenhang bemerkt: Das beste Beispiel für den »autoritären Hochmodernismus« rationaler Welterklärung und Weltgestaltung, den Scott beschreibe, sei Scotts eigenes Buch.[46] In der Tat subsumiert Scott so unterschiedliche Phänomene wie den Entwurf der Stadt Brasilia, die stalinistische Kollektivierung oder die *Ujamaa*-Utopie von Julius Nyerere unter ein singuläres Konzept, das alle staatlichen Versuche der Lesbarmachung der Welt und der Simplifizierung sozialer Realitäten im mittleren 20. Jahrhundert genau so weit simplifiziert, dass sie für seine Analyse erklärbar werden.[47] Scott benützt in seiner Analyse der Normativität von hochmodernen Entwicklungsinterventionen ein theoretisches Modell, das von solchen Normsetzungen selbst nicht frei ist.

Im Anschluss an und in Erweiterung zu Coopers Kritik ist zu sagen: Man kann die tiefgreifenden Wirkungen, zu denen der Versuch, sozioökonomische Verhältnisse gezielt zu verändern, vielerorts geführt hat, nicht *a*

44 Elsenhans, *Kapitalismus*.

45 Vgl. Link, *Normalismus*.

46 Cooper, *Colonialism*, S. 141.

47 Zur Metaphorik der Lesbarmachung siehe Blumenberg, *Lesbarkeit der Welt*.

priori unter negative Vorzeichen stellen.[48] In diesem Band wird dafür argumentiert, nicht Wertmaßstäbe, sondern Verflechtungsgrade zum Ausgangspunkt der historischen Forschung zur Entwicklungszusammenarbeit zu machen.

4. Forschungsperspektiven

Wir sprechen zunächst ganz einfach deshalb von einer Globalgeschichte der Entwicklungszusammenarbeit, weil die zu thematisierenden Diskurse und Praktiken meist auf die Welt abzielten. Das gilt in offensichtlicher Weise für die programmatischen Statements US-amerikanischer Präsidenten wie Harry S. Truman oder John F. Kennedy; und es gilt für die Entwicklungsbemühungen der Ostblockstaaten. Auch gab es eine globale Wissensproduktion der Entwicklungsexpertinnen und -experten, deren Axiome stets universelle Gültigkeit beanspruchten – und es heute noch tun. Die sozialen Bewegungen der 1960er und 1970er Jahre betrieben im Norden unter dem Stichwort der »Solidarität« lokale Politik und lokale Identitätskonstruktion weltbezogen. Und auch die »südlichen« *Counterparts* in Entwicklungsprojekten, deren Erwartungshorizonte manchmal unverhofft erweitert wurden, agierten innerhalb global ausgehandelter Diskurse und Praktiken. Und nicht zuletzt war die Konstruktion politischer Einheiten in Lateinamerika und Afrika, im Nahen Osten und in Asien als »Entwicklungsländer« stets im Bezug zu Europa und den USA entworfen. Die Liste solcher Weltbezüge ließe sich leicht erweitern. Ihnen soll durch globalgeschichtliche Betrachtungsweisen entsprochen werden.

Obwohl luzide diskursanalytische Studien zum Begriff der Entwicklung und zu Entwicklungsdiskursen vorliegen,[49] hat man globale Deutungshoheiten, kohärente Gewissheiten oder Evidenzstiftungen bislang im Zusammenhang der Entwicklungsarbeit zu wenig untersucht. Die Geschichte der Entstehung, Veränderung und Kritik von Gewissheiten wie dem *Trickle-*

---

48 Das gilt selbst für die auf den ersten Blick paradox anmutende Verbindung von Kolonialkrieg und Entwicklung, die für Algerien beobachtet worden ist. Malinowski, »Modernisierungskriege«.

49 Kößler, *Entwicklung*; Ziai, *Global Governance*, S. 33–41; Gilman, *Mandarins*; Engerman u.a., *Staging Growth*. Siehe auch Wolfgang Sachs, *Development Dictionary*. Die Beiträge darin enthalten viele Anregungen zur Historisierung von entwicklungspolitischen Selbstverständlichkeiten.

Down-Effekt oder von Utopien wie dem *Grass Root Development* sind weitgehend unerforscht. Vieles gilt nach wie vor als unpolitisch und ahistorisch, wodurch Essentialismen fortgeschrieben werden. Dabei sind eine ganze Reihe von Selbstverständlichkeiten äußerst erklärungsbedürftig: Wer würde bei näherer Betrachtung etwa bestreiten, dass der nach wie vor in der Entwicklungszusammenarbeit gebräuchliche, auf den ersten Blick überaus harmlose Begriff für Regionen der »Dritten Welt« *Übersee – Overseas* – homogene Räume des Fremden, des Anderen bezeichnet, in denen (vermeintlich) mehr oder minder gleichermaßen Prinzipien der Rückständigkeit und Unterentwicklung walten? Auch hat die Konzentration auf nationale oder Block-Interessen im Kalten Krieg die kritische Analyse von global agierenden Organisationen und Institutionen der Entwicklungszusammenarbeit – wie die WFMH – und auf ihre jeweiligen Akteure verstellt, so dass hier bislang erst wenige Forschungen vorliegen.[50]

Selten ist nach der gesellschaftlichen Exklusion von Menschen aus der sich in Entwicklung begreifenden Sozialstaatlichkeit gefragt worden, und Menschen, die sich an Projekten der Entwicklung nicht beteiligen wollten oder als »nicht entwickelbar« eingestuft wurden, kommen kaum je vor.[51] Die Perspektive von Empfängern auf und das alltägliche Leben in Entwicklungswelten sind noch kaum erforscht.

Hier wird das Konzept dieses Bandes ansetzen. So wird im Folgenden immer wieder versucht, das konzertierte Handeln verschiedener Akteure und die aufeinander bezogenen Diskurse, Ideologien und Deutungshoheiten in den Blick zu nehmen. Das Ziel sind – mit Shalini Randeria gesprochen – »verflochtene, geteilte Geschichten«,[52] die es ermöglichen, die Zuschreibung von aktivem Handeln und passivem Hinnehmen oder von »Modernität«, »Unterentwicklung« und »Primitivität« kritisch zu hinterfragen.

Im Folgenden sollen allerdings auch solche Weltbezüge nicht für essentialistisch gehalten werden. Ihnen ist in ihrer Gesamtheit und für sich genommen weder Bedeutung oder Sinn noch Unsinn *per se* abzugewinnen. Stattdessen wird es darum gehen, den Wohlstand und die Armut, die Satt-

50 Zu internationalen Organisationen: Finnemore, »Redifining Development«; Sikkink, »Development Ideas«; Staples, *Birth of Development*; Maul, *Die internationale Arbeitsorganisation*. Erste auf Akteure konzentrierte Perspektiven schlagen vor: Herren, »Inszenierung«; Dimier, »Bringing the Neo-Patrimonial State Back to Europe«; Büschel, »In Afrika helfen«.

51 Diese Analysedimension wird deutlich bei Shrestha, »Development Category«.

52 Vgl. Randeria, »Geteilte Geschichte«.

heit und den Hunger, die Inklusion und die Ausgrenzung – unbenommen, dass es sich um historische Tatsachen handelt – in ihrer Konstruktion zu betrachten. Damit sind ihre historischen Konjunkturen, ihre Vielschichtigkeit und Widersprüchlichkeit zu skizzieren. Und nicht zuletzt ist nach den diesen Phänomenen immanenten Machtwirkungen zu fragen. Dies kann nur geschehen, wenn man – beispielsweise im Sinne von »Glokalisierung« – exemplarisch ansetzt und die globale Durchsetzungsdynamik des Entwicklungsversprechens an einzelnen Orten oder in isolierbaren Wissensgebieten untersucht.[53] Konkret werden entweder Diskursformationen oder Entwicklungsprojekte als Mikro-Räume globaler Vergesellschaftung zu untersuchen sein, in denen immer wieder aufs Neue Prozesse sozialer Reproduktion und kulturelle Repräsentationen aufgebracht und Identitäten von Kulturen der Expertise und des Helfens aufeinander bezogen, ausgehandelt und durchgesetzt worden sind.[54] Denn Fakten (wie Trockenheit und Hungersnot) machten die geschichtswirksamen Dimensionen der Entwicklungsarbeit aus, ebenso wie die Deutung ihrer Hintergründe, die materiellen Quellen der aus ihnen ableitbaren Machtpositionen sowie die Erkenntnisansprüche und kognitiven Repräsentationssysteme.

Die in diesem Buch vorgeschlagene Perspektive auf die Entwicklungszusammenarbeit versucht damit nicht allein einzelne Forschungslücken zur Globalgeschichte zu füllen. Sie will auch den historisch gewordenen Konsens über Themen von Entwicklung und Unterentwicklung kritisch hinterfragen. Dieses Anliegen rückt die hier versammelten Beiträge in den zweifachen Horizont eines geschichtswissenschaftlichen und eines kritisch-politischen Projekts.

5. Aufbau des Bandes

Der Band besteht aus zwei miteinander verbundenen Teilen. Der erste Teil konzentriert sich auf ein bestimmtes Entwicklungsparadigma, das in der Zwischenkriegszeit Gestalt annahm. Globale historische Erfahrungen von Entwicklung sind so vielfältig, dass sie nicht in einer dominierenden Beschreibung zusammengefasst werden können. Weder das *telos* des aufgeklärten Universalismus noch der Partikularismus der *tiers-mondistes,* die die

53 Vgl. Robertson, »Glokalisierung«.
54 Vgl. Bright/Geyer, »Globalgeschichte«, S. 58.

angebliche Authentizität der nicht-westlichen Kulturen verteidigen, können in überzeugender Weise für dieses Phänomen herangezogen werden. Entsprechend umkreisen die vier Aufsätze des ersten Teils ein spezifisches Deutungsmuster, das als ein globales Mittel zur Herstellung von Kohärenz fungierte. Gleichzeitig wird die Genese von Wertmaßstäben der Entwicklungszusammenarbeit in den Blick genommen, die bisweilen bis heute prägend sind. Der Beitrag von Philipp H. Lepenies verfolgt die Entstehung jener Wertmaßstäbe zurück bis in den Gründungskonsens der europäischen Moderne in der Aufklärung, während Antony Anghie, Niels P. Petersson und Akhil Gupta Wirkungsmächte im Verlauf des 20. Jahrhunderts untersuchen – und zwar im Zusammenhang von Kolonialismus und modernem Völkerrecht, Zeitkonzepten und dem Spannungsfeld zwischen globaler und nationaler Armut am Fallbeispiel Indiens, wie es Gupta ausführt. Gupta zeigt überdies anhand einer anthropologischen Kritik des Armutsdiskurses, wie sehr statistische Abstraktionen zur normativen Setzung von Kategorien beitrugen, die für die Entwicklungszusammenarbeit grundlegende Bedeutung hatten.

Der zweite Teil versammelt sechs Fallstudien, die sich auf lokale Erfahrungen der globalen Konzepte, Institutionen und Praktiken der Entwicklungszusammenarbeit konzentrieren. Entwicklungsdiskurse haben – ganz zwangsläufig – immer eine homogenisierende Perspektive eingeschlagen, indem sie universalistische Konzepte propagierten. Dabei wurde die Vielfalt der Verhältnisse vor Ort oftmals ausgeblendet. Die Beiträge dieses zweiten Teils setzen hier kritisch an und fragen gezielt, auf welche Art und Weise verschiedene Akteure in verschiedenen Positionen Entwicklungswelten für sich und andere konzeptualisiert haben und wie sie Einfluss auf globale Vorstellungen sozialen Wandels vor Ort nahmen.

So zeigt der Beitrag von Daniel Speich die Notwendigkeit auf, mit der internationale Organisationen lokale Besonderheiten zum Verschwinden bringen mussten. Diese Operation selbst kann freilich auf lokale Bedingungen zurückgeführt werden, auf Grund deren universelle Weltblicke erst möglich wurden. Hubertus Büschel demonstriert am Beispiel der *Hilfe zur Selbsthilfe* in Tanganjika die globale Dimension eines Entwicklungskonzepts und argumentiert, dass deren Leitlinien durch die praktische Arbeit vor Ort konterkariert und ins Gegenteil gekehrt werden konnten. Young-Sun Hong führt am Beispiel der Arbeitsmigration südkoreanischer Krankenschwestern in die Bundesrepublik Deutschland der 1960er und 1970er Jahre aus,[55] wie sich lokale Akteurinnen (gerade vor dem Hintergrund staatlicher Bemühungen um die Steuerung von Modernisierungsprozessen) in einer kritischen Bewegung hegemonialen Konzepten entziehen konnten und selbst widrigste Lebens- und Arbeitsbedingungen für sich produktiv zu nutzen verstanden. Martin Rempe lädt wiederum zum kritischen Überdenken globaler Entwicklungskonzepte, -institutionen und -praktiken in ihrem Zusammenwirken ein. Lukas Zürcher verfolgt die nationalen Projektionen im globalen Entwicklungsunterfangen am Beispiel der Schweiz und Rwandas und zeigt den Aufbau und das Scheitern von Handelsgenossenschaften als Entwicklungsinstrumente auf.

Das Nachwort von Andreas Eckert verweist neben einer kritischen Zusammenfassung der Beiträge zu diesem Band auch auf weiterführende Perspektiven für eine Globalgeschichte der Entwicklungszusammenarbeit. Damit sollen die »Entwicklungswelten« insgesamt die Notwendigkeit verdeutlichen, globale Perspektiven in Hinsicht auf die Geschichte der Entwicklungszusammenarbeit einzunehmen. Dieses Buch will nicht die Welt der Entwicklung zusammenfassen, sondern im Gegenteil erste Möglichkeiten der Analyse dieses globalgeschichtlichen Bedeutungszusammenhanges aufzeigen und damit zur weiteren Debatte anregen.

Literatur

Albertini, Rudolf von, *Dekolonisation. Die Diskussion über Verwaltung und Zukunft der Kolonien 1919–1960*, Köln/Opladen 1966.

Barth, Boris/Osterhammel, Jürgen (Hg.), *Zivilisierungsmissionen. Imperiale Weltverbesserung seit dem 18. Jahrhundert*, Konstanz 2005.

Blumenberg, Hans, *Die Lesbarkeit der Welt*, Frankfurt/M. 1981.

Borstelmann, Thomas, *The Cold War and the Color Line. Policy in the Era of Globalization*, Cambridge Mass. 2002.

Bright, Charles/Geyer, Michael, »Globalgeschichte und die Einheit der Welt im 20. Jahrhundert« [1994], in: Sebastian Conrad/Andreas Eckert/Ulrike Freitag (Hg.), *Globalgeschichte. Theorien, Ansätze, Themen*, Frankfurt/M./New York 2007, S. 53–80.

Brüne, Stefan, *Die französische Afrikapolitik. Hegemonialinteressen und Entwicklungsanspruch*, Baden-Baden 1993.

55 Vgl. hierzu grundlegend: Ehrenreich/Hochschild, *Global Woman*.

Büschel, Hubertus, »In Afrika helfen. Akteure westdeutscher ›Entwicklungshilfe‹ und ostdeutscher ›Solidarität‹ 1955–1975«, *Archiv für Sozialgeschichte*, Jg. 48 (2008), S. 333–366.

Chakrabarty, Dipesh, *Provincializing Europe. Postcolonial Thought and Historical Difference*, Princeton 2000.

Chambers, Robert, *Rural Development. Putting the Last First*, Harlow 1983.

Collier, Paul, *The Bottom Billion. Why the Poorest Countries are Failing and What Can Be Done About It*, Oxford 2007.

Conrad, Sebastian/Eckert, Andreas, »Globalgeschichte, Globalisierung, multiple Modernen: Zur Geschichtsschreibung der modernen Welt«, in: dies./Ulrike Freitag (Hg.), *Globalgeschichte. Theorien, Ansätze, Themen*, Frankfurt/M./New York 2007, S. 7–54.

Conrad, Sebastian/Randeria, Shalini, »Einleitung. Geteilte Geschichten – Europa in der postkolonialen Welt«, in: dies. (Hg.), *Jenseits des Eurozentrismus. Postkoloniale Perspektiven in den Geschichts- und Kulturwissenschaften*, Frankfurt/M. 2002, S. 9–49.

Cooper, Frederick, *Colonialism in Question. Theory, Knowledge, History*, Berkeley 2005.

— , »Modernizing Bureaucrats, Backward Africans, and the Development Concept«, in: ders./Randall Packard (Hg.), *International Development and the Social Sciences. Essays on the History and Politics of Knowledge*, Berkeley 1997, S. 64–92.

— , »Was nützt der Begriff Globalisierung? Aus der Perspektive eines Afrika-Historikers«, in: Sebastian Conrad/Andreas Eckert/Ulrike Freitag (Hg.), *Globalgeschichte. Theorien, Ansätze, Themen.* Frankfurt/M./New York 2007, S. 131–161.

— /Packard, Randall (Hg.), *International Development and the Social Sciences. Essays and the Politics of Knowledge*, Berkeley 1997.

Cowen, Michael/Shenton, Robert (Hg.), *Doctrines of Development*, London 1996.

— , »The Invention of Development«, in: Jonathan Crush (Hg.), *Power of Development*, London 1995, S. 27–43.

Crewe, Emma/Harrison, Elisabeth, *Whose Development? An Ethnography of Aid*, London 1998.

Dicks, Henry V., *Fifty Years of the Tavistock Clinic*, London 1970.

Dimier, Véronique, »Bringing the Neo-Patrimonial State Back to Europe. French Decolonization and the Making of the European Development Aid Policy«, *Archiv für Sozialgeschichte*, Jg. 48 (2008), S. 433–457.

Easterly, William R., *The Elusive Quest for Growth. Economists' Adventures and Misadventures in the Tropics*, Cambridge Mass. 2002.

— , *The White Man's Burden. Why the West's Efforts to Aid the Rest Have Done So Much Ill and So Little Good*, Oxford 2007.

Eckert, Andreas/Wirz, Albert, »Wir nicht, die Anderen auch. Deutschland und der Kolonialismus«, in: Sebastian Conrad/Shalini Randeria (Hg.), *Jenseits des Eurozentrismus. Postkoloniale Perspektiven in den Geschichts- und Kulturwissenschaften*, Frankfurt/M. 2002, S. 372–392.

Eckert, Andreas/Randeria, Shalini, »Geteilte Globalisierung«, in: dies. (Hg.), *Vom Imperialismus zum Empire,* Frankfurt/M. 2009, S. 9–33.

Ehrenreich, Barbara/Hochschild, Arlie Russell (Hg.), *Global Woman. Nannies, Maids, and Sex Workers in the New Economy*, New York 2003.

Eisenstadt, Shmuel, *Die Vielfalt der Moderne*, Weilerswist 2000.

— , »Multiple Modernities«, *Daedalus*, Jg. 129 (2000), S. 1–30.

Elsenhans, Hartmut, *Abhängiger Kapitalismus oder bürokratische Entwicklungsgesellschaft. Versuch über den Staat in der Dritten Welt*, Frankfurt/M. 1981.

Engerman, David C. u.a. (Hg.), *Staging Growth: Modernization, Development, and the Global Cold War*, Amherst 2003.

Erler, Brigitte, *Tödliche Hilfe. Bericht von meiner letzten Dienstreise in Sachen Entwicklungshilfe*, Freiburg i. Br. 1985.

Escobar, Arturo, *Encountering Development. The Making and Unmaking of the Third World*, Princeton 1995.

— , *Power and Visibility. The Invention and Management of Development in the Third Word*, Ann Arbor 1986.

Ferguson, James, *The Anti-Politics Machine. Development, Depoliticization, and Bureaucratic Power*, Cambridge Mass. 1990.

— , »Decomposing Modernity. History and Hierarchy after Development«, in: ders., *Global Shadows. Africa in the Neoliberal World Order*, Durham 2006, S. 176–193.

Finnemore, Martha, »Redifining Development at the World Bank«, in: Frederick Cooper/Randall Packard (Hg.), *International Development and the Social Sciences. Essays on the History and Politics of Knowledge*, Berkeley 1997, S. 203–227.

Fiske, John, *Power Plays – Power Works,* London 1993.

Frey, Marc, »Die Vereinigten Staaten und die Dritte Welt während des Kalten Krieges«, in: Bernd Greiner/Christian Th. Müller/Dierk Walter (Hg.), *Heiße Kriege im Kalten Krieg. Studien zum Kalten Krieg,* Hamburg 2006, S. 27–56.

— , »Indoktrination, Entwicklungshilfe und ›State Building‹. Die USA in Südostasien 1945–1960«, in: Boris Barth/Jürgen Osterhammel (Hg.), *Zivilisierungsmissionen. Imperiale Weltverbesserung seit dem 18. Jahrhundert,* Konstanz 2005, S. 335–362.

Gerstenmaier, Eugen, »Das neue Afrika«, Afrika – heute, *Jahrbuch der deutschen Afrikagesellschaft*, Bonn 1960.

Gilman, Nils, *Mandarins of the Future. Modernization Theory in Cold War America*, Baltimore u.a. 2003.

Gray, Clive S. (Hg.), *Inside Independent Nigeria. Diaries of Wolfgang Stolper, 1960–1962*, Aldershot 2003.

Grill, Bartholomäus, »Schneepflüge für Guinea. Warum die Entwicklungshilfe gescheitert ist und was wir daraus lernen können«, *Internationale Politik*, Jg. 62, H. 12 (2007), S. 8–15.

Hall, Catherine, *Civilising Subjects. Metropole and Colony in the English Imagination 1830–1867*, Chicago 2002.

Hall, Stuart, »Kulturelle Identität und Rassismus«, in: Christoph Burgmer (Hg.), *Rassismus in der Diskussion*, Berlin 1998, S. 146–171.

— , »The Question of Cultural Identity«, in: ders./David Held/Tony McGrew (Hg.), *Modernity and Its Futures*, London 1992, S. 273–325.

Harper, Richard, *Inside the IMF. An Ethnography of Cocuments, Technology and Organisational Action*, San Diego 1998.

Hein, Bastian, *Die Westdeutschen und die Dritte Welt. Entwicklungspolitik und Entwicklungsdienste zwischen Reform und Revolte 1959–1974*, München 2006.

Herren, Madeleine, »Inszenierung des globalen Subjekts. Vorschläge zur Typologie einer transgressiven Biographie«, *Historische Anthropologie*, Jg. 13 (2005), S. 1–18.

Herzfeld, Michael, »Developmentalism«, in: Michael Herzfeld (Hg.), *Anthropology. Theoretical Pracitce in Culture and Society*, Oxford 2001, S. 152–170.

Kabou, Axelle, *Weder arm noch ohnmächtig. Eine Streitschrift gegen schwarze Eliten und weisse Helfer*, Basel 1995.

Knöbl, Wolfgang, *Spielräume der Modernisierung. Das Ende der Eindeutigkeit*, Weiserswist 1991.

Kößler, Reinhart, *Entwicklung*, Münster 1998.

L'Estoile, Benoît de/Neiburg, Federico/Sigaud, Lygia (Hg.), *Empires, Nations, and Natives*, Durham/London 2005.

Laak, Dirk van, *»Weiße Elefanten«. Anspruch und Scheitern technischer Großprojekte im 20. Jahrhundert*, Stuttgart 1999.

— , *Imperiale Infrastruktur. Deutsche Planungen für eine Erschließung Afrikas 1880 bis 1960*, Paderborn 2004.

Latham, Michael, *Modernization as Ideology. American Social Science and »Nation Building« in the Kennedy Era*, Chapel Hill 2000, S. 21–68.

Leimgruber, Walter, *Kalter Krieg um Afrika. Die amerikanische Außenpolitik unter Präsident Kennedy 1961–1963*, Stuttgart 1990.

Link, Jürgen, *Versuch über den Normalismus. Wie Normalität produziert wird*, Opladen 1997.

Lübbe, Hermann, »Bemerkungen zur aktuellen Technokratie-Diskussion«, in: Hans Lenk (Hg.), *Technokratie als Ideologie. Sozialphilosophische Beiträge zu einem politischen Dilemma*, Stuttgart 1973, S. 94–104.

Maier, Charles S., *Among Empires. American Ascendancy and Its Predecessors*, Cambridge Mass. 2006.

Malinowski, Stephan, »Modernisierungskriege. Militärische Gewalt und koloniale Modernisierung im Algerienkrieg (1954–1962)«, *Archiv für Sozialgeschichte*, Jg. 48 (2008), S. 213–248.

Maul, Daniel, *Menschenrechte, Sozialpolitik und Dekolonisation: Die internationale Arbeitsorganisation (IAO) 1940–1970*, Essen 2007.

McWilliam, Michael, *The Development Business: A History of the Commonwealth Development Corporation*, Basingstoke 2001.

Mead, Margaret (Hg.), *Cultural Patterns and Technical Change*, New York 1955.

— , »Preface«, in: dies. (Hg.), *Cultural Patterns and Technical Change,* New York 1955, S. 6f.

Menzel, Ulrich: *Das Ende der Dritten Welt und das Scheitern der großen Theorie*, Frankfurt/M. 1992.

Metzler, Gabriele, »Geborgenheit im gesicherten Fortschritt. Das Jahrzehnt von Planbarkeit und Machbarkeit«, in: Matthias Frese/Julia Paulus/Karl Teppe (Hg), *Demokratisierung und gesellschaftlicher Aufbruch. Die sechziger Jahre als Wendezeit der Bundesrepublik*, Paderborn 2003, S. 777–797.

Mitchell, Jeanette C., »Development: An Obituary«, *History of Economics Review*, Jg. 39 (2004), S. 33f.

Morgan, David John, *The Official History of Colonial Development,* 5 Bde., London/ Basinstoke 1980.

Mosse, David, *Cultivating Development. An Ethnography of Aid Policy and Practice*, London 2005.

Moyo, Damisa, *Dead Aid: Why Aid is Not Working and How There is a Better Way for Africa*, Oxford 2009.

Osterhammel, Jürgen, »›The Great Work of Uplifting Mankind‹. Zivilisierungsmission und Moderne«, in: ders./Boris Barth (Hg.), *Zivilisierungsmissionen. Imperiale Weltverbesserung seit dem 18. Jahrhundert*, Konstanz 2005, S. 263–425.

Raden, Friedhelm, *Christliche Hilfswerke im Kalten Krieg*, Herbolzheim 2000.

Randeria, Shalini, »Geteilte Geschichte und verwobene Moderne«, in: Jörn Rüsen/Hanna Leitgeb/Norbert Jegelka (Hg.), *Zukunftsentwürfe. Ideen für eine Kultur der Veränderung*, Frankfurt/M. 1999, S. 87–96.

Raphael, Lutz, »Die Verwissenschaftlichung des Sozialen als methodische und konzeptionelle Herausforderung für eine Sozialgeschichte des 20. Jahrhunderts«, *Geschichte und Gesellschaft*, Jg. 22, H. 2 (1996), S. 165–193.

Rees, John Rawlings, »Introductory Note«, in: Margaret Mead (Hg.), *Cultural Patterns and Technical Change*, New York 1955, S. 8.

Rist, Gilbert, *The History of Development. From Western Origins to Global Faith*, London 1997.

Robertson, Roland, »Glokalisierung, Homogenität und Heterogenität in Raum und Zeit« [1995], in: Ulrich Beck (Hg.), *Perspektiven der Weltgesellschaft*, Frankfurt/M. 1998, S. 192–220.

Rottenburg, Richard, *Weit hergeholte Fakten. Eine Parabel der Entwicklungshilfe*, Stuttgart 2002.

Sachs, Jeffrey, *Das Ende der Armut. Ein ökonomisches Programm für eine gerechtere Welt*, München 2005.

Sachs, Wolfgang (Hg.), *The Development Dictionary. A Guide to Knowledge as Power*, London/New York 1992.

Scott, James C., *Seeing Like a State. How Certain Schemes to Improve the Human Condition Have Failed*, New Haven u.a. 1998.

Shrestha, Nanda, »Becoming a Development Category«, in: Jonathan Crush (Hg.), *Power of Development*, London 1995, S. 266–277.

Seers, Dudley, »The Birth, Life and Death of Development Economics«, *Development and Change*, Jg. 10, H. 4 (1979), S. 707–718.

Sieberg, Herward, *Colonial Development. Die Grundlegung moderner Entwicklungspolitik durch Großbritannien, 1919–1949*, Stuttgart 1985.

Sikkink, Kathryn, »Development Ideas in Latin America: Paradigm Shift and the Economic Comission for Latin America«, in: Frederick Cooper/Randall Packard (Hg.), *International Development and the Social Sciences: Essays on the History and Politics of Knowledge*, Berkeley 1997, S. 228–256.

So, Alvin Y., *Social Change and Development. Modernization, Dependency, and World Systems Theories*, London 1990, S. 17–90.

Speich, Daniel, *Technokratie und Geschichtlichkeit. Zum postkolonialen Entwicklungsdenken von Walt W. Rostow und Simon Kuznets*, Preprints zur Kulturgeschichte der Technik, Zürich 2008.

Staples, Amy L. S., *The Birth of Development. How the World Bank, Food and Agriculture Organization, and Worlds Health Organization Changed the World, 1945–1965*, Kent 2006.

Steinmetz, George, »Decolonizing German Theory: An Introduction«, *Postcolonial Studies*, Jg. 9 (2006), S. 3–13.

Tilly, Helen/Gordon Robert J. (Hg,), *Ordering Africa. Anthropology, European Imperialism, and the Politics of Knowledge*, Manchester/New York 2007.

Tipps, Dean, »Modernization Theory and the Comparative Study of Societies. A Critical Perspective«, *Comparative Studies in Society and History*, Jg. 15 (1973), S. 199–226.

Triest, Eric L. (Hg.), *The Social Engagement of Social Science: A Tavistock Anthology*, Bd. 1, London 1990.

Unger, Corinna R., »Rourkela, ein ›Stahlwerk im Dschungel‹. Industrialisierung, Modernisierung und Entwicklungshilfe im Kontext von Dekolonisation und Kaltem Krieg«, *Archiv für Sozialgeschichte*, Jg. 48 (2008), S. 367–388.

Vereinte Nationen, *Measures for the Economic Development of Under-Developed Countries*, New York 1951.

Wallerstein, Immanuel, *The Capitalist World Economy,* Cambridge 1997.

Westad, Odd Arne, *The Global Cold War: Third World Interventions and the Making of Our Times*, Cambridge Mass. 2006.

Wilder, Gary, *The French Imperial Nation-State. Negritude and Colonial Humanism Between the Two World Wars*, Chicago/London 2005.

Ziai, Aram, *Zwischen Global Governance und Post-Development. Entwicklungspolitik aus diskursanalytischer Perspektive*, Münster 2006.

Zurmühl, Ute, *Der »Koloniale Blick« im entwicklungspolitischen Diskurs. Welt-Bilder und Bilder-Welten in der Entwicklungszusammenarbeit*, Saarbrücken 1995.

I.
Globale Diskurse, Deutungshoheiten und Gewissheiten

Lernen vom Besserwisser: Wissenstransfer in der »Entwicklungshilfe« aus historischer Perspektive

Philipp H. Lepenies

Die Entwicklungshilfe[1] beruht auf einem besonderen Modell der Wissensvermittlung – der »institutionalisierten Besserwisserei«. Dieses Modell ist nicht nur das Fundament der Entwicklungshilfe selbst, es ist auch das Produkt eines für den Westen besonders prägenden ideengeschichtlichen Prozesses, dessen Dominanz wenig Raum für Anpassungen und Veränderungen zulässt. Stichworte wie verwobene oder multiple Modernen, *Global History*[2] oder *regards croisés* zeigen, dass in den Sozial- und Geisteswissenschaften der Alleinvertretungsanspruch eines dominierenden, meist westlichen Entwicklungs- und Denkmodells längst in Frage gestellt wird und Sichtweisen der »Anderen« Teil des wissenschaftlichen Diskurses geworden sind. Demgegenüber scheint die Entwicklungspolitik einer der letzten Orte zu sein, an dem es noch immer um den einseitigen Transfer von Wissen und Modellen geht. Dieser Transfer wird durch eine ganz bestimmte Person verkörpert: den professionellen Besserwisser. Der Begriff des Besserwissers wird hier nicht seiner eher pejorativen Bedeutung wegen benutzt, sondern weil er schlüssig umschreibt, dass die Entwickungshilfe auf einem aktiven Wissenstransfer eines Wissenden zu einem vermeintlich Nicht-Wissenden oder Weniger-Wissenden beruht. Das Konzept der Besserwisserei soll nicht beschreiben, dass die Wissensvermittlung notwendigerweise paternalistisch ist oder mit Gewalt *top-down* ausgeführt wird. Wohl aber, dass es in der Entwicklungshilfe eine klare Rollenverteilung gibt: auf der einen Seite die entwickelten Wissenden, auf der anderen Seite die unterentwickelten Lernenden. Dieses duale Rollenverständnis ist seit Beginn der Entwicklungszusammenarbeit weitgehend unverändert geblieben. Daher sollte man sie eher Entwicklungshilfe nennen. Die Begriffe »Entwicklungshilfe« und »unterentwickelt« werden somit in diesem Beitrag – wenn-

1 »Entwicklungshilfe« wird für eine bessere Lesbarkeit im Folgenden ohne Anführungszeichen geschrieben.

2 Geyer/Bright, »World History«.

gleich sie in der aktuellen Entwicklungsrhetorik nicht mehr geläufig beziehungsweise sogar diskreditiert scheinen – verwendet, da sie bis heute besonders treffend die jeweiligen Charakteristika und die Beziehungen der beteiligten Akteure der Entwicklungspolitik beschreiben. Der Begriff der »Entwicklungszusammenarbeit« verdeckt beispielsweise den wichtigen Aspekt des elementaren Unterschiedes von Empfänger und Geber und die diesem innewohnenden Machtstrukturen; das Wort »unterentwickelt« beschreibt klarer, dass es sich um den Gegenpol zu den »entwickelten« Ländern handelt und dass beide einander ausschließende Kategorien sind, auf denen ja auch die Unterteilung in Geber und Empfänger beruht. So ist hier mit Entwicklungshilfe die Arbeit der Institutionen der bilateralen und multilateralen Zusammenarbeit gemeint.

Die Entwicklungshilfe basiert auf der klaren Unterteilung der Welt in »entwickelte« und »unterentwickelte« Länder. Aus diesem Gegensatz leitet sich die – auf unterschiedliche Weise begründete – Notwendigkeit des »Entwickelteren« zur Hilfe für Andere ab. Die erbrachten Hilfeleistungen nehmen dabei traditionell nicht nur die Form von direkten Geldzahlungen an. Entwicklungshilfe ist seit jeher vor allem ein Wissenstransfer. Entwicklung wird in diesem Zusammenhang als ein Transformationsprozess verstanden; als ein gradueller Übergang vom Zustand der Unterentwicklung hin zur Entwickeltheit, in anderen Worten, als ein Anpassungsprozess an die Gegebenheiten der weiter fortgeschrittenen Gesellschaften. Dieser Definition liegt der Gedanke zugrunde, dass für alle Länder der Erde mehr oder weniger nur ein einziger Entwicklungspfad gelten müsse. Entwickeltheit und Unterentwicklung existieren nicht als zwei statische und parallele Zustände unterschiedlicher Volkswirtschaften, sondern sie beschreiben zwei verschiedene Punkte auf einem für alle Gesellschaften identischen dynamischen Zeitstrahl des Fortschritts. Der Prozess der aktiven Entwicklung versucht, den »unterentwickelten« Ländern das Aufholen zu erleichtern. Auch wenn man dieses Entwicklungsverständnis üblicherweise mit den Modernisierungstheorien der 1950er Jahre verbindet, hat sich bis heute daran im Grunde wenig verändert.[3]

3 Vgl. die Definition von Collier (*Bottom Billion*, S. 12): »To my mind, development is about giving hope to ordinary people that their children will live in a society that has caught up with the rest of the world.« Stiglitz (»New Paradigm of Development«, S. 77) äußerte sich folgendermaßen: »[Development is the transformation of society …] a movement from traditional relations, traditional cultures, and social mores, traditional ways of dealing with health and education, and traditional methods of production to more ›modern‹ ways.«

Beim Wissenstransfer der Entwicklungshilfe kommt der Figur des Entwicklungshelfers, also Experten oder Berater, eine Schlüsselfunktion zu. Entwicklungshelfer ist daher jeder, der für bilaterale und multilaterale Entwicklungsinstitutionen arbeitet, sei es vor Ort in Dörfern und Projekten, in Länderbüros oder in den Zentralen von New York, Washington, Paris, Genf und so weiter. Mit dem Gebrauch dieser nur auf den ersten Blick antiquierten Begriffe ist nicht von vornherein ein Werturteil verbunden.

Entwicklung geschieht im Verständnis der Entwicklungspolitik nicht von allein und autonom. Deswegen soll der Entwicklungsprozess in den Entwicklungsländern vor allem durch die Arbeit bestimmter »wissender« Personen oder Gruppen aus den Entwicklungsinstitutionen der entwickelten Welt beschleunigt werden. Entwicklungshilfe ist daher ein Lernen vom »Besserwisser«, von einer Person, die ihr Wissen und ihren Wissensfortschritt den »Anderen« zur Verfügung stellt. Ihr liegt die Annahme zugrunde, dass die Entwickelten zum einen »besser« wüssten, wie man »entwickelt« – und zum anderen auch bereit seien, diesen Wissensvorsprung weiterzugeben.

Die »institutionalisierte Besserwisserei« der Entwicklungshilfe wird seit langem immer wieder kritisiert.[4] Dabei wurde die Kritik über die Jahrzehnte in regelmäßigen Abständen und mit ähnlichen Argumenten stets aufs Neue wiederholt. Auch die empfohlenen Alternativen, mit denen man das System der institutionalisierten Besserwisserei zu ändern glaubte, ähnelten sich – ohne jedoch jemals zu spürbaren Veränderungen der Entwicklungspraxis zu führen. Daher liegt die Vermutung nahe, dass sich dieses besondere Modell des Wissenstransfers in der Entwicklungshilfe im Zeitverlauf als sehr überlebensfähig und resistent erwies und sich vielleicht in seinen zu vermittelnden Inhalten, aber nie in seiner Struktur grundlegend verändert hat, womöglich sogar gar nicht ändern kann.

Den Gründen hierfür geht dieser Beitrag nach. Dabei wird argumentiert, dass die Entwicklungshilfe und die »institutionalisierte Besserwisserei« in besonderem Maße von der Zivilisationstheorie des 18. Jahrhunderts geprägt wurden.

---

4 Chambers, *Rural Development*; ders., *Whose Reality Counts?*; Dichter, *Despite Good Intentions*; Easterly, *White Man's Burden*; Ellerman, *Helping Others Help Themselves*; Escobar, *Encountering Development*; Ferguson, James, *The Anti-Politics Machine*; Hirschman, *A Bias for Hope*; ders., *Strategy of Economic Development*; ders., *Journeys Towards Progress*; Rodrik, »Goodbye Washington Consensus«; Sachs, Jeffrey, *End of Poverty*; Sachs, Wolfgang, *Development Dictionary*; Schumacher, *Small is Beautiful*; Stiglitz, »New Paradigm of Development«; Tendler, *Inside Foreign Aid*.

Ein Wort der Klärung: In diesem Artikel geht es nicht darum, sich ein Urteil darüber zu erlauben, ob diese spezielle Form der Wissensvermittlung der Entwicklungspolitik ein Hauptgrund für ausbleibende Entwicklungserfolge ist. Auch geht es nicht um eine verallgemeinerte Bewertung der Sinnhaftigkeit von Entwicklungshilfe. Wohl aber geht es darum, die ideengeschichtlichen Wurzeln des Konstrukts des »institutionalisierten Besserwissers« zu identifizieren, dessen Persistenz zu erklären und zu zeigen, welche Schwierigkeiten sich in Theorie und Praxis daraus ergeben können. Das Sich-Bewusst-Machen dieser Schwierigkeiten und die historische Einbettung des »Besserwissens« können für eine Optimierung der aktuellen Entwicklungspolitik auf jeden Fall hilfreich sein.

1. Wissen, Wissenstransfer und Entwicklungspolitik

Das Startsignal für die internationale Entwicklungshilfe nach 1945 gab der amerikanische Präsident Harry S. Truman in seiner Antrittsrede vom 20. Januar 1949, in der er in seinem »Point Four« die Weltgemeinschaft aufrief, die Armut und das Elend in den »underdeveloped areas« zu beenden.[5]

Das Besondere an der Rede Trumans war nicht, dass die amerikanische Idee von Entwicklungshilfe ganz unverhohlen einen Bestandteil der *Containment*-Politik des Kalten Krieges darstellte. Auch die Nutzung von Begriffen wie »underdeveloped« oder »to develop« war nicht neu, sondern bereits aus den Kontexten der Kolonial- und Mandatsverwaltung bekannt.[6] Neu war zunächst, dass der amerikanische Präsident auf die sich bereits abzeichnende nachkoloniale Welt souveräner Staaten Rücksicht nahm. Er modellierte die Entwicklungshilfe als eine Form der Zusammenarbeit zwischen völkerrechtlich selbstständigen Staaten und fügte Begriffen wie »assistance« oder »development« eine vollkommen neuartige, globale, Dimension hinzu, die sie im Kolonialismus noch nicht hatten. Aber ebenso wichtig war, dass er auf die Notwendigkeit des Wissenstransfers in der Entwicklungshilfe hinwies.

Wenn man sich die berühmte Passage aus Trumans Rede vergegenwärtigt, wird dieser Aspekt besonders deutlich. Truman sagte damals:

---

5 Truman, *Inaugural Address*.

6 Arndt, »Economic Development«; Cowen/Shenton, »The Invention of Development«; dies., *Doctrines of Development*.

»We must embark on a bold new program for making the benefits of our scientific advances and industrial progress available for the improvement and growth of underdeveloped areas. More than half the people of the world are living in conditions approaching misery. Their food is inadequate. They are victims of disease. Their economic life is primitive and stagnant. Their poverty is a handicap and a threat both to them and to more prosperous areas. For the first time in history, humanity possesses the knowledge and skill to relieve the suffering of these people. [...] I believe that we should make available to peace-loving peoples the benefits of our store of technical knowledge in order to help them realize their aspirations for a better life. And, in cooperation with other nations we should foster capital investment in areas needing development. Our aim should be to help the free peoples of the world, through their own efforts, to produce more food, more clothing, more materials for housing, and more mechanical power to lighten their burdens. [...] It must be a worldwide effort for the achievement of peace, plenty, and freedom«.

An einer weiteren Stelle sagte er: »Only *by helping the least fortunate of its members to help themselves* can the human family achieve the decent, satisfying life that is the right of all people«.[7]

Die entscheidende Voraussetzung für die Entwicklungshilfe war in dieser Argumentation, dass die Weltgemeinschaft zum ersten Mal in der Menschheitsgeschichte die notwendigen Kenntnisse besaß, um die globalen sozialen Ungleichheiten zu verringern. Anscheinend war dieses Wissen jedoch asymmetrisch verteilt, denn das Fehlen dieser Kenntnisse wurde als ein Grund für sich perpetuierende Unterentwicklung angesehen. Daher oblag es den Fortgeschritteneren, »the benefits of our store of technical knowledge« sowie »the benefits of our scientific advances and industrial progress« für die Entwicklung der unterentwickelten Gebiete zur Verfügung zu stellen. Interessanterweise spielte die Idee eines reinen Kapital- oder Finanztransfers in der Rede kaum eine Rolle, es ging vor allem um den Transfer von Wissen.

Mit dem zweiten Zitat führte Truman ein immer noch gültiges Glaubensbekenntnis der internationalen Entwicklungshilfe ein – die »Hilfe zur Selbsthilfe«. Hierbei ist nicht entscheidend, dass man aus der Sicht der Entwickelnden davon ausgeht, dass die zu Entwickelnden grundsätzlich in die Lage gebracht werden müssen, ihr Schicksal selbst in die Hand zu nehmen. Wichtiger ist, dass es für diesen Prozess zunächst der Hilfe bedarf: der Hilfe von außen, der Hilfe einer oder mehrerer Personen, die für einen Wissenstransfer zuständig sind. Das englische Wort »to develop« kann schließlich intransitiv oder transitiv gebraucht werden. In dem einen Fall

7 Truman, *Inaugural Address*, meine Hervorhebungen.

geht es um eine Entwicklung aus sich selbst heraus, also um ein autonomes »sich entwickeln«, im anderen um ein »entwickeln« als »jemanden entwickeln«, also um einen externen Anstoß, der zur Entwicklung beitragen soll. Die transitive und intransitive Bedeutung beschreiben auch die beiden unterschiedlichen Erklärungsmuster für Entwicklungsverläufe: entweder durch äußeren Anstoß, oder evolutionär von innen. Im Verständnis der Entwicklungshilfe sind diese beiden Aspekte von Entwicklung allerdings nicht voneinander getrennte Entwicklungsmöglichkeiten, sondern verhalten sich sequentiell zueinander. Die intransitive Bedeutung ist ein Resultat einer zunächst transitiven Entwicklung. Hilfe von außen zuerst, dann eigenständige Selbsthilfe – das beschreibt dieser Sachverhalt.

Die Entwicklungshilfe und der Prozess der Entwicklung benötigten somit besondere Akteure, die den Wissenstransfer aktiv durchführten. So begann, wie Michael Watts schreibt, die Arbeit der Entwicklungshilfeorganisationen und des Entwicklungshelfers: »Truman's program of international ›fair dealing‹ helped produce an unprecedented explosion of international institutions, professions, organizations and disciplines whose raison d'être was the lodestar of development«.[8] Außerdem kam es – mit Recht, so Arturo Escobar – zu einer weltweiten Professionalisierung und Institutionalisierung der Entwicklungshilfe.[9] Die angenommene Sequenz des »Hilfe zuerst, dann Selbsthilfe« war eine Rechtfertigung für eine durch den entwickelten und institutionalisierten Besserwisser gesteuerte und kontrollierte Wissenstransfer- beziehungsweise Hilfeleistung, ohne die eine spätere Selbsthilfe nicht möglich erschien.

Die von Truman vorgebrachten Argumente sind keine historische Episode geblieben, sondern prägen bis heute die offizielle Entwicklungsrhetorik. Im Jahre 1961 sagte Präsident John F. Kennedy beispielsweise in seiner Inaugurationsrede:

»For man holds in his mortal hands the power to abolish all forms of human poverty [...] To those peoples in the huts and villages across the globe struggling to break the bonds of mass misery, we pledge our best efforts to help them help themselves, for whatever period is required – not because the Communists may be doing it, not because we seek their votes, but because it is right. If a free society cannot help the many who are poor, it cannot save the few who are rich«.[10]

8 Watts, »A New Deal in Emotions«, S. 55.
9 Escobar, »Power and Visibility«.
10 Kennedy, *Inaugural Address*.

Hierbei sind drei Dinge hervorzuheben: Das Festhalten am Bild der Hilfe zur Selbsthilfe, der Glaube, dass das notwendige Wissen zur Beendigung von Unterentwicklung vorhanden ist, sowie die Langfriststruktur der Entwicklungshilfe, die, anders als beispielsweise der Marshallplan, als ein zeitlich offenes Projekt angelegt war.

In den 1970er Jahren kam es durch den *Basic-Needs-Ansatz* zu einem entscheidenden Wandel in der Entwicklungshilfe. Wurde bis dahin hauptsächlich die kapitalintensive Industrialisierung von Entwicklungsländern gefördert, besannen sich die Entwicklungsinstitutionen jetzt darauf, sich wegen ausbleibender Entwicklungserfolge und des Weiterbestehens großen Elends in der Welt stärker um die Deckung der Grundbedürfnisse der armen Bevölkerung zu kümmern.[11] Ländliche Wasserversorgung, verbesserte Anbaumethoden, Gesundheits- und Bildungsprogramme sowie Mikrokredite sind Beispiele für Entwicklungshilfeprojekte im Rahmen der Grundbedürfnisstrategie. Für die Argumentation dieses Artikels ist es wichtig festzuhalten, dass sich in dieser Zeit auch das Bild des externen Beraters, des Besserwissers, veränderte. Waren die Berater der ersten Dekaden hauptsächlich mit Großprojekten oder Regierungsberatung beschäftigt, erweiterte sich nun die Entwicklungshilfe und damit auch die Präsenz der Besserwisser von der Makro- hin zur Mikroebene. Dabei waren es nicht nur die Experten der großen Organisationen, sondern auch immer mehr Nichtregierungsorganisationen, die in der Entwicklungshilfe durch die Anwesenheit von Besserwissern aktiv wurden. Eine Folge war, dass manche Staaten förmlich mit Entwicklungshelfern überschwemmt wurden und die externen Berater nicht nur auf allen Ebenen, sondern häufig auch in allen Regionen der einzelnen Länder tätig wurden und damit eine Struktur schufen, die heute immer noch an vielen Orten deutlich sichtbar ist.

In den 1990er Jahren propagierte der Ökonom und damalige Chef-Volkswirt der Weltbank Joseph Stiglitz unter Zuhilfenahme völlig neuer Argumente das Primat der Wissensvermittlung durch die Entwicklungshilfeorganisationen. Ganz im Sinne der Neuen Institutionenökonomik,[12] die davon ausgeht, dass Information und Wissen zwischen den Akteuren auf Märkten asymmetrisch verteilt sind und sich diese Asymmetrie durch geeignete institutionelle Vorkehrungen verringern lässt, sollte die Weltbank

---

11 Hunt, *Economic Theories of Development*; Preston, *Development Theory*; Seers, »The Meaning of Development«; Ul Haq, »Crisis in Development Strategies«.

12 Harriss/Hunter/Lewis, *New Institutional Economics*; North, »New Institutional Economics«; Toye, »New Institutional Economics«.

zukünftig und stärker als bisher die Rolle einer *Knowledge Bank* einnehmen, die das entwicklungspolitisch relevante Wissen bündelt und den Entwicklungsländern uneigennützig zur Verfügung stellt. Entwicklung war im Verständnis von Stiglitz ein Prozess der Modernisierung einer Gesellschaft von »traditional« hin zu »modern knowledge based economies«. Ein Kern war dabei die Herausbildung von »scientific ways of thinking«.[13] Der unter seiner Ägide verfasste Weltentwicklungsbericht des Jahres 1999 mit dem Titel *Knowledge for Development* identifizierte die Existenz von »knowledge gaps« als Merkmal von Unterentwicklung. Den Entwicklungsinstitutionen wurde daher auch hier die Rolle zugeschrieben, den Entwicklungsländern aktiv bei der Schließung dieser Lücken zu helfen.[14]

Die *United Nations Millennium Declaration* aus dem Jahr 2000 und die Ableitung von acht spezifischen *Millennium Development Goals*, die bis zum Jahr 2015 erreicht werden sollen, gaben der Entwicklungshilfe nach einem Jahrzehnt abnehmender Entwicklungszahlungen unverhofft neuen politischen Auftrieb.[15] Die Aktivitäten praktisch aller Entwicklungsorganisationen sind mittlerweile auf das Erreichen dieser Ziele ausgerichtet. Der Ökonom Jeffrey Sachs, der in den 1990er Jahren ein Verfechter der »Schocktherapie« als Transformationsstrategie Russlands und anderer früherer sozialistischer Länder war, wurde von den Vereinten Nationen beauftragt, aufzuzeigen, wie die Ziele erreicht werden könnten. In seinem im Jahre 2005 erschienenen *Sachs Report* schrieb er in ähnlicher Wortwahl wie einst Kennedy und Truman, dass die Welt das nötige Wissen zur Bekämpfung der Armut besitze und dieses Wissen den Entwicklungsländern zur Verfügung gestellt werden müsse (»the world community has at its disposal the proven technologies, polices, financial resources«[16]). Hinzu kam die Forderung nach einer signifikanten Steigerung der Entwicklungshilfegelder und danach, dass die entwickelten Staaten auch ihren »technical support«[17] erhöhen sollten. Mit anderen Worten: Der Wissenstransfer von der ent-

---

13 Stiglitz, »New Paradigm of Development«, S. 77.

14 World Bank, *Knowledge for Development*. Vgl. auch: »The World Bank is increasingly thinking along these lines, conceiving of itself as a knowledge bank, with one of its central tasks being to help countries reduce the knowledge gap between rich and poor countries. It can provide the cross-country experience that, when melded with local knowledge, makes possible effective choices of development policies, programmes, and projects.« Stiglitz, »New Paradigm of Development«, S. 93.

15 United Nations, *Millennium Declaration*.

16 Sachs, Jeffrey, *Investing in Development*, S. xi.

17 Ebd.

wickelten in die weniger entwickelte Welt sollte noch intensiviert werden.[18] An anderer Stelle argumentiert Sachs, dass die entwickelte Welt ihren Vorsprung vor allem dem technischen Fortschritt verdanke.[19] Daher komme der Vermittlung von Wissen im Entwicklungsprozess eine besondere und entscheidende Rolle bei.

Die nach 1945 begründete Idee des notwendigen Wissenstransfers durch wissende Dritte – durch institutionalisierte Besserwisser –[20] ist daher nicht nur über all die Jahrzehnte wirksam geblieben, sie hat durch die Ausrichtung auf die Millenniumsziele und die Forderung nach einer Steigerung der Entwicklungshilfe in den letzten Jahren sogar noch an Bedeutung gewonnen. Die Rollenverteilung im Prozess der Wissensvermittlung sowie die Richtung, in der das Wissen transferiert wird, sind seit Beginn der Entwicklungshilfe unverändert geblieben. Die institutionalisierte Besserwisserei ist daher nicht nur ein Wesensmerkmal der Entwicklungshilfe. Die Notwendigkeit des Wissenstransfers ist ihre ureigenste Rechtfertigung.

2. Besserwissen als Entwicklungshindernis

Die Kritik an der geschilderten Praxis der Entwicklungshilfe setzte schon früh ein. Dabei wurde das Ausbleiben von Entwicklungserfolgen auch immer wieder auf die Art und Weise der institutionalisierten Wissensvermittlung zurückgeführt.[21]

---

18 Mit »technical support« oder »technical assistance« ist in der Sprache der Entwicklungshilfe hauptsächlich Beratung durch Experten gemeint – also Wissenstransfer.

19 Sachs, Jeffrey, *End of Poverty*.

20 Auch der Kolonialismus war von einem, oft brutal durchgesetzten, Wissenstransfer durch »Besserwisser« gekennzeichnet (vgl. Kößler, *Entwicklung*, S. 69, zur Rolle der Erziehung im Kolonialismus). Neu war an der Entwicklungshilfe aber gerade der nachkoloniale Kontext, in dem sie entstand, zu dem nicht nur neue Begriffe wie Entwicklung und Entwicklungshilfe gehörten, sondern auch neue Berufe, wie der Entwicklungshelfer. Auch wenn gerade im Fall Großbritanniens ehemalige Kolonialbeamte häufig in die Entwicklungshilfe »wechselten« (vgl. Kothari, »Colonial Administration«), geht es mir hier um den Wissenstransfer als »neuartige« und institutionalisierte postkoloniale Hilfe.

21 Ich beschränke mich auf Kritiker der Entwicklungshilfe, die auch konkrete alternative Methoden zur institutionalisierten Besserwisserei vorgeschlagen haben. Postmoderne Entwicklungskritiker, die zwar wie James Ferguson (*The Anti-Politics Machine*) und Arturo Escobar (»Power and Visibility«; *Encountering Development*) die Wissensvermittlung in der Entwicklungshilfe als dominierende Diskurspraxis identifiziert, aber kaum praktikable Alternativen vorgeschlagen haben und deren Einfluss auf die Entwicklungsdebatte eher

Einer der ersten Kritiker der institutionalisierten Besserwisserei war Albert O. Hirschman. Bereits in seinem entwicklungstheoretischen Klassiker *The Strategy of Economic Development* von 1958 identifizierte Hirschman das Aufoktroyieren von Entwicklungsstrategien mit universellem Geltungsanspruch durch externe Experten als eines der Haupthindernisse für wirklichen Entwicklungsfortschritt. Er nannte das übliche Vorgehen der Entwicklungshelfer »Visiting Economist Syndrome« und beschrieb es als »the habit of issuing peremptory advice and prescription by calling on universally valid economic principles and remedies – be they old or brand new – after a strictly minimal acquaintance with the ›patient‹«.[22]

Entwicklungsexperten und Berater, so Hirschman, kennzeichne ein Überoptimismus im Verstehen der Gründe für Unterentwicklung und in der Ableitung notwendiger Gegenmaßnahmen. Unter Rückgriff auf eine Bezeichnung Gustave Flauberts beschrieb Hirschman diese Haltung in einem anderen Text auch als »la rage de vouloir conclure« oder als »[the] overconfidence in the solvability of all problems«.[23]

Warum bei den Experten aus den entwickelten Gesellschaften dieser Überoptimismus auftrat, war Hirschman zufolge leicht zu erklären. In ihren Herkunftsländern hatten Probleme sich in dem Moment lösen lassen, als sie auftraten. Daraus resultierte die Herausbildung einer optimistischen »Alles-ist-möglich«-Haltung, die sich im Folgenden auch auf die Entwicklungstheorie und -praxis übertrug.

Die unterentwickelten Staaten sahen sich hingegen mit einer ganzen Reihe von simultan existierenden Problemen konfrontiert, die sie alle gleichzeitig lösen wollten. Außerdem sahen sie ihr direktes »Vorbild« in den Industrieländern und wurden obendrein von den Experten eben dieser Industrieländer darin beraten, »aufzuholen«, das heißt so zu werden, wie die »Anderen« schon waren. Dies führte dann zu »endlessly repeated calls for a full, integrated, definitive and rapid solution of the difficulties that are being encountered«.[24] Und die besserwissenden Entwicklungsexperten versuchten genau diese schnelle Lösung anzubieten.

Das Problem bestand dabei allerdings nicht nur darin, dass durch den Überoptimismus die Motivation, Probleme zu lösen und die Überzeugung,

---

akademischer Natur geblieben ist, werden hier nicht gesondert behandelt. Das gilt auch für Autoren wie Illich (*Deschooling Society*) oder Freire (*Pedagogy of the Oppressed*).

22 Hirschman, *Strategy of Economic Development*, S. 11.

23 Hirschman, »Foreword«, S. xviii; und ders., *Journeys Towards Progress*, S. 238.

24 Hirschman, *Journeys Towards Progress*, S. 238.

sie auch lösen zu können, oft größer waren als das Wissen und die Möglichkeit, dies auch wirklich zu tun. Viel schlimmer wog für Hirschman die Tatsache, dass durch die Vorbildfunktion der Industrieländer, aber vor allem aufgrund der Versprechungen der Experten und deren Optimismus, eine Erwartungshaltung auf Seiten der Entwicklungsländer aufgebaut wurde, die in den meisten Fällen enttäuscht wurde. Diese Enttäuschung resultierte auch daraus, dass die Experten Standards vorgaben, die nicht den lokalen Gegebenheiten entsprachen und sich vor Ort nicht immer befolgen ließen.

Eine Folge dessen war, dass tatsächlich stattfindender Wandel auf lokaler Ebene gar nicht mehr als solcher wahrgenommen wurde. Dies hat Hirschman als »obstacles to the perception of change«[25] bezeichnet, im Falle Lateinamerikas sprach er gar von »Fracasomanía« oder »self-depreciation«. Mit diesen Begriffen beschrieb er die Tatsache, dass alle durchgeführten entwicklungs- oder wirtschaftspolitischen Maßnahmen von den lokalen Entscheidern immer als kompletter »fracaso« oder »Misserfolg« deklariert wurden, wenn sich die Pläne der externen Berater nicht wie geplant durchsetzten.

Hirschman plädierte stattdessen dafür, den Blick für die ungeplanten Veränderungen zu schärfen, die sich unter den gegebenen Umständen zeigten. Vor allem aber sollten die Fachleute das Machbare vor Ort suchen, anstatt sich zu sehr an den entwickelten Vorbildern und ihren zu stark verallgemeinerten Strategien und Theorien zu orientieren, die Hirschman als »straightjacket constructs« bezeichnete. Seine Idee des »Possibilism«[26] als Antithese zur »Fracasomanía« beschrieb genau dieses alternative Vorgehen, ebenso wie seine Definition von Entwicklung als der Suche nach »resources and abilities that are hidden, scatterd, or badly utilized«.[27] Überhaupt ist das Leitmotiv des Werks von Hirschman die Suche nach »endogenous forces of recovery«, »build-in modifiers or remedies« oder »Schrittmachern«[28] gewesen, die Wandel und Entwicklung erleichtern können. Sie seien aber nur dann überhaupt zu erkennen und zu identifizieren, wenn man sich nach Möglichkeit von Ideologien oder Theorien befreie,

25 Hirschman, *A Bias for Hope*, S. 326.

26 Ebd.

27 Hirschman, *Strategy of Economic Development*, S. 5.

28 Hirschman, *Exit, Voice, and Loyalty*.

die von außen vorgegeben werden. Für die blinde Übernahme der Empfehlungen externer Besserwisser war in dieser Strategie kein Platz.[29]

Der Anthropologe Robert Chambers forderte in seinem 1983 erschienenen Buch *Rural Development: Putting the Last First* ein »reversal« in der Entwicklungshilfe, ein vollkommenes »Umdrehen« oder »Wechseln« der Position des Lernenden und des Lehrenden. Auch er warf den Entwicklungsexperten, den »Outsidern« wie er sie nannte, vor, zu wenig von den wirklichen Verhältnissen der Armen zu verstehen. Er begründete dies unter anderem mit der speziellen Ausbildung der »Outsider«, die dazu führe, dass sie die Realität automatisch den gelernten Theorien anpassten und nicht umgekehrt. Weiter schrieb er über sie: »They do their own thing and only their own thing. They look for and find what fits their ideas. There is neither inclination nor time for [...] other ways of perceiving people«.[30]

»Reversal« bedeutete dann, sich bewusst in der Rolle als Entwicklungshelfer zurückzunehmen, und sich das Wissen und die Sichtweisen der »Insider« (also vor allem der Armen in den Entwicklungsländern) anzueignen. Dies sollte dadurch ermöglicht werden, dass die Personen, die das Ziel von Entwicklungsprojekten waren, an der Analyse und Ableitung der möglichen Maßnahmen beteiligt wurden. »Participation« avancierte in der Folge zu einem der gängigsten Schlagworte der Entwicklungsrhetorik. In den Selbstbeschreibungen der Entwicklungsinstitutionen geriet die gesamte Entwicklungshilfe zu einer Angelegenheit der »Partnerschaft«, des »Dialogs«, der »Zusammenarbeit« und der »Partizipation«. Diesem Anspruch ist die Realität der Entwicklungshilfe allerdings nicht wirklich gerecht geworden. Mehr als zehn Jahre nach dem Erscheinen von *Rural Development* schrieb Chambers: »The issue is whether we, as development professionals, have the vision, the guts and will to change our behaviour, to embrace and act out reversals«.[31] Es waren nicht fehlende Visionen, Willen und Mut, die dazu führten, dass sich an dem traditionellen Modell der Wissensvermittlung in der Entwicklungshilfe so wenig geändert hat. Vielmehr liegt das Dilemma der Entwicklungshilfe darin, dass sie offiziell vermehrt von der Eigenverantwortlichkeit der Entwicklungsländer ausgehen musste, die selbst bestimmen sollten, wie und welche Art von Hilfe sie erhalten. Fak-

29 Hirschman beschreibt in diesem Zusammenhang die Ablehnung jeglicher »Weltanschauung« als ein weiteres Leitmotiv seiner Arbeit (Hirschman, *Propensity to Self-Subversion*). Vgl. dazu auch Lepenies, »Possibilism«.

30 Chambers, *Rural Development*, S. 23.

31 Chambers, *Whose Reality Counts?*, S. 236.

tisch handelte es sich bei der Hilfe aber weiterhin – und trotz aller Partizipationsrhetorik – um einen Wissens- und Modelltransfer, der nach den Spielregeln der Industrieländer erfolgte und somit die traditionelle institutionalisierte Besserwisserei perpetuierte.[32]

William Easterlys Kritik an der aktuellen Entwicklungspraxis, die er in seinem Buch *The White Man's Burden: Why the West's Efforts to Aid the Rest Have Done So Much Ill and So Little Good*[33] ausführte, nahm die Thesen Hirschmans wieder auf, ohne sich explizit auf sie zu berufen. Für Easterly lag das Hauptproblem für den bislang geringen Erfolg der Entwicklungshilfe darin, dass die Entwicklungsstrategien üblicherweise von sogenannten »Planern« gestaltet würden. Mit diesem Begriff umschrieb er den typischen Mitarbeiter einer Entwicklungsinstitution, der – so der Vorwurf – der Meinung sei, genügend Kenntnisse zu besitzen, um die Probleme der Entwicklungsländer im Alleingang lösen zu können, der sich aber selbst überschätze, weder Verantwortung für sein Tun übernehme noch die Lebensrealität in den Entwicklungsländern wirklich verstehe. »A Planner«, schrieb Easterly, »thinks he already knows the answers; he thinks of poverty as a technical engineering problem that his answers will solve«.[34] Außerdem hielt er fest: »A Planner believes outsiders know enough to impose solutions«.[35] Und an anderer Stelle sprach er von »the Planners' patronizing confidence that the Planners know how to solve other peoples' problems better than the people themselves do«.[36] Ein weiteres Charakteristikum der Planer sei die Ausarbeitung von großspurigen »global blueprints«, Plänen, »frameworks« und »strategies«. Typisch sei ferner, dass die Planer selbst entschieden, welche Maßnahmen und Leistungen sie den Menschen in den Entwicklungsländern angebieten würden, ohne vorher die Nachfrage danach zu erfassen. Die Ähnlichkeit zu Flauberts »rage de

---

32 Rottenburg, *Weit hergeholte Fakten.* Nach Rottenburg spielen die Experten der Entwicklungsinstitutionen ihre Rolle gemäß zwei unterschiedlicher Skripte: dem O-Skript oder offiziellen Skript der Partnerschafts-, Kooperations- und Dialogrhetorik, sowie dem I-Skript oder inoffiziellen Skript, nach dem die Experten genau zu wissen glauben, was die »Anderen« wirklich nötig haben. Vgl auch Ellerman: »Terms like empowerment, participation, inclusion, and involvement are all fine, but tend to be abused to refer to the doers [d.h. die Zielgruppe von Entwicklungsprojekten, P. L.] ›participating‹ in a scheme being undertaken by the helpers« (d.h. den Entwicklungshelfern; vgl. Ellerman, *Helping Others Help Themselves*, S. 22).

33 Easterly, »Planners versus Searchers«.

34 Easterly, *White Man's Burden*, S. 2.

35 Ebd., S. 3.

36 Ebd., S. 23.

vouloir conclure« und zur Idee der institutionalisierten Besserwisserei liegt auf der Hand.

Als Gegenpol zu den Planern schuf Easterly die Figur der »Sucher«. Diese verfügten über eine sehr genaue Kenntnis der örtlichen sozioökonomischen Gegebenheiten. Sie analysierten, was die Menschen in den Entwicklungsländern wollen und richteten das Angebot ihrer Leistungen an deren Nachfrage aus. »A searcher admits he doesn't know all the answers in advance; he believes that poverty is a complicated tangle of political, social, historical, institutional, and technological factors. A searcher only hopes to find answers to individual problems by trial and error experimentation«.[37] Wiederum ist die Nähe zu Hirschmans Konzept des »Possibilism« offensichtlich. Dabei waren Easterlys Sucher nicht unbedingt Entwicklungshelfer im engeren Sinne, sondern engagierte Individuen oder Unternehmer. Als Musterbeispiel für einen Sucher führte er den Nobelpreisträger Muhammad Yunus an, dessen *Grameen Bank* entstand, als er nach einer Alternative zu den lokalen Geldverleihern suchte. Nach mehreren Versuchen ergab sich das erfolgreiche Gruppenkreditmodell.

Easterly plädierte dafür, die Entwicklungshilfe radikal zu reformieren. Die Mittel sollten im Extremfall nur noch zu Förderung von bereits erfolgreichen Suchern eingesetzt werden. Die Aufgabe von Entwicklungsinstitutionen würde sich dann auf das Identifizieren von Suchern konzentrieren, die es entsprechend zu fördern gelte (ähnlich wie die bis heute andauernde Förderung der *Grameen Bank* durch Geber). Dass dieser Vorschlag von den Entwicklungsinstitutionen kaum ernsthaft in Betracht gezogen worden ist, liegt auf der Hand. In letzter Konsequenz würde er bedeuten, dass die Mehrzahl der Planer in Entwicklungsinstitutionen überflüssig würde, denn die Entwicklungshilfe würde nicht mehr länger durch Wissenstransfer definiert und in der Figur des institutionalisierten Besserwissers repräsentiert werden.

Joseph Stiglitz und Dani Rodrik sprachen 2003 respektive 2006 von der Notwendigkeit für die Entwicklungsexperten, mehr Demut (»humility«) zu zeigen.[38] Sie kritisierten damit den Überoptimismus der Entwicklungsexperten, der sich besonders im Zuge des *Washington Consensus*[39] in den 1990er Jahren gezeigt habe und der von neoliberalen Rezepten geprägt gewesen sei, die universelle Gültigkeit beanspruchten. Williamson, der »Er-

37 Ebd.

38 Stiglitz, »New Paradigm of Development«; Rodrik, »Good-Bye Washington Consensus«.

39 Williamson, »What Washington Means by Policy Reform«.

finder« des Begriffs *Washington Consensus,* schrieb 1993 beispielsweise, dass es sich bei den Politikempfehlungen für die Entwicklungsländer um eine »universal convergence« handele, einen »common core wisdom embraced by all serious economists«,[40] der keine Alternative zuließe. Er ging sogar noch weiter:

»The superior economic performance of countries that establish and maintain outward-oriented market economies subject to macroeconomic discipline is essentially a positive question. The proof may not be quite as conclusive as the proof that the Earth is not flat, but it is sufficiently well established as to give sensible people better things to do with their time than to challenge its veracity«.[41]

Der von Hirschman identifizierte Überoptimismus, die »rage de vouloir conclure« der besserwissenden Experten, wurde selten in so klare Worte gefasst.

Wie sehr er zum Beispiel die Praxis der Weltbank geprägt hat, ist von dem langjährigen Assistenten und Redenschreiber von Stiglitz, David Ellerman, der selber viele Jahre in der Institution tätig war, deutlich hervorgehoben worden. Ellerman sprach wiederholt von einem »fundamental conundrum of development assistance«.[42] Damit beschrieb er das Paradox, dass autonomes, intransitives und endogenes »sich Entwickeln« ein Resultat extern angestoßener Hilfe sein soll. Die aktuelle Entwicklungshilfe sei, so Ellerman, im Grunde »unhelpful help«, die genau die Hilfe zur Selbsthilfe nicht erreichen könne, weil sie zwar eine extrinsische Motivation auf Seiten der Zielgruppen in den Entwicklungsländern fördere, sich den Bedingungen der externen Berater zu unterwerfen, nicht aber die intrinsische Motivation schaffe, die notwendig sei, um die gewollte Transformation in den unterentwickelten Gesellschaften zu erreichen.

Als Grund hierfür hat auch Ellerman angegeben, dass die externen Experten der Meinung seien, schon alle Lösungen für die Entwicklungsländer zu kennen und glaubten, dieses Wissen nur noch vermitteln zu müssen:

»The helpers [die Experten, P. L.] supply a set of instructions or programs for what the doers [die Zielgruppe in den Entwicklungsländern, P. L.] should be doing. They also offer motivation to follow a blueprint to override the doers' own motivations. If we use the metaphor of the doers trying to work their way through a maze, then the helpers as social engineers perceive themselves as helicoptering ov-

40 Williamson, »Democracy and the Washington Consensus«, S. 1334.

41 Ebd., S. 1330.

42 Ellerman, *Helping Others Help Themselves*; ders., »Good Intentions«; ders., »Helping Self-Help«.

er the maze, seeing the path to the goal, and supplying instructions (knowledge) along with carrots and sticks (incentives) to override the doers' own motivation and push the doers in the right direction«.[43]

Stattdessen sollten die Entwicklungshelfer »autonomy-respecting« und »closer to the ground« sein und – wie dies auch Easterly forderte, aber ausdrücklich mit Bezug auf Hirschman – das lokal Machbare identifizieren sowie die Situation vor Ort mit den Augen der Zielgruppe sehen.[44] Die Experten sollten ihre Aufgabe als »sokratische Hebammen« verstehen, nicht als Besserwisser.

Mit seiner eigenen Institution, der Weltbank, ging Ellerman dabei hart ins Gericht und bestritt, dass die Bank in der Lage sei, eine andere als die traditionelle Form der externen Expertenberatung durchzuführen. Im Gefüge der internationalen Entwicklungsinstitutionen war die Weltbank seit den frühen 1970er Jahren zum unbestrittenen Monopolisten und Meinungsführer aufgestiegen. Diese hegemoniale Diskursposition habe – so Ellerman weiter – das Selbstverständnis der Mitarbeiter begründet, alles besser zu wissen (»a bureaucratic need to maintain elite prestige by having an answer for the client«[45]). Aber nicht nur das. Die von der Organisation einmal festgelegte offizielle Meinung habe üblicherweise den Charakter eines Dogmas. Dieses Dogma dürfe völlig unabhängig von seiner Praxistauglichkeit oder seinem Wahrheitsgehalt nicht hinterfragt werden, besonders wenn es aus geschäftspolitischen Gründen als verfolgenswert erscheine.[46] Partizipation der Zielgruppe sei zwar gewünscht, ebenso Dialog, aber nur so lange sie nicht das grundlegende Dogma in Frage stellten. Ellerman verglich die Weltbank daher mit einer Kirche und ihren unerschütterlichen Glaubensgrundlagen. Der Gegensatz sei, so hielt er fest, eine »learning organization«, in der es um die offene Suche nach der besten Lösung für ein

43 Ellerman, »Helping Self-Help«, S. 564.

44 Ebd., S. 575.

45 Ellerman, *Helping Others Help Themselves*, S. 161

46 Dogmatische Wissensstrukturen tragen zur Stabilisierung der Institutionen bei. Eine Expertenkommission, die mit einer Evaluierung der Qualität der Forschungsabteilung der Weltbank betraut war, schrieb in ihrem Abschlussbericht: »The panel had substantial criticisms of the way that […] research was used to proselytize on behalf of Bank policy, often without taking balanced view of the evidence, and without expressing appropriate skepticism. Internal research that was favorable to Bank positions was given great prominence, and unfavorable research ignored« (Bannerjee u.a., *Evaluation of World Bank Research*, S. 6). Ähnlich äußert sich Hayer, »Secret Diplomacy Uncovered«.

identifiziertes Problem gehe.[47] Allerdings betonte Ellerman auch die Vorteile, die sich aus der dogmatischen Besserwisserei der Weltbank für die Entwicklungspolitiker der nachfragenden Empfängerländer ergäben:

»The governments of developing countries are facing daunting problems. They genuinely yearn for some magical solution from abroad – particularly from the experience and the science of the advanced industrial countries [...]. If it seems to work, the government is a hero, if it fails, who can blame it for trying the solution proffered by the best and brightest in Washington DC?«[48]

Die Bank entwarf sich also auch deshalb als besserwissende Institution, weil sie einer Nachfrage nach Besserwissen und Besserwissern gegenüber stand.

Die Zusammenfassung dieser kritischen Stimmen zeigt ein wiederkehrendes Muster, das dafür spricht, dass die Entwicklungspraxis der institutionalisierten Besserwisserei über die Jahrzehnte kaum einem historischen Wandel unterlag. Dennoch prallte die Kritik an den Institutionen der Entwicklungshilfe ab. Ellerman meinte dazu: »Then and now, the development industry can not ›hear‹ any message about the ineffectiveness of what they are geared to do. Hence, they keep on repeating the same basic ideas as if past failures were only due to insufficient resources invested [...] and the like«.[49] Im folgenden Abschnitt wird aber gezeigt werden, dass die Entwicklungsinstitutionen sehr durch ihre tradierten Muster der Wissensvermittlung geprägt waren.

3. Die Erziehungsmetapher in der Zivilisationsphilosophie

Der ideengeschichtliche Vorläufer der Entwicklungspolitik war die Zivilisations- und Fortschrittsphilosophie der Aufklärung. Eine herausragende Rolle nahm dabei Condorcet ein. In seinem *Esquisse d'un Tableau Historique des Progrès de l'Esprit Humain* von 1793 schrieb er programmatisch: »Mais l'instant approche sans doute où [...] nous deviendrons pour eux des instruments utiles, ou des généreux libérateurs«.[50] Damit formulierte er eine entscheidende kognitive Voraussetzung für das spätere Entstehen der

47 Ellerman, *Helping Others Help Themselves*, S. 149.
48 Ebd., S. 155.
49 Ellerman, »Helping Self-Help«, S. 562.
50 Condorcet, *Esquisse*, S. 268.

Entwicklungshilfe: Die Teilung der Welt in ein »nous«, die Fortgeschritteneren, und ein »eux«, die bislang weniger Fortgeschrittenen.[51] Dies allein war aber nicht neu, denn die Trennung in »uns« und die »Anderen« ist seit der Antike ein wiederkehrendes Denkmuster.[52]

Wichtiger ist, dass Condorcet auch beiden Gruppen klare Rollen zuwies. Die Fortgeschrittenen sollten den Anderen helfen, so zu werden, wie sie selber sind. Sie sollten zu nützlichen Instrumenten oder zu großzügigen Befreiern werden, wie sich Condorcet ausdrückte. Dahinter steckte die Annahme, dass die weniger zivilisierten Gesellschaften ihre Situation nicht aus eigener Kraft verändern könnten. Sie benötigten vielmehr einen Agenten, einen Akteur, der sie befreite oder veredelte – wie ein Werkzeug einen ungeschliffenen Diamanten. Die Formulierung »sans doute« war überdies Ausdruck eines Fortschrittsoptimismus und eines geschichtlichen Determinismus: Es kann gar nicht anders kommen als im beschriebenen Sinn.

Damit die Idee, dass derjenige, der weiter zivilisiert ist, dem Anderen unter die Arme greifen kann, überhaupt entstehen konnte, reichte aber die bloße gedankliche Trennung der Welt in »uns« und die »Anderen« nicht aus. Zusätzlich musste für die gesamte Menschheit ein einziger Entwicklungspfad angenommen werden, auf dem sich alle Gesellschaften zu befinden schienen und dessen Verlauf man für alle Gesellschaften als identisch annahm. Erst durch dieses Konstrukt konnten die weiter Entwickelten überhaupt darauf vertrauen, dass sie »weiter« waren und dass sie wussten, wie sie den Fortschrittsprozess der Anderen beschleunigen konnten.

Diese Form des linearen Geschichtsverlaufes fand ihren Ausdruck in unterschiedlichen Stadienmodellen, besonders deutlich ausgedrückt in Adam Fergusons *Essay on the History of Civil Society* von 1767. Darin modellierte er vier aufeinander folgende Phasen der Menschheit: die Wilden, die Nomaden, sesshafte Landwirte und letztendlich die Gesellschaften mit hoch entwickelter Industrie und Handel. Dieser Ablauf beschrieb den Übergang von »rude nations« in »polished nations«. Über den Automatismus, mit dem das geschehen sollte, schrieb Ferguson: »Not only the individual advances from infancy to manhood, but the species itself from rudeness to civilization«.[53] Bemerkenswerterweise ging Ferguson allerdings noch davon aus, dass dieser Prozess nicht steuerbar sei, sondern sich von selbst einstellen würde. Auch waren bei Ferguson die Entwicklungsverläufe

---

51 Lepenies, »Inquiry into the Roots«.

52 Koselleck, *Vergangene Zukunft.*

53 Ferguson, Adam, *History of Civil Society*, S. 2.

von Gesellschaften und damit auch das Zeitverständnis zirkulär. Gesellschaften befänden sich also nicht auf einem unendlichen Fortschritts-, Entwicklungs- oder Wachstumspfad, sondern fielen nach einiger Zeit wieder in die Barbarei zurück. Im fünften Abschnitt seines Werkes, das die Überschrift »On the Decline of Nations« trägt, heißt es, »that the progress of societies to what we call the heights of national greatness is not more natural than their return to weakness and obscurity is necessary and unavoidable«.[54] Der Comte de Mirabeau äußerte sich ähnlich, als er von einem »cercle naturel de la barbarie à la décadence par la civilization« sprach.[55]

Condorcet hingegen modellierte ein zehnstufiges Stadienmodell, bei dem er davon ausging, dass sich die Menschheitsgeschichte als Prozess eines »perfectionnement de l'espèce humain« darstellen ließ. Im Laufe der Zeit sollte sich die Vernunft von einer Stufe zur nächsten immer weiter herausbilden – die Nutzung der Vernunft sollte immer weiter fortschreiten, wie die Ursprungsbedeutung des Wortes »Fortschritt« lautete. Allerdings ging Condorcet davon aus, dass die zehnte und letzte Stufe seines Modells in einer weit entfernten Zukunft liege, der sich die mehr zivilisierten und fortgeschrittenen Gesellschaften eigentlich nur annähern könnten.[56] Dahinter stand die Annahme einer immerwährenden »perfectibilité« der menschlichen Natur. Diese Idee ermöglichte es, Fortschritt als einen unendlichen Prozess zu konzipieren. Erst ab dem Zeitpunkt, an dem das Zeit- und Geschichtsverständnis für ihn unendlich wurde und er einen dauerhaften, praktisch unendlichen Entwicklungspfad modellierte, warf Condorcet den Blick zurück auf diejenigen Gesellschaften, in denen sich die Vernunft bislang weniger hatte entfalten können. Und gleichzeitig sah er die Notwendigkeit, ihnen zu helfen. Anders als bei Ferguson, gibt es bei Condorcet eine klare Handlungsoption, einen Glauben an die Beeinflussbarkeit und Steuerbarkeit der sozialen Entwicklung der Menschheit – mit einer klaren Rollenverteilung. Durch das lineare und unendliche Zeitverständnis wurde es einfacher, sich vorzustellen, dass einige Gesellschaften den anderen immer »voraus« sein würden. Auch wenn das Ideal beschworen wurde, dass die »Anderen« aufholen sollten und müssten, war die Position der höher Zivilisierten unter der Annahme, dass sie eben nicht mehr

54 Ebd., S. 319.

55 Fisch, »Zivilisation, Kultur«, S. 717.

56 Ähnlich äußerte sich 1773 der Baron d'Holbach in seinem *Système Social*: »La civilisation des peuples n'est pas encore terminée«, vgl. Holbach, *Système Social*, S. 563.

in die Barbarei zurückfallen würden, eine ganz andere als noch bei Ferguson oder Mirabeau. Auch in der Entwicklungsdebatte der Neuzeit würde man nicht davon ausgehen, dass die Industrieländer wieder auf die Stufe der Unterentwicklung zurückfallen könnten.[57]

Perfectibilité, der Fortschritt, die Zivilisation und die Entwicklung bezogen sich aber nicht nur auf die gesamte Gesellschaft, sondern auch auf das Individuum.[58] Bei der Zivilisation beziehungsweise dem Zivilisieren, so François Guizot 1828, ging es um zwei unterschiedliche Dinge: Um »le perfectionnement de la vie civile, le développement de la société proprement dite« sowie um »le développement de la vie individuelle, de la vie intérieure, le développement de l'homme lui-même, de ses facultés, de ses sentiments et de ses idées«.[59]

Diese Anwendung des Konzepts der Zivilisation auf das Individuum, beziehungsweise die Vermischung der beiden Ebenen, erleichterte die Herausbildung der Erziehungsmetapher. Das »Zivilisiertsein« äußerte sich schließlich nicht nur darin, dass man sich seines Verstandes bediente, sondern auch darin, dass man sich durch sein Verhalten von dem eines »Barbaren« unterschied. Zivilisierte Individuen kennzeichneten vor allem Verhaltensänderungen, die »polished manners«.[60] Länder verwandelten sich von »rude nations« in »polished nations«.

Bei dem durch Condorcet skizzierten Entwicklungsverlauf handelte es sich um einen Prozess. Ein Barbar, oder ein Volk von Barbaren, konnten nicht von einem Tag zum nächsten zivilisiert werden, sie mussten erst mehrere »rites de passage« durchlaufen, genau wie Kinder auch erst einem langwierigen Prozess der Erziehung auszusetzen waren, bevor sie als »polished« oder »enlightened« oder »civilised« gelten konnten.

---

57 Die zyklische Geschichtsauffassung verschwand allerdings nie vollständig (vgl. Spengler, *Untergang des Abendlandes*, um nur ein Beispiel zu nennen). Vielmehr unterstreichen die unterschiedlichen Zeitauffassungen im Falle des zyklischen Zeitverständnisses eine eher pessimistisch-skeptische, im Falle des linearen Zeitverlaufs hingegen eine optimistische Sicht auf die Zukunft. Zumindest bedeutet das lineare Zeitkonzept das Festhalten an der Idee einer stetigen Verbesserung, eines immerwährenden, unendlichen »Fort-Schreitens«. Die Entwicklungsrhetorik mit ihrem ausgeprägten Machbarkeitsoptimismus orientiert sich klar am linearen Zeitverständnis. Siehe dazu auch Tenbruck, »Der Traum der säkularen Ökumene«.

58 Zur synonymen Verwendung dieser Wörter siehe Guizot: »L'idée du progrès, du développement, me paraît être l'idée fondamentale continue sous le mot de civilisation« (Guizot, *Histoire de la Civilisation*, S. 15).

59 Fisch, »Zivilisation, Kultur«, S. 753.

60 Siehe hier vor allem Elias, *Über den Prozeß der Zivilisation.*

Ganz im Sinne des Rationalismus und im Gegensatz zum Menschenbild eines Adam Smith oder Bernard Mandeville, war der Mensch bei Condorcet nicht ein in seiner Entwicklung statisches und nur von Eigennutz getriebenes Wesen, sondern ein Wesen, dessen ihm innewohnende Möglichkeit zu rationalem Denken oder Handeln gefördert, beziehungsweise entwickelt werden musste.[61] Das ursprüngliche Verständnis des Wortes »entwickeln« als ein Entfalten von vorhandenen Potentialen entstand zeitgleich.[62]

Ziel musste es also sein, dieses Potential nutzbar zu machen. Dabei kam der Erziehung eine elementare Bedeutung zu – und damit auch der Person des Erziehers. Für Condorcet beispielsweise war die Erziehung einer Gesellschaft eine notwendige Voraussetzung für die Herausbildung der Vernunft, so dass genaue Erziehungspläne zu genau diesem Zweck entwickelt werden sollten.[63] Im Zuge der Französischen Revolution bekam die flächendeckende Erziehung der Bevölkerung als wichtiges Instrument zur Beförderung des Vernunftgebrauchs eine besondere Stellung.[64]

Die Erziehung der Kinder und das Zivilisieren der Barbaren waren daher das Gleiche. Jean Starobinski schrieb dazu: »Le barbare est une sorte d'enfant, l'enfant est une sorte d'enfant [...] qu'un bienveillant et patient polissage rendra semblables à nous«.[65] Interessanterweise hob Starobinski in dem Zitat nicht nur hervor, dass das Aufklärungsdenken den Barbaren mit dem Entwicklungsstand eines Kindes gleichsetzte. Er wies vielmehr auch auf die Möglichkeit der »polissage« hin, also auf die zielgerichtete Aktivität des »Polierens« von etwas, das im Kern bereits vorhanden sein muss und durch Arbeit so werden kann wie »wir«. Selbstverständlich war dieses Polieren in der Zivilisationsphilosophie nicht als selbsttätiger Prozess vorgesehen. Vielmehr wurde die Notwendigkeit einer externen Person postuliert, der diese Aufgabe zukam.

---

61 Vgl. Kößler, »Entwicklung nach der Teleologie«; sowie Wieland, »Entwicklung, Evolution«.

62 Ein Grund für diesen Gestaltungsoptimismus bei Condorcet war die sich damals gerade herausbildende Wahrscheinlichkeitsrechnung und Sozialstatistik. Das Entstehen von statistischen Datensätzen zu Morbidität sowie probabilistische Berechnungsmethoden ermöglichte es scheinbar, die Komplexität sozialer Prozesse durch Berechnen beherrschbar zu machen, um mit Max Weber zu sprechen. Aus dieser Zeit entstammen auch die ersten Pläne für weitgreifende sozialpolitische Maßnahmen wie allgemeine Krankenversicherung und Sozialhilfe (vgl. Stedman, *End to Poverty?*).

63 Ebd.

64 Robespierre, »Plan d'Education Nationale«.

65 Starobinski, »Le mot civilisation«, S. 27.

Die Erziehungsanalogie als Begründung für »erzieherische Maßnahmen« im weitesten Sinne hatte bereits in der Zeit der Aufklärung ein wirkmächtiges historisches Vorbild. Als die spanische Krone zu Beginn des 16. Jahrhunderts die Vertreter der Schule von Salamanca damit beauftragte, zu erkunden, wie man das Verhalten der Eroberer der Neuen Welt gegenüber der Urbevölkerung rechtfertigen könne, lautete die Antwort folgendermaßen: Die Indios seien zweifelsfrei Teil der Menschheit – aber sie seien mit Kindern vergleichbar und müssten daher erst erzogen werden.[66]

Noch im 19. Jahrhundert hat die Erziehungsmetapher eine enorme Diskursmacht gehabt. Beispielhaft sei hier die folgende Passage aus Herman Melvilles *Moby-Dick* genannt, in welcher der Ich-Erzähler über den »wilden«, aber weitgehend assimilierten Harpunenwerfer Queequeg, der sich gerade auf umständliche Weise seine Stiefel anzieht, sagt: »Queequeg, do you see, was a creature in the transition state – neither caterpillar nor butterfly. He was just enough civilized to show off his outlandishness in the strangest possible manner. His education was not yet completed. He was an undergraduate.«[67]

Die Erziehungsmetapher hat das Zivilisiertsein als einen Zustand gefasst, der sich nicht von selbst einstellen kann – ebenso wenig wie ein »undergraduate«, dessen Erziehung »not yet completed« ist, sich autodidaktisch bilden kann. Es bedarf daher eines Lehrers, der den Schüler aus der Position des Besserwissers in die richtige Bahn lenkt. Das gesamte Konstrukt der unterschiedlichen Zivilisationsstadien, des Prozesses der Zivilisation, der Notwendigkeit der Hilfe für den »Anderen« ist auf der Figur eines agierenden Besserwissers aufgebaut worden, der meint, die notwendigen Kenntnisse zu besitzen um die »Anderen« zu verändern. Die Rollenverteilung in diesem Wissenstransfer sowie die Richtung der Wissensvermittlung sind dabei immer klar verteilt gewesen. Ein Lernen von »Kindern«, von »Unzivilisierten«, von denen, die noch nicht so sind wie »wir«, sondern sich auf dem Zivilisationspfad »weiter hinten« befinden, war nie vorgesehen.

66 Vgl. Hartog, *Anciens, Modernes, Sauvages*, S. 39.
67 Melville, *Moby-Dick*, S. 31.

4. Besserwissen als Entwicklungsuniversalismus

Die institutionalisierte Besserwisserei, das heißt der einseitige Wissenstransfer von den »Entwickelten« zu den »Unterentwickelten« mit Hilfe von Experten ist das entscheidende Wesensmerkmal der Entwicklungshilfe.

Die vorgeschlagenen Alternativen für eine veränderte Entwicklungspraxis umfassen dabei im Kern Elemente der eingangs erwähnten Ideen der verwobenen oder multiplen Modernen, der Globalgeschichte und der *regards croisés*. Die Suche nach »endogenous forces of recovery« und nach »hidden resources«, die Forderung nach »Reversal« und »Humility«, nach »Searching« statt »Planning« und die Idee des »Die-Welt-durch-die-Augen-des-Anderen-Sehens« haben vor allem eine Gemeinsamkeit. Alle diese Ansätze lösen sich von der vermeintlich »besser« informierten Position des externen Experten und beschwören die Notwendigkeit, mit und von den »Anderen« zu lernen statt der »rage de vouloir conclure« zu verfallen. Das »Miteinanderlernen« ist dabei entscheidend. Es geht nicht um den Austausch eurozentrierten Wissens durch ein romantisiertes lokales Wissen, es geht nicht um ein einfaches Umdrehen der Richtung des Wissenstransfers.

Dass diese Alternativen seit mehr als fünfzig Jahren immer wieder vorgebracht worden sind – mit wechselnden Bezeichnungen, aber eigentlich in ständiger Wiederholung – ohne die Arbeitsweise der Entwicklungshelfer zu beeinflussen, kann damit erklärt werden, dass das kognitive Grundmodell der Entwicklungshilfe immer noch geprägt ist durch die Logik der Zivilisationsphilosophie des 18. Jahrhunderts. Entscheidend ist dabei nicht nur das ureigene Konzept der Zivilisation mit seinem Gegenpol der Unzivilisiertheit, das seine Entsprechung in der Dichotomie entwickelt–unterentwickelt findet. Entscheidend ist dabei auch nicht die rationalistische Idee der immerwährenden »perfectibilité« des Menschen, die es erst ermöglichte, dem Anderen zumindest gedanklich zuzugestehen, so werden zu können wie man selbst schon ist und die auch die Grundlage für den Optimismus bildete, dass sich Andere entwickeln können. Am stärksten wiegt die Tatsache, dass die Zivilisationsdebatte der Erziehung, der Position des aktiven Erziehers und der Wissensvermittlung eine besondere Rolle beigemessen hat. Dabei war es immer unumstritten, dass es dem in der Zivilisation weiter Fortgeschrittenen obliege, die »Anderen«, das heißt die weniger Zivilisierten, zu erziehen. Der Wissenstransfer verlief nicht in beide Richtungen. Die institutionalisierte Besserwisserei als entscheidendes

Element eines sozialen und wirtschaftlichen Transformationsprozesses hat hier ihre historischen Wurzeln.

Wenn jedoch die Entwicklungshilfe klar auf dieses bestimmte Denkmodell zurückzuführen ist, erklärt dies auch, dass es schwierig war und ist, die vorgeschlagenen Alternativen für eine Entwicklungshilfepraxis durchzusetzen, in denen die institutionalisierte Besserwisserei keinen Platz mehr hat. Die Entwicklungshilfe baut auf einer deutlichen, historisch ableitbaren inneren Logik auf. Jede Änderung daran würde das weltweit etablierte System der »Hilfe« und der professionell »Helfenden« mit ihrem angenommenen Wissensvorsprung und ihrem Willen zum aktiven Wissenstransfer in weiten Teilen überflüssig machen. Solange diese Form des Wissenstransfers existiert, wird es auch immer ein bestimmtes dominierendes universelles Entwicklungsmodell geben, das als Idealzustand vermittelt wird. Und es wird aller wiederkehrenden Kritik zum Trotz immer klare Vorstellungen davon geben, wie es erreicht werden kann.

Literatur

Arndt, H. W., »Economic Development: A Semantic History«, *Economic Development and Cultural Change*, Jg. 29 (1981), S. 457–466.

Banerjee, Abhijit u.a., *An Evaluation of World Bank Research 1998–2005*, Washington 2006.

Chambers, Robert, *Rural Development. Putting the Last First*, Harlow 1983.

— , *Whose Reality Counts? Putting the First Last*, Harlow 1996.

Collier, Paul, *The Bottom Billion: Why the Poorest Countries are Failing and What Can Be Done About it*, Oxford 2007.

Condorcet, Jean Antoine Nicolas Caritat, *Esquisse d'un tableau historique des progrès de l'esprit humain*, Paris 1988 [1795].

Cowen, Michael P./Shenton, Robert W., »The Invention of Development«: in Jonathan Crush (Hg.), *Power of Development*, London/New York 1995, S. 27–43.

— , *Doctrines of Development*, London/New York 1996.

Dichter, Thomas, *Despite Good Intentions: Why Development Assistance to the Third World Has Failed*, Amherst 2003.

Easterly, William, »Planners versus Searchers in Foreign Aid«, in: *ADB Distinguished Speakers Program*, 18.1.2006, http://www.adb.org/Economics/speakers_program/easterly.pdf (17.5.2009).

— , *The White Man's Burden: Why the West's Efforts to Aid the Rest Have Done so Much Ill and So Little Good*, New York 2006.

Elias, Norbert, *Über den Prozeß der Zivilisation. Soziogenetische und psychogenetische Untersuchungen*, Frankfurt/M. 1969.

Ellerman, David, *Helping Others Help Themselves. From The World Bank to an Alternative Philosophy of Development Assistance*, Ann Arbor 2005.

— , »Good Intentions: The Dilemma of Outside-In Help for Inside-Out Change«, *Nonprofit Quarterly*, Jg. 13, H. 3 (2006), S. 46–49.

— , »Helping Self-Help: The Fundamental Conundrum of Development Assistance«, *Journal of Socio-Economics*, Jg. 36 (2007), S. 561–577.

Escobar, Arturo, »Power and Visibility: Development and the Invention and Management of the Third World«, *Cultural Anthropology*, Jg. 3 (1988), S. 428–443.

— , *Encountering Development: The Making and Unmaking of the Third World*, Cambridge Mass. 1995.

Ferguson, Adam, *Essay on the History of Civil Society*, Edinburgh 1767.

Ferguson, James, *The Anti-Politics Machine: »Development«, Depoliticisation and Bureaucratic Power in Lesotho*, Minneapolis 1990.

Fisch, Jörg, »Zivilisation, Kultur«, in: Otto Brunner/Werner Conze/Reinhart Koselleck (Hg.), *Geschichtliche Grundbegriffe. Historisches Lexikon zur politischsozialen Sprache in Deutschland*, Bd. 7, Stuttgart 1992, S. 679–775.

Freire, Paulo, *Pedagogy of the Oppressed*, New York 1970.

Geyer, Michael/Bright, Charles, »World History in a Global Age«, *American Historical Review*, Jg. 100, H. 4 (1995), S. 1034–1060.

Guizot, François, *Histoire de la Civilisation en Europe depuis la Chute de l'Empire Romain jusqu'à la Révolution Française*, Paris 1856 [1828].

Harriss, John/Hunter, Janet/Lewis, Colin M., »Introduction: Development and the Significance of the New Institutional Economics«, in: dies. (Hg.), *The New Institutional Economics and Third World Development*, London 1995, S. 1–13.

Hartog, François, *Anciens, Modernes, Sauvages*, Paris 2005.

Hayer, Teresa: »Secret Diplomacy Uncovered: Research on the World Bank in the 1960s and 1980s«, in: Uma Kothari (Hg.), *A Radical History of Development Studies. Individuals, Institutions and Ideologies*, London 2005, S. 88–108.

Hirschman, Albert O., *Exit, Voice, and Loyalty. Responses to Decline in Firms, Organizations and States*, Cambridge Mass. 1970.

— , *The Strategy of Economic Development*, mit einem neuen Nachwort des Autors, Boulder Col. 1988 [1958].

— , *Journeys Towards Progress: Studies of Economic Policy-Making in Latin America*, Boulder Col. 1993 [1973].

— , *A Bias for Hope: Essays on Development and Latin America*, Boulder Col. 1985 [1971].

— , *A Propensity to Self-Subversion*, Cambridge Mass. 1995.

— , »Foreword«, in: David Ellerman, *Helping People Help Themselves: From the World Bank to an Alternative Philosophy of Development Assistance*, Ann Arbor 2005, S. xvi–xvii.

Holbach, Paul-Henri Thiery d', *Système Social ou Principes Naturels de la Morale et de la Politique*, Paris 1994 [1773].

Hunt, Diana, *Economic Theories of Development. An Analysis of Competing Paradigms*, New York 1989.

Illich, Ivan, *Deschooling Society*, New York 1972.

Kennedy, John F., *Inaugural Address*, 20.1.1961, http://www.jfklibrary.org/Historical+Resources/Archives/Reference+Desk/Speeches/JFK/Inaugural+Address+January+20+1961.htm (15.3.2009).

Koselleck, Reinhart, *Vergangene Zukunft. Zur Semantik geschichtlicher Zeiten*, Frankfurt/M. 1989.

Kößler, Reinhart, *Entwicklung*, Münster 1998.

— , »Entwicklung nach der Teleologie – Essay über Möglichkeiten«, in: Andrea Dührmann u.a. (Hg.), *Gesellschaftstheorie und die Heterogenität empirischer Sozialforschung*, Münster 2006, S. 66–77.

Kothari, Uma, »From Colonial Administration to Development Studies: A Postcolonial Critique of the History of Development Studies«, in: dies. (Hg.), *A Radical History of Development Studies. Individuals, Institutions and Ideologies*, London 2005, S. 47–66.

Lepenies, Philipp H., »An Inquiry into the Roots of the Modern Concept of Development«, *Contributions to the History of Concepts*, Jg. 4, H. 2 (2008), S. 202–225.

— , »Possibilism: An Approach to Problem Solving Derived from the Life and Work of Albert O. Hirschman«, *Development and Change*, Jg. 39, H. 3 (2008), S. 437–459.

Melville, Herman, *Moby-Dick; or, the Whale*, London 2003 [1851].

North, Douglass C., »The New Institutional Economics and Third World Development«, in: John Harriss/Janet Hunter/Colin M. Lewis (Hg.), *The New Institutional Economics and Third World Development*, London 1995, S. 17–26.

Preston, Peter W., *Development Theory. An Introduction*, Oxford 1996.

Robespierre, Maximilien, »Plan D'Éducation Nationale de Michel Lepelletier«, in: ders., *Textes Choisis (Août 1792–Juillet 1793)*, Paris 1957, S. 157–198.

Rodrik, Dani, »Good-Bye Washington Consensus, Hello Washington Confusion«, *Journal of Economic Literature*, Jg. 44 (2006), S. 973–987.

Rottenburg, Richard, *Weit hergeholte Fakten. Eine Parabel der Entwicklungshilfe*, Stuttgart 2002.

Sachs, Jeffrey, *Investing in Development. A Practical Plan to Achieve the Millennium Development Goals*, London 2005.

— , *The End of Poverty: Economic Possibilities for Our Time*, New York 2005.

Sachs, Wolfgang (Hg.), *The Development Dictionary: A Guide to Knowledge as Power*, London 1991.

Schumacher, Ernst Friedrich, *Small is Beautiful: Economics as if People Mattered*, New York 1973.

Seers, Dudley, »The Meaning of Development«, *International Development Review*, Jg. 11 (1969), S. 2–6.

Spengler, Oswald, *Der Untergang des Abendlandes. Umrisse einer Morphologie der Weltgeschichte*, Bd. 1: Wien 1918, Bd. 2: München 1922.

Starobinski, Jean, »Le Mot Civilisation«, *Le Temps de Réflexion*, Jg. 4 (1983), S. 13–51.

Stedman Jones, Gareth, *An End to Poverty? A Historical Debate*, London 2004.

Stiglitz, Joseph, »Towards a New Paradigm of Development«, in: John H. Dunning (Hg.), *Making Globalization Good: The Moral Challenges of Global Capitalism*, Oxford 2003, S. 76–107.

Tenbruck, Friedrich H., »Der Traum der säkularen Ökumene. Sinn und Grenze der Entwicklungsvision«, *Annali di Sociologia/Soziologisches Jahrbuch*, Jg. 3, H. 1 (1987), S. 11–36.

Tendler, Judith, *Inside Foreign Aid*, Baltimore 1975.

Toye, John, »The New Institutional Economics and its Implications for Development Theory«, in: John Harriss/Janet Hunter/Colin M. Lewis (Hg.), *The New Institutional Economics and Third World Development*, London 1995, S. 49–68.

Truman, Harry S., *Inaugural Address*, 20.1.1949, http://www.trumanlibrary.org/calendar/viewpapers.php?pid=1030 (15.3.2009).

Ul Haq, Mahbub, »Crisis in Development Strategies«, *World Development*, Jg. 1, H. 7 (1973), S. 29–32.

United Nations General Assembly, *United Nations Millennium Declaration*, 18.9.2000, http://www.un.org/millennium/declaration/ares552e.pdf (15.3.2009).

Watts, Michael, »A New Deal in Emotions. Theory and Practice and the Crisis of Development«, in: Jonathan Crush (Hg.), *Power of Development*, London/New York 1995, S. 44–62.

Wieland, Wolfgang, »Entwicklung, Evolution«, in: Otto Brunner/Werner Conze/Reinhart Koselleck (Hg.), *Geschichtliche Grundbegriffe, Historisches Lexikon zur politisch-sozialen Sprache in Deutschland*, Bd. 2, Stuttgart 1975, S. 199–288.

Williamson, John, »What Washington Means by Policy Reform«, in: ders. (Hg.), *Latin American Adjustment: How Much Has Happened?*, Washington 1990, S. 7–20.

— , »Democracy and the Washington Consensus«, *World Development*, Jg. 21, H. 8 (1993), S. 1329–1336.

World Bank, *Knowledge for Development*, Oxford 1998/99.

Wirtschaftliche Entwicklung und Souveränität im Mandatssystem des Völkerbunds: Rechtshistorische Überlegungen zum kolonialen Gehalt des Völkerrechts[1]

Antony Anghie

Alle souveränen Staaten sind gleichberechtigt.[2] Kolonien fehlt Souveränität *per definitionem.* Erst durch den Transformationsprozess hin zu souveränen, unabhängigen Staaten wurden Kolonien, die zuvor aus dem Geltungsbereich des Völkerrechts ausgeschlossen waren, in den Stand versetzt, mit aller Verfügungsgewalt, mit allen Attributen der Souveränität und als gleichberechtigte Mitglieder in das internationale System der Staatenfamilie einzutreten. Diese Ausdehnung der »Family of Nations« ist die Grundlage für die Annahme, das heutige Völkerrecht sei gerade deshalb in einem

1 Der folgende Aufsatz ist eine Übersetzung ausgewählter Passagen aus: Anghie, Antony, »Colonialism and the Birth of International Institutions: Sovereignty, Economy, and the Mandate System of the League of Nations«, *New York University Journal of International Law and Politics*, Jg. 34, H. 3 (2002), S. 513–633. Um den Lesefluss zu erleichtern, wurden die Auslassungen gegenüber dem Originaltext nicht markiert. Die übersetzten Passagen beziehen sich auf die folgenden Seiten der Ausgangspublikation: 513–524, 543–548, 568ff., 580ff., 601–627 und 633. Die Auswahl der Textstellen besorgten Daniel Speich und Hubertus Büschel. Viele Differenzierungen und ganze Argumentationsstränge mussten wegfallen. Die vollständigen Überlegungen von Anghie finden sich in einem größeren Kontext verortet auch in den entsprechenden Kapiteln bei Anghie, *Imperialism.*

2 Diese Bestimmung ist für das Völkerrecht grundlegend und wurde in verschiedenen Varianten formuliert. Der Jurist Lassa Oppenheim wählte in seinem 1905 erschienen Standardwerk zum Völkerrecht den folgenden Wortlaut: »The equality before International Law of all member-states of the Family of Nations is an invariable quality derived from their International Personality.« Oppenheim, *International Law*, S. 1. Seine Annahme, dass Gleichheit nicht unter allen Staaten bestehe, sondern nur unter den Mitgliedern der »Family of Nations« (zu der die europäischen und westlichen Staaten zählten), verweist bereits im Kern auf die Themen, die in diesem Aufsatz zur Sprache kommen sollen: die komplexe Beziehung zwischen souveräner Gleichheit und dem Kolonialismus sowie die Art und Weise, in der die Aufnahme in die »Family of Nations« den Charakter der Souveränität jener nichteuropäischen Staaten prägte, die diese Prozedur durchliefen.

engen Sinne universell, offen und kosmopolitisch, weil sein Konzept der Souveränität für alle Staaten gelte und keine Unterschiede zwischen zivilisierten europäischen und unzivilisierten nichteuropäischen Staatswesen kenne. Eine solche Differenzierung hatte im 19. Jahrhundert dazu gedient, nichteuropäische Gesellschaften aus dem Geltungsbereich des Völkerrechts auszuschließen und ihre koloniale Unterwerfung zu legitimieren.

Die ersten zögerlichen Formulierungen einer radikalen Transformation von Kolonialgebieten zu souveränen Staaten setzten unmittelbar nach Ende des Ersten Weltkriegs ein. Sie entstammen einer Zeit, in der sich auch ein zweiter grundlegender Wandel des Völkerrechts abzeichnete, der mit der Entstehung von internationalen Organisationen wie dem Völkerbund einherging. Bis zum Beginn des 20. Jahrhunderts waren souveräne Staaten die einzigen Handlungsträger gewesen, die das Völkerrecht anerkannte. Mit der Gründung des Völkerbundes trat nun aber die internationale Institution als ein neuer Akteur auf die Bühne des internationalen Rechtssystems und stellte dem Völkerrecht eine ganze Reihe neuer Zielsetzungen, Möglichkeiten und Techniken der Regulierung von Beziehungen in Aussicht.

Im folgenden Aufsatz sollen die wechselseitigen Bezüge zwischen diesen zwei Entwicklungen erkundet werden: Zum einen die angestrebte Umwandlung von Kolonialterritorien in unabhängige souveräne Staaten und zum anderen die Entstehung der internationalen Institution, welche dieses Transformationsprojekt durchführen sollte – nämlich das Mandatssystem des Völkerbunds.[3] Das Mandatssystem wurde zur Verwaltung jener Territorien im Nahen Osten, in Afrika und im pazifischen Raum geschaffen, die zuvor vom Deutschen beziehungsweise vom Osmanischen Reich, den zwei großen Verlierermächten des Ersten Weltkriegs, annektiert oder kolonisiert worden waren. Anstatt diese Gebiete unter den Siegern als eine Art Kriegsbeute aufzuteilen, entschied die internationale Gemeinschaft, sie einem System internationaler Vormundschaft zu unterstellen. Das Mandatssystem eröffnete damit einen grundlegend neuen Zugang zu dem, was man allgemein als das »koloniale Problem« bezeichnen könnte. Es eröff-

3 Zum Mandatssystem des Völkerbunds liegen zahlreiche Untersuchungen vor. Siehe z.B. Wright, *Mandates*; Bentwich, *Mandates System*; Hall, *Mandates*; Lauterpacht, »Mandate«. Für spätere Einschätzungen siehe etwa Hales, »Reform«. Für einzelne Mandatsgebiete siehe zum Beispiel Weeramantry, *Nauru*; sowie allgemein Dore, *International Mandate System*. Für meine eigene Einschätzung ist Wright, *Mandates*, wegweisend. Obwohl diese Studie schon sehr früh erschien, ist sie in vielfacher Hinsicht nach wie vor grundlegend und weiterführend.

nete Lösungsmöglichkeiten für die vielfältigen Schwierigkeiten, die sich durch die Herrschaft des Westens über die Kolonisierten ergaben. Während das Völkerrecht des 19. Jahrhunderts die Eroberung und die Ausbeutung nichteuropäischer Länder als legitim anerkannte und diese aus der internationalen Staatenfamilie auszuschließen versucht hatte,[4] zielte das Mandatssystem darauf ab, den Schutz dieser Länder zu sichern. Sein Ziel war nichts Geringeres als die Selbstverwaltung der betroffenen Gebiete und, in einzelnen Fällen, sogar die Aufnahme der Kolonien als souveräne, unabhängige Nationalstaaten in den Völkerbund.

Meine Hauptthese lautet, dass die Entstehung des modernen Völkerrechts wesentlich durch den Kolonialismus geprägt war.[5] Die universalistische Begründungslogik des Völkerrechts stellt jede kohärente völkerrechtliche Theorie vor die Frage, wie ein internationales Rechtssystem mit explizit europäischen Wurzeln globale Wirkungsmöglichkeiten entfalten kann und auf unterschiedlichste Gesellschaften in Afrika, Asien und der pazifischen Region anwendbar wird. Zeitlich erlangte das Völkerrecht seinen universellen Geltungsanspruch parallel zur europäischen Kolonialexpansion. In der Zwischenkriegszeit wurde erstmals versucht, auch nichteuropäische Gesellschaften als gleichberechtigte Souveränitätsträger dem internationalen Recht zu unterstellen. Dieses antikoloniale Vorhaben, das seine Erfüllung im UNO-System nach 1945 fand, bereitete den Boden für ein neues und ungleich stärkeres Argument für die universelle Gültigkeit des Völkerrechts: Nun konnte man auf legitime Weise einfordern, dass das Völkerrecht nicht nur für alle Staatswesen gelten sollte, sondern dass diese auch an seiner Ausformulierung teilhaben müssten. Diesem Umstand hat der juridische Diskurs aber kaum Rechnung getragen. Vielmehr schien die koloniale Konfrontation im Blick der führenden Völkerrechtsspezialisten stets nur ein Sonderproblem der Rechtsanwendung zu sein, das keine theoretischen Grundsatzfragen aufwarf.[6]

Dem halte ich entgegen: Nur indem die historische Verflechtung des Völkerrechts mit dem Kolonialismus untersucht wird, kann die internatio-

4 Koskenniemi, *Gentle Civilizer*, Kapitel 2.

5 Diese Überlegung wird weiter ausgeführt in Anghie, »Heart of My Home«; ders., »Francisco de Vitoria«; ders., »Finding the Peripheries« und ders., »Universality and the Concept of Governance«. Zur Rolle des Mandatssystems siehe insbesondere ders., »Heart of My Home« sowie ders., »Time Present and Time Past«.

6 Diese Blickverengung ist von Völkerrechtlern, die der Geschichte nichteuropäischer Völker mehr Bedeutung zumessen, kritisiert worden. Siehe allgemein Abi-Saab, »International Law« und Yasuaki, »When was the Law of International Society Born?«.

nale und globale Entwicklung jener Zeit angemessen beschrieben werden.[7] Ich argumentiere, dass zwei Kernelemente des Kolonialismus, die kulturelle Unterwerfung und die wirtschaftliche Ausbeutung, keine fehlgeleiteten Begleiterscheinungen des internationalen Systems waren, die mit der Dekolonisierung und mit der Gewährung des Selbstbestimmungsrechts korrigiert werden konnten. Vielmehr sind Unterwerfungs- und Ausbeutungsverhältnisse in internationalen Beziehungen bis heute zentral geblieben und haben Analysekategorien und Problemwahrnehmungen hervorgebracht, die das Verständnis des Völkerrechts insgesamt weiterhin prägen.

Das Völkerrecht sollte nicht primär als Regulierungsinstrument zwischenstaatlicher Ordnung, sondern viel stärker vor dem Hintergrund kultureller Differenz gesehen werden – jener Differenz, die laut zahlreichen Völkerrechtlern Jahrhunderte lang die zivilisierten europäischen und die vermeintlich unzivilisierten nichteuropäischen Staaten voneinander geschieden hatte. Das Problem der kulturellen Differenz verweist auf einen größeren Sachverhalt, den man vereinfachend als eine »Dynamik der Differenz« bezeichnen könnte, die aus drei aufeinander folgenden Schritten besteht: Erstens wird eine fundamentale Trennung zwischen der europäischen Welt und den nichteuropäischen Welten postuliert. Zweitens werden Rechtssätze formuliert, welche diese Trennung überbrücken. Auf ihrer Basis werden Rechtsinstitutionen und Verwaltungstechniken geschaffen, welche die zunächst postulierte Differenz zwischen Europa und den nichteuropäischen Welten wieder verwischen und einen uniformen beziehungsweise universellen Rechtsraum schaffen. Drittens kommt es zu Sanktionen, wenn als »unzivilisiert« und »rückständig« geltende »Eingeborene« die universalisierenden Rechtssätze, Institutionen und Techniken nicht beachten oder verletzen. Der Antrieb aller Zivilisierungsmissionen, die Herstellung und Aufrechterhaltung von Differenzen, findet sich gerade auch im Völkerrecht jener Zeit, als es versuchte, universelle Geltung zu erlangen.[8]

Am Beispiel des Mandatssystems des Völkerbunds kann man allerdings zeigen, dass sich Souveränität nicht reibungslos auf die außereuropäische Welt ausdehnen und übertragen ließ.

---

7 Der hier vorgeschlagene Zugang verdankt jenen Autorinnen und Autoren viel, die bisweilen in durchaus problematischer Weise auf eine »postkoloniale« Perspektive reduziert worden sind. Siehe allgemein Said, *Orientalism*; ders., *Culture and Imperialism*; Spivak, *Critique of Postcolonial Reason*; Bhabha, *The Location of Culture*, sowie Chakrabarty, *Provincializing Europe*. Eine stärker marxistische Zugangsweise bieten Hardt/Negri, *Empire*.

8 Siehe allgemein Bartelson, *Genealogy of Sovereignty*.

Wenn der spezifische Charakter nichteuropäischer Souveränität die These unterstützt, dass keineswegs alle Staaten in gleicher Weise als souverän gelten und dass diese Ungleichheit nicht entgegen den Rechtssätzen und Institutionen weiter besteht, sondern gerade ein Ergebnis der Begründungslogik des Völkerrechts selbst und der Struktur seiner Institutionen ist, dann hat dies die weitreichende Konsequenz, dass Grundannahmen des Völkerrechts und sein Kernbegriff der Souveränität neu zu denken sind. Zugleich ist diese Beobachtung von großer Tragweite für die Länder der Dritten Welt und deren Beschäftigung mit dem Phänomen des Neokolonialismus und der Entwicklungszusammenarbeit. Auch über den Zeitpunkt hinaus, zu dem die Länder der Dritten Welt ihre Unabhängigkeit erlangten, haben die internationalen Beziehungen ihren kolonialen Charakter behalten.[9] Politiker der Dritten Welt und Völkerrechtsexperten haben hierauf immer wieder hingewiesen.[10]

Im folgenden Abschnitt werden einige Debatten über Souveränität, Völkerrecht und internationale Institutionen in der Zwischenkriegszeit skizziert. Der anschließende Teil ist fokussiert auf die politischen Maßnahmen, die der Völkerbund zur Förderung der Selbstverwaltung und der Souveränität der Mandatsgebiete ergriff. Dabei wird insbesondere untersucht, welche Bedeutung man in diesem Zusammenhang der wirtschaftlichen Entwicklung zumaß und auf welche Weise der wirtschaftswissenschaftliche Diskurs die angestrebten politischen Maßnahmen mitbestimmte und einige Probleme ihrer Implementierung löste. Der letzte Teil dieses Aufsatzes geht dann auf den singulären Charakter der nichteuropäischen Souveränitätskonstruktion ein und beleuchtet die Macht- und Disziplinierungstechniken, die vom Mandatssystem zur Steuerung der Beziehungen zwischen europäischen und nichteuropäischen Gesellschaften eingesetzt worden sind. Im Schlussteil wird dann versucht, das Vermächtnis des

---

9 Siehe die Definition des »Neokolonialismus« bei Kwame Nkrumah: »The essence of neocolonialism is that the State which is subject to it is, in theory, independent and has all the outward trappings of international sovereignty. In reality its economic system and thus political policy is directed from outside«. Zitiert nach Young, *Postcolonialism*, S. 46.

10 Siehe allgemein Bedjaoui, *New International Economic Order* sowie Chimni, *International Law*. Diese Ansätze sind weiterentwickelt worden zur *Critical Race Theory* und zur *Lat-Crit Theory*. Siehe zu diesen neueren Theoriesträngen die entsprechenden Konferenzberichte in *Harvard International Law Journal*, Jg. 41 (2000), S. 595ff.; in *Villanova Law Review*, Jg. 45 (2000), S. 827ff. sowie in *University of Miami Inter-American Law Review*, Jg. 28 (1997), S. 177ff., beziehungsweise Gathii, »Alternative and Critical«; Gordon, »Critical Race Theory« und Iglesias, »LatCrit Theory«.

Mandatssystems in den Blick zu nehmen und Perspektiven für die Gegenwart zu entwickeln.

1. Die rechtsgeschichtliche Besonderheit des Mandatssystems

Der Zweck des Mandatssystems bestand – wie bereits angedeutet – darin, die Interessen von sogenannten »rückständigen« Gesellschaften zu schützen, ihren Wohlstand und ihre Entwicklung zu fördern und sie auf die künftige Selbstverwaltung oder die politische Unabhängigkeit vorzubereiten.[11] Im Namen des Völkerbundes übernahmen Frankreich, Belgien und Großbritannien, sowie die Südafrikanische Union, Australien, Neuseeland und Japan zu diesem Zweck die Verwaltung der betreffenden Territorien.[12]

Es entstanden zwei neue Rechtsverbindlichkeiten. Einerseits verpflichteten sich die Mandatsmächte, für das Wohlergehen der Bevölkerung in den Schutzgebieten zu sorgen. Und andererseits schrieb sich das Mandatssystem selbst eine Überwachungspflicht der Mandatsmächte zu. Die rechtliche Grundlage für diese zwei Bürgschaften war Artikel 22 der Völkerbundssatzung. Sein Absatz 1 lautet:

»Auf die Kolonien und Gebiete, die infolge des Krieges aufgehört haben, unter der Souveränität der Staaten zu stehen, die sie vorher beherrschten, und die von solchen Völkern bewohnt sind, die noch nicht imstande sind, sich unter den besonders schwierigen Bedingungen der heutigen Welt selbst zu leiten, finden die nachstehenden Grundsätze Anwendung: Das Wohlergehen und die Entwicklung dieser Völker bilden eine heilige Aufgabe der Zivilisation, und es ist geboten, in die gegenwärtige Satzung Bürgschaften für die Erfüllung dieser Aufgabe aufzunehmen.«[13]

11 Die Frage, welche Rolle dem Rechtssystem in diesem Entwicklungsprozess zukomme, war zu jener Zeit Gegenstand zahlreicher rechtswissenschaftlicher Abhandlungen. Siehe z.B. Lindley, *Acquisition and Government of Backward Territory*; Snow, *Question of Aborigines* und Fenwick, *Wardship*.

12 Die Idee, einzelne Gebiete unter internationale Hoheit zu stellen, war nicht neu. Bereits auf der Berliner Konferenz von 1885 war beispielsweise vorgeschlagen worden, die Verwaltung des Kongo einem internationalen Gremium zu übertragen. Siehe Wright, *Mandates*, Anm. 2, S. 18ff.

13 Völkerbundssatzung, Art. 22, Abs. 1, http://www.documentarchiv.de/wr/vv01.html (10.3.2009).

Das Ende des Ersten Weltkriegs und die Entstehung des Völkerbunds stellten sowohl die Souveränitätskonzeption als auch den rigiden Formalismus des herrschenden positivistischen Völkerrechts in Frage.[14] Gleichwohl blieben Staaten, unbenommen der Bedeutung internationaler Organisationen, die tragenden Akteure des Völkerrechts.[15] Einige Juristen der Zwischenkriegszeit revidierten den Souveränitätsbegriff und versuchten, seinen zentralen Stellenwert für das Völkerrecht abzuschwächen. Doch es gab hierauf auch Gegenreaktionen, die die Fortdauer der unbegrenzten Gültigkeit von Souveränität weiterhin herausstellten.[16]

In der Tat hob der Völkerbund die Notwendigkeit zwischenstaatlicher Verträge und Abkommen auf der Grundlage nationalstaatlicher Souveränität nicht auf.[17] Selbst internationale Organisationen, die Eingriffe in diese Souveränität vornahmen, hielten ihre Bedeutung immer wieder hoch. Legendär ist die Festlegung des Ständigen Internationalen Gerichtshofes von 1927: »Restrictions upon the independence of States cannot therefore be

14 Das Mandatssystem war nicht das einzige große Experiment des Völkerbundes im Bereich der Schaffung neuer Nationalstaaten. Zeitgleich versuchte der Völkerbund auch, den entfesselten Nationalismus europäischer Staaten durch eine Reihe von Abkommen zum Schutz von Minderheiten zu domestizieren. Auch dieses Vorhaben ging mit dem Versuch einher, die Souveränität der Nationalstaaten einzuschränken. Eine brillante Darstellung hierzu bietet Berman, »Alternative is Despair«, S. 1821–1873 (wo einzelne Abkommen zum Schutz von Minderheiten verglichen und ihre Umsetzung analysiert werden). Siehe auch Berman, »Perilous Ambivalence«, S. 369–377 (wo zwei Entscheide des Ständigen Internationalen Gerichtshofes verglichen werden, die beide »[go] to the heart of the Versailles system for resolution of the nationalities question«).

15 1940 hielt der Politologe und Völkerrechtler Hans J. Morgenthau in einer Studie über den Einfluss des Positivismus auf die Rechtswissenschaft fest, keine der vorgeschlagenen alternativen Konzeptionen habe »the predominance of positivist thought over the science of international law« beschädigt. Morgenthau, »Positivism«, S. 264.

16 Diese Position vertrat zum Beispiel Percy Corbett. Alle völkerrechtlichen Entwicklungen der Zeit und so auch die Schaffung des Völkerbunds seien – so die von ihm vertretene These – Ergebnisse staatlicher Souveränität. Er sah in ihnen sogar einen Beleg für die sich immer höher entwickelnde Ausdrucksform von souveräner nationalstaatlicher Macht und für die ungebrochene Stärke der positivistischen Konzeption. Corbett argumentierte auch, der Völkerbund sei nicht *sui generis* ein neues Konstrukt, sondern könne im Begriffsrahmen des Positivismus als Willensbekundung der einzelnen Staaten gesehen werden. Siehe Corbett, *Growth of World Law*, S. 37f. (wo er die zentrale Bedeutung der Souveränität der Einzelstaaten im Entstehungsprozess des Völkerbunds betont).

17 Siehe Oppenheim, *International Law*, § 167.

presumed«.[18] Sogar dann, wenn einzelne Staaten sich an übergeordnete Rechtssetzungen gebunden hatten, sprach man von einem Akt der Souveränität.[19]

Im Grunde genommen blieb der Völkerbund dem Willen der souveränen Mitgliederstaaten untergeordnet. In den Mandatsgebieten war das Gegenteil der Fall. Internationale Organisationen traten hier nicht als das Produkt souveräner Staaten auf, sondern sie übernahmen im Gegenteil die Aufgabe, jenen Gesellschaften unter Mandatshoheit, die »noch nicht imstande sind, sich unter den besonders schwierigen Bedingungen der heutigen Welt selbst zu leiten«, Souveränität zu verleihen.[20] Im Rückgriff auf die Menschenrechte konnten die internationale Rechtssprechung und die internationalen Organisationen des frühen 20. Jahrhunderts in das Verhältnis zwischen souveränen Staaten und ihren einzelnen Bürgern eingreifen.[21] Das Mandatssystem zielte damit letztlich weniger darauf ab, die Rechte der souveränen Einzelstaaten zu beschränken, sondern vielmehr Souveräne zu schaffen.

---

18 S. S. Lotus (Frankreich gegen Türkei), 1927. Ständiger Internationaler Gerichtshof, Serie A, No. 10, (7.9.1927), S. 18.

19 In der ersten Streitsache, die vor den Ständigen Internationalen Gerichtshof kam, hielt dieser fest: »The Court declines to see in the conclusion of any treaty by which a State undertakes to perform or refrain from performing a particular act an abandonment of its sovereignty. No doubt any convention creating an obligation of this kind places a restriction on the exercise of the sovereign rights of the State, in the sense that it requires them to be exercised in a certain way. But the right of entering into international engagements is an attribute of State sovereignty.« S.S. Wimbledon (Großbritannien, Frankreich, Italien und Japan gegen Deutschland), 1923. Ständiger Internationaler Gerichtshof, Serie A, No. 1, (17.8.1923), S. 25.

20 Der Völkerbund hat über einzelne Gebiete selbst Souveränität ausgeübt, beispielsweise über das Saarland. Aber er hat nie formal das Recht erhalten, Souveränität zu setzen. Siehe Corbett, »What Is the League of Nations«, S. 126–136. Geradezu axiomatisch stellen in diesem Zusammenhang zahlreiche Lehrbücher die Entstehung einer überstaatlichen Begründung der Menschenrechte als revolutionären Bruch mit der Geschichte des Völkerrechts dar, weil damit das fundamentale Prinzip der territorialen Souveränität unterlaufen worden sei, das seit der Herausbildung des modernen europäischen Nationalstaats und seiner völkerrechtlichen Theoretisierung durch den Schweizer Juristen Emer von Vattel im 18. Jahrhundert galt. Siehe z.B. Shinoda, *Reexamining Sovereignty* (der den Einfluss der Menschenrechte auf die Souveränitätstheorie untersucht) sowie Shen, »National Sovereignty«.

21 Die überstaatlich begründeten Menschenrechte zeichneten sich selbstverständlich durch viele weitere Besonderheiten aus, so etwa durch den zivilisierenden Einfluss, den sie auf das Verhalten von Nationalstaaten ausübten. Viele Völkerrechtler haben aber bereits die Erosion der Souveränität an sich als revolutionär empfunden.

Kennzeichnend für das Mandatssystem und die Völkerrechtler der Zwischenkriegszeit war auch eine Terminologie, welche explizit die Begriffe »Bewusstsein« und »Unterbewusstsein« aus der Psychoanalyse Sigmund Freuds aufnahm.[22] So sprach beispielsweise Geoffrey Butler 1920 von einer »unterbewussten Sphäre« staatlicher Interessen, die zur »bewussten Sphäre« der internationalen Beziehungen in einem ähnlich komplizierten Verhältnis stünden, wie das Unterbewusste zum Bewussten in der Psychologie des Individuums. Die Völkerrechtler nahmen einen Kunstgriff vor, der es ihnen erlaubte, Staaten und Individuen zu parallelisieren. Die vielfältigen und widerstreitenden Triebe und Präferenzen, die im Unterbewussten einer Psyche erst durch langwierige Analyse benannt werden konnten, entsprachen in dieser Konstruktion den divergierenden Interessen von gesellschaftlichen Gruppen innerhalb einer Nation. Diese waren dem Völkerrecht auf direktem Wege ebenso schwer zugänglich, wie es die Struktur des Unterbewussten für die Psychologie war. Das individuelle Bewusstsein hingegen, das in der Psychologie den Bereich rationaler Handlungsmotivationen betrifft, fand seine Entsprechung in den klar artikulierten Absichten und Interessen souveräner Nationalstaaten gegenüber anderen solchen Staaten. Während sich das Völkerrecht bisher ausschließlich auf den gewissermaßen »bewussten« Bereich interstaatlicher Beziehungen konzentriert hatte, zu deren Regulierung die internationalen Organisationen geschaffen wurden, hielten Butler und andere Autoren im Rückgriff auf die Psychoanalyse neu fest, auch die innerstaatlichen Auseinandersetzungen seien in die Rechtstheorie mit einzubeziehen.[23] Dabei begann man sich für Soziologie, Politikwissenschaft und Ökonomie zu interessieren. Denn die mit der Struktur des Unterbewussten in der individuellen Psyche analogisierten gesellschaftlichen Machtkämpfe innerhalb einer souveränen Nation schienen sich dann erklären und fassen zu lassen,

22 So hob James Leslie Brierly zum Beispiel die Rolle des »sozialen Bewusstseins« der Staaten für das Völkerrecht hervor. Brierly, *Law of Nations*, S. 35. Siehe zur Rezeption von Freud insbesondere Carty, »Interwar German Theories«.

23 Butler legte allerdings Wert auf die Feststellung, dass es sich hier um eine Analogie handele, die nicht überstrapaziert werden dürfe: »We have heard much in recent times from the psychologists as to the existence of a subconscious sphere, whence flow into the consciousness of the individual motives and promptings, which, in certain circumstances dominate his action. In the light of this image and for the purpose of illustration only, we may visualise the nation state.« Butler, »Sovereignty«, S. 42ff. Freuds *Traumdeutung* war 1900 auf Deutsch erschienen und lag 1913 in einer englischen Übersetzung von A. A. Brill vor. Siehe Freud, *Interpretation*, S. xi.

wenn man die jeweilige Gesellschaftsstruktur und die wirtschaftlichen Gegebenheiten in dieser Nation in den Blick nahm.

Während die innere Struktur des souveränen europäischen Staates dem Blick weiterhin nur schwer zugänglich blieb, öffnete das Mandatssystem in der Zwischenkriegszeit dem Völkerrecht und den internationalen Organisationen einen vollständigen Zugang zum Innenleben einzelner außereuropäischer Gesellschaften. Durch das Mandatssystem konnte das Völkerrecht im Inneren dieser Kollektive soziale und politische Infrastrukturen aufbauen, die für das Funktionieren eines souveränen Staates notwendig schienen.[24] So ließ sich Souveränität nicht im Kontext von Krieg und Frieden studieren, sondern in einer ganz anderen Konstellation von Beziehungen, die für das Verständnis der nichteuropäischen Welt zentral zu sein schien. Innerhalb des Mandatssystems wurden Souveränitätsfragen kaum von den Wirtschaftsbeziehungen zwischen kolonisierenden und kolonisierten Völkern getrennt und fest an die kulturelle Differenz zwischen »fortgeschrittenen« westlichen Ländern und »rückständigen« Mandatsgebieten gebunden. Darüber hinaus fanden Völkerrechtler wie Roscoe Pound, Alejandro Alvarez oder Manley Hudson im Mandatssystem Argumente für die wirtschaftlichen, politischen und gesellschaftlichen Bedingungen, unter denen ein souveränes Staatswesen entstehen konnte. Um die hier entworfenen Rechtssysteme theoretisch unterfüttern zu können, musste die Rechtswissenschaft mit der Soziologie, der Politikwissenschaft und den Wirtschaftswissenschaften in einen Dialog treten. Internationale Organisationen boten außerdem bei der praktischen Umsetzung ein günstiges Umfeld. Sie stellten Interventionstechniken zur Reorganisation des staatlichen Innenlebens bereit, die dem Völkerrecht bisher nirgends zur Verfügung gestanden hatten.

Aus der Perspektive vieler Juristen der Zeit war die wichtigste Neuerung des Mandatssystems sein komplexes Verhältnis zur traditionellen Souveränitätsdoktrin. Kolonialgebiete waren nie leicht mit den hergebrachten Souveränitätskonzeptionen zu vermitteln gewesen.[25] So stellte sich die Frage, wer nun der eigentliche Träger der Souveränität in Mandats-

24 Man könnte die Gesellschaften der Mandatsgebiete auch mit dem Unterbewussten gleichsetzen. Oft wird die Begegnung mit dem Unterbewussten als eine Reise in die Vergangenheit oder als Konfrontation mit dem »Primitiven« beschrieben, in diesem Fall mit den vermeintlich rückständigen Mandatsvölkern. Eine solche Interpretation bietet sich mit Blick auf Marlows Reise geradezu an. Siehe Conrad, *Heart of Darkness*.

25 Siehe Willoughby/Fenwick, *Restricted Sovereignty*, S. 5–13.

gebieten sein solle. Einigkeit herrschte darüber, dass die Verlierermächte des Ersten Weltkrieges ihre Herrschaftsansprüche auf koloniale Besitzungen mit den Versailler Friedensverträgen verloren hatten.[26] Aber worin die Souveränität über die Mandatsgebiete genau bestehen sollte, wie sie zu begründen war, und wo sie liege, blieb trotz ausgiebiger Debatten ungeklärt.[27] Als mögliche Kandidaten für die Position des Souveräns galten der Völkerbund, die Mandatsmächte oder auch das Mandatsgebiet selbst – dem eine »latente« Souveränität zugesprochen wurde, die sich mit dem Ende des Mandatsverhältnisses dereinst voll entfalten würde.[28]

Festzuhalten ist: Im Mandatssystem waren internationale Organisationen und das Völkerrecht aktiv am Konstruktionsprozess von Souveränität beteiligt, indem sie die gesellschaftliche Basis, eine adäquate Sozialstruktur und die politische, soziale und wirtschaftliche Substanz des juristischen Staatswesens aufzubauen halfen. Diese Vorgehensweise stärkte die Annahme, dass sich unterschiedliche Souveränitätsstufen unterscheiden ließen. Sie kam in der Klassifikation der A-, B- und C-Mandate zum Ausdruck, mit der der Völkerbund die Mandatsgebiete nach dem Stand ihrer politischen und wirtschaftlichen Entwicklung differenzierte.[29] Souveränität, so die Vorstellung, existiere in Form eines linearen Kontinuums, in dem jede Gesellschaft so lokalisiert werden könne, dass ihr Annäherungsgrad an das Modell des europäischen souveränen Nationalstaats klar zum Ausdruck komme. Je größer die Nähe zu diesem Modell war, um so eher schien die Beendigung des Mandatsverhältnisses möglich.

---

26 Siehe hierzu allgemein Corbett, »What Is the League of Nations«. Diese Analyse stand ganz in der positivistischen Tradition, die Souveränität als streng rechtliche Kategorie verstand und die aktuelle Rechtslage für ein gegebenes Gebiet aus der Rekonstruktion historischer Rechtsübertragungen zu erschließen versuchte.

27 Hieran beteiligten sich McNair, Corbett, Wright und andere. Vgl. Oppenheim, *International Law*, § 94f. (wo McNair seine Ansichten in ausführlichen Anmerkungen darlegt). Corbett, »What Is the League of Nations«; Wright, *Mandates*, S. 319–338.

28 Arnold McNair hat diese letzte Position noch als Richter am Internationalen Gerichtshof vertreten. Er betonte 1950: »The doctrine of sovereignty has no application to this new system. Sovereignty over a Mandated Territory is in abeyance; if and when the inhabitants of the Territory obtain recognition as an independent State […] sovereignty will revive and vest in the new State.« Internationaler Status von Südwestafrika, 1950. Ständiger Internationaler Gerichtshof, Serie XXX, No. 10, (11.7.1950), S. 150 (Abweichende Meinung von Richter McNair).

29 Die Differenzierung in A-, B- und C-Mandate ist nicht nur das kontingente Resultat der politischen Verhandlungen in Versailles. Die Selbstverständlichkeit, mit der die Mandatskommission die Differenzierung aufgenommen und implementiert hat, legt nahe, dass ihr im Urteil der Zeitgenossen große Plausibilität zukam.

2. Regierung, Souveränität und Ökonomie

Das neue Völkerrecht befasste sich nicht nur mit der Entwicklung neuer Rechtstechniken, sondern auch mit ihrer Anwendung, um spezifische soziale Zielsetzungen zu erreichen, die man als »live needs of our present day society«[30] verstand. Im Rahmen des Mandatssystems musste die Ständige Mandatskommission deshalb eine Vision der künftigen wirtschaftlichen, politischen und sozialen Struktur ihrer Mandatsgebiete entwerfen, um daraus die Maßnahmen ableiten zu können, die »das Wohlergehen und die Entwicklung dieser Völker« befördern, ihren Schutz gewährleisten und das Ziel der Selbstverwaltung erreichbar machen konnten.[31] Meine These ist, dass dabei die an sich komplexen Begriffe des »Wohlergehens« und der »Entwicklung« ausschließlich ökonomisch interpretiert worden sind. In der Folge lancierte das Mandatssystem eine Art von Wirtschaftsentwicklung, die für die Mandatsgebiete weitgehend nachteilig war. Das Primat der ökonomischen Entwicklung dominierte alle anderen Aspekte der Sozialpolitik und bestimmte darüber hinaus auch den Charakter der Regierungssysteme, die man in den Mandatsgebieten aufbaute. Hier verdichtete sich die Dominanz des Ökonomischen zu einer »Ökonomisierung des Regierens« oder gar zu einer »Ökonomisierung der Souveränität«.

Jene Ökonomisierung wiederum entsprach einer zunehmend dichten Regulierung der Verhältnisse in den Mandatsgebieten. Regulierungsmaßnahmen lehnten sich mangels weiterer Vorbilder geradezu zwangsläufig an das Modell des »aufgeklärten« Kolonialismus an.[32] H. Duncan Hall stellte beispielsweise 1948 fest, ein gut verwaltetes Mandatsgebiet sei praktisch identisch mit einer gut verwalteten Kolonie, weil jeweils treuhänderisch

30 Siehe Hudson, »Prospect«, S. 435.

31 Das Zitat entstammt Art. 22, Abs. 1 der Völkerbundssatzung. Immerhin hat Hall betont, »[s]elf-government is the central positive conception of the Mandate System set out in Article 22 of the League Covenant«. Hall, *Mandates*, S. 94.

32 Vgl. die These Furnivalls zum Wandel der britischen Kolonialpolitik vom ursprünglichen *laissez faire* zu immer dichteren Regulierungswerken. Siehe Furnivall, *Colonial Policy*. Viele Beobachter erwarteten vom Mandatssystem eine Vorbildwirkung auf die Kolonialmächte. Andere betonten hingegen, die Ständige Mandatskommission könne vom Erfahrungsschatz der fortschrittlichsten Kolonialverwaltungen profitieren. Wright wies darauf hin, dass faktisch die britische und die französische Kolonialpolitik in Westafrika nachvollzogen werde. Wright, *Mandates*, S. 544. Dabei spielte Lord Lugards *Dual Mandate* eine wichtige Rolle. Für Lugards Beiträge zu den Debatten über den rechtlichen Status afrikanischer Gesellschaften im ausgehenden 19. Jahrhundert siehe Anghie, »Finding the Peripheries«, S. 42f.

rechtsstaatliche Prinzipien, Freiheiten des Individuums und Sicherheit des Eigentums garantiert würden, wobei die Prinzipien des »indirect rule« und einer »open door policy« verfolgt würden.[33]

Und John S. Furnivall, der lange in der Kolonialverwaltung von Burma gewirkt hatte, hielt 1948 in der Studie *Colonial Policy and Practice* fest, das Primat der Wirtschaft entfalte eine Eigendynamik, der selbst die Kolonialregierungen weitgehend machtlos gegenüber stünden. Soziale Beziehungen würden auf ökonomische Verhältnisse reduziert, politische Herrschaft sei lediglich ein Mittel um den Markt zu fördern und mit der Auflösung traditioneller Verhaltenskontrollen »there remain[ed] no embodiment of social will or representative of public welfare to control the economic forces which the impact of the West release[d]«.[34]

Selbstverständlich spielte das Rechtssystem in diesem Prozess eine zentrale Rolle. Aber die Rechtsstaatlichkeit, die von den Kolonialmächten als wichtiges Element des anstehenden Modernisierungsprozesses hochgehalten wurde, verstärkte noch die unkontrollierbare Ökonomisierung der Kolonien.[35]

Vor wenigen Jahren hat David Abernethy, ausgehend von der Tatsache, dass die kolonialen Wirtschaftssysteme ganz auf die Exportwirtschaft ausgerichtet waren, herausgestellt: Die Einbindung der kolonialen Wirtschaft in den weltwirtschaftlichen Güteraustausch führte zu Abhängigkeitsverhältnissen, die in der Wirtschaftskrise der 1930er Jahre besonders virulent wurden.[36] Dabei floss den Bevölkerungen der Kolonien und der Man-

33 Hall argumentierte, »an experienced observer, crossing over from an ordinary dependency in Africa into an adjoining mandated area administered by the same power, would be hard put to it to find any real distinctions between the one and the other«. Hall, *Mandates*, S. 93.

34 Furnivall, *Colonial Policy*, S. 297ff. Das Zitat findet sich auf S. 298. Furnivalls Analyse ist gerade deshalb überzeugend, weil ihr jegliche Sympathie für traditionelle Wirtschaftsweisen fehlt.

35 Furnivall bemerkte hierzu: »[T]hroughout the nineteenth century commerce was the main object of dominion, and the promotion of freedom by the rule of law, was both congenial and profitable. Direct rule of law was accordingly adopted in the name at first of commerce and freedom, and later of efficiency and welfare; the tradition of rule of law survived when, during the present century, the development of colonial resources came into the foreground, and policy shifted in the direction of capitalist autonomy.« Furnivall, *Progress and Welfare*, S. 60.

36 Abernethy hierzu: »Because of such policies, the typical colony's economic prospects were unusually dependent on forces operating outside its boundaries and beyond its control.« Abernethy, *Dynamics of Global Dominance*, S. 114.

datsgebiete für die Güter, die sie bereitstellten, kaum je ein angemessener Gegenwert zu.[37]

Die Dominanz des ökonomischen Denkens hat überdies die Struktur von Machtverhältnissen verändert, die Legitimität von Autorität verschoben und die Deutungskulturen jener Gesellschaften durcheinander gebracht, die unter der Treuhandschaft des Völkerbunds standen.

Letztlich waren die dem Mandatssystem immanenten Probleme selbst für seine entschiedensten Verfechter offensichtlich. Es stellten sich die Fragen: War das Mandatssystem gemessen an seinen eigenen Ansprüchen erfolgreich?[38] War »wirtschaftliche Entwicklung« tatsächlich mit dem Ziel in Einklang zu bringen, das »Wohlergehen« lokaler Bevölkerungen zu schützen? Hatte beispielsweise der Begriff des »Lohnniveaus« in solchen Gesellschaften irgendeinen Sinn, die außerhalb der monetarisierten Marktwirtschaft standen?[39] Viele Mitglieder der Ständigen Mandatskommission teilten im Grunde solche Zweifel und verstiegen sich hin und wieder zu Aussagen wie der folgenden: »[I]f the native races are dying out, it [is] clear that their moral and material welfare was being sacrificed.«[40]

Das Mandatssystem des Völkerbunds blieb tatsächlich von einem tiefen Widerspruch geprägt: In dem Versuch, die ihm unterstellten Mandatsbevölkerungen aus den »besonders schwierigen Bedingungen der heutigen Welt«[41] zu befreien, verfestigte es gerade diese Bedingungen. Dieses Dilemma ist bis heute für viele internationale Organisationen prägend, die sich der Lösung globaler Probleme verschreiben, von denen sie genau besehen selbst ein integraler Teil sind.

---

37 Allgemein siehe Woolf, *Empire and Commerce*, sowie Rodney, *How Europe Underdeveloped Africa*.

38 Quincy Wright stellte diese Frage bereits 1930, fand aber keine klare Antwort – auch nicht in den sorgfältig differenzierten Hinsichten des juridischen Systems, der technischen Innovation und der statistischen Erfassung, die er extra zu diesem Zweck entwarf. Stattdessen realisierte der Politologe und pragmatische Völkerrechtler Wright immer klarer, dass die statistischen Verfahren, deren er sich ausgiebig bediente, zu keinen objektiven Einsichten führten, sondern vor verschiedenen kulturellen Hintergründen ganz unterschiedliche Bedeutung annahmen. Resigniert hielt er fest: »Because of the difficulties of statistical analysis and the presence of many imponderable factors, perhaps the subjective judgment of competent historians and observers in the areas is as reliable as the results of more refined methods.« Wright, *Mandates*, S. 549.

39 Siehe allgemein ebd., S. 540–581 (wo er die Errungenschaften des Mandatssystems kritisch kommentiert).

40 William Rappard, ein Mitglied der Mandatskommission, zitiert in ebd., S. 550.

41 Völkerbundssatzung, Art. 22, Abs. 1, http://www.documentarchiv.de/wr/vv01.html (10.3.2009).

3. Das Mandatssystem und die Auflösung der Souveränität

Formale Souveränität wird in der Rechtswissenschaft an die Ausübung tatsächlicher Regierungsgewalt gebunden.[42] Nach Michel Foucault, dem meine Überlegungen viel verdanken, kann man allerdings spezifische Herrschaftstechniken, die nicht auf dem staatsrechtlichen Konzept der politischen »Souveränität«, sondern auf wirtschaftlicher Macht beruhen, folgendermaßen beschreiben: »[T]he very essence of government – that is, the art of exercising power in the form of economy – is to have as its main objective that which we are today accustomed to call ›the economy‹.«[43]

In diesem Sinne übertrug das Mandatssystem nur einen leeren Souveränitätsbegriff auf die Mandatsbevölkerungen, ohne ihn mit der entsprechenden Verfügungsmacht über die politische Ökonomie zu füllen.

Michel Foucault hat in seiner Analyse der wechselseitigen Verflechtungen von Souveränität, Regierung und Wirtschaft gezeigt, wie wichtig administratives Wissen für die moderne Gouvernementalität war. Er beschrieb: »the movement that brings about the emergence of population as datum, as a field of intervention and as an objective of governmental techniques, and the process which isolates the economy as a specific sector of reality, and political economy as the science and the technique of intervention of the government in that field of reality.«[44] Das Mandatssystem ist ein deutli-

42 So neigten pragmatische Völkerrechtler wie Lansing stets dazu, Souveränität am realen Machtgehalt von Regierungen zu messen und die Rechtsform der Souveränität auf soziopolitische Realitäten zurückzubinden. Lansing, *Notes on Sovereignty*, S. 61–65.

43 Foucault, »Governmentality«, S. 92. Foucaults Beobachtung, dass sich die moderne Gouvernementalität im Deutungshorizont der politischen Ökonomie ausbildete und dabei ältere Konzeptionen ablöste, die mehr auf Souveränitätsfragen ausgerichtet waren, ist für die Analyse des Mandatssystems hilfreich. Nach Foucault ist die neue Wissenschaft der politischen Ökonomie aus der Entdeckung der vielfältigen Beziehungen zwischen Bevölkerung, Territorium und Wohlfahrt heraus entstanden und hat neue Interventionsformen im Bereich der Bevölkerungs- und der Wirtschaftspolitik hervorgebracht. Michel Foucault hat im 18. Jahrhundert einen tiefgreifenden Wandel gesehen, der von einer älteren Kunst des Regierens zur neuen politischen Wissenschaft führte und der Herrschaftskonzepte, die sich ganz um die Position des Souveräns drehten, durch eine stark technisierte Regierungsform ersetzte, die sich auf die Bewirtschaftung der Bevölkerung konzentrierte und die politische Ökonomie hervorbrachte. Foucault, *Governmentality*, S. 101. Wie fruchtbar Foucaults Ansätze für die Rechtswissenschaft sein können, zeigt Kennedy, *Sexy Dressing*, Kapitel 3, S. 83–125.

44 Foucault, »Governmentality«, S. 102. Foucault ergänzt: »sovereignty is far from being eliminated by the emergence of a new art of government [...]; on the contrary, the problem of sovereignty is made more acute than ever«. Ebd., S. 101.

ches Beispiel dafür, wie das Völkerrecht ein neues Gefüge von Institutionen und Rechtstechniken entwarf, um die Ökonomie einer nicht-souveränen Einheit zu verwalten. Doch im Gegensatz zum europäischen Staat, dem Foucaults Aufmerksamkeit galt, war das spezifische Objekt der Verwaltung in den Mandatsgebieten eine koloniale Ökonomie, die auf Ungleichheit gründete. Die Asymmetrien des Systems sind von John A. Hobson und Leonard Woolf bereits 1902 respektive 1920 analysiert worden und auch Gegenstand zahlreicher späterer Untersuchungen etwa von Andre Gunder Frank oder Samir Amin gewesen.[45] Letztlich haben es die von den Mandatsmächten aufgebauten Verwaltungsstrukturen den Bevölkerungen der Mandatsgebiete stark erschwert, effektive Regierungsfunktionen zu übernehmen – entgegen allen Absichtserklärungen, dass es um die Entfaltung von Selbstverwaltung gehe. Das Resultat war die Festschreibung von umfassenden wirtschaftsstrukturellen Ungleichheiten in einem System, das formal politische Gleichheit garantieren wollte.[46]

Die Ständige Mandatskommission hat in ihrem Bemühen, Selbstverwaltung zu fördern, die Mandatsmächte zu kontrollieren und den wirtschaftlichen Fortschritt der Mandatsgebiete zu beschleunigen, Wissensbestände in nie da gewesenem Umfang zusammengetragen. Man beschäftigte sich nicht nur mit rechtlichen Statusfragen, sondern auch mit Bevölkerungspolitik, Gesundheit, Bildung, Landbesitz, Löhnen, Arbeit, Deviseneinkünften, Rechtsstaatlichkeit, staatlichen Infrastrukturprojekten und mit öffentlichen Diensten.[47] Der Detaillierungsgrad, die Differenzierung der

---

45 Hobson, *Imperialism*; Woolf, *Empire and Commerce*. Siehe zum Beispiel Amin, *Imperialism*, oder Gunder Frank, *Underdevelopment*. Der Blick in die Debatten der Ständigen Mandatskommission zeigt, dass man ganz explizit die Schaffung einer abhängigen Wirtschaftsstruktur wünschte.

46 Diese Sachverhalte sind u.a. von Hale untersucht worden, der auf Marx zurückgeht. Siehe Hale, »Coercion«, S. 108. Der inhärente Zusammenhang zwischen formaler Gleichheit und rassischer bzw. ökonomischer Unterordnung ist von der *Critical Race Theory* untersucht worden. Siehe oben, Anm. 10.

47 Die Aufzählung stellt eine Auswahl der Gegenstände dar, die Wright auflistet und die er auf der Basis des der Ständigen Mandatskommission vorliegenden Materials bearbeitet. Wright, *Mandates*, S. xi–xiii. Quincy Wright erstellte umfassende Statistiken über die verschiedenen Mandatsgebiete, die zum Beispiel über Geburtenraten, Gesundheitsausgaben pro Kopf und das Invesititonsvolumen im Agrarsektor Auskunft gaben. Hierzu schrieb Wright: »French investigations in Togoland indicate that each woman on an average gave birth to 4.03 children during her life, of which 3.02 live after fifteen years.« Wright, *Mandates*, S. 533. Prokopfinvestitionen für Gesundheit pro Jahr bezifferte Wright mit: 0,07 $ in Togoland, 0,06 $ in Kamerun und Westafrika sowie 0,04 $ in Äquatorialafrika. Wright, *Mandates*, S. 533.

Informationstypen und die Techniken, mit denen die gesammelten Daten verarbeitet wurden, lassen auf den deutlichen Willen der Mandatsmächte und der zuständigen Kommissionen schließen, alle Lebenslagen vor Ort genauestens zu kennen.

So wurden denn auch die bedeutendsten Kolonialadministratoren der Zeit mit der Aufbereitung der Daten betraut. William Ormsby-Gore, der 1921/22 Großbritannien in der Mandatskommission vertrat, hielt bezüglich der einzelnen Mitgliedsländer der Ständigen Mandatskommission fest: »Its members must possess all knowledge – native law, native religion, native psychology, native customs, methods of combating disease and vice, understanding of climate, geographical and economic conditions, principles of colonial administration throughout the world from the beginning.«[48]

Das gesammelte Wissen diente verschiedenen Gremien des Völkerbundes in der täglichen Administration, in der Gesetzgebung und in der Rechtsprechung. Die Ständige Mandatskommission entwarf in ausführlichen Debatten über diese Informationen neue Leitlinien für die Mandatsmächte, nach denen diese die Mandatsgebiete verwalten sollten. Ebenso griff der Völkerbundsrat in seinem Gesetzgebungsprozess mehrfach auf dieses Wissen zurück. Und die Daten und Fakten aus den Mandatsgebieten flossen auch in die Rechtsprechung des Ständigen Internationalen Gerichtshofs ein, der sie wiederholt zur Begründung von Urteilen heranzog. Auch die Mandatskommission sprach auf ihrer Grundlage Recht, wenn sie beurteilen musste, ob die Mandatsmächte ihren Auftrag korrekt erfüllten. So gewannen die »Eingeborenen« in der Genfer Informationszentrale eine scheinbar starke Präsenz. In der Optik des Mandatssystems waren sie hier fast sichtbarer als in den Mandatsgebieten selbst. Man sprach über sie, während sie kaum selbst Möglichkeiten zur Äußerung erhielten.[49] Der Einsatz der neuen Überwachungs- und Verwaltungstechniken führte zur Entstehung einer neuen wissenschaftlichen Disziplin: den Kolonialwissenschaften.[50]

48 Ormsby-Gore, William: *The League of Nations Starts. An Outline by its Organizers*, London 1920, S. 119, zitiert nach Wright, *Mandates*, S. 137.

49 Weeramantry, *Nauru*, S. 172f., zeigt, wie sehr diese Repräsentationslogik die Artikulationsfähigkeit der lokalen Bevölkerungen beschnitt.

50 Wright, der wesentlich an diesem Vorhaben beteiligt war, schrieb: »Nothing less than a science of colonial administration based on a deductive and experimental method was here contemplated. The discovery by such a method and verification by practical appli-

Die Wirtschaftswissenschaften spielten hierbei eine zentrale Rolle. Sie standen für scheinbar universell gültige analytische Kategorien und eröffneten Möglichkeiten, die Besonderheiten der einzelnen Territorien in einen homogenen Raum wirtschaftlicher Entwicklungen zu stellen. Es schien nun legitim, die ökonomische Lage in Papua-Neuguinea mit jener in Kamerun zu vergleichen. Und innerhalb ökonomischer Betrachtungsweisen schien man Erfahrungen aus der Verwaltung von Papua-Neuguinea so objektivieren zu können, dass sie zu Handlungsanleitungen für Kamerun werden konnten. Die Ökonomisierung des Regierens und der Aufstieg der Ökonomie zur universellen Analyseform gingen Hand in Hand.

Vor diesem Hintergrund wurde es erst möglich, zugleich über A-, B- und C-Mandate zu sprechen oder die britische Verwaltung des Nahen Ostens und die französische Administration von Kamerun zu vergleichen. Die Besonderheiten jedes Territoriums und jeder Verwaltungspraxis stellten den Generalisierungsanspruch der Kolonialwissenschaften keineswegs in Frage. Ganz im Gegenteil galt jede spezifische Konstellation als ein »Experiment«, dessen erfolgreiche Einbindung das System insgesamt stärkte. Je mehr und je unterschiedlichere Einzelfälle behandelt werden konnten, umso universeller wurde die Anwendbarkeit der entstehenden wissenschaftlichen Disziplin.[51] Es wurde nun möglich, einzelne Gegenstände der Verwaltung zu isolieren und miteinander in Verbindung zu bringen. Auf die vergleichende Wissenserhebung folgte die präzise Analyse von Unzulänglichkeiten, die wiederum zur Formulierung von standardisierten Handlungsanleitungen zu deren Behebung führte. Die somit festgeschriebenen Entwicklungsmängel der »rückständigen Gebiete« wurden letztendlich zum eigentlichen Seinsgrund der neuen Körperschaft Mandatssystem. Damit beförderten die Erhebung und die Verarbeitung des Wissens aus »Übersee« nicht nur die künftigen Entwürfe nichteuropäischer Nationalstaaten. Zugleich eröffneten sich dem Völkerbund und anderen internationalen Organisationen neue Legitimationsweisen sowie – mit Foucault gesprochen – unauffällige, indirekte, aber ungemein wirkungsvolle Machtmittel.[52]

---

cation of useful principles and standards is probably the most important contribution which the mandates system could make.« Wright, *Mandates*, S. 229.

51 Zur performativen Rolle dieses Wissenssystems: Anghie, *Creating the Nation-State*.

52 »These [the mechanisms of disciplinary governance] are humble modalities, minor procedures, as compared with the majestic rituals of sovereignty or the great apparatuses of the state.« Foucault, *Discipline and Punish*, S. 170.

Noch eine weitere Herrschaftstechnik des Mandatssystems war zentral: Die Regelungen des Völkerbundes verpflichteten die Mandatsmächte, auf die Verhaltensweisen der »Eingeborenen« nicht mehr durch physische Bestrafung, sondern durch Überzeugungsarbeit einzuwirken. Die Entdeckung der Psychologie war hierbei zentral. So wie sich das Völkerrecht durch die Konzeptualisierung des Innenlebens von souveränen Staaten neue Regulierungstechniken erschlossen hatte, begann sich die Verwaltung nun für die Innerlichkeit der einzelnen Bewohnerinnen und Bewohner der Mandatsgebiete zu interessieren. Wright hat dies aus zeitgenössischer Perspektive deutlich festgehalten: »Human action may in fact be directed by many methods other than coercion. The possibilities of these methods are just on the threshold of exploration«.[53] Nun wurden Differenzen zwischen Unterentwicklung und Entwicklung auch auf die Innerlichkeit der Individuen in den Mandatsgebieten bezogen, auf ihre Psyche, ihre Bräuche, ihre Gesundheit. Dies alles konnte als rückständig klassifiziert und zum Gegenstand einer regelrechten Therapie gemacht werden. Das Mandatssystem hat erstmals einen Wissenskorpus mit universellem Geltungsanspruch hervorgebracht, der alle Gesellschaften zu vermessen erlaubte und aus dem sich Handlungsanleitungen generieren ließen, wie das Ziel des wirtschaftlichen Wohlergehens und der Entwicklung zu erreichen sei.[54]

Ranajit Guha hat solche Kontrollapparate als Instrumente einer »nicht-hegemonialen Herrschaft« beschrieben. Er definierte diese als »a dominance in which the movement of persuasion outweighed that of coercion without, however, eliminating it altogether«.[55] Seine These zur immensen Wirksamkeit psychisch-sozialer Herrschaftstechniken ist durchaus auf den Völkerbund zu übertragen. Es blieb bei keiner blanken Theorie. Vieles von diesen indirekten Herrschaftstechniken wurde von den Kolonialbeamten vor Ort in die Praxis umgesetzt.[56] Dabei war es in der konkreten Anwen-

53 Wright, *Mandates*, S. 259.

54 Für kritische Perspektiven auf die Entwicklungstheorie siehe Escobar, *Encountering Development* oder auch Thomas, »Critical Race Theory«.

55 Guha, »Introduction«, S. ix und xviii. Seine Beispiele für »nicht-hegemoniale Herrschaft« stammen aus der indischen Kolonialgeschichte. Der Völkerbund hat die Techniken internationalisiert.

56 Ein australischer Beamter, der die Bevölkerung von Nauru von ihrer phosphatreichen Insel entfernen und auf dem australischen Festland ansiedeln wollte, hielt in den 1920er Jahren fest: »I believe that a policy of encouraging and helping assimilation can be pursued by us steadily and unostentatiously and that its prospects of success will not be affected *if we do not openly disclose it to the Nauruans as a deliberate policy*. Assimilation must de-

dung entscheidend, einen kohärenten Korpus des kolonialen Verwaltungswissens zur Verfügung zu haben, weil sich aus diesem Wissen erst die Verhaltensnorm ableiten ließ, zu der die einzelnen Individuen hingeführt werden sollten. Überwachung ging immer mit Normalisierung, das heißt mit dem Aufbau eines Bedeutungsuniversums einher, in dem das Individuum einer »unterentwickelten Gesellschaft« als defizitär erschien und das in Letzterem schließlich den Willen zur Veränderung hervorrufen sollte.[57]

4. Das Vermächtnis des Mandatssystems: Auf dem Weg in die Gegenwart

Ich habe argumentiert, dass das Problem der kulturellen Differenz im Entstehungsprozess des Völkerrechts zentral gewesen ist. Die klassischen positivistischen Kriterien für Staatlichkeit – Regierung, Volk, Territorium – wurden in der Zwischenkriegszeit neu in sozialwissenschaftlichen Kategorien gefasst. Im Mandatssystem wurde Territorium in den Kategorien der natürlichen Ressourcen und der Wirtschaftsentwicklung verstanden; Bevölkerung wurde gleichgesetzt mit Gesundheit, Sterblichkeit, Hygiene und Arbeitskraft; Regierung bedeutete die Reform lokaler politischer Institutionen. Mit anderen Worten sind also die Kriterien für Staatlichkeit von formalen Voraussetzungen in zu realisierende Vorhaben umgewandelt worden.

Neuere Versuche der UNO, die Verwaltung von Staaten wie Somalia, Kambodscha, Timor oder dem Kosovo zu übernehmen, stehen in der Tradition des Mandatssystems.[58] Wie Ralph Wilde jüngst bemerkt hat, werden diese UN-Mandate als Antwort auf zwei Probleme – »a perceived sovereignty problem« und »a perceived governance problem« – verstanden.[59] Das ist exakt die gleiche Problemstellung, vor der auch das Mandatssystem stand. Und ähnlich gleich geblieben sind auch die Grundannahmen zum

---

velop from spontaneous choice by individual Nauruans and from opportunities presented. We can steadily help both of these to develop.« Weeramantry, *Nauru*, S. 289.

57 »Discipline ›makes‹ individuals; it is the specific technique of power that regards individuals both as objects and as instruments of its exercise«. Foucault, *Discipline and Punish*, S. 170.

58 Siehe Gordon, »Saving Failed States«; Gordon, »Some Legal Problems«.

59 Wilde, »From Danzig to East Timor«, S. 583 und 587.

»Fortschritt«, den es zu bewerkstelligen gilt. Man geht nämlich davon aus, dass diese Staaten erst dann volle Souveränitätsträger sein können, wenn in ihnen wirtschaftliche und gesellschaftliche Strukturen geschaffen worden sind, von denen man annimmt, sie könnten das Staatsgebilde tatsächlich tragen.

Für die Menschen in der Dritten Welt besteht die Bedeutung des Mandatssystems in der spezifischen Form von Souveränität fort, die mit ihm entstanden ist. »A state proper – in contradistinction to colonies and Dominions – is in existence when a people is settled in a country under its own sovereign Government«, hat Arnold McNair festgehalten.[60] Gemäß dieser Definition ist eine Kolonie das exakte Gegenteil von Souveränität und stellt mithin deren Negation dar. Erst durch die Ausübung von Staatsgewalt und nur durch sie gewinnt Souveränität ihren Gehalt und wird real. Ohne Zweifel hat das Mandatssystem seinem Ziel entsprechend dazu beigetragen, einzelne Territorien wie Namibia oder Nauru in souveräne, unabhängige Staaten zu verwandeln. Zugleich hat aber die Art und Weise, in der sich der Übergang von Kolonien und Mandatsgebieten zu souveränen Staaten vollzog, auf die konkrete Ausprägung nichteuropäischer Souveränität einen starken Einfluss gehabt. Man sollte nicht nur das Ergebnis dieses Vorgangs zur Kenntnis nehmen, das in souveräner Staatlichkeit besteht, sondern ebenso auch den singulären Charakter dieser Staatlichkeit genau betrachten, der sich aus den hier angesprochenen historischen Prozessen ergeben hat. Denn die Herrschaftstechniken, die im Mandatssystem zur Regulierung der Beziehungen zwischen den Kolonisierenden und den Kolonisierten erfunden wurden, wirken im Verhältnis der jeweiligen Rechtsnachfolger, den »Entwickelten« und den »Unterentwickelten«, weiter.

In völkerrechtlicher Hinsicht trat das Treuhandsystem der UNO an die Stelle des Mandatssystems. In Hinsicht auf die technische Verwaltung waren hingegen die Bretton-Woods-Institutionen – die Weltbank und der Internationale Währungsfonds – die Nachfolger.[61] Die Bretton-Woods-Institutionen zielen ebenso wie einst das Mandatssystem auf das »Wohler-

60 Oppenheim, *International Law*, § 64.

61 Während das Mandatssystem allerdings nur für eine kleine Anzahl genau definierter Territorien zuständig gewesen war, haben die Bretton-Woods-Institutionen ihren Verwaltungszugriff gewissermaßen universalisiert und auf alle Entwicklungsländer ausgedehnt, denn alle diese Länder unterstehen in der einen oder anderen Form den Weisungen dieser Behörden. Siehe Anghie, »Time Present and Time Past«, S. 246.

gehen und die Entwicklung« von Drittweltländern ab. Und auch heute wird versucht, betroffene Länder in einer für sie bisweilen nachteiligen Weise in das internationale Wirtschaftssystem einzubinden.[62] Die Techniken, Begründungen und Legitimierungsweisen, die dabei eingesetzt werden, gehen auf das Mandatssystem zurück. Letztlich ist die »science of colonial administration«, welche die Mandatsmächte erfanden, nicht von der »science of development« zu unterscheiden, mit der sich heutige Entwicklungsinstitutionen wie die Weltbank legitimieren.[63]

Die Länder der nichteuropäischen Welt stehen in einem anderen Verhältnis zu den internationalen Organisationen als es die europäischen Nationen, die USA, Kanada, Australien und Neuseeland tun. Als der Völkerbund gegründet wurde, waren diese Unterschiede allen Akteuren voll bewusst. Und noch heute ist es so, dass die Herrschaftstechniken, die zur Verwaltung der Mandatsgebiete entwickelt wurden, in ihrer tiefgreifendsten Form nur auf die nichteuropäische, unterentwickelte Welt angewendet werden. Denn relative Rückständigkeit ist die Bedingung ihrer Anwendung. Damit ist natürlich nicht gesagt, dass sich die kolonialen Beziehungen auch in der Zukunft weiter reproduzieren müssen. Es gibt vielfachen Widerstand gegen diese Kontrollsysteme und er hat den Charakter der heutigen internationalen Institutionen stark geprägt.[64] Doch es ist eine Tragödie für die Länder der Dritten Welt, dass diejenigen Mechanismen, mit denen das Völkerrecht den Prozess der Dekolonisation in Gang setzte, zugleich auch die neokolonialen Beziehungen schufen; und dass die Rechtssysteme, Ideologien und Rechtssprechungstechniken, die den Neokolonialismus möglich machten, bereits vorhanden waren bevor die Länder der Dritten Welt ihre Unabhängigkeit erlangten. Das Mandatssystem hat Techniken hervorgebracht, die diese Unabhängigkeit kompromittierten und die Grunddifferenz zwischen fortgeschrittenen und rückständigen Staaten perpetuierten. Nachdem die Differenz so stabilisiert werden konnte, nahmen sich das Völkerrecht und die internationalen Institutionen ihre Beseitigung vor und verschrieben sich der globalen Gleich-

62 Der Schaden, den die Maßnahmen der Bretton-Woods-Institutionen in einzelnen Ländern angerichtet haben, ist vielfach belegt. Siehe beispielsweise Chossudovsky, *Globalisation of Poverty*.

63 Siehe hierzu Anghie, »Time Present and Time Past«, S. 266. Die Aktivitäten der Weltbank und ihre Grundannahmen über die menschliche Natur und die Wirtschaft sind gut analysiert bei Williams, »Constructing Economic Space«.

64 Siehe insbesondere Rajagopal, »International Law« und Rajagopal, *From Resistance to Renewal*.

heit und Gerechtigkeit. Ich hoffe gezeigt zu haben, dass das internationale System die Probleme, zu deren Lösung es besteht, weitgehend selbst hervorbringt.

In der Geschichte des Völkerrechts werden die hier vorgestellten Theorien, die mit dem Mandatssystem des Völkerbundes eng verbunden waren, bisweilen als ein rechtsgeschichtlicher Durchbruch dargestellt, in dem sich das Völkerrecht von seiner instrumentellen Funktion für den Kolonialismus befreite. Meine Analyse legt hingegen nahe, dass auch diese Reformvorhaben der Zwischenkriegszeit koloniale Machtverhältnisse gefestigt haben. Der Kolonialismus war kein Nebengleis der Entwicklung des Völkerrechts, sondern ein zentraler Kristallisationskern. Formale Souveränität bleibt ein enorm wichtiges Rechtskonstrukt und erlaubt es den Staaten der Dritten Welt, ihre Interessen zu schützen und zu verfolgen. Aber die fortdauernde Verletzbarkeit, die der historischen Genese nichteuropäischer Souveränität eingeschrieben ist, bleibt eine Herausforderung für die Menschen der Dritten Welt und für das Völkerrecht selbst.

Aus dem Englischen von Daniel Speich und Hubertus Büschel

Literatur

Abernethy, David B., *The Dynamics of Global Dominance. European Overseas Empires 1415–1980*, New Haven 2000.

Abi-Saab, Georges, »International Law and the International Community: The Long Road to Universality«, in: Ronald St. John Macdonald (Hg.), *Essays in Honour of Wang Tieya*, Dordrecht 1994, S. 31–41.

Amin, Samir, *Imperialism and Unequal Development*, New York 1977.

Anghie, Antony, »Colonialism and the Birth of International Institutions: Sovereignty, Economy, and the Mandate System of the League of Nations«, *New York University Journal of International Law and Politics*, Jg. 34, H. 3 (2002), S. 513–633.

— , *Creating the Nation-State. Colonialism and the Making of International Law*, Dissertation, Harvard Law School 1995.

— , »Finding the Peripheries: Sovereignty and Colonialism in Nineteenth-Century International Law«, *Harvard International Law Journal*, Jg. 40, H. 1 (1999), S. 1–80.

— , »Francisco de Vitoria and the Colonial Origins of International Law«, *Social & Legal Studies*, Jg. 5, H. 3 (1996), S. 321–336.

— , »The Heart of My Home: Colonialism, Environmental Damage and the Nauru Case«, *Harvard International Law Journal*, Jg. 34, H. 2 (1993), S. 445–506.
— , »Time Present and Time Past: Globalization, International Financial Institutions, and the Third World«, *New York University Journal of International Law and Politics*, Jg. 32, H. 2 (2000), S. 243–290.
— , »Universality and the Concept of Governance in International Law«, in: Edward Kofi Quashigah/Obiora Chinedu Okafor (Hg.), *Legitimate Governance in Africa. International and Domestic Legal Perspectives*, Den Haag/Boston 1999, S. 21–40.
— , *Imperialism, Sovereignty and the Making of International Law*, Cambridge 2004.
Bartelson, Jens, *A Genealogy of Sovereignty*, Stockholm 1995.
Bedjaoui, Mohammed, *Towards a New International Economic Order*, New York 1979.
Bentwich, Norman, *The Mandates System*, London/New York 1930.
Berman, Nathaniel, »›But the Alternative is Despair‹. European Nationalism and the Modernist Renewal of International Law«, *Harvard Law Review*, Jg. 106, H. 8 (1993), S. 1792–1903.
— , »A Perilous Ambivalence: Nationalist Desire, Legal Autonomy and the Limits of the Interwar Framework«, *Harvard International Law Journal*, Jg. 33, H. 2 (1992), S. 353–380.
Bhabha, Homi K., *The Location of Culture*, London/New York 1994. Deutsch: *Die Verortung der Kultur*, Tübingen 2000.
Brierly, James Leslie, *The Law of Nations. An Introduction to the International Law of Peace*, 2. Aufl., Oxford 1936.
Butler, Geoffrey, »Sovereignty and the League of Nations«, *British Yearbook of International Law*, Jg. 1 (1920), S. 35–44.
Carty, Anthony, »Interwar German Theories of International Law: The Psychoanalytical and Phenomenological Perspectives of Hans Kelsen and Carl Schmitt«, *Cardozo Law Review*, Jg. 16, H. 3/4 (1995), S. 1235–1292.
Chakrabarty, Dipesh, *Provincializing Europe. Postcolonial Thought and Historical Difference*, Princeton NJ 2000.
Chimni, Bhupinder S., *International Law and World Order*, New Delhi/Newbury Park Calif. 1993.
Chossudovsky, Michel, *The Globalisation of Poverty. Impacts of IMF and World Bank on Reforms*, London/Penang 1997. Deutsch: *Global brutal: Der entfesselte Welthandel, die Armut, der Krieg*, Frankfurt/M. 2002.
Conrad, Joseph, *Heart of Darkness*, London 1902. Deutsch: *Herz der Finsternis*, aus dem Englischen von Ernst W. Freißler, München 2005.
Corbett, Percy, »What is the League of Nations?«, *British Yearbook of International Law*, Jg. 5 (1924), S. 119–148.
— , *The Growth of World Law*, London 1971.
Dore, Isaak I., *The International Mandate System and Namibia*, Boulder Col./London 1985.

Escobar, Arturo, *Encountering Development. The Making and Unmaking of the Third World*, Princeton NJ 1995.

Fenwick, Charles G., *Wardship in International Law*, Washington 1919.

Foucault, Michel, »Governmentality«, in: Graham Burchell u.a. (Hg.), *The Foucault Effect. Studies in Governmentality*, Chicago 1991, S. 87–104. Deutsch: »Vorlesung 4, Sitzung vom 1. Februar 1978«, in: *Geschichte der Gouvernementalität. Band 1: Sicherheit, Territorium, Bevölkerung. Vorlesung am Collège de France 1977–1978,* herausgegeben von Michael Sennelart, aus dem Französischen von Claudia Brede-Konersmann und Jürgen Schröder, Frankfurt/M. 2004, S. 134–172.

— , *Discipline and Punish*, aus dem Französischen von Alan Sheridan, 2. Aufl., New York 1995 [1978]. Deutsch: *Überwachen und Strafen: Die Geburt des Gefängnisses*, aus dem Französischen von Walter Seitter, Frankfurt/M. 1995.

Freud, Sigmund, *The Interpretation of Dreams*, herausgegeben und übersetzt von James Strachey, New York 1965. Deutsch: *Die Traumdeutung*, Wien 1900.

Furnivall, John S., *Colonial Policy and Practice. A Comparative Study of Burma and Netherlands India*, Cambridge/New York 1948.

— , *Progress and Welfare in Southeast Asia. A Comparison of Colonial Policy and Practice*, New York 1941.

Gathii, James Thuo, »Alternative and Critical: The Contribution of Research and Scholarship on Developing Countries to International Legal Theory«, *Harvard International Law Journal*, Jg. 41 (2000), S. 263ff.

Gordon, Ruth, »Critical Race Theory and International Law: Convergence and Divergence«, *Villanova Law Review*, Jg. 45 (2000), S. 827–840.

— , »Saving Failed States: Sometimes a Neocolonialist Notion«, *American University Journal of International Law & Policy*, Jg. 12 (1997), S. 903–974.

— , »Some Legal Problems with Trusteeship«, *Cornell International Law Journal*, Jg. 28 (1995), S. 301–347.

Guha, Ranajit, »Introduction«, in: ders. (Hg.), *A Subaltern Studies Reader 1986–1995*, Minneapolis 1997, S. ix–xxii.

Gunder Frank, Andre, *The Underdevelopment of Development*, Stockholm 1991.

Hale, Robert L., »Coercion and Distribution in a Supposedly Non-Coercive State«, in: William W. Fisher III u.a. (Hg.), *American Legal Realism*, New York 1993 [1923].

Hales, James C., »The Reform and Extension of the Mandate System«, *Transactions of the Grotius Society*, Jg. 26 (1940), S. 153–210.

Hall, H. Duncan, *Mandates, Dependencies and Trusteeships*, Washington 1948.

Hardt, Michael/Negri, Antonio, *Empire*, Cambridge Mass. 2001. Deutsch: *Empire: Die neue Weltordnung*, Frankfurt/M. 2002.

Hobson, John A., *Imperialism. A Study*, 4. Aufl., London 1948 [1902]. Deutsch: *Der Imperialismus*, Köln/Berlin 1968.

Hudson, Manley O., »The Prospect for International Law in the Twentieth Century«, *Cornell Law Quarterly*, Jg. 10 (1925), S. 419ff.

Iglesias, Elizabeth M., »International Law, Human Rights, and LatCrit Theory«, *University of Miami Inter-American Law Review*, Jg. 28 (1997), S. 177–213.

Kennedy, Duncan, *Sexy Dressing etc.: Essays on the Power and Politics of Cultural Identity*, Cambridge Mass. 1993.

Koskenniemi, Martti, *The Gentle Civilizer of Nations. The Rise and Fall of International Law, 1870–1960*, Cambridge Mass. 2002.

Lansing, Robert, *Notes on Sovereignty: From the Standpoint of the State and of the World*, Washington 1921.

Lauterpacht, Hersch, »The Mandate under International Law in the Covenant of the League of Nations«, in: ders. (Hg.), *International Law. Being the Collected Papers of Hersch Lauterpacht*, Bd. 3, Cambridge 1970, S. 29–84.

Lindley, Mark F., *The Acquisition and Government of Backward Territory in International Law*, London 1926.

Lugard, Lord Frederick, *The Dual Mandate in British Tropical Africa*, London 1965 [1922].

Morgenthau, Hans J., »Positivism, Functionalism and International Law«, *American Journal of International Law*, Jg. 34, H. 2 (1940), S. 260–284.

Oppenheim, Lassa, *International Law, A Treatise*, herausgegeben. und kommentiert von Arnold McNair, 4. Aufl., London/New York 1928.

Rajagopal, Balakrishnan, »From Resistance to Renewal: The Third World, Social Movements, and the Expansion of International Institutions«, *Harvard International Law Journal*, Jg. 41 (2000), S. 529–578.

— , »International Law and the Development Encounter: Violence and Resistance at the Margins«, *American Society of International Law: Proceedings of the Annual Meeting*, Jg. 93 (1999), S. 16ff.

Rodney, Walter, *How Europe Underdeveloped Africa*, Dar es Salaam 1972. Deutsch: *Afrika: Die Geschichte einer Unterentwicklung*, Berlin 1975.

Said, Edward W., *Culture and Imperialism*, New York 1993. Deutsch: *Kultur und Imperialismus: Einbildungskraft und Politik im Zeitalter der Macht*, Frankfurt/M. 1994.

— , *Orientalism*, New York 1978. Deutsch: *Orientalismus*, Frankfurt/M. 1981.

Shen, Jianming, »National Sovereignty in a Positive Law Context«, *Brooklyn Journal of International Law*, Jg. 26 (2000), S. 417ff.

Shinoda, Hideaki, *Reexamining Sovereignty. From Classical Theory to the Global Age*, London 2000.

Snow, Alpheus H., *The Question of Aborigines in the Law and Practice of Nations*, New York 1921.

Spivak, Gayatri Chakravorty, *A Critique of Postcolonial Reason. Towards a History of the Vanishing Present*, Cambridge Mass./London 1999.

Thomas, Chantal, »Critical Race Theory and Postcolonial Development Theory: Observations on Methodology«, *Villanova Law Review*, Jg. 45 (2000), S. 1195–1220.

Weeramantry, Christopher G., *Nauru. Environmental Damage under International Trusteeship*, Melbourne 1992.

Wilde, Ralph, »From Danzig to East Timor and Beyond: The Role of International Territorial Administration«, *American Journal of International Law*, Jg. 95 (2001), S. 83–606.

Williams, David, »Constructing the Economic Space: The World Bank and the Making of Homo Oeconomicus«, *Millennium. Journal of International Studies*, Jg. 28 (1999), S. 79–99.

Willoughby, Westel W./Fenwick, Charles G., *Types of Restricted Sovereignty and of Colonial Autonomy*, Washington 1919.

Woolf, Leonard, *Empire and Commerce in Africa*, London 1920.

Wright, Quincy, *Mandates under the League of Nations*, Chicago 1930.

Yasuaki, Onuma, »When Was the Law of International Society Born? An Inquiry of the History of International Law from an Intercivilizational Perspective«, *Journal of the History of International Law*, Jg. 2, H. 1 (2000), S. 1–66.

Young, Robert J. C., *Postcolonialism. An Historical Introduction*, Oxford/Malden Mass. 2001.

»Großer Sprung nach vorn« oder »natürliche Entwicklung«? Zeitkonzepte der Entwicklungspolitik im 20. Jahrhundert[1]

Niels P. Petersson

Um die Wende zum 19. Jahrhundert stellten sich in Europa Veränderungen im Zeitbezug von Gesellschaften ein, die eng mit sich wandelnden Vorstellungen von Politik und vom Fortschritt zusammenhingen. Mit dem Namen Reinhart Kosellecks verbindet sich die These vom Auseinandertreten von »Erfahrungsraum« und »Erwartungshorizont« – die Erwartungen würden sich von den Erfahrungen immer mehr entfernen, woran sich zeige, dass eine »neue Zeit« angebrochen sei.[2] Nach der Französischen Revolution wurde der Fortschritt – seit der Aufklärung die zentrale Zeitkategorie im politisch-gesellschaftlichen Denken – zunehmend nicht mehr als etwas Natürliches betrachtet, das sich mehr oder weniger von allein einstellt, solange ein Mindestmaß an gesellschaftlicher Freiheit herrscht. Vielmehr wurde es nunmehr als die Aufgabe der Politik angesehen, den Fortschritt aktiv voranzutreiben. Auch der Gehalt des Fortschrittsgedankens veränderte sich: Zunehmend verband sich damit die Vorstellung einer umfassenden Transformation gesellschaftlicher Strukturen statt der allmählichen Verfeinerung der Sitten und der Akkumulation und Verbreitung gesellschaftlichen Wohlstands, wie sie etwa Adam Smith im späten 18. Jahrhundert beschrieben hatte.[3]

Als der Akteur dieses Fortschritts bekam der Staat eine immer größere Bedeutung. Die Lehre von der Volkssouveränität erlaubte es, dessen gestaltende Eingriffe in die Gesellschaft als Akte der Selbsttransformation der Gesellschaft aufzufassen. Damit verschoben sich auch die »Vorstellungen von Grenzen und Merkmalen des Politischen«; Politik bekam die Bedeutung einer »aktiv planenden, auf das Ganze gerichteten Regierungs-

---

1 Dieser Beitrag ist während meiner Zeit als Mitarbeiter des Exzellenzclusters »Kulturelle Grundlagen von Integration« an der Universität Konstanz entstanden.

2 Koselleck, »›Erfahrungsraum‹ und ›Erwartungshorizont‹«.

3 Smith, *Wealth of Nations*. Das tatsächliche Ausmaß der Veränderungen, die das 19. Jahrhundert mit sich brachte, diskutieren Bayly, *Birth of the Modern World* und Osterhammel, *Verwandlung der Welt*.

aktivität«, einer »umfassenden, zukunftsgerichteten Steuerung«.[4] Damit war die zumindest potentielle Ausdehnung der Politik auf alle Lebensbereiche verknüpft. Zur gleichen Zeit entwickelte sich auch schon der Gedanke, die Europäer hätten außerhalb ihres Kontinents eine »Zivilisierungsmission« zu erfüllen. Dabei ging es nicht um die *Selbst*transformation von Gesellschaften, sondern um deren Veränderung durch Eingriffe von außen im Sinne des »Fortschritts«. Schon das napoleonische Frankreich kombinierte diese Art gesellschaftlicher Selbsttransformation mit einer inner- wie außereuropäischen Zivilisierungsmission.[5]

Das 19. und das 20. Jahrhundert bilden also die Zeit der großen politischen Projekte der Weltverbesserung durch gesamtgesellschaftliche Transformation.[6] Nun folgen politische und soziostrukturelle Prozesse aber nur selten derselben zeitlichen Logik. Es heißt, »a week is a long time in politics«, doch wo Politik Projekte sozialen Strukturwandels verfolgt, sind Ergebnisse oft erst nach Jahrzehnten zu erwarten.[7] Daher ist zu fragen, auf welche Weise – diskursiv ebenso wie praktisch – die Vermittlung zwischen den unterschiedlichen Zeithorizonten politischen Handelns und angestrebten sozialen Wandels geleistet wird: Ließ sich durch die Anordnung von möglichen Problemen und Problemlösungen auf einer Zeitskala politische Orientierung gewinnen? Ließen sich wünschenswerte Entwicklungen beschleunigen und unerwünschte abbremsen; war es möglich, kritische und weniger kritische Phasen zu identifizieren?

Wichtig sind »Erwartungsbegriffe«, die auf anzustrebende Ziele verweisen und der Zukunft gewissermaßen vorab eine Form geben. Zivilisierung, später dann Modernisierung und Entwicklung sind solche Erwartungsbegriffe. Häufig sind sie in zeitlich strukturierte Erzählungen eingebettet, etwa in Form der Feineinteilung des Wandlungsprozesses in überschaubare Stadien, im Gedanken der Herstellung und Erhaltung einer Entwicklungsdynamik, oder in demjenigen eines radikalen Bruches, der die fern erscheinende Zukunft so nah an die Gegenwart heranholt, dass sie durch eine kurze, heftige Anstrengung unmittelbar erreichbar scheint.

Die unter dem Begriff der »Entwicklung« zusammengefassten Zielsetzungen gehören zu den ambitioniertesten Vorhaben beschleunigten sozialen Strukturwandels. Im Folgenden soll anhand von drei notwendiger-

4 Reinhard, *Geschichte der Staatsgewalt*; Steinmetz, »Neue Wege« (Zitat: S. 34).
5 Barth/Osterhammel, *Zivilisierungsmissionen*.
6 Scott, *Seeing Like a State*.
7 Vgl. Laslett, »Social Structural Time«.

weise nur knapp skizzierten Beispielen der Gebrauch von Zeitkonzepten in der Entwicklungspolitik erläutert werden.

Zeitkonzepte der Entwicklungspolitik

(a) Imperialismus, Kolonialismus und Entwicklung bis 1945[8]

Asien galt europäischen Beobachtern im 19. Jahrhundert zunächst als ein Kontinent Jahrtausende währender Stagnation.[9] Doch um 1900 ließ sich dieser Eindruck nicht mehr halten. Japan war eine auch aus europäischer Perspektive ernstzunehmende Militär- und Industriemacht geworden, und überall in Asien gab es Reformbewegungen, die dem japanischen Beispiel nacheifern wollten und sich den Aufbau starker, unabhängiger, industrialisierter Verfassungsstaaten zum Ziel setzten. »Im Osten geht die Zeit jetzt stärker im Sauseschritt als je zuvor«, stellte der liberale Bankier und ehemalige Leiter des Reichskolonialamts Bernhard von Dernburg 1911 nach einer Asienreise fest.[10] Allgemein war nun vom Erwachen Chinas die Rede, Diplomaten erklärten das Land zum »country of the unexpected« und beklagten das »désir irraisonné et immodéré de réformes immédiates« der Chinesen.[11]

Zeitlich strukturierte politische Analysen boten in dieser Situation Orientierung, während sich politische Orientierungslosigkeit oft mit »zeitlos« gestellten Wahrnehmungen Asiens verband. So führte ein französischer Diplomat, Georges Dubail, in einem Zeitungsinterview von 1908 aus, dass

8 Es mag auf den ersten Blick anachronistisch erscheinen, den in der Mitte des 20. Jahrhunderts geprägten Begriff der »Entwicklung« auf die Zeit vor dem Ersten Weltkrieg anzuwenden. Die strukturellen Ähnlichkeiten zwischen dem Entwicklungsdenken im 20. Jahrhundert und Vorhaben kolonialer Modernisierung – angefangen mit der Vision eines westlichen-modernen Indien der britischen Utilitarier im frühen 19. Jahrhundert – rechtfertigen dies jedoch.

9 Zu europäischen Asienbildern vgl. Osterhammel, *Entzauberung Asiens*.

10 Dernburg, *Japan und China*, S. 107. Für detaillierte Analysen westlicher Praktiken und Wahrnehmungsmuster vgl. Osterhammel/Petersson, »Ostasiens Jahrhundertwende«; Petersson, *Imperialismus*; Petersson, »Imperialism«.

11 Country of the unexpected: Jordan an Grey, 12.10.1909, National Archives, Kew, Foreign Office 371/616 (im Folgenden: NA FO); »unvernünftiges, unmäßiges Verlangen der Chinesen nach sofortigen Reformen«: Couget an Bourgeois, 17.5.1906, Archives du ministère des affaires étrangères, Paris, nouvelle série, Chine 9 (im Folgenden: MAE).

europäische Interessen *kurzfristig* eher durch die Schwäche der Pekinger Zentralregierung denn durch die Macht Chinas gefährdet seien (»un péril prochain, l'anarchie«), *langfristig* aber durch den industriellen und militärischen Aufstieg Asiens die »Gelbe Gefahr« drohe (»un péril à plus lointaine échéance: la renaissance du monde jaune«). Das grundlegende Problem blieb dabei offenbar immer dasselbe – nämlich, dass es überhaupt Chinesen auf der Welt gab. Die politische Schlussfolgerung daraus bedeutete eine Abkehr von Gedanken der Zivilisierungsmission und Modernisierung unter europäischer Anleitung: »ne souhaitons pas trop cette expansion des grands principes de la civilisation occidentale«. Schon 1903 hatte Dubail in seiner dienstlichen Korrespondenz formuliert, es sei am besten, wenn China dahinvegetiere, ohne große Fortschritte zu machen – »il faut souhaiter … qu'une habile politique d'expédients fasse vivre au jour le jour l'Empire Chinois, comme elle fait vivre en Orient l'homme malade.«[12]

Die meisten Europäer jedoch sahen geschäftliche und politische Chancen in der Modernisierung Asiens, allerdings nur, wenn politische Stabilität gewahrt und anti-westliche Kräfte ausgeschaltet wurden. Damit verbunden war eine Verzeitlichung politischer Frontstellungen: Nationalistische Emanzipationsbestrebungen, die jetzt Einfluss auf Chinas Politik gewannen, konnten als Ausdruck eines legitimen, wenn auch vielleicht verfrühten Interesses an Modernisierung und Eigenständigkeit interpretiert werden. Der deutsche Diplomat Graf Luxburg beispielsweise war der Ansicht, man müsse sich bei allem Interesse an Stabilität auf die Dauer um ein Bündnis mit den radikaleren Reformern bemühen, welche die Emanzipation Chinas von westlicher Vorherrschaft anstrebten. Ein Bündnis mit diesen »oft turbulenten und unreifen, aber patriotischen und gesunden Volkskräften« könne sich auf ein gemeinsames Interesse an der Modernisierung des Landes und an einer effizienten Regierung gründen.[13]

Patriotismus und soziale Mobilisierung wurden so durchaus als potentiell positive Faktoren geschildert; zugleich wurde jedoch stets die Unreife der neuen Kräfte betont, deren Ziele eben *noch nicht*, sondern erst am Ende eines längeren Entwicklungsprozesses erreichbar seien. Dies galt ganz be-

12 »Le Fils du Ciel est mort«, *Le Journal*, 15.11.1908; Dubail an Delcassé, 6.4.1903, MAE NS Chine 6: »wir sollten uns die Ausbreitung der großen Prinzipien der westlichen Zivilisation nicht zu sehr wünschen«.

13 Luxburg an Bethmann Hollweg, 18.5.1911, Politisches Archiv des Auswärtigen Amtes, Berlin, China 3/26 (im Folgenden: AA).

sonders dort, wo es um das Streben nach politischen Freiheiten ging.[14] Entwicklung sollte gerade nicht der Emanzipation von europäischer Hegemonie dienen, und »ohne fremde Hilfe und Aufsicht« erschien sie weder aussichtsreich noch wünschenswert.[15]

Dort, wo Europäer direktere Formen der Kontrolle und Herrschaft ausübten als in China, zeigte sich diese Tendenz, Entwicklung im Zweifel der Sicherung europäischer Vorherrschaft unterzuordnen, noch deutlicher. Hier spielte die Vorstellung einer staatlich vorangetriebenen sozialen Transformation im 19. Jahrhundert nur vorübergehend eine wichtige Rolle. Spätestens ab dem indischen Aufstand von 1857, der als Widerstand gegen westliche Neuerungen interpretiert wurde, herrschte die Auffassung vor, dass forcierter Strukturwandel die Stabilität kolonialer Herrschaft gefährde. Seitdem gingen die Kolonialherren davon aus, dass sich Strukturen einer modernen Gesellschaft allerhöchstens ganz allmählich entwickeln könnten und Eingriffe in diese Entwicklung weder im Interesse der Europäer noch in dem der einheimischen Bevölkerungen lägen. Lord Cromer (Sir Evelyn Baring), der als britischer Generalkonsul in Kairo faktisch eine Alleinherrschaft über Ägypten ausübte, traute der dortigen Bevölkerung weder die Selbstverwaltung zu, noch glaubte er daran, dass ihr mit westlicher Hilfe in absehbarer Zeit der Übergang zu einer modernen Gesellschaft gelingen könnte. Die Auswirkungen jahrhundertelanger Unterwerfung unter eine »orientalische Despotie« auf den ägyptischen Charakter ließen sich nicht in wenigen Jahrzehnten aufgeklärt-autoritärer britischer Herrschaft beseitigen. Eine raschere Entwicklung konnte er sich nur als Ergebnis europäischer Einwanderung und als Werk einer zukünftigen neuen kreolischen Elite vorstellen.

Viele entwicklungspolitische Ziele waren für Cromer daher jenseits des überschaubaren Zeithorizonts angesiedelt. Eine wesentliche Aufgabe einer derart aufgefassten Kolonialherrschaft bestand darin, politische Prozesse gewissermaßen auf das Schneckentempo des sozialen Strukturwandels herunterzubremsen, den eine aufgeklärte Kolonialherrschaft durch Steuersenkungen, Rechtsstaatlichkeit, wirtschaftliche Freiheit und die Verbesserung der Infrastruktur in Gang setzen würde. So erklären sich die restriktive Bildungspolitik, die darauf abzielte, die Entstehung einer Schicht unzufriedener unterbeschäftigter Intellektueller zu verhindern, und die unmissver-

14 Satow an Grey, 7.3.1906, NA FO 371/25; 11.5.1906; National Archives, Kew, Public Records Office 30/33/14/17.

15 Rex an Bethmann Hollweg, 6.5.1910, AA China 4/25.

ständliche Zurschaustellung militärischer Macht. Dennoch brachte die Kolonialherrschaft Kräfte hervor, die auf ihre Überwindung hinarbeiteten – entweder direkt, indem sie Anlass für die Formierung nationalistischen Widerstands gab, oder indirekt, indem sie Bildung und Unternehmertum förderte.[16]

In der Zwischenkriegszeit intensivierte sich das Nachdenken über »Colonial Development«. Dabei ging es zunächst darum, den Beitrag der Kolonien zur wirtschaftlichen Stärke der Mutterländer zu steigern. Hinzu kam, dass Entwicklung nun als ein Mittel gesehen wurde, koloniale Herrschaft zu legitimieren. In den Gebieten, die dem Mandatsystem des Völkerbundes unterstellt wurden, musste Kolonialherrschaft zumindest in der Theorie treuhänderisch im Interesse der einheimischen Bevölkerung ausgeübt werden, aber auch in ihren eigenen Kolonien sahen sich die Kolonialmächte nun dem Ideal der *Trusteeship* verpflichtet.[17] Großbritannien und Frankreich bemühten sich, ihre Kolonien als Exportmärkte für die Industrien des Mutterlandes und als Rohstofflieferanten zu entwickeln und so den strukturellen Verwerfungen der Weltwirtschaft seit dem Krieg zu begegnen – insbesondere der angespannten Devisenlage und dem Wegfall von Exportmärkten angesichts der im Krieg begonnenen Industrialisierung in vielen außereuropäischen Staaten. Umfang und Wirkung solcher Projekte blieben jedoch begrenzt. Auch erhob sich Widerstand gegen den Aufbau von Industrien in den Kolonien, die den Produzenten in den Mutterländern Konkurrenz gemacht hätten. Erst in den späten 1930er Jahren wurden unter dem Eindruck der in der Wirtschaftskrise verfolgten interventionistischen Wirtschaftspolitik auch ambitionierte Entwicklungsziele formuliert, die jedoch wegen des Kriegsausbruches nicht mehr umgesetzt werden konnten.[18]

Die Entwicklungsrhetorik wurde rasch von den »Kolonisierten« aufgegriffen. Sie stützten darauf den Anspruch auf höhere Löhne, Lebensstandards und soziale Leistungen sowie auf mehr politische Freiheiten. Ihre Forderungen eilten dem gemächlichen Tempo des wirtschaftlichen und gesellschaftlichen Wandels schon bald weit voraus. Daraus ergaben sich in

16 Vgl. zu diesem Abschnitt Cain, »Character and Imperialism«; Mitchell, *Colonizing Egypt*; Mitchell, *Rule of Experts*; Owen, *Lord Cromer*, Tignor, *Modernization*.

17 Vgl. dazu den Beitrag von Antony Anghie in diesem Band und Hyam, »Bureaucracy and ›Trusteeship‹«.

18 Cain/Hopkins, *British Imperialism*; Coquery-Vidrovitch, »Colonisation française«; Havinden/Meredith, *Colonialism and Development*; Marseille, *Empire colonial*; Meynier, »La France coloniale«; Sieberg, *Colonial Development*.

den 1930er Jahren wachsende Spannungen mit den Regierungen der Kolonialmächte. Der Beitrag der Kolonien zu den Kriegsanstrengungen 1939–1945 verlieh Forderungen nach schneller, an den Bedürfnissen und Interessen der Kolonialbevölkerung ausgerichteter, wirtschaftlicher, gesellschaftlicher und politischer Entwicklung zusätzlichen Nachdruck. Dies zeigt etwa das Beispiel der britischen Herrschaft in Afrika, wo Kolonialbeamte nun begannen, *Trusteeship* als Vorbereitung auf die Unabhängigkeit aufzufassen und sich als Teilnehmer an einem »worldwide experiment in nation building« verstanden. Zwar veranschlagte man weiterhin eher Jahrzehnte als Jahre für dieses Experiment, doch wurde es nun zur Maxime britischer Kolonialpolitik, den Forderungen der einheimischen Nationalisten immer einen Schritt voraus zu sein, die Initiative zu behalten und unvermeidliche Zugeständnisse aus einer Position der Stärke heraus anzubieten, statt sich durch eine Politik des »too little, too late« Sympathien zu verscherzen. Wie schon in der europäischen Chinapolitik vor 1914 ging es hier darum, »moderate« und »fortschrittliche« Kräfte zu identifizieren und ein Bündnis mit ihnen zu schmieden. Diese taktischen Erwägungen widersprachen allerdings dem gleichzeitig verfolgten Ziel des *Colonial Office*, die afrikanischen Kolonien vor der Unabhängigkeit mit einem demokratischen politischen System und einer effizienten Justiz, Polizei und Verwaltung auszustatten: »We are not prepared to betray our trust by leaving off our work before it is properly finished.« Die zentrale Aufgabe blieb so bis in die 1960er Jahre »to regulate the pace of political development so that it was fast enough to satisfy the African desire for self-government but not so fast as to jeopardize economic progress or the security situation«.[19]

Zugleich jedoch erschien Kolonialbesitz nach 1945 zunehmend als eine wirtschaftliche und strategische Bürde von zweifelhaftem Wert. Dass es schlicht zu teuer gewesen wäre, die Versprechungen von »Colonial Development« wirklich einzulösen, war nach dem Zweiten Weltkrieg ein wesentlicher Grund für die Dekolonisation.[20] Sobald die Dekolonisation offizielles Regierungsprogramm wurde, spielte das Argument, dass die kolonialen Völker erst allmählich auf die Selbstverwaltung vorbereitet werden müssten, angesichts der militärischen und wirtschaftlichen Kosten der Kolonialherrschaft keine Rolle mehr. Durch die Unabhängigkeit veränderte sich die politische Form der Kolonien, aber nicht ihre Gesellschafts-

19 Die Zitate aus internen Dokumenten des *Colonial Office* sind nachgewiesen bei Hyam, »Bureaucracy and ›Trusteeship‹«, S. 276, 278.

20 Cooper/Packard, »Introduction«.

und Wirtschaftsstruktur: Sie wurden zu »Entwicklungsländern«, und Fragen der *wirtschaftlichen* Entwicklung waren von nun an zentral.

(b) Entwicklung im Kalten Krieg

Diese Auflösung der Kolonialreiche erfolgte bereits unter veränderten internationalen Rahmenbedingungen. Im Kalten Krieg ließen sich angesichts der Systemkonkurrenz Entwicklungsperspektiven nicht mehr auf eine unbestimmte Zukunft verschieben. Beiden Supermächten war daran gelegen, Verbündete in der Dritten Welt zu gewinnen und die Überlegenheit ihrer Weltsicht und ihres Gesellschaftsmodells durch praktische Erfolge zu demonstrieren. Da die rasche Industrialisierung der Sowjetunion in den 1930er Jahren für viele Entwicklungsländer ein attraktives Vorbild für ihre eigenen Entwicklungsziele darstellte, stand der Westen unter erheblichem Druck, ein eigenes Modell beschleunigten wirtschaftlichen und sozialen Wandels anzubieten.[21] Diese Rolle fiel bekanntlich der Modernisierungstheorie zu. Nach diesem Modell sozialen Wandels befanden sich alle Gesellschaften der Welt auf unterschiedlichen Etappen desselben konvergenten Entwicklungspfades, der von einer statisch gedachten »traditionellen« zu einer – wider alle Erfahrung ebenfalls zeitlos und statisch gedachten – »modernen« Gesellschaftsordnung führte. Die Modernisierungstheoretiker trauten sich zu, Anweisungen zu formulieren, wie dieser Weg beschleunigt und ohne Unfälle absolviert werden konnte.[22]

Zumindest ebenso wichtig wie die Formulierung von Rezepten war dabei deren angemessene Vermarktung. Walt Rostow entwickelte seine Stadientheorie,[23] nachdem ihm deutlich geworden war, dass der Westen der kommunistischen Verheißung einer Abkürzung in die Moderne nichts entgegenzusetzen hatte – eine neue Erzählung musste her, die die komplexe Realität ordnete und dem politischen Handeln überschaubare Etappenziele setzte. Die Kernthese Rostows war, dass zahlreiche Gesellschaften an der Schwelle zum »Take-Off« zu selbsttragendem Wachstum standen. Das war zwar ein kritisches Stadium, in dem die Erwartungen dem Realisierbaren vorauseilten und die Sache der Modernisierung sowohl durch die

21 Vgl. v.a. Rothermund, *Delhi*; Westad, *Global Cold War*.

22 Vgl. zum Folgenden: Engerman u.a., *Staging Growth*; Gilman, *Mandarins of the Future*; Latham, »Ideology«; ders., *Modernization as Ideology*; ders., »Modernization«.

23 Rostow, »Take-Off«; Rostow, *Stages of Economic Growth*.

Anhänger der alten Ordnung als auch durch die Verlockungen des Kommunismus gefährdet war. Andererseits jedoch konnte gerade in dieser Phase eine kurze Infusion von Technologie und Kapital das Tempo von Wachstum und Strukturwandel beschleunigen und so der Volkswirtschaft genügend Schwung verleihen, um den entscheidenden Durchbruch zu einem selbsttragenden Wachstum zu schaffen.

Viele Sozialwissenschaftler machten sich über die Stadientheorie lustig, nach der die Gesellschaften »wie Aufziehmäuse« durch den *Parcours* der Weltgeschichte rannten.[24] Aber Rostow selbst betonte intern, dass es wichtiger war, dem Wähler zuhause und den politischen Führern in der Dritten Welt eine einfach verständliche Erzählung zu liefern als eine wissenschaftlich korrekte Theorie.[25] Der Wille, an die Machbarkeit von Entwicklung zu glauben und die seit der *Great Depression* entwickelten Instrumente der Wirtschaftsplanung und Gesellschaftslenkung einzusetzen, war deutlich spürbar. Auch die Metaphern, die im wissenschaftlichen Schrifttum jener Zeit populär waren, zeigen, dass ein großer Bedarf an Beschleunigungskonzepten bestand: »Big Push«, »Take-Off«, »Great Spurt«, »Critical Effort«, »Pacing Devices«, »Pressure Mechanisms« sind nur einige der Stichworte aus der entwicklungsökonomischen Diskussion, die das Verlangen verraten, die Weltgeschichte gewissermaßen anzuschieben.[26] Ähnliches verrät die weit verbreitete Zahlenmystik, nach der es Aufgabe von Entwicklungspolitik zu sein schien, die Veränderungen von Jahrhunderten in einem Jahrzehnt, von fünfzig Jahren in fünf Jahren oder einem ähnlichen Zeitraum nachzuholen.[27] Damit soll keineswegs über die erheblichen Unterschiede hinweggegangen werden, die zwischen dem Denken etwa Rostows und Hirschmans, dem Erfinder der »Pressure Mechanisms« und »Pacing Devices«, bestanden. Gemeinsam ist diesen Konzepten jedoch das Bestreben, eine tiefgreifende und selbsttragende Dynamisierung sozialer Prozesse anzustoßen.[28]

In den 1950er Jahren entstand so eine ganze Industrie entwicklungspolitischen und entwicklungsökonomischen Denkens, und die Frage, wie den Menschen in unterentwickelten Staaten aus der Armut herauszuhelfen sei,

24 So bei Hirschman, »Rise and Decline«, S. 388.

25 V.a. Haefele, »Rostow's Stages«.

26 Hirschman, »Rise and Decline«.

27 Beispiele u.a. bei Malinowski, »Modernisierungskriege«.

28 Zu Hirschman vgl. Lepenies, »Possibilism«. Hirschman zum »Take-Off« als kritische Phase: Hirschman, *Strategy*, S. 44f.

wurde zeitweilig zum zentralen Thema der Sozialwissenschaften. Die »Verwissenschaftlichung des Sozialen« lässt sich hier besonders eindrucksvoll beobachten.[29] Trotz im Rückblick begrenzt erscheinenden Wissens und wenig tragfähiger theoretischer Annahmen war das Vertrauen in die Fähigkeit der Sozialwissenschaften, diese Probleme zu lösen (und insbesondere ihr Selbstvertrauen) größer denn je. Unter Kennedy wurden Stadien- und Modernisierungstheorien offizielles Regierungsprogramm, und ihre führenden Vertreter übernahmen hohe Regierungsämter. Das Ziel ihrer Politik war es letztlich, den Vereinigten Staaten Sicherheit zu verschaffen, indem die US-amerikanische Gesellschaftsform in die ganze Welt exportiert wurde.[30]

Vietnam kann in vieler Hinsicht als Testfall für dieses »international social engineering« gelten. Für die Modernisierungstheorie befand sich Vietnam in einer Phase der Instabilität im Übergang zwischen Tradition und Moderne. Daraus ergab sich für die amerikanische Politik das Ziel, »to accelerate the economic growth, liberal reform, and social progress necessary to win the loyalty of a people torn between their ancient past and competing visions of the future«. In der Praxis misslang jedoch der Balanceakt zwischen den beiden Prinzipien von »guidance« und »emancipation« (Westad), und die Politik der Vereinigten Staaten legte mehr Gewicht auf Kontrolle und Stabilität denn auf Wandel. Die amerikanische Hilfe etwa in der Landwirtschaft wurde von der Landbevölkerung währenddessen als autoritäre, quasikoloniale Intervention in ihr selbstbestimmtes Leben empfunden.[31] Als die USA sich für die militärische Eskalation im Konflikt mit Nordvietnam entschieden, war Rostow – nun Sicherheitsberater Präsident Johnsons – einer der führenden Verfechter des Bombenkrieges. Dabei berief er sich nicht zuletzt darauf, dass auch Nordvietnam inzwischen ein Entwicklungsstadium erreicht habe, in dem es auf eine moderne Infrastruktur und Industrie angewiesen und daher für diese Art der Kriegsführung verletzlich sei.[32]

Stadientheorien verweisen zwar auf die Möglichkeit, Strukturwandel zu beschleunigen, haben aber auch eine konservative Komponente. Das

29 Der Begriff stammt von Lutz Raphael. Zur Sache vgl. auch Porter/Ross, *Modern Social Sciences*.

30 Frey, »Indoktrination«.

31 Frey, *Dekolonisierung*, S. 258–268, 302f.; Latham, »Modernization« (Zitate: S. 730, 733); Westad, *Global Cold War*.

32 Milne, »Equivalent«.

Überspringen von Stadien lassen sie nämlich nicht zu. Auch hier war das bereits aus kolonialen Kontexten bekannte Argument weit verbreitet, die Wohltaten der Moderne seien »noch nicht« erreichbar, politische Rechte für eine ungebildete Bevölkerung ein gefährliches und überflüssiges Geschenk und eine autoritär-militaristische Regierung am ehesten in der Lage, Modernisierung und Stabilität miteinander zu vereinbaren.[33] Und wo nicht zumindest die Voraussetzungen für einen »Take-Off« geschaffen waren, gibt es für die Entwicklungspolitik nach Rostow nichts zu tun. Derartige Argumente fanden sich nicht allein auf der rechten Seite des politischen Spektrums. Wo die Verhältnisse für eine Revolution nicht reif waren, befand auch Stalin, dürften die lokalen kommunistischen Parteien noch nicht an die Revolution denken, sondern müssten das Bündnis mit einer »nationalen Bourgeoisie« eingehen, um den Gang der Geschichte möglichst effizient voranzubringen, sprich zunächst einmal eine sowjetfreundliche Außenpolitik ihres Staates sicherzustellen.[34]

(c) Der »Große Sprung nach vorn«

Solchen Mahnungen, sich an von außen vorgegebene Rhythmen zu halten und zunächst mit einem Platz am unteren Ende der Entwicklungsskala vorlieb zu nehmen, haben politische Führer und Bewegungen in der Dritten Welt nicht immer Gehör schenken wollen. Wo Rostow den »Take-Off« ohne nähere metaphorische Spezifizierung anstrebte, sah Ghanas Unabhängigkeitsheld Kwame Nkrumah einzig den Düsenantrieb als hinreichend schnell für die Bedürfnisse seines Landes an: »What other countries have taken three hundred years or more to achieve, a once dependent territory must accomplish in a generation if it is to survive. Unless it is, as it were, ›jet-propelled‹, it will lag behind and thus risk everything for which it had fought.«[35]

Den radikalsten und zugleich katastrophalsten Versuch, sozialen Strukturwandel politisch zu beschleunigen, stellt sicherlich Chinas »Großer Sprung nach vorn« dar. China hatte nach dem Sieg der Kommunisten 1949

33 Beispiele etwa bei Frey, »Indoktrination«; ders., *Dekolonisierung*, Kap. 2.

34 Westad, *Global Cold War*, S. 49–55. Möglicherweise strebte Stalin allerdings zu Beginn seiner politischen Karriere ebenfalls ungeduldig danach, scheinbar notwendige Zwischenstadien zu überspringen: vgl. Priestland, *Stalinism*; Lüthi, *Sino-Soviet Split*, Kap. 1.

35 Nkrumah, *Ghana*, S. x (zit. bei Westad, *Global Cold War*, S. 91).

zunächst ein am sowjetischen Vorbild orientiertes Entwicklungsmodell verfolgt: Die Schwerindustrie sollte als Leitsektor dienen, Investitionen auf diesen Bereich konzentriert und Ressourcen dafür von der Landwirtschaft abgeschöpft werden. Auf diese Weise wurden in den 1950er Jahren zunächst Wachstumsraten von über acht Prozent erzielt, doch fiel es zunehmend schwer, die Bauern zu weiteren Produktionssteigerungen zu motivieren und die Industrie- und Bauarbeiter zu ernähren. Ganz im Sinne der auch im Westen populären Theorie des »Balanced Growth« propagierten chinesische Wirtschaftsexperten daraufhin eine Verlangsamung des Wachstums der kapitalintensiven Schwerindustrie. Ressourcen sollten stattdessen in die Produktion von Düngemitteln, Konsumgütern und Nahrungsmitteln gelenkt werden – Industrien also, die Landwirtschaft und privaten Konsum bedienen und dem Einzelnen Leistungsanreize bieten sollten. Damit verband sich das Eingeständnis, dass die hohen Wachstumsraten des ersten Fünfjahresplans nicht auf Dauer erhalten werden konnten.[36]

Mao setzte jedoch 1958 eine andere Strategie durch: Nicht materielle Anreize, sondern Massenmobilisierung und revolutionärer Enthusiasmus sollten China helfen, Armut und »Unterentwicklung« in einer einzigen großen Anstrengung zu überwinden. Die schwierigen Entscheidungen über die Priorität von Landwirtschaft oder Industrie, Produktion oder Konsum und über die Beseitigung einzelner Engpässe wurden so umgangen.[37] Der Slogan, unter dessen Anleitung es gelingen sollte, binnen 15 Jahren Großbritannien – das Mutterland der Industriellen Revolution und die Vormacht des informellen Imperialismus im 19. Jahrhundert – einzuholen, lautete: »Mehr, schneller, besser, sparsamer« – was in der Praxis dann auch die Reihenfolge der Prioritäten darstellte.

Kernstück von Maos »Großem Sprung nach vorn« war die sofortige Eingliederung der Bauern in große landwirtschaftliche Kollektive. Die Mobilisierung der Bevölkerung gelang zunächst; ungeheure zusätzliche Anstrengungen flossen in den Bau neuer Industriewerke, Bewässerungsanlangen und Straßen und in die berühmten »Hinterhof-Hochöfen«, die allerdings nicht im Zentrum des Vorhabens standen. Doch relativ rasch kam es zu neuen Engpässen. Bauern, die Dämme oder Stahlwerke bauten, fehlten in der Landwirtschaft. Katastrophale Ernteeinbrüche wurden nicht bemerkt, weil es in der Kampagnenstimmung inopportun erschien, anderes

36 Lardy, »Economic Recovery«.

37 Lardy, »Chinese Economy«; Lieberthal, »Great Leap Forward«; Spence, *Search*; Spence, *Mao Zedong*; Teiwes/Sun, *China's Road to Disaster*.

als die Übererfüllung von Produktionsplänen nach Peking zu melden. Die Industrie verzeichnete Produktionsausfälle zwischen 25 und über 50 Prozent. Akuter Mangel an Nahrungsmitteln führte zur schlimmsten Hungersnot des 20. Jahrhunderts mit ungefähr 20 Millionen Toten.

Ab 1962 wurde die Kollektivierung der Landwirtschaft verlangsamt und zum Teil rückgängig gemacht; Bau- und Industriearbeiter wurden aufs Land zurückgeschickt. Doch das Programm des »Großen Sprungs« wurde nie offiziell aufgegeben, und schon wenig später begann mit der Kulturrevolution eine neue, noch radikalere Kampagne, die sich nun nicht mehr auf die Wirtschaft konzentrierte, sondern alle Reste *bourgeoiser* gesellschaftlicher Ordnung und kultureller Neigungen hinwegfegen sollte.

Hinter diesen beiden Episoden der chinesischen Geschichte steht mehr als nur die Zurückweisung der Stadientheorien westlicher oder stalinistischer Prägung. Das Ziel, in einem »Großen Sprung« alle von den Wirtschaftsfachleuten aufgezeigten Hindernisse auf einmal zu überwinden, hatte eher eine politische denn eine wirtschaftliche Bedeutung. Es implizierte die Entmachtung der Experten und Bürokraten in den wirtschaftlichen Ministerien – viele von ihnen nicht Mitglieder der Kommunistischen Partei Chinas – zugunsten der Partei, der Aktivisten und der Spezialisten für Massenmobilisierung, also nicht zuletzt Maos selbst. Hinzu kam, dass die Entwicklung der Sowjetunion unter Chruschtschow in Mao die Befürchtung weckte, dass sich der Lauf der Geschichte umkehren und auch eine sozialistische Gesellschaft wieder in kleinbürgerlichen Kapitalismus zurückfallen könnte.[38] Die Abkehr vom sowjetischen Entwicklungsmodell verband sich mit dem diplomatischen Bruch mit Moskau und mit der Entmachtung interner Kritiker Maos.

Für Mao durfte sich der »Große Sprung nach vorn« nicht in einem radikalen Bruch mit dem Alten erschöpfen, er musste in der Kulturrevolution radikalisiert werden, um die Gesellschaft in beständiger Mobilisierung zu halten. Damit wurde die Entwicklung dem revolutionären Umbau von Gesellschaftsordnung und Mentalitäten untergeordnet. Letztlich fürchtete Mao jede Phase der Normalisierung und des Stillstands, weil sie die Rückkehr der Bürokraten und Experten, der Sachzwänge, Theorien und Hierarchien bedeutete. Maos revolutionäre Ideologie und geschichtsphilosophische Überzeugung verbanden sich hier mit seinem persönlichen Macht-

---

38 Vgl. zu dieser Interpretation Lieberthal, »Great Leap Forward«; Spence, *Mao Zedong*, S. 128–167; Teiwes/Sun, *China's Road to Disaster* und zuletzt Lüthi, *Sino-Soviet Split* und Xia, *Roundtable*.

streben: Er wusste, dass er nur als Führer einer revolutionären Bewegung, aber nicht eingebunden im Räderwerk eines bürokratischen Apparates Einfluss ausüben konnte. Mao und seine Verbündeten betrachteten den Kommunismus nicht länger als ein Ziel, das durch beschleunigten Wandel schneller erreicht werden konnte, sondern er war für sie überhaupt nur unter den Bedingungen beständiger Transformation und Mobilisierung denkbar, wie sie durch den »Großen Sprung« geschaffen wurden. Dass dessen propagierte Ziele nicht erreichbar waren, zählte daher ebenso wenig wie für Rostow die Feinheiten der Stadientheorie.

(d) Das Ende des Entwicklungsdenkens?

Das Konzept »Entwicklung«, so Frederick Cooper und Randall Packard, habe seine Attraktivität stets aus einer entschiedenen Zurückweisung der Vergangenheit und aus Verheißungen für die Zukunft bezogen, nicht aus seiner Angemessenheit zur Erfassung der Komplexität und der Chancen gegenwärtig ablaufender Prozesse.[39] Auch für Albert O. Hirschman, einen der Gründerväter der Entwicklungsökonomie, lag die historische Funktion des Entwicklungsdenkens vor allem darin, dass es Zuversicht in die Erreichbarkeit von Entwicklungszielen weckte und so politisches Handeln anstieß.[40] Doch mit dieser Konzentration auf propagandistische Elemente verbanden sich auch Gefahren. Hirschman hatte schon 1957 – vor dem »Großen Sprung« – kritisiert, dass die gängigen Entwicklungskonzepte über den *Prozess* der Entwicklung nicht viel zu sagen hatten, die Triebkräfte, Mechanismen und Abläufe des Strukturwandels ja geradezu mit Verachtung übergingen und sich stattdessen auf die Beschreibung einer glänzenden ferneren Zukunft und der im Hinblick darauf notwendigen Anstrengungen in der Gegenwart beschränkten. Sie empfahlen entweder den ineffizient langsamen Weg des Aufbaus eines »modernen« Sektors neben dem »traditionellen« oder die unrealistische Perspektive eines plötzlichen Strukturbruchs, durch den alle Probleme auf einmal gelöst wurden. »[T]he attempt to jump over [the process of economic development] and its difficulties« sei aber höchst gefährlich: Irgendwann wird dann entschieden, »that all prospective difficulties must be solved at once and the elusive goal be seized through one convulsive investment effort, one large-scale

39 Cooper/Packard, »Introduction«, S. 31.
40 Hirschman, »Rise and Decline«, S. 380f.

expropriation, or one ›short‹ term of dictatorial rule.« Hirschman warnte weiter: »Thus, after having so long been a mirage, the quest for development is apt to turn suddenly into a nightmare.«[41] Damit nahm er viele Erfahrungen des »Entwicklungsjahrzehnts« der 1960er Jahre vorweg, in dem die Notwendigkeit eines Bruches mit der Vergangenheit und eines Sprungs in eine bessere Zukunft große Opfer in der Gegenwart gering schätzen ließ oder gar zu erfordern schien. Hirschmans eigene Schriften verraten eine große Sensibilität für die Rhythmen und Mechanismen sozialen Wandels.[42]

Entwicklungspolitik als kohärentes Projekt eines umfassenden Strukturwandels hin zu einer wie auch immer definierten modernen Gesellschaft zersplitterte schon in den 1960er Jahren wieder. Die enge Verknüpfung von Modernisierungstheorie und Vietnamkrieg (nicht zuletzt in der Person Rostows selbst) diskreditierte deren Rezepte zunehmend. Konservative und rechtsgerichtete Kritiker – bereits damals prominent: Samuel P. Huntington – merkten an, dass beschleunigter Strukturwandel keineswegs zu Demokratie und Stabilität führe, sondern zu politischem Aufruhr. Entwicklung sei daher überhaupt nur erfolgversprechend und wünschenswert, wenn sie unter autoritärer Herrschaft erfolge, welche die »impatience of the masses« zügeln und sozialen Wandel so begrenzen könne, dass er nicht zum Zusammenbruch staatlicher Strukturen führte.[43] Liberale Ökonomen argumentierten, dass für die Dritte Welt keine besondere Wissenschaft, die Entwicklungsökonomie, nötig sei, sondern dass auch die Menschen in unterentwickelten Gesellschaften rationale ökonomische Akteure seien, die sich mit den Mitteln der konventionellen Ökonomie beschreiben ließen.[44] Linke wie Liberale stellten in Frage, dass die nationalstaatlich umgrenzte Gesellschaft, die über alle politischen Lager und wissenschaftlichen Schulen hinweg mehr oder minder unhinterfragt zum Adressaten von Entwicklungspolitik erklärt worden war, überhaupt den angemessenen Handlungsraum und Analyserahmen darstellte. In der Praxis war Entwicklungspolitik das Projekt autonomer, abgeschlossener Interventionsstaaten. Als solche konnten die Staaten der Dritten Welt jedoch nicht ernsthaft be-

41 Zitate aus Hirschman, *Strategy*, S. 210. Ähnlich später auch Scott, *Seeing Like a State*, S. 96: »One might speculate that the more intractable and resistant the real world faced by the planner, the greater the need for utopian plans to fill [...] the void that would otherwise invite despair.«

42 Vgl. neben den bereits zitierten Schriften Hirschmans auch Hirschman, *Journeys*; ders., »Search for Paradigms«; ders., *Development Projects Observed*; Lepenies, »Possibilism«

43 Gilman, *Mandarins of the Future*, S. 229; Huntington, *Political Order*.

44 Hirschman, »Rise and Decline«; Lal, *Poverty*.

schrieben werden (wie etwa die Weltsystemtheorie Immanuel Wallersteins argumentierte), und die binnenorientierte Entwicklung stellte auch keine erfolgversprechende Perspektive dar. Hier zeigen sich große Spannungen in der US-amerikanischen Entwicklungspolitik, welche die (propagandistisch durchaus kontraproduktive) Rhetorik von Marktwirtschaft und Freihandel bemühte, in der Praxis aber mit gesamtwirtschaftlicher Strukturplanung für einzelne Volkswirtschaften operierte.

Das ursprünglich mit der Entwicklungspolitik verbundene Ziel eines umfassenden gesellschaftlichen Strukturwandels wurde angesichts der vielfältigen Hindernisse und Rückschläge, die in den 1960er Jahren erkennbar wurden, ersetzt durch konkretere Teilziele, die schneller erreichbar waren und einen rascheren politischen Ertrag versprachen: Fortschritte bei der Bekämpfung von Armut, Krankheit, Unterernährung, Analphabetismus und so weiter. Und schließlich ging der Entwicklungspolitik auch ihr Gegenstand verloren, das »typische« Entwicklungsland nämlich: In der Dritten Welt gab es nun Beispiele erfolgreicher Industrialisierung (zuerst in den »Tigerstaaten« Südostasiens), reiche Erdölboomstaaten ohne wirkliche Entwicklung, aber auch zahlreiche Fälle von Stagnation und Staatszerfall.[45]

Entwicklung und Modernisierung wurden so allmählich von *Forschungsperspektiven* auf die Geschichte und Gegenwart von Gesellschaften selbst zu *Gegenständen* der Geschichtsschreibung. Doch obwohl sich die Kohärenz des Entwicklungsdenkens der 1950er und frühen 1960er Jahre aufgelöst hat und der Entwicklungsgedanke historisiert worden ist, bezeichnen die Kategorien von Entwicklung und Modernisierung weiterhin wichtige, politisch handlungsleitende Erwartungen, und wirken die Erfahrungen mit solchen Projekten immer auch auf die Selbstwahrnehmung europäischer Gesellschaften zurück.

Fazit

Aus der Perspektive ihrer zeitlichen Struktur betrachtet, lassen sich entwicklungspolitische Projekte in ein Spektrum einordnen, das von einer vielleicht kaum wahrnehmbaren, außerhalb des Zeithorizonts der Politik stattfindenden, »natürlich« erscheinenden Evolution bis zu großen Sprün-

45 Bernecker, *Port Harcourt*; Bose, »Instruments and Idioms«; Cooper/Packard, *International Development*; Rothermund, *Delhi*.

gen reicht, die gewissermaßen die Zeit des sozialen Strukturwandels so weit beschleunigen wollen, dass sie mit derjenigen politischer Wünsche und Koalitionen übereinkommt. Mit den unterschiedlichen Zeithorizonten verbinden sich unterschiedliche politische Kulturen – verstanden nicht normativ im Sinne von Kultur und Unkultur, sondern analytisch als unterschiedliche Konfigurationen von politischen Deutungs- und Handlungsmustern.

Dort, wo die natürliche Entwicklung betont wird, versteht man sozialen Wandel als die allmähliche Akkumulation von Kapital, Bildung, Institutionen und Fähigkeiten. Diese lässt sich zwar innerhalb gewisser Grenzen beschleunigen, radikale Brüche aber würden das filigrane Gefüge der Gesellschaft zerstören und damit dem angestrebten Strukturwandel die Basis entziehen. Das Verstreichen der Zeit erlaubt es in dieser Perspektive, zwischen den widerstreitenden Zielen sozialer und politischer Stabilität einerseits und umfassenden Strukturwandels andererseits zu vermitteln. Dies kann zum einen auf der Diskursebene geschehen, zum anderen aber auch in der politischen Praxis, denn politische Konstellationen bekommen auf diese Weise einen zeitlichen und damit zeitweiligen Charakter. Die Gegner von heute können als die Verbündeten von morgen wahrgenommen werden, wenn sie im Grunde legitime, aber *noch nicht* erreichbare Ziele zu verfolgen scheinen. Idealerweise ermöglicht eine solche Sichtweise Dialoge und Kompromisse, da viele Fragen sich nicht mehr als solche des »Entweder-oder«, sondern als solche des »Früher-oder-später« stellen.

Einer solchen harmonischen politischen Entwicklung steht jedoch häufig im Wege, dass die Verbündeten der Gegenwart dabei auf die Dauer zu Reaktionären werden, die an veraltete Strukturen gebunden sind, welche die Entwicklungspolitik ja überwinden möchte: Korruption, autoritäre Herrschaft, Privilegien und so weiter. Das Bündnis mit den Garanten von Stabilität aufzulösen oder diese in Richtung auf zukünftig angestrebte Ziele zu drängen, fällt jedoch regelmäßig schwer. Der Zeitpunkt, zu dem dies möglich ist, wird dann in eine immer fernere Zukunft verschoben; Politik bekommt die Aufgabe, gesellschaftliche Entwicklung abzubremsen, statt sich ihr anzupassen oder sie gar voranzutreiben. Langfristige Ziele wie Demokratisierung und soziale Transformation treten in der Praxis hinter die Sorge um die kurzfristige Sicherung politischer Stabilität zurück. Evolutionäre Zeitkonzepte sind also anfällig für den Umschlag ins Reaktionäre.[46] Das lässt sich insbesondere im Rahmen der europäischen Kolonialpolitik beobachten, wo seit dem 19. Jahrhundert europäische Herrschaft mit dem Argument einer »Zivilisierungsmission« legitimiert wurde, welche die Fremdherrschaft zwar prinzipiell und langfristig überflüssig machen sollte, aber in jeder beliebigen Gegenwart *noch nicht*.

Wo die Kräfte der Beharrung in der Lage sind, die Spielregeln zu bestimmen, und schon die Nahziele fast unerreichbar scheinen, entsteht leicht der Gedanke, die Überwindung politischer oder struktureller Hindernisse in einem großen Sprung anzugehen. Ein echter Wandel, so erscheint es aus dieser Perspektive, sei überhaupt nur durch eine plötzliche und zugleich umfassende Transformation von Sozialstruktur, Kapitalallokation und Institutionen zu erreichen. Das Verstreichen der Zeit würde die Kontamination des Neuen durch das Alte bedeuten und einen wirklichen Strukturwandel ganz verhindern. Das gilt für makroökonomische Richtungswechsel wie den »Großen Sprung nach vorn« oder die marktwirtschaftliche »Schocktherapie«, die nach 1989 den ehemals kommunistischen Staaten in Osteuropa verordnet wurde, ebenso wie für entwicklungspolitische Projekte von begrenzterem Umfang. Scott etwa beschreibt die Umsetzung von Landreformen in Tansania 1973 wie folgt: »The planners felt that the shock of lightning-quick resettlement would have a salutary effect. It would rip the peasantry from their traditional surroundings and networks and would put them down in entirely new settings where, it was hoped, they could then be more readily remade into modern producers following the instructions of experts.« In Indonesien wurden Umsiedlungen sogar per Flugzeug vorgenommen, damit die Umgesiedelten besonders desorientiert und leicht zu beeinflussen waren.[47]

Politisch läuft dies auf eine einfache Freund-Feind-Struktur hinaus: Das Bestehende und seine Verteidiger sind die Gegner, alle, die es umstürzen wollen, zunächst einmal Verbündete, unabhängig von ihren sonstigen Fehlern. Daraus kann die Auffassung entstehen, dass nicht der Unterschied zwischen Alt und Neu, sondern derjenige zwischen Bewegung und Stillstand der entscheidende sei.

Auf der Ebene der Umsetzung von Entwicklungspolitik spielt Zeit ebenfalls an zwei Stellen eine entscheidende Rolle: Zum einen wird ein veränderter Umgang der »einheimischen Bevölkerung« mit Zeit explizit zum

46 Vgl. auch die zahlreichen frühen Beispiele bei Wieland, »Entwicklung«.

47 Scott, *Seeing Like a State*, S. 234f.

Ziel der Entwicklungspolitik.[48] Zum anderen werden Probleme oftmals auf unterschiedliche Zeitkonzepte zurückgeführt: darauf, dass alles viel länger dauere als in entwickelten Staaten, dass niemand pünktlich sei, dass die Bevölkerung zu viel zu schnell wolle oder den Ideen und Zielen aus der Vergangenheit zu sehr verhaftet sei.[49] Konflikte über die Ziele, Strategie und Taktik von Entwicklungspolitik werden also oftmals in zeitliche Begriffe gefasst, als Konflikte über die Rhythmen und die Geschwindigkeit gesellschaftlichen Wandels. Die Ziele von entwicklungspolitischen Projekten treten klarer hervor, wenn Rhythmus und Geschwindigkeit des angestrebten Wandels klargemacht werden.

Entwicklungspolitik soll einen raschen, zugleich strukturell tiefgreifenden Wandel erreichen, ohne dabei sozialen Zusammenhalt zu zerstören – ein hoch ambitioniertes Programm, bei dem immer wieder die Grenzen der politischen Gestaltbarkeit sozialer Prozesse deutlich geworden sind. Daher wird die Frage, ob große Projekte gesamtgesellschaftlicher Transformation überhaupt noch zeitgemäß sind, heute besonders intensiv dort diskutiert, wo es um den Kampf gegen nicht hinnehmbare Armut und Unterentwicklung in der Dritten Welt geht. Doch die in diesem Band verhandelten Fragen sind über die Geschichte der Entwicklungspolitik hinaus wichtig für die Geschichte von Politikkonzepten und politischen Handlungsmustern in der zweiten Hälfte des 20. Jahrhunderts.[50]

Literatur

Barth, Boris/Osterhammel, Jürgen (Hg.), *Zivilisierungsmissionen. Imperiale Weltverbesserung seit dem 18. Jahrhundert*, Konstanz 2005.

Bayly, C. A., *The Birth of the Modern World, 1780–1914: Global Connections and Comparisons*, Oxford 2004.

Bernecker, Walther L., *Port Harcourt, 10. November 1995. Aufbruch und Elend in der Dritten Welt*, München 1997.

48 Nicht unähnlich den Anstrengungen, die europäische Arbeiterschaft zu Beginn der Industrialisierung an von Maschinen und Verwaltungsapparaten vorgegebene Rhythmen zu gewöhnen, vgl. dazu Thompson, »Time«.

49 Hirschman, *Development Projects Observed.*

50 Vgl. hierzu z.B. Doering-Manteuffel/Raphael, *Nach dem Boom*; Metzler, *Konzeptionen*; Schanetzky, *Ernüchterung.*

Bose, Sugata, »Instruments and Idioms of Colonial and National Development: India's Historical Experience in Comparative Perspective«, in: Frederick Cooper/Randall Packard (Hg.), *International Development and the Social Sciences. Essays on the History and Politics of Knowledge*, Berkeley 1997, S. 45–63.

Cain, Peter J., »Character and Imperialism: The British Financial Administration of Egypt, 1878–1914«, *Journal of Imperial and Commonwealth History*, Jg. 34 (2006), S. 177–200.

— /Hopkins, Anthony G., *British Imperialism, 1688–2000*, Harlow 2001.

Cooper, Frederick/Packard, Randall (Hg.), *International Development and the Social Sciences. Essays on the History and Politics of Knowledge*, Berkeley 1997.

— , »Introduction«, in: dies. (Hg.), *International Development and the Social Sciences. Essays on the History and Politics of Knowledge*, Berkeley 1997, S. 1–41.

Coquery-Vidrovitch, Cathérine, »La colonisation française 1931–1939«, in: Jacques Thobie u.a. (Hg.), *Histoire de la France coloniale*. Bd. 2: 1914–1990, Paris 1990, S. 211–308.

Dernburg, Bernhard von, *Japan und China. Eine wirtschaftspolitische Studienreise*, Berlin 1911.

Doering-Manteuffel, Anselm/Raphael, Lutz, *Nach dem Boom. Perspektiven auf die Zeitgeschichte seit 1970*, Göttingen 2008.

Engerman, David C. u.a. (Hg.), *Staging Growth: Modernization, Development, and the Global Cold War*, Amherst 2003.

Frey, Marc, »Indoktrination, Entwicklungspolitik und ›State Building‹. Die Vereinigten Staaten in Südostasien 1945–1961«, in: Boris Barth/Jürgen Osterhammel (Hg.), *Zivilisierungsmissionen. Imperiale Weltverbesserung seit dem 18. Jahrhundert*, Konstanz 2005, S. 335–362.

— , *Dekolonisierung in Südostasien. Die Vereinigten Staaten und die Auflösung der europäischen Kolonialreiche*, München 2006.

Gilman, Nils, *Mandarins of the Future: Modernization Theory in Cold War America*, Baltimore 2003.

Haefele, Mark H., »Walt Rostow's Stages of Economic Growth: Ideas and Action«, in: David C. Engerman u.a. (Hg.), *Staging Growth: Modernization, Development, and the Global Cold War*, Amherst 2003, S. 81–103.

Havinden, Michael/Meredith, David, *Colonialism and Development: Britain and Its Tropical Colonies, 1850–1960*, London 1993.

Hirschman, Albert O., *The Strategy of Economic Development*, New Haven 1958.

— , *Journeys toward Progress: Studies of Economic Policy-Making in Latin America*, New York 1963.

— , »The Search for Paradigms as a Hindrance to Understanding«, *World Politics*, Jg. 22 (1970), S. 329–343.

— , »The Rise and Decline of Development Economics«, in: Mark Gersovitz/W. Arthur Lewis (Hg.), *The Theory and Experience of Economic Development: Essays in Honour of Sir W. Arthur Lewis*, London 1982, S. 372–390.

— , *Development Projects Observed*, Washington 1995.

Huntington, Samuel P., *Political Order in Changing Societies*, New Haven 1968.

Hyam, Ronald, »Bureaucracy and ›Trusteeship‹ in Colonial Empire«, in: Judith M. Brown/William Roger Louis (Hg.), *The Oxford History of the British Empire, Volume 4: The Twentieth Century*, Oxford 1999, S. 255–279.

Koselleck, Reinhart, »›Erfahrungsraum‹ und ›Erwartungshorizont‹. Zwei historische Kategorien«, in: ders., *Vergangene Zukunft*, Frankfurt/M. 1989, S. 349–375.

Lal, Deepak, *The Poverty of »Development Economics«*, 2. Aufl., Cambridge Mass. 2000.

Lardy, Nicholas R., »The Chinese Economy under Stress, 1958–1965«, in: Roderick MacFarquhar/John K. Fairbank (Hg.), *The Cambridge History of China, Volume 14: The People's Republic, Part 1: The Emergence of Revolutionary China, 1949–1965*, Cambridge 1987, S. 360–397.

— , »Economic Recovery and the First Five-Year Plan«, in: Roderick MacFarquhar/John K. Fairbank (Hg.), *The Cambridge History of China, Volume 14: The People's Republic, Part 1: The Emergence of Revolutionary China, 1949–1965*, Cambridge 1987, S. 144–184.

Laslett, Peter, »Social Structural Time: An Attempt at Classifying Types of Social Change by Their Characteristic Paces«, in: Michael Young/Tom Schuller (Hg.), *The Rhythms of Society*, London/New York 1988, S. 17–37.

Latham, Michael E., »Ideology, Social Science, and Destiny: Modernization and the Kennedy Era Alliance for Progress«, *Diplomatic History*, Jg. 22 (1998), S. 199–229.

— , *Modernization as Ideology: American Social Science and »Nation Building« in the Kennedy Era*, Chapel Hill 2000.

— , »Modernization«, in: Theodore M. Porter/Dorothy Ross (Hg.), *The Cambridge History of Science, Volume 7: The Modern Social Sciences*, Cambridge 2003, S. 721–734.

Lepenies, Philipp H., »Possibilism: An Approach to Problem-Solving Derived from the Life and Work of Albert O. Hirschman«, *Development and Change*, Jg. 39 (2008), S. 437–459.

Lieberthal, Kenneth, »The Great Leap Forward and the Split in the Yenan Leadership«, in: Roderick MacFarquhar/John K. Fairbank (Hg.), *The Cambridge History of China, Volume 14: The People's Republic, Part 1: The Emergence of Revolutionary China, 1949–1965*, Cambridge 1987, S. 293–359.

Lüthi, Lorenz M., *The Sino-Soviet Split: Cold War in the Communist World*, Princeton 2008.

Malinowski, Stephan, »Modernisierungskriege. Militärische Gewalt und koloniale Modernisierung im Algerienkrieg (1954–1962)«, *Archiv für Sozialgeschichte*, Jg. 48 (2008), S. 213–244.

Marseille, Jacques, *Empire colonial et capitalisme français: Histoire d'un divorce*, Paris 1984.

Metzler, Gabriele, *Konzeptionen politischen Handelns von Adenauer bis Brandt. Politische Planung in der pluralistischen Gesellschaft*, Paderborn 2004.

Meynier, Gilbert, »La France coloniale de 1914 à 1931«, in: Jacques Thobie u.a. (Hg.), *Histoire de la France coloniale*. Bd. 2: 1914–1990, Paris 1990, S. 69–210.

Milne, David, »›Our Equivalent of Guerrilla Warfare‹: Walt Rostow and the Bombing of North Vietnam, 1961–1968«, *Journal of Military History,* Jg. 71 (2007), S. 169–203.

Mitchell, Timothy, *Colonizing Egypt*, Berkeley 1991.

— , *Rule of Experts: Egypt, Techno-Politics, Modernity*, Berkeley 2002.

Nkrumah, Kwame, *Ghana: The Autobiography of Kwame Nkrumah*, Edinburgh 1957.

Osterhammel, Jürgen, *Die Entzauberung Asiens. Europa und die asiatischen Reiche im 18. Jahrhundert*, München 1998.

— , *Die Verwandlung der Welt. Eine Geschichte des 19. Jahrhunderts*, München 2009.

— /Petersson, Niels P., »Ostasiens Jahrhundertwende. Unterwerfung und Erneuerung in west-östlichen Sichtweisen«, in: Ute Frevert (Hg.), *Das Neue Jahrhundert. Europäische Zeitdiagnosen und Zukunftsentwürfe um 1900*, Göttingen 2000, S. 265–306.

Owen, Roger, *Lord Cromer: Victorian Imperialist, Edwardian Proconsul,* Oxford 2004.

Petersson, Niels P., *Imperialismus und Modernisierung. Siam, China und die europäischen Mächte, 1895–1914*, München 2000.

— , »Gentlemanly and Not-So-Gentlemanly Imperialism in China Before the First World War«, in: Shigeru Akita (Hg.), *Gentlemanly Capitalism, Imperialism and Global History*, Basingstoke 2002, S. 103–122.

Porter, Theodore M./Ross, Dorothy (Hg.), *The Cambridge History of Science, Volume 7: The Modern Social Sciences*, Cambridge 2003.

Priestland, David, *Stalinism and the Politics of Mobilization: Ideas, Power, and Terror in Inter-War Russia*, Oxford 2007.

Reinhard, Wolfgang, *Geschichte der Staatsgewalt. Eine vergleichende Verfassungsgeschichte Europas von den Anfängen bis zur Gegenwart*, München 2000.

Rostow, Walter W., »The Take-Off into Self-Sustained Growth«, *Economic Journal*, Jg. 66 (1956), S. 25–48.

— , *Stages of Economic Growth: A Non-Communist Manifesto*, Cambridge Mass. 1961.

Rothermund, Dietmar, *Delhi, 15. August 1947: Das Ende kolonialer Herrschaft*, München 1998.

Schanetzky, Tim, *Die große Ernüchterung. Wirtschaftspolitik, Expertise und Gesellschaft in der Bundesrepublik 1966 bis 1982*, Berlin 2007.

Scott, James C., *Seeing Like a State: How Certain Schemes to Improve the Human Condition Have Failed*, New Haven 1998.

Sieberg, Herward, *Colonial Development. Die Grundlegung moderner Entwicklungspolitik durch Großbritannien 1919–1949*, Stuttgart 1985.

Smith, Adam, *An Inquiry into the Nature and Causes of the Wealth of Nations*, herausgegeben von W. B. Todd, 2 Bde., Oxford 1976.

Spence, Jonathan D., *The Search for Modern China*, London 1990.

— , *Mao Zedong*, New York 1999.

Steinmetz, Willibald, »Neue Wege einer historischen Semantik des Politischen«, in: ders. (Hg.), *Politik. Situationen eines Wortgebrauchs im Europa der Neuzeit*, Frankfurt/M. 2007, S. 9–40.

Teiwes, Frederick C./Sun, Warren, *China's Road to Disaster: Mao, Central Politicians, and Provincial Leaders in the Unfolding of the Great Leap Forward 1955–1959*, Armonk 1999.

Thompson, Edward P., »Time, Work-Discipline, and Industrial Capitalism«, *Past & Present*, Jg. 38 (1967), S. 56–97.

Tignor, Robert L., *Modernization and British Colonial Rule in Egypt, 1882–1914*, Princeton 1966.

Westad, Odd Arne, *The Global Cold War: Third-World Interventions and the Making of Our Times*, Cambridge 2005.

Wieland, Wolfgang, »Entwicklung«, in: Otto Brunner/Werner Conze/Reinhart Koselleck (Hg.), *Geschichtliche Grundbegriffe. Historisches Lexikon zur politisch-sozialen Sprache in Deutschland*, Bd. 2, Stuttgart 1975, S. 199–228.

Xia, Yafeng (Hg.), *H-Diplo Roundtable Reviews on Lorenz M. Lüthi: The Sino-Soviet Split*, 15.12.2008, *H-Diplo Roundtable Reviews*, Jg. 9, H. 25 (2008), http://www.h-net.org/~diplo/roundtables/PDF/Roundtable-IX-25.pdf (18.5.2009).

Nationale Armut, globale Armut und Neoliberalismus: Eine anthropologische Kritik[1]

Akhil Gupta

Warum hat der indische Staat, der sich als Entwicklungsagentur versteht, den vielen Menschen nicht helfen können, die noch heute in großer Armut leben? Warum lassen Regimes, deren Legitimität von der Verbesserung der Lebensbedingungen der Armen abhängt, 250 bis 427 Millionen Menschen unter der Armutsgrenze leben?[2] Man kann auch anders fragen: Warum sind nach den 60-jährigen Entwicklungsanstrengungen des postkolonialen Staates noch immer so viele indische Bürger endemischem Hunger und Unterernährung ausgesetzt und warum sind ihre Grundbedürfnisse nach Kleidung, Wohnung, sauberem Trinkwasser und sanitären Anlagen nicht gedeckt?

Indien ist die viertgrößte Volkswirtschaft der Welt, rangiert aber auf dem *Human Development Index* (HDI) nur auf Platz 126 von 177 Staaten.[3] Man könnte argumentieren, die hohe Armutsrate und die schwachen HDI-

---

1 Die folgenden Überlegungen sind Teil eines Buchprojekts über den Staat in Indien mit dem Arbeitstitel *Red Tape*. Es wird voraussichtlich 2010 bei Duke University Press erscheinen. Ich möchte Anjali Browning für die Recherchehilfe, Daniel Speich für die Publikationsmöglichkeit und die Übersetzung des Textes sowie Karlheinz Cless für Kommentare zum deutschen Text danken.

2 Die Zahl von 250 Millionen ist errechnet aus den Angaben des *National Sample Survey* (NSS), demgemäß 2004–2005 rund 22,15% der 1,115 Milliarden Inderinnen und Inder unter der Armutsgrenze lebten. Gemeint ist »absolute Armut«, d.h. die Definition von Armut erfolgt nicht relativ zum gesamten verfügbaren Einkommen der Bevölkerung, sondern richtet sich nach absoluten Werten, z.B. 1 $ pro Tag. Die Zahl von 427 Millionen beziehe ich von Chen/Ravallion, »Absolute Poverty«, S. 21ff. Bei einer Armutsgrenze von 1 $ pro Tag schätzen sie nach verschiedenen Methoden 371 bis 427 Millionen absolut Arme in Indien für das Jahr 2004. Ich bin mir bewusst, dass solche Prokopfangaben das Ausmaß und die Intensität von Armut nur sehr grob spiegeln. Siehe Sen, *Poverty and Famine*, S. 10f. Ich glaube aber, dass man keine ausgeklügelten Messsysteme für Armut braucht, um die gewaltige Dimension des Problems zu realisieren.

3 Das kaufkraftbereinigte indische Volkseinkommen ist das viertgrößte der Welt, nach dem US-amerikanischen, dem chinesischen und dem japanischen. Nominal rangiert das indische Bruttosozialprodukt hingegen nur auf Platz zwölf.

Werte seien Restbestände der Wirtschaftspolitik der Nehru-Zeit, die unentschlossen zwischen dem kapitalistischen und dem sozialistischen Weg laviert hatte und deshalb nur blasse Resultate zeitigte, und die der Ökonom Raj Krishna bekanntlich auf die zynische Formel einer »Hindu rate of growth« gebracht hat.[4] Seit Indien eine neoliberale Wirtschaftspolitik verfolgt, ist die Wachstumsrate des Bruttosozialprodukts markant gestiegen (9,2 Prozent im Jahr 2006, 6 bis 8 Prozent in den letzten zwei Dekaden) und die Anzahl Menschen, die unter der Armutsgrenze leben, fiel scharf ab (von etwas über 50 Prozent in den Jahren 1977/78 auf weniger als 23 Prozent 2004/05). Wiederholt man also nicht einfach nur das alte Klischee vom armutsgeplagten Indien, wenn man angesichts dieser Verbesserung weiterhin die Armut betont anstatt die beachtlichen Erfolge hervorzuheben, die in anderen Bereichen erzielt wurden? Warum nicht den enormen Fortschritt zur Kenntnis nehmen, den die indische Wirtschaftspolitik bewirken konnte? Warum nicht die chronische Armut als ein hartnäckiges Vermächtnis der Kolonialzeit verstehen, das der postkoloniale Staat nach bestem Wissen zu beseitigen versucht? Solche Einwände sind gewiss berechtigt. Aber aus Gründen, die im Folgenden auszuführen sind, scheint mir der Hinweis wichtig, dass die Leben verachtende, chronische Armut keineswegs übermäßig betont wird, sondern im Gegenteil aus der öffentlichen Debatte in Indien weitgehend verschwunden ist. Die Armutsbekämpfung hat zwar eine gewisse rhetorische Bedeutung in der Kommunikationsstrategie der indischen Regierung. Aber es bleibt ein Skandalon der Staatsmacht, nicht anerkennen zu wollen, dass das Verurteilen von 250 bis 427 Millionen Menschen zu einem frühzeitigen Tod eine gewaltige Krise darstellt.[5]

Gäbe es eine Naturkatastrophe – ein Erdbeben oder eine Hungersnot – mit Tausenden von Toten, bei der viele Menschen obdachlos würden und von ihren Familien, ihren Nahrungsquellen, ihren Arbeitsmöglichkeiten abgeschnitten würden, so wäre dies zweifellos eine nationale Krise, die massive Interventionen verlangte. Wenn sich eine solche Situation aber jährlich ereignete, wäre man sich rasch einig, dass Katastrophen unabwendbar seien und dass die Hilfsmaßnahmen unmöglich alle Opfer errei-

4 Raj Krishna, ein prominenter Ökonomieprofessor der Delhi School of Economics, hat diese viel zitierte Formel in seinen Vorträgen oft verwendet.

5 Mit dem Wort vom »Skandalon der Staatsmacht« beziehe ich mich auf Rajeswari Sunder Rajan, deren Analyse sich mit meinen Ausführungen weitgehend deckt. Sunder Rajan, *Scandal of the State*.

chen könnten. Einige Experten empfehlen als Maßnahme zur Armutsbekämpfung, das Gesamtwachstum der Wirtschaft zu fördern, so dass die Opfer dereinst zumindest Arbeit finden könnten, um ihre Not selbst zu lindern. Wie würde eine solche »Lösung« im Falle einer Naturkatastrophe aufgenommen? Spräche man dann nicht vom kompletten Versagen des Staates?

Man kann die postkoloniale Lage Indiens als Ausdruck eines solchen Versagens verstehen. Grob würde ich die Zahl »überschüssiger Todesfälle« – die Anzahl von Personen, die heute im Bevölkerungstotal wegen Unterernährung und hoher Sterblichkeit fehlen – auf 140 Millionen schätzen.[6] Jährlich sind das zwei Millionen Todesfälle und damit markant mehr, als pro Jahr von Naturkatastrophen weltweit verursacht werden.[7] Gleichwohl haben die indische Presse und das demokratische Mehrparteiensystem, die im Urteil des indischen Wirtschaftsnobelpreisträgers Amartya Sen bei Hungersnöten und Dürrekatastrophen effizient als Alarmsysteme funktionieren, in diesem Fall keine Mobilisierungseffekte erzielt.[8]

Mich interessiert, was als außerordentliche Tragödie gelten *sollte*, aber nicht so wahrgenommen wird: die unsichtbare Gewalt, die zum millionenfachen Tod von Armen führt und hauptsächlich Frauen, Mädchen, Angehörige der untersten Kasten und Indigene betrifft. Mich interessiert, wie man die administrative Passivität und das Nichthandeln als Belege für eine strukturelle Gewalttätigkeit sichtbar machen kann und warum diese Gewalt in den staatlichen Routineabläufen so weitgehend normalisiert ist, dass sie nicht auffällt.

Mit Michel Foucault und Giorgio Agamben möchte ich extreme Armut als eine durch staatliches Handeln und Nicht-Handeln verschuldete Tö-

---

6 Der Schätzung liegt eine einfache Metrik zu Grunde: Wenn die Lebenserwartung von Kerala im ganzen Land gälte, gäbe es in Indien 12% mehr Menschen. Diese potentielle Gesamtzahl dividiere ich durch die landesweite durchschnittliche Lebenserwartung von 65 Jahren und erhalte grobe jährliche Angaben. Der Demograf Shripad Tuljapurkar korrigiert meine Schätzung um 20 bis 50% nach oben. Das heißt, die jährliche Todesrate liegt nahe bei drei Millionen (E-Mail vom 19.8.2007).

7 Calhoun, »Emergencies«, S. 382.

8 Sen, *Development*, S. 180ff. Ich argumentiere nicht für einen Katastrophismus in der Theoretisierung von Armut. Calhoun hat überzeugend gezeigt, dass die Kategorie der außerordentlichen Naturkatastrophe deren wiederkehrendes Auftreten und mithin deren Normalität verdeckt. Calhoun, »Emergencies«, S. 375. Theoretisch gibt die Gegenüberstellung von Naturkatastrophe und dauerhafter Notlage wenig her, weil beide ähnlichen diskursiven Logiken unterstehen. Ich benutze die Analogie einzig zur Veranschaulichung der unterschiedlichen sozialen Reaktionsformen.

tungsform verstehen, und nicht als eine unausweichliche Situation, in der Arme lediglich »sterben dürfen« oder »dem Tod ausgesetzt« sind. Diese Perspektive zeigt, dass solche Todesfälle nicht unvermeidbar sind. Im Gegenteil: Obwohl man sie verhindern könnte, werden sie nicht verhindert. Es besteht ein enormer Gegensatz zur Vehemenz, mit welcher der indische Staat auf Naturkatastrophen reagiert, und auch zur Ungeduld, mit der er Hindernissen des Wirtschaftswachstums begegnet. Wie können die Unterschiede theoretisch gefasst werden, die sich in den Reaktionen des indischen Staates auf die Herausforderungen durch Armut, durch Naturkatastrophen, aber auch durch die Liberalisierung der Weltwirtschaft so deutlich abzeichnen?

Eine gängige Erklärung wird im Ausschluss der Armen aus dem politischen Prozess gefunden. Agamben hat solche Ausschlussmechanismen für die Grundlage von Gewalt im Ausnahmezustand gehalten. Die Ermordung von Juden, Homosexuellen, Sinti und Roma habe auf deren Ausschluss aus dem deutschen Staatswesen und auf der vorgängigen Reduktion ihrer Existenz auf das »nackte Leben« beruht.[9] Das Paradox der Gewalt gegen Arme in Indien ist allerdings, dass sie getötet werden, obwohl sie in das souveräne nationale Kollektiv eingeschlossen sind und obwohl ihnen in der Legitimation des demokratischen Staates eine wichtige Funktion zukommt.

Im folgenden Abschnitt analysiere ich dieses Paradox mit Blick auf theoretische Anregungen von Foucault und Agamben genauer. Das Foucault'sche Konzept der »Biomacht« scheint hilfreich, um die Normalisierung hoher Armutsraten zu verstehen. Zugleich ist es aber untauglich, um die Gewaltaspekte des Armutsproblems zu thematisieren. Hier ist Agambens Diskussion des »nackten Lebens« deutlich weiterführender. Der anschließende Abschnitt geht über das indische Beispiel hinaus und skizziert die Entfaltung eines Diskurses über globale Armut. Wenn ich im Folgenden von einem »Diskurs der globalen Armut« spreche, meine ich damit nicht nur ein Gefüge von zirkulierenden Ideen, sondern auch die Institutionen, politischen Programme und Maßnahmen, in denen sie sich materialisiert haben. Es wird nach einer Erklärung gesucht, warum dieser Diskurs um die Jahrtausendwende so enorm an Bedeutung gewann. Welche Effekte hatte er auf die Armen selbst? Abschließend wird dann jener Diskurs über globale Armut einer kulturanthropologischen Kritik unterzogen.

9 Agamben, *Homo sacer*. Ein ähnliches Paradox zeigt sich in der Entpolitisierung von Tabakopfern in China. Kohrman, »Depoliticizing«, S. 90.

1. Biopolitik, das »nackte Leben« und legitime Gewalt

Um das Verhältnis zwischen dem Staat und den Armen in Indien zu verstehen, sind vor allem zwei Aspekte zu berücksichtigen: Erstens nimmt die Regierung ihre Aufgabe durchaus ernst, das Wohlergehen der Bevölkerung zu fördern, und sie tut dies nicht nur aus einer utilitaristischen Nutzenüberlegung heraus; und zweitens bleiben die Armen trotzdem dauerhaft dem Tod ausgesetzt, ohne dass dies als alarmierend empfunden würde. Wie ist dieser scheinbare Widerspruch zu interpretieren?

Foucault hat in seinen Arbeiten zur Biomacht und zur Biopolitik eine starke Verbindung zwischen Normalisierungsprozeduren und Sterblichkeit gezogen. Das Kennzeichen moderner Biomacht sei es, individuelle Körper zu kontrollieren und zugleich auch ganze Bevölkerungen in den Blick zu nehmen. »Objekte« wie Geburten- und Todesraten rückten so in den Fokus von Planung und Kontrolle. Nachdem die Bevölkerung zum Interventionsgegenstand geworden sei, habe man sich für ihre Struktur zu interessieren begonnen und Normalitäten und Abweichungen benannt. Für unseren Zusammenhang ist vor allem die statistische Konstruktion des »Normalen« bedeutsam, das zugleich normierend wirkt. Die statistische Beschreibung von Regelmäßigkeiten hat einen präskriptiven Effekt.[10]

Nachdem im Falle Indiens die hohe Armutsrate als statistisches Faktum einmal festgestellt war, galt sie rasch als »normaler« Zustand und begründete so die staatliche Untätigkeit. Ihre »Normalität« war statistisch gerade deshalb stark, weil sie sich über fünfzig Jahre kaum verschoben hatte. Hohe Armutsraten werden in Indien toleriert, weil sie – ähnlich wie andere Naturphänomene – als fester Teil von Land und Leuten gelten.

Analog kann man auch die Wachstumsrate des Prokopfeinkommens analysieren. In den ersten Dekaden nach der Unabhängigkeit belief sich die »normale« Rate auf 3,5 Prozent und verfestigte sich so sehr, dass das politische System nur dann reagierte, wenn die Volkswirtschaft in einem gegebenen Jahr diese Marke unterschritt. Als die Liberalisierung der indischen Wirtschaft in den frühen 1990er Jahren in Angriff genommen wurde, argumentierten ihre Verfechter, das Vorhaben müsse mit einem »Mentalitätswandel« einhergehen, der Wachstumsraten von 6 bis 8 Prozent für möglich hielt. Vordenker der Marktöffnung wie Finanzminister Palaniappan Chidambaram haben festgehalten, eine der nachhaltigsten Wirkungen

10 Foucault, *Society Must Be Defended*, S. 253; ders., *Security, Territory, Population*; ders., *History of Sexuality*.

der Liberalisierung sei die Fixierung einer neuen »Wachstumsnorm« gewesen, nach der heute Raten um 8 Prozent als normal gälten und man sich frage, warum nicht noch mehr möglich sei.[11]

Der Kontrast zwischen diesem dynamischen Wirtschaftsdiskurs und der statischen Armutswahrnehmung ist frappant. Chidambaram sagte hierzu in einem Interview mit der BBC: »The faster we grow and the more inclusive that growth is, the decline in poverty will be rapid. I'm confident we can wipe out poverty by 2040.« Auf die Nachfrage, was »wiping out poverty« konkret heiße, gab Chidambaram zur Antwort: »People will have homes, work, food, clothing, access to education and medical care«.[12]

Mit Blick auf die geringe Lebenserwartung der Armen muss man fragen, warum ein Armutsbekämpfungsplan, der mit seinem Zeithorizont bis 2040 eine ganze Generation zu opfern bereit ist, als optimistische Zielvorgabe wahrgenommen wird. Zu dem Zeitpunkt, an dem die indische Regierung die Armut ausgerottet haben möchte, werden nur noch ganz wenige der heute ärmsten Menschen Indiens am Leben sein. Die Aussage von Chidambaram machte nur für solche Zuhörer Sinn, die hohe Armutsraten für normal halten. Das heißt, sie machte Sinn als Teil einer Biopolitik. Wenn politische Entscheidungsträger ihre Ziele an der »Norm« hoher Armutsraten ausrichten, und dann über die Schwierigkeit sprechen, in einem großen und komplizierten Land wie Indien die Armut zu bekämpfen, wiederholen sie genau jene Strategie, mit der bis in die 1980er Jahre begründet wurde, warum Indien die Wachstumsrate seines Volkseinkommens nicht steigern könne.

Das Konzept der Biomacht kann nicht erklären, *warum* einige Menschen, die in extremer Armut leben, Hilfe und Unterstützung erhalten und andere nicht. Auch kann man kritisieren, dass das Konzept durch seinen starken Fokus auf das *Management* der Bevölkerung Fragen nach Gewalt nicht angemessen stellen kann. Wenn diese Verwaltungstechniken mit Gewaltakten an der armen Bevölkerung einhergehen, muss gefragt werden, in welcher Hinsicht sich jene Form von Gewalt, die der Biomacht innewohnt, von anderen Gewalttypen unterscheidet. Mir scheint der Gewaltaspekt insgesamt in Foucaults Konzeption von Biopolitik untergewichtet zu sein.

---

11 Interview mit Palaniappan Chidambaram auf BBC World Service, ausgestrahlt am 4.2.2007, http://news.bbc.co.uk/2/hi/business/6330691.stm (10.5.2009).

12 Ebd.

Agamben ist hier weiterführender. Er hat nämlich vorgeschlagen, zwischen dem »Getötetwerden« und dem passiven »Sterbendürfen« zu unterscheiden. Die jeweilige Hauptfigur in seinen Arbeiten *Homo sacer* und *Ausnahmezustand* ist eine Person, die »getötet werden kann, aber nicht geopfert werden darf«;[13] mithin eine entbehrliche Person. Sind Situationen, in denen Menschen absichtlich die akute Not von anderen ignorieren, Gewaltakte?

Die Unausweichlichkeit des Todes von Armen gewinnt eine neue ethische Färbung, wenn die Gewalt einer solchen »Thanatopolitik« als »Töten« verstanden wird, und nicht nur als »Sterbenlassen« oder als ein »Dem-Tod-Aussetzen«. Agamben hat die Figur des *Homo sacer* als Person entworfen, die zugleich innerhalb und außerhalb des Rechts steht. Sie kann getötet werden, aber ihre Tötung verletzt weder das Recht noch die Legitimität des Souveräns.[14] Seine Beispiele für »Thanatopolitik« sind Eugenik, Euthanasie und die Opfer medizinischer Experimente im Nationalsozialismus.[15] Aber auch ein sehr armer Mensch kann als Beispiel für Agambens *Homo sacer* gelten. Auch der Tod eines solchen Menschen wird nicht als eine Rechts- oder Normverletzung wahrgenommen.[16] Ist es ein Tötungsakt, einer bedürftigen Person Lebensmittel, Kleidung, Behausung und Gesundheit *nicht* zur Verfügung zu stellen? Wenn ja, dann bleibt bemerkenswert, dass niemand für ein solches Nichthandeln zur Rechenschaft gezogen werden kann. Denn solche Tötungshandlungen stehen außerhalb des Sinnzusammenhangs von Verletzung, Bestrafung und Entschädigung. Sie betreffen Leben, die ohne jegliches Opfer beendet werden können – Leben, die Agamben als »heilig« bezeichnet.

Mir scheint die Idee des »nackten Lebens« nützlich zu sein, um die Lage der indischen Armen genauer zu verstehen. Die Verbindung zwischen dem »Ausnahmezustand« und der Herstellung dieses »nackten Lebens«, auf die Agamben großen Wert legt, überzeugt im indischen Kontext hingegen weniger. Der Ausnahmezustand bei Agamben basiert auf einer »starken« Souveränitätstheorie und einem mächtigen Staatsapparat.[17] Er bezieht sich auf Carl Schmitts Definition des Souveräns als jener Instanz, die über den Aus-

13 Agamben, *Homo sacer*, S. 18.

14 Ebd., S. 18f.

15 Ebd., S. 145–168.

16 Als der Bollywood-Star Salman Khan mit seinem Geländewagen mehrere auf einem Bürgersteig schlafende Menschen zu Tode fuhr, hatte dies keine Sanktionen zur Folge, obwohl es sich um einen offensichtlichen Gesetzesverstoß handelte. Jene Menschen waren keine Opfer, sondern standen jenseits des Prinzips des Opferns.

17 Redfield, »Doctors«, S. 340. Vgl. auch Hansen/Stepputat, »Sovereignty«.

nahmezustand entscheiden kann.[18] Allerdings ist ein solches Konzept für Indien nicht unbedingt plausibel. Hier überlagern sich mehrere fragmentierte Souveränitäten. Der Staat tritt polyzentrisch und dezentralisiert auf.

Damit sind die Armen Indiens von der politischen Partizipation nicht ausgeschlossen. Sie wirken als Bürgerinnen und Bürger auf verschiedenen Ebenen des politischen Systems mit. So stellen von den zwei Millionen Mandatsträgerinnen und Mandatsträgern der indischen Demokratie die Armen eine beachtliche Anzahl.[19] Dass die Früchte des nationalen Entwicklungsprozesses nicht zu ihnen finden, kann nicht überzeugend mit Rekurs auf Agamben erklärt werden, das heißt mit dem von ihm beschriebenen Ausschluss aus der politischen Sphäre.[20] Doch trotz ihrer Zugehörigkeit zur staatsbürgerlichen Gemeinschaft des Entwicklungsstaats – bisweilen sogar als Entscheidungsträger – wird ihre Armut nicht als Skandal wahrgenommen und ihr Tod führt nicht zur nationalen Gewissensprüfung.[21] Die Volkssouveränität hat eine paradoxe Form angenommen: Einschluss und unaussprechliche Gewalt; Formen der Zugehörigkeit und die Herstellung von »nacktem Leben« existieren nebeneinander. Die *Akzeptanz* der Gewalt gegen Arme in einer postkolonialen indischen Gesellschaft, deren politische Verfassung die Armen mit einschließt, bleibt erklärungsbedürftig.[22]

Wer ist »das Volk«, durch das die Volkssouveränität konstruiert wird und das zum Objekt der Biopolitik geworden ist? Der biopolitische Blick auf »die Bevölkerung« nimmt eine territoriale Einheit an, deren Bewohnerinnen und Bewohner zum Gegenstand von Fürsorge oder Ausschluss werden. Foucault unterscheidet Sicherheit von Souveränität mit folgenden Worten: »Baldly, at first sight and somewhat schematically, we could say

18 Agamben, *Ausnahmezustand*, S. 7.

19 Genaue Zahlen hierzu sind schwierig zu finden. Ich stütze mich auf meine eigene Beobachtung, dass auf der Dorfebene (*panchayat*) regelmäßig Arme und Mitglieder der untersten Kasten in Ämter gewählt werden. Es bestehen auch gesetzliche Vorgaben, die ihre Wahl begünstigen.

20 Agamben, *Homo sacer*, S. 190. Wirtschaftsflüchtlinge aus Bangladesch und Nepal in Indien erfüllen dieses Auschlusskriterium.

21 Gleiches hat João Biehl für Brasilien beschrieben. Allerdings wird extreme Armut in Indien nicht als selbstverschuldet angesehen und nicht mit moralischen Defiziten in Verbindung gebracht. Biehl, »Activist State«, S. 120.

22 Ein ähnliches Paradox beschreibt Matthew Kohrman für China: Kohrman, »Depoliticizing«, S. 108f. Obwohl Chinas Entwicklungsindikatoren stärker sind als die indischen, stehen auch die von Kohrmann analysierten Todesfälle in einem Ausnahmezustand, der keinen öffentlichen Protest generiert.

that sovereignty is exercised within the borders of a territory, discipline is exercised on the bodies of individuals, and security is exercised over a whole population.«[23] Sicherheit heißt hier Regulation und Verwaltung von Risiken, welche im Foucault'schen Sinne »die Bevölkerung« bedrohen. Obwohl Foucault »die Bevölkerung« nicht im Zusammenhang von Grenzen und Territorien behandelt, nimmt er an, als Objekt der Sicherheitstechniken sei »die Bevölkerung« durch affektive Bezüge und geografische Einheiten definiert. Foucault hat die Verwaltung »der Bevölkerung« als moderne Regierungsaufgabe in einer konkreten historischen Konjunktur verortet, die durch den Aufstieg Frankreichs und anderer europäischer Staaten zu Kolonialmächten gekennzeichnet war. In diesem Kontext erstreckte sich die zu administrierende »Bevölkerung« weit über die Grenzen des Nationalstaats hinaus. Aber trotz ihrer gelegentlichen Konfrontation mit großen Hungersnöten war die Steigerung der *Wohlfahrt* in ihren Kolonien kaum ein zentrales Anliegen imperialer Mächte.

Man muss daher fragen, inwiefern nationalistische Sinngebungen und Deutungszusammenhänge implizit die Ausübung von Souveränität und das biopolitische »Dem-Tod-ausgesetzt-Sein« geprägt haben. Nationale Anteilnahme kann erklären, warum manche Menschen stärker in unseren Aufmerksamkeitsbereich rücken als andere, deren Wohlfahrt man als Angelegenheit ihrer eigenen Souveräne abtun kann. Arme Flüchtlinge machen in der Regel ganz andere Erfahrungen als notleidende Bürger. Man kann sich ethisch von der extremen Notlage von »anderen« distanzieren, indem man die »Verantwortung« für ihr Schicksal ihrem Herkunftsstaat anlastet, der sich um seine Subjekte offenbar nicht kümmert.[24] Aber läuft diese Differenzierung nicht auf die Bestätigung der souveränen Machtposition des »eigenen« Staates hinaus, die auch das Recht umfasst, seine eigenen Bürger dem Tod auszusetzen? Die Gewalt des Nationalstaats wird in der Kategorie jener Armen konkret, die man vernachlässigen zu können glaubt; und in dem Versagen, jenen Armen zu helfen, die zum eigenen nationalen Kollektiv zählen.

Seit einiger Zeit sind zahlreiche Diskurse über Armut in auffälliger Weise immer stärker von der Feststellung geprägt, dass Armut ein globales Phänomen sei. Nachstehend werde ich zeigen, dass es nicht nur einen neuen Diskursstrang zur »globalen Armut« gibt, sondern dass dieser zeit-

---

23 Foucault, *Security, Territory, Population*, S. 11.

24 Ein solcher Diskurs wird in Indien mobilisiert, wenn es um die eingewanderten Bangladeschi geht.

gleich mit dem Aufstieg des Neoliberalismus entstand. Der neue Diskurs entkommt zwar nicht ganz der nationalen Konzeption von Armut, aber er sucht seine »Lösungen« auf der internationalen Ebene, und hat – immerhin – ein neues »globales« Bewusstsein für die Armutsproblematik geschaffen.

2. Neoliberalismus und »globale Armut«

Die Meistererzählung über die Wirkungen des Neoliberalismus auf Armut unterscheidet drei Elemente: Die Schere zwischen Arm und Reich öffne sich; soziale Sicherungssysteme würden abgebaut; und die Partizipation am weltwirtschaftlichen Austausch werde immer riskanter.[25] Alle drei Elemente gehören zur neoliberalen Wirtschaftspolitik des Nordens. Aber im globalen Süden ist der Abbau des Wohlfahrtsstaats nicht entscheidend. Denn dort existierte er vielerorts nie. Und die weltwirtschaftliche Integration war für arme Länder stets eine riskante Sache, weil sie sich vor der Volatilität der Weltmarktpreise nie gut schützen konnten. Es ist bezeichnend, dass David Harvey in seinem klugen Literaturüberblick zum Neoliberalismus kaum darauf zu sprechen kommt, welche Rolle dieses Dogma bei der Produktion von *absoluter* Armut spielte, sondern nur seine Wirkung auf zunehmende Ungleichheit und relative Armut thematisiert.[26]

Die zwei zentralen Ziele des Neoliberalismus – Kapitalakkumulation und die Umverteilung von Einkommen nach oben – machten die Armen zur irrelevanten Residualgröße. Mike Davis hat die Wellen der Kapitalakkumulation in den USA der Nachkriegszeit rekonstruiert und gezeigt, wie sehr dieses Wirtschaftswachstum auf sozialer und geografischer Inklusion basierte. Der volkswirtschaftliche Kuchen wuchs durch den Einschluss verschiedener Gruppen armer Menschen in den Mittelstand – europäische Immigranten ebenso wie *African-Americans*.[27] Hintergründe waren die Entstehung gut bezahlter Arbeitsplätze in der Industrie, der Aufbau sozialer Sicherungsnetze und staatliche Investitionsprogramme im *Sun Belt* und im Westen. Die neoliberale Globalisierung hat diese bewährte Strategie nicht weitergeführt, sondern einen günstigeren Motor zur Aufrechterhaltung des Wirtschaftswachstums gefunden: Man erschloss die Konsummärkte des

25 Harvey, *Neoliberalism*.

26 Ebd.

27 Davis, »Late-Imperial America«.

Mittelstands in den bevölkerungsstarken Ländern Asiens und Lateinamerikas. Anstelle der relativ saturierten Märkte des Nordens konzentrierten sich die multinationalen Korporationen auf die dynamischen Märkte des Südens, wo sie kaum zur Finanzierung der Sozialsysteme beizutragen hatten.

Arme Menschen im Norden wurden somit als potentielle Konsumenten irrelevant.[28] Absolut arme Menschen im Süden sind hingegen für den Kapitalismus nie interessant gewesen, weil sie über keine nennenswerte Kaufkraft verfügen.[29] Die neoliberale Ethik verstärkte noch die Überzeugung, die Marktgerechtigkeit würde für jene sorgen, die etwas anzubieten hätten, während der Rest die Gemeinschaft nicht zu belasten brauche.

Nach dem Ende des Kalten Krieges (und dem zeitgleich verkündeten Ende der Geschichte) trat der Neoliberalismus eine Art globalen Siegeszug an. Bis zur weltweiten Wirtschaftskrise 2008/09 fanden Kritiker des neoliberalen Projekts wenig Gehör. Angesichts dieser hegemonialen Situation war das Aufkommen der weltweiten Armut als ein wichtiges globales Thema eher überraschend. Prominent wurde nicht einfach ein Diskurs über Armut, sondern ein spezifischer Diskurs über etwas, das man »globale Armut« nannte. Selbst wenn in diesem Rahmen die Armut konkreter Regionen (etwa in Afrika südlich der Sahara) thematisiert wurde, geschah dies stets als Artikulation eines globalen Phänomens.

Ich möchte einige Hinweise geben, die das Aufkommen des Diskurses über »globale Armut« nach 1999 verdeutlichen. Grafik 1 zeigt die Anzahl von Publikationen, in denen der Begriff »global poverty« verwendet wurde. Der Anstieg der Nennungen nach 1999 ist markant. Zwischen diesem Jahr und 2005 nehmen die Fundstellen um 500 Prozent zu.

---

28 Man findet in diesem Zusammenhang vielleicht einen Grund dafür, dass einige Staaten des Nordens ihre ärmsten Bevölkerungsteile aufgegeben haben und keine adäquaten Bildungs- und Gesundheitseinrichtungen mehr für sie unterhalten.

29 Allerdings ist vereinzelt bemerkt worden, globale Unternehmen könnten am Fuß der Pyramide ein Vermögen finden. Prahalad, *Fortune.*

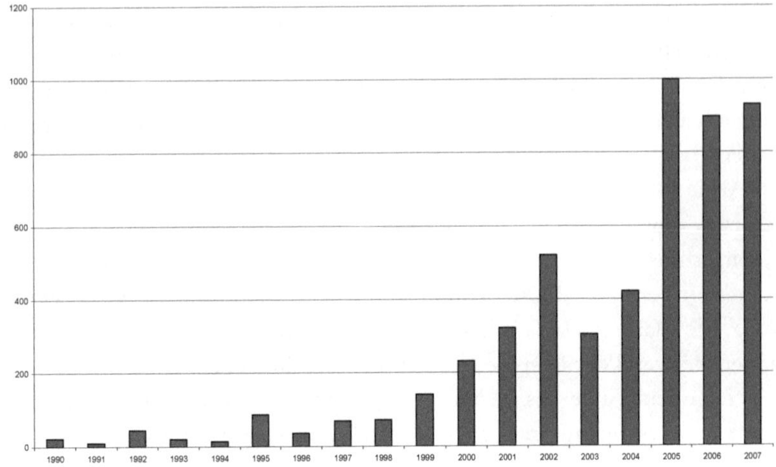

Grafik 1: Anzahl von Artikeln in weltweit verbreiteten Zeitungen und Zeitschriften, welche die Wortfolge »global poverty« enthalten

(Quelle: Lexis Nexis)

Ein neuer Konsens über globale Armut scheint in den späten 1990er Jahren gefunden worden zu sein, der in der *UN Millennium Declaration* im September 2000 seinen Ausdruck fand. Alain Noël hat diesen Trend deutlich von den drei vorangehenden Jahrzehnten abgesetzt, während denen die globale Armut nur ein untergeordnetes Thema gewesen sei.[30] 1999 haben die Weltbank und der Weltwährungsfonds überdies einen neuen Ansatz zur Armutsbekämpfung vorgestellt. In diesem Jahr kamen die sogenannten *Poverty Reduction Strategy Papers* auf, die jedes Zielland verpflichteten, einen umfassenden nationalen Aktionsplan zu entwerfen, dessen Umsetzung genau kontrolliert werden sollte.[31]

2005 war der Ruf nach der globalen Armutsreduktion zu einer Flutwelle geworden. Das Magazin *Time* machte »global poverty« im März des Jahres zur Titelgeschichte,[32] der G-8-Gipfel konzentrierte sich auf globale Armut und die UNO veröffentlichte den ersten *Millennium Development*

30 Noël, »New Global Politics«, S. 305f.

31 Craig/Porter, »Poverty Reduction«, S. 53.

32 »The End of Poverty«, *Time*, 14.3.2005. Das Titelbild entstammt der Serie »Bleak Existence« des Kriegsfotografen James Nachtwey, der Hauptartikel stammt von Jeffrey Sachs.

Goals Report.[33] Die von Tony Blair eingesetzte *Commission for Africa* stellte im März 2005 ihren Bericht mit dem Titel *Our Common Interest* vor, der Armutsbekämpfungsstrategien für Afrika vorschlug.[34] Zusätzlich zu den *Millennium Goals* der UNO formulierte die Welthandelsorganisation WTO auf ihrer Konferenz 2005 in Hongkong Vorschläge, wie den Armen durch die Handelsliberalisierung geholfen werden könne. Und globale Armut stand im selben Jahr auch zu oberst auf der Agenda des *World Economic Forum* (WEF) in Davos. Doch auch weniger elitäre Veranstaltungen griffen die Thematik auf: 2005 erklang der *Global Call to Action Against Poverty* (GCAP) des *World Social Forum* im brasilianischen Porto Alegre. Zwei stark medienpräsente Kampagnen zur Ausrottung der Armut starteten 2005: die *White Band Campaign*, und die Kampagne *Power of One*, die von Unternehmen und von Nichtregierungsorganisationen finanziert wurden.

Die Bedeutung, die »globale Armut« in weltweiten Diskursen hatte, lässt sich aus einer Umfrage von Gallup im Mai und Juli 2005 in 68 Ländern ermessen. Während 12 Prozent der Befragten den Terrorismus für das Hauptproblem der Welt hielten, nannten 26 Prozent die Armut. Knapp vier Jahre nach den Anschlägen von New York war das durchaus beachtlich.[35] 2007 beteiligten sich weltweit über 43 Millionen Menschen in 127 Ländern an der Aktion »Stand Up, Speak Out, to Make Poverty History«, die im *Guinness Buch der Rekorde* verzeichnet wurde. *Time* berichtete 2006, dass die Popsängerin Madonna sich der Menschen eines Dorfes in Malawi angenommen habe. Bono, Sting, Angelina Jolie, George Clooney, Matt Damon und weitere Stars aus der Unterhaltungsbranche engagierten sich in verschiedenen afrikanischen Ländern. Als mitfühlender Weltbürger kann man heute im Internet bei *Google Earth* fast in Echtzeit den Realisierungserfolg der *Millennium Development Goals* in den betroffenen Ländern verfolgen.

Allerdings sind diese Aktivitäten nicht aus dem Nichts heraus entstanden. Amartya Sens Buch *Poverty and Famines* von 1983 hatte eine Reihe wichtiger Instrumente zur Konzeptualisierung und Messung von Armut bereitgestellt; die *Human Development Reports* des UN-Entwicklungsprogramms UNDP boten seit 1990 eine Interpretationsweise von Armut, die nicht mehr ausschließlich auf das Volkseinkommen abstellte, und der Weltentwicklungsbericht der Weltbank aus dem gleichen Jahr trug den

---

33 United Nations, *Millennium Development.*

34 Commission for Africa, *Our Common Interest.*

35 Noël, »New Global Politics«, S. 305.

Titel *Poverty*. Das Feld war gut vorbereitet, aber die Schnelligkeit, mit der sich der neue Diskurs verbreitete, bleibt doch bemerkenswert.

Von der Millenniums-Erklärung der Vereinten Nationen von 2000 über Jeffrey Sachs' Titelstory in *Time* 2005 zu der endlosen Liste von prominenten Afrikahelferinnen und Afrikahelfern hat »globale Armut« mittlerweile eine immense Sichtbarkeit gewonnen, die dem gesunden Menschenverstand bisweilen unlogisch vorkommt – gerade wenn er sich an der kritischen Analyse des globalen Kapitalismus geschärft zu haben glaubte. Ich halte diese neue Aufmerksamkeit in gesellschaftspolitischer Hinsicht für äußerst hilfreich. Doch sie muss reflektiert werden. Woher kommt das plötzliche Interesse an der »globalen Armut«? Wie kann es erklärt werden? Warum entstand es just um die Jahrtausendwende? Welchen Effekt wird es auf die internationalen Organisationen, die Nationalstaaten im Norden und Süden, und auf die Armen selbst haben?

3. Zeiten des Redens über »globale Armut«

Zunächst ist die weit verbreitete Annahme zu verabschieden, die neoliberale Globalisierung habe die globale Armut vertieft. Was immer das neue Interesse am Thema hervorgerufen hat – es war sicher nicht die reale Zunahme der Armut auf der Erde. Die Zahl der Menschen, die mit weniger als einem US-Dollar pro Tag auskommen müssen, ging von 1,47 Milliarden im Jahr 1981 auf 969 Millionen im Jahr 2004 zurück, und in Anteilen der Weltbevölkerung ausgedrückt, fiel die Zahl von 40 Prozent im Jahr 1981 auf 18 Prozent 2004.[36] Auch eine Reihe anderer Konvergenzen sind interessant, etwa das Zusammendenken weltwirtschaftlicher und weltpolitischer Entwicklungen. Joseph Stiglitz hat mit Recht behauptet, die von Nichtregierungsorganisationen initiierten Proteste hätten als »globale Zivilgesellschaft« die multilateralen Organisationen und die Regierungen des Nordens wachgerüttelt: »[...] it is the trade unionists, students, environmentalists – ordinary citizens – marching in the streets of Prague [Währungsfonds und Weltbank 2000], Seattle [WTO 1999], Washington [Währungsfonds und Weltbank 2000], and Genoa [G-8 2001] who have

36 Chen/Ravallion, »Absolute Poverty«, S. 21, Tabelle 1. Vielleicht wird sich dieser Verlauf mit der aktuellen Weltwirtschaftskrise umkehren.

put the need for reform on the agenda of the developed world«.[37] Auch politische Veränderungen in einigen Staaten des Nordens mögen eine Rolle gespielt haben, so etwa der Wechsel zu sozialdemokratischen Regierungen in Großbritannien, Frankreich und Deutschland, mit dem sich neue politische Diskussionsräume eröffneten.[38] Andere Autoren betonen die Bedeutung der Asienkrise 1997.[39] Die Politik der Strukturanpassungsprogramme war oft mit Hinweis auf die wachstums- und exportorientierten ostasiatischen Volkswirtschaften begründet worden. Deren Krise stellte nun die Tauglichkeit der Strategie für Länder mit hohen Armutsraten in Frage.[40] Ein weiterer wirtschaftlicher Faktor, der die Plausibilität des neoliberalen Paradigmas schwächte, war das Verfehlen der eigenen Ziele. Die Strukturanpassungsprogramme waren als Wachstum fördernde Strategien angepriesen worden. An den Wachstumsraten wurde ihre Tauglichkeit auch gemessen. William Easterly hat pointiert festgehalten: »The per capita growth rate of the typical developing country between 1980 and 1998 was zero. The lending was there, but the growth wasn't.«[41] Anders gesagt: Das Scheitern der Strukturanpassung brachte Armut wieder aufs Tapet. Wachstum fand oft nur in geringem Ausmaß statt und wirkte sich auf die untersten Einkommensschichten praktisch nicht positiv aus. Aber diese Trends erklären nicht alles. Denn sie ließen sich schon beobachten, bevor die Diskurse über globale Armut entstanden.

Ich möchte noch eine letzte Erklärung anführen, die sich auf die Differenzen zwischen und innerhalb multilateraler Institutionen bezieht. Der *Washington Consensus* war intern immer umstritten,[42] aber die kritischen Stimmen erhielten während der 1990er Jahre durch eine Reihe von Berichten aus jenen Flügeln des UN-Systems Aufwind, die sich mit sozialen Fragen befassten und der amerikanischen Regierung ferner standen als die Weltbank und der Weltwährungsfonds. UNICEF, UNDP und das UNO-

---

37 Stiglitz, *Globalization*, S. 9. Kanbur, »Economic Policy«, S. 1083, hält diese Protestwelle für wichtig beim Auseinanderbrechen des *Washington Consensus*.

38 Noël, »New Global Politics«, S. 319. Die folgenden Abschnitte verdanken dieser klugen Analyse viel.

39 Kanbur, »Economic Policy«, S. 1083.

40 Noël, »New Global Politics«, S. 318.

41 Easterly, *Elusive Quest*, S. 103.

42 Als *Washington Consensus* hat John Williamson 1989 eine zehn Punkte umfassende neoliberale Agenda überschrieben, die den in Washington angesiedelten internationalen Finanzinstitutionen Weltbank und Weltwährungsfonds in den 1990er Jahren als Handlungsanleitung diente. Vgl. auch den Beitrag von Philipp H. Lepenies in diesem Band.

Forschungsinstitut für soziale Entwicklung (UNRISD) machten wiederholt auf die zerstörerischen Wirkungen des *Washington Consensus* aufmerksam. Es war immer wieder die Rede von »verletzlichen Bevölkerungen« der Dritten Welt. Insbesondere in der Weltbank gab es widerstreitende Positionen.[43] Niemand weiß, welche Resonanz jene kritischen Stimmen erlangt hätten, wenn nicht zeitgleich öffentliche Demonstrationen die Jahrestreffen der Weltbank, des Weltwährungsfonds, der WTO und der G-8 in ein Stück absurdes Theater verwandelt hätten, das die wichtigsten Institutionen zur Beseitigung der Armut im Kleinkrieg mit vermeintlichen Repräsentanten der ärmsten Bevölkerungsteile der Welt zeigte. Die Konvergenz der internen Kritik mit dem externen Druck, der Asienkrise und einem Linksrutsch in Europa, sowie das Fehlen klar dokumentierbarer Erfolge führten in den späten 1990er Jahren zu einem neuen Fokus auf »globale Armut«.

Man darf die Strukturanpassungspolitik des *Washington Consensus* nicht mit der neoliberalen Globalisierung gleichsetzen, obwohl sie die Realitäten der Dritten Welt seit den 1980er Jahren in einer engen Verknüpfung miteinander verschoben. Die Strukturanpassungsprogramme zeigten eine Seite des Neoliberalismus, indem sie die Regierungen von armen Ländern zwangen, ihre Märkte zu öffnen, die Budgets auszugleichen, Staatsunternehmen zu privatisieren und Wohlfahrtsausgaben zurückzufahren. Im Westen sind diese Programmpunkte zunächst von Margaret Thatcher und von Ronald Reagan umgesetzt worden und verbreiteten sich dann mit einigen Variationen recht rasch in der ganzen industrialisierten Welt.[44] In der Dritten Welt hingegen resultierte die Neuorientierung nicht aus innenpolitischen Machtkämpfen und auch nicht aus einem Wertewandel der Bevölkerung, sondern geschah auf äußeren Druck, insbesondere des Weltwährungsfonds. Im Gegensatz zu vielen westlichen Ländern ging die neoliberale Strukturanpassung hier in der Regel mit keinem neuen unternehmerischen Geist einher, und zielte auch nicht unbedingt auf einen solchen Wandel ab. Anders gesagt: Obwohl die Strukturanpassungsprogramme aus der neoliberalen Ordnungsvorstellung heraus entstanden, transportierten sie nur einen kleinen Ausschnitt dieser Programmatik, der jene institutionellen Veränderungen betraf, mit denen der Zugriff westlicher Unternehmen auf die Arbeits- und Verbrauchermärkte der Dritten Welt erleichtert werden konnten. Als eine Form der *Globalisierung* zeichnet

43 Noël, »New Global Politics«, S. 313.

44 Harvey, *Neoliberalism*.

sich der Neoliberalismus durch die ungleiche Anwendung seiner eigenen Prinzipien aus. Nationalstaaten und Aktivisten des Südens begegnen einer Ideologie zu Recht skeptisch, die den freien Markt stets nur so weit predigt, dass nationale Interessen in den USA und in Europa nicht tangiert werden – allen voran steht der Schutz der einheimischen Agrarmärkte. Und auch das neue Subjekt, das als Konsument in Eigeninitiative die Verantwortung für seine Lebensumstände übernimmt, das als unternehmerisch tätiges Individuum die Risiken seiner Handlungen selber trägt und das die Leitfigur der Entwicklungskonzepte des »empowerment« und der »Partizipation« darstellt, ist nie ein Kernelement der neoliberalen Globalisierung des Südens geworden.

Vor diesem Hintergrund ist es völlig unklar, warum die Ausschlussmechanismen und das fehlende Interesse des Neoliberalismus an den Armen fast über Nacht zu globalen Themen geworden sind, zumal die Armen im politischen Prozess ihrer Länder meist unterrepräsentiert sind und in der globalen Geopolitik keine Rolle spielen. Wie gesagt, sind die Armen wirtschaftlich für die neoliberale Globalisierung irrelevant.[45] Bei dem relativ hohen Lebensstandard und dem starken Bevölkerungswachstum in Asien (vor allem in China und Indien), in Südostasien und in Lateinamerika sind die multinationalen Unternehmen mit der Bewirtschaftung der hier wachsenden »Mittelklasse« zu sehr absorbiert, um sich um die absolut Armen in Südasien oder um die verhältnismäßig kleinen Märkte in Afrika südlich der Sahara zu kümmern. Dass in der medialen Repräsentation von globaler Armut ausgerechnet die Armut in Afrika so zentral geworden ist, stellt gewissermaßen eine Anomalie dar.

4. Erklärungen einer Anomalie

In den letzten Jahren formierte sich eine überaus nuancierte Debatte über die Frage, ob die Auseinandersetzung mit der Armut im Süden – und hier vor allem in Afrika – den betroffenen Menschen Vorteile bringen könnte. Skeptische Stimmen fragen immer wieder nach konkreten Zielen der gegenwärtigen weltpolitischen Agenda. Woher rührt die Rede über Afrikas Armut? Ein Grund kann in dem Licht deutlich werden, das die neoliberale

45 Gewiss mögen sie angesichts saturierter Märkte eine nächste *Frontier* der Marktexpansion darstellen, aber eine solche Situation bestand um die Jahrtausendwende nicht.

Globalisierung auf die Frage der Verteilungsgerechtigkeit wirft. Zweifellos hat die neoliberale Wende im Norden zu einer starken Umverteilung nach oben geführt.[46] Selbst wenn einige Wachstumsgewinne bis ganz nach unten vorgedrungen sein sollten, fiel doch ihr Löwenanteil einer kleinen Bevölkerungsgruppe zu.[47] Bei der wachsenden Zahl von Dollar-Milliardären und der Heerschar von Millionären ist die philanthropische Tätigkeit zu einer willkommenen Distinktionsmöglichkeit für hoch privilegierte Kreise geworden, wobei sich philanthropische Investitionen in Afrika südlich der Sahara symbolisch besonders auszuzahlen scheinen. Dass sich so viele Prominente in Afrika engagieren, macht einerseits die Notlage vieler extrem armer Menschen in einer zweifellos hilfreichen Weise bekannt. Anderseits ist es hiermit nicht getan. Denn die Strukturen, welche die Armen »verletzlich« machen, bleiben unbenannt.[48] Die Philanthropiewelle könnte auch damit zu tun haben, dass die markanten Steuersenkungen für die oberen Einkommensklassen einige Industrieländer zur Kürzung ihrer Entwicklungshilfebudgets gezwungen haben. Überdies steht die private Hilfe in der strukturkonservativen Tradition des karitativen »Almosengebens« und ist insofern auf die dauerhafte Existenz eines Armutsproblems angewiesen.

Ferner wäre es nachlässig, die Rolle der selbsternannten Anwälte der Armen nicht genauer zu betrachten. Allerdings kann die Überzeugungskraft ihrer Argumente das neue Interesse für die Armen sicher nicht alleine erklären, weil diese Ideen immer auch auf ein empfängliches Ohr stoßen müssen, um überzeugend zu wirken. Eine kleine Anzahl von Autoren hat sich als Vordenker in der Sache der Armen profilieren können. Zu ihnen gehören Jeffrey Sachs, Peter Singer, Paul Collier und Amartya Sen. Sachs und Singer fordern dabei eine massive Erhöhung der Entwicklungsausgaben. Beide rechnen vor, dass, gemessen an der Wirtschaftskraft, bereits ein relativ kleiner finanzieller Beitrag der Geberländer für das Los der ärmsten Bevölkerungsteile in den Empfängerländern enorm viel bewirken könne.

Die erneute Aufmerksamkeit für die Armen ist in der Praxis hauptsächlich durch ein Instrument wirksam geworden, das seit 1999 gewissermaßen einen neuen *Washington Consensus* darstellt: die *Poverty Reduction Strategy Papers*

46 Harvey, *Neoliberalism*, S. 9–19.

47 Ebd., S. 17ff.

48 Es wäre doch überraschend, wenn sich die Bill-Gates-Stiftung kritisch zu Abkommen über *Trade-Related Aspects of Intellectual Property Rights* (TRIPS) oder gegen den Patentschutz äußerte, der AIDS-Patienten den Zugang zu retroviralen Medikamenten versperrt.

(PRSPs). Diese verwaltungstechnischen Handlungsanleitungen formulieren ergebnisorientierte Strategien für einzelne Länder, die das nationale Entwicklungsprogramm eines armen Staates mit der neoliberalen Globalisierung kompatibel machen sollen, indem sie volkswirtschaftliches Wachstum, Marktliberalisierung und die außenwirtschaftliche Öffnung vorsehen.[49] Zugleich unterscheiden sich die PRSPs markant von den älteren Strukturanpassungsprogrammen, weil sie ein breites Verständnis des volkswirtschaftlichen Wachstums verlangen, das *good governance*, Dezentralisierung und *empowerment* einfordern, das Investitionen in den Gesundheits- und Bildungssektor vorsieht und das den besonderen staatlichen Schutz jener Bevölkerungsgruppen umfasst, deren Lage sich durch den in Gang zu setzenden Strukturanpassungsprozess verschlechtern könnte. Sie stellen einen »dritten Weg« dar zwischen der überkommenen entwicklungspolitischen Implementation des keynesianischen Wohlfahrtsstaats und dem gnadenlosen Strukturanpassungsprogramm des Neoliberalismus *à la* Thatcher und Reagan. Man könnte ihn als eine Blair/Clinton-Lösung verstehen, welche die sozioökonomischen Verhältnisse im Süden mit der neoliberalen Globalisierung harmonisieren will, ohne die sozialen Kosten einer solchen »Anpassung« zu übergehen. Dass sich die Weltbank und der Weltwährungsfonds mit den PRSPs gegen Ende der 1990er Jahre erneut der Armutsbekämpfung zugewendet haben, erscheint in der Einschätzung vieler Kritiker als ein geschickter Schachzug im Spiel um die entwicklungspolitische Definitionsmacht und stellt einen weiteren Versuch dar, die Verhältnisse in der Dritten Welt zu kontrollieren.[50] David Craig und Doug Porter haben nüchtern festgehalten, die PRSPs »obscure power relations and restrict practical and political options, while exacting heavy establishment and compliance costs«.[51] Und Alice Sindzingre meint, der makroanalytische Fokus auf Armut entfalte auch in den PRSPs eine entpolitisierende Wirkung, weil er die Problematik der globalen Ungleichheit ausklammere und den wahren Kern der entwicklungspolitischen Auseinandersetzung zwischen Nord und Süd in die Zukunft verlagere.[52] Noël betont hingegen, der neue Ansatz habe gerade durch seine öffentliche Wirksamkeit immerhin das Armutsproblem und die weltwirtschaftliche Ungleichheit wieder zu einem breiten Thema gemacht, nachdem eben diese politischen Aspekte

49 Weber, »Reconstituting«, S. 197; sowie Craig/Porter, »Poverty Reduction«, S. 53.

50 Weber, »Reconstituting«.

51 Craig/Porter, »Poverty Reduction«, S. 53.

52 Sindzingre, »Evolution«, S. 176.

der Entwicklungsfrage in den 1980er und 1990er Jahren fast vollständig durch die technischen Fragen nach der gesamtwirtschaftlichen Produktivitätssteigerung und der optimalen Allokation nationaler Ressourcen überlagert worden seien.[53]

Zwei weitere skeptische Einwände gegen den gegenwärtigen Boom des Redens über globale Armut sind zu erwähnen. So wird gesagt, die neue Rhetorik sei nur ein zynisches Mittel zur Legitimation der neoliberalen Globalisierung.[54] Multilaterale Organisationen, die G-8-Staaten und andere globale Wirtschaftseliten würden von Armutsbekämpfung sprechen, um den tatsächlich beabsichtigten Strukturwandel zu verschleiern. David Craig und Doug Porter beispielsweise sehen hinter den PRSPs eine klare Logik: »global economic integration first, good governance second, poverty reduction following as a result, underpinned by limited safety nets and human capital development«.[55] Armutsbekämpfung wäre dann nur das Nebenprodukt einer Politik, welche die Ungleichheiten der Weltwirtschaft weiter zementiert.[56] Ferner wird vermutet, dass die aktuellen Diskurse über globale Armut durchaus auch in den europäischen und nordamerikanischen Gesellschaften sozial stabilisierende und disziplinierende Funktionen erfüllen. Die mediale Präsentation extremer Armut rufe die Möglichkeit des sozialen Abstiegs in Erinnerung, die jeden Arbeiter treffen könne, und diene so der Disziplinierung von Arbeitskräften in der globalen Wirtschaft.

Es gibt damit gute Gründe, den aktuellen Diskursen über globale Armut hinsichtlich ihrer Wirkungsabsichten und sozialen Auswirkungen skeptisch gegenüberzustehen. Weiter ist kritisch einzuwenden: In welcher Hinsicht ist jene immer wieder erwähnte Armut in der Tat »global«? Und wie steht es mit den Lösungen, die man zur Beendigung der Armut entwirft?

53 Noël, »New Global Politics«, S. 306.
54 Ebd., S. 322.
55 Craig/Porter, »Poverty Reduction«, S. 54.
56 Noël, »New Global Politics«, S. 323.

5. Globale Armut: Eine anthropologische Kritik

Man kann in zwei Hinsichten von einer Globalität der Armut sprechen. Die übliche Art der Begriffsverwendung bezeichnet eine bestimmte Klasse von Menschen, die zum Beispiel über ein Einkommen von weniger als einem US-Dollar pro Tag verfügen. Eine zweite Art bezeichnet die global wirksamen Mechanismen, die Armut hervorbringen. In dieser zweiten Begriffsverwendung meint »globale Armut« genau jene Aspekte der Armut, die auf die Wirkung von globalen Institutionen und globalen Strukturen zurückgeführt werden können.

Die erste Definition, nach der die weltweite Armut üblicherweise definiert wird, ist problematisch, weil sie alle Armen in eine einzige Kategorie fasst, ohne die Gründe hierfür zu benennen. Ein Motiv ist die Möglichkeit, arme Menschen zu zählen, um sie in einer weltweiten Statistik zusammenfassen zu können. Aber ob eine solche Mengenlehre eine kluge Basis für wirtschafts- und sozialpolitische Interventionen darstellt, bleibt fraglich. Die Zahlen, mit denen das Phänomen der globalen Armut erfasst wird, sind inkohärente Handlungsanleitungen. Denn sie sagen nichts darüber aus, warum eine bestimmte Gruppe von Menschen an einem bestimmten Ort in Armut gefallen ist, was es für sie bedeutet, arm zu sein, und was sie selbst oder andere zur Veränderung ihrer Lage tun können. So beruht der Begriff globaler Armut in dieser Hinsicht auf einem weitgehend dekontextualisierten und statischen Verständnis sozialer Verhältnisse. Hier wird nach universalistischen Erklärungen (vollständigere Märkte, *empowerment*, Partizipation, Transparenz, Dezentralisierung und so weiter) und nach universalistischen »Lösungen« gesucht. Man versucht herauszufinden, was in einer bestimmten lokalen Situation »funktioniert« und überträgt diesen erfolgreichen Ansatz dann auf den Weltmaßstab. Alle großen Entwicklungsinstitutionen verlassen sich auf dieses Prinzip des »scaling-up«, seien es die Weltbank, nationale Entwicklungsagenturen oder auch transnationale Nichtregierungsorganisationen. Aus kulturanthropologischer Sicht muss sich – wie im Folgenden zu zeigen sein wird – ein solches Verständnis von Lokalität, Maßstab und Globalisierung in unlösbare Probleme verstricken.[57]

57 Nehmen wir zum Beispiel das *Millennium Villages Project*, das integral auf einer solchen Maßstabsvergrößerung basiert. Die »Vision« von Jeffrey Sachs ist es, an möglichst vielen Orten zeitgleich ein Modell integrierter ländlicher Entwicklung umzusetzen, das man seit Jahrzehnten mit sehr unterschiedlichen Erfolgen implementiert hat. Sachs glaubt

Der Ansatz des »scaling-up« steht jener kulturanthropologischen Forschung diametral entgegen, welche die Bedeutung von Armut untersucht und zunächst die Deutungsmuster rekonstruieren will, mit denen arme Menschen ihre Lage interpretieren, bevor »Lösungen« gesucht werden können. Die vielen Experten, die Armut »bekämpfen« wollen, weisen ihr kontextunabhängige Bedeutungen zu, aber die Handlungsweisen der Armen als soziale Akteure hängen davon ab, was Armut für sie in ihrem konkreten Umfeld bedeutet. Die Forschung zu Hungersnöten hat gezeigt, dass Menschen selbst knapp vor dem Hungertod noch kulturell und sozial bedeutsame Differenzen ziehen, indem sie etwa entscheiden, wie sie die verbliebene Nahrung in ihrer Gruppe aufteilen, in welcher Reihenfolge wer zum Zuge kommt und auch welche Art von Nahrung als essbar gilt und welche nicht.[58] Die Annahme, einige Güter seien so essentiell, dass sie »jenseits« kultureller Zuschreibungen stünden, erweist sich sogar unter den extremsten Bedingungen als falsch. Vigdis Boch-Due hat hierzu festgehalten: »Poverty, like all images and concepts, is an unstable construction, changing with context, culture and social conflicts situated in history«.[59]

Ausgehend von der Frage nach Bedeutungshaushalten, lässt sich das Problem der Kontextabhängigkeit von Armut in drei Punkte gliedern: Erstens können keine sinnvollen »Lösungen« für Armut entworfen werden, wenn man nicht danach fragt, wie arme Menschen ihre Situation selbst interpretieren. Vermeintlich objektive Instrumente wie das »Ein-Dollar-pro-Tag-Maß« können nicht registrieren, was ein Dollar pro Tag für die jeweiligen Menschen vor Ort bedeutet. Eine solche Einkommenskategorie fasst Menschen zusammen, die sich selbst nicht nach diesem Kriterium verorten, das Kriterium selbst ganz unterschiedlich wahrnehmen und

---

fest an die universelle Gültigkeit dieses Modells und lastet sein häufiges Scheitern ausschließlich den instabilen Finanzierungsformen an (Sachs, *End of Poverty*). Er will nun dafür sorgen, dass diese ländlichen Entwicklungsprojekte konstant und ausreichend finanziert sind. Seine Formel lautet: »doing all of it, all at once« (Schlesinger, »Continuation«, S. 61). Aber selbst wenn die Geberländer ihre Hilfeleistung massiv erhöhen, bleibt das *Millennium Villages Project* auf Investitionen der jeweiligen Empfängerländer angewiesen (bis zu 36% der Projektkosten) und auch Nichtregierungsorganisationen müssen sich mit bis zu 20% beteiligen (ebd., S. 66), was die versprochene Finanzierungskonstanz erschwert.

58 Greenough, *Prosperity and Misery*; Sen, *Poverty and Famine*. In Indien kann man die Persistenz kultureller Differenzproduktion selbst im Angesicht des Todes leicht verdeutlichen, indem man etwa fragt, ob ein Hindu eine tote Kuh essen würde, wenn er am Verhungern ist.

59 Broch-Due, *Poverty and Prosperity*, S. 4.

mit unterschiedlichsten Praktiken und Strategien versuchen, ihre Lage zu meistern.

Zweitens läuft ein kontextspezifisches Armutsverständnis nicht notwendigerweise auf die klassische kulturanthropologische Privilegierung des Lokalen und des Besonderen hinaus. Mir schwebt eine Theorie vor, die zwischen globalen, nationalen, regionalen und lokalen Strukturen differenziert. Konkret: Ich plädiere für analytische Komplexität und für die Nichtreduzierbarkeit der Analyseebenen. Selbst wenn sich globale und nationale Strukturen als vergleichbar erweisen, bedarf es differenzierter Analyseformen für die verschiedenen regionalen gesellschaftlichen Kontexte. »Lösungen« für das Armutsproblem müssen notwendigerweise nach geografischer Region, nach Geschlecht, nach Kaste, Ethnizität, Religion und so weiter differenziert werden. Dies ist natürlich eine unbequeme Folgerung für jene Sozialingenieure, die »breit anwendbare« Handlungsanleitungen wünschen, die man leicht aus ihrem Kontext herausreißen kann. Aber sie erfolgt mit logischer Konsequenz, wenn man die Mantras der Entwicklungszusammenarbeit, nämlich Dezentralisierung, Partizipation und *empowerment,* ernst nehmen will.

Drittens müssen kontextabhängige Armutskonzeptionen auch die historisch gewachsenen Ungleichheiten berücksichtigen, die einzelne soziale Gruppen in bestimmten Regionen in materielle Notlagen geführt haben. Meine Feldforschung zur Agrarmodernisierung im Norden von Indien hat gezeigt, wie eng sich in einem einzigen Dorf die Spätfolgen der kolonialen Landreform, die Landwirtschaftspolitik des postkolonialen Staates, die moderne Agrarwissenschaft mit ihrem neuen Saatgut und industriell gefertigten Dünger sowie lokalpolitische Ereignisse zu einem Muster verwoben haben, das einzelne Gruppen und Individuen in Armut stürzte, während es andere aus ihrer Armut gerade befreite, und wieder andere noch reicher machte als sie ohnehin schon waren. Wenn man auf ein solches Gefüge einen standardisierten Masterplan anwendet, werden vermutlich die lokalen Ungleichheiten vergrößert, und mehr Menschen in die Armut gedrängt, als wenn man maßgeschneiderte Reformen für einzelne Bevölkerungsteile jenes Dorfes entwirft, die arm sind oder zu verarmen drohen.[60]

Anirudh Krishna zeigt in seiner Arbeit, wie fruchtbar es sein kann, Armut im steten Bezug auf ihre Kontexte zu thematisieren. Weil die Strategien der Eindämmung von Armut in der Regel die Armut als eine statische

60 Gupta, *Postcolonial Developments.*

Bestandsgröße auffassen, und nicht als eine dynamische Flussgröße, werde in den entsprechenden Statistiken nie ausgewiesen, wie viele Menschen erst vor Kurzem verarmt sind.[61] Sozial- und wirtschaftspolitische »Lösungen« des Armutsproblems zielen immer darauf ab, Arme aus der Armut zu befreien. Aber es wäre wohl ein sehr viel effizienterer Weg, den sozialen Abstieg vieler Menschen in die Armut zu verhindern. So verstellt die Suche nach standardisierten Maßnahmenpaketen den Blick auf jene Sachverhalte, die das globale Armutsproblem verursacht haben, nämlich historisch gewachsene Ungleichheiten, Machtasymmetrien und die Tatsache, dass der globale Arbeitsmarkt ebenso wie der globale Konsumgütermarkt den Armen unzugänglich bleibt. Die *Poverty Reduction Strategy Papers* belegen diese selektive Problemwahrnehmung sehr deutlich. Sie beschränken sich ausschließlich auf den nationalen Handlungsraum und lassen unbeachtet, dass die Aufhebung globaler Ungleichheiten den Armen vielleicht ebenso helfen könnte. Der Abbau der Agrarsubventionen in den USA und der EU (inklusive der Subventionen für Bewässerungsanlagen), die Einbeziehung von Umweltschäden (durch Treibhausgase), die Aufhebung einiger besonders restriktiver Aspekte des TRIPS-Abkommens, welche Medikamente stark verteuern, um nur einige Maßnahmen zu nennen, würden strukturelle Ursachen für Armut vermutlich rascher beheben, als das »scaling-up« von Mikrokrediten. Aber der Fokus der Entwicklungsinstitutionen und des entsprechenden Expertenwissens liegt fast vollständig auf dem national beschränkten Ansatz. Wenn es überhaupt kontextunabhängige Armutsursachen gibt, dann findet man sie am ehesten im Gefüge der internationalen Organisationen und Abkommen. Gerade diese Ungleichheitsstrukturen kommen im Diskurs über die globale Armut aber kaum vor.

6. Schlussbemerkung

Um abschließend auf den Skandal des tausendfachen alljährlichen Sterbens von Armen in Indien zurückzukommen: Auch dort bleiben die strukturellen Ungleichheiten unerwähnt, die die Lebenschancen der Armen bestimmen, während vermeintlich erfolgreiche lokale Maßnahmenpakete auf nationale Größe gebracht werden. Die Ausweitung von Entwicklungsprogram-

61 Krishna, *Making and Unmaking.*

men wie dem *Employment Guarantee Scheme* (EGS) oder den *Integrated Child Development Services* (ICDS) stößt hier auf ähnliche Probleme wie sie oben für die globale Armutsbekämpfung erörtert worden sind. Die These war, dass statistische Abstraktionen eine hohe Armutsrate normalisiert haben, dank der sich die gesellschaftliche Elite moralisch von dem Skandal abheben kann, den der Tod der Armen darstellt. Der Diskurs über globale Armut enthält einen vergleichbaren Trennungsmechanismus: Er entkontextualisiert Armut und versammelt ganz unterschiedliche Formen des Leidens und der Not in einer einheitlichen Kategorie. Die globale Armut ist in einem Paradox gefangen. Der Diskurs lenkt Aufmerksamkeit auf ein drängendes Problem und fordert die Weltöffentlichkeit zum Handeln auf. Zugleich wird die Sichtbarkeit der globalen Armut aber mit dem Preis bezahlt, dass soziale Verhältnisse aus ihrem Kontext gerissen und als zeitlos und statisch dargestellt werden. So werden zahlreiche vorgeschlagene Maßnahmen von vornherein wirkungslos beziehungsweise als Handlungsoptionen sogar verstellt.[62]

Die zweite Hälfte dieses Aufsatzes zeigt: Die Welt bezüglich ihrer Armut zu alarmieren, führt noch nicht zu wirksamen Strategien gegen diese globale Armut. Und deshalb lohnt es sich auch im indischen Fall erst dann, auf die Dringlichkeit der Abschaffung von Armut hinzuweisen, wenn praktikable Handlungsanweisungen vorliegen. Wenn man die Wichtigkeit von Interpretationsweisen, historisch gewachsenen Ungleichheiten und strukturellen Bedingungen übersieht, wird die Armutsbekämpfung weiterhin ein schwieriges Unterfangen bleiben. Falsche Strategien könnten die Vorstellung von der Widerspenstigkeit der Armut stärken und den Tod der Armen weiter normalisieren.

Aus dem Englischen von Daniel Speich

Literatur

Agamben, Giorgio, *Ausnahmezustand (Homo sacer II.1)*, aus dem Italienischen von Ulrich Müller-Schöll, Frankfurt/M. 2004.

— , *Homo sacer. Die souveräne Macht und das nackte Leben,* aus dem Italienischen von Hubert Thüring, Frankfurt/M. 2002.

62 Ich danke Daniel Speich für diese Überlegung. (Private Korrespondenz, 4.5.2009.)

Biehl, João, »Activist State: Global Pharmaceuticals, AIDS, and Citizenship in Brazil«, *Social Text*, Jg. 22, H. 3 (2004), S. 105–132.
Broch-Due, *Vigdis, Poverty and Prosperity: Local and Global Perspectives*, Oslo 1995.
Calhoun, Craig, »A World of Emergencies: Fear, Intervention, and the Limits of Cosmopolitan Order«, *Canadian Review of Sociology and Anthropology*, Jg. 41, H. 4 (2004), S. 373–395.
Chen, Shaohua/Ravallion, Martin, »Absolute Poverty Measures for the Developing World, 1981–2004«, *World Bank Policy Research Working Paper*, H. 4211, Washington DC 2007.
Commission for Africa, *Our Common Interest*, Glasgow 2005.
Craig, David/Porter, Doug, »Poverty Reduction Strategy Papers: A New Convergence«, *World Development*, Jg. 31, H. 1 (2003), S. 53–69.
Davis, Mike, »The Political Economy of Late-Imperial America«, *New Left Review*, H. 143 (1984), S. 6–38.
Easterly, William R., *The Elusive Quest for Growth: Economists' Adventures and Misadventures in the Tropics*, Cambridge Mass. 2001.
Foucault, Michel, *Security, Territory, Population: Lectures at the Collège de France, 1977–78,* aus dem Französischen von Graham Burchell, New York 2007. Deutsch: *Geschichte der Gouvernementalität. Band 1: Sicherheit, Territorium, Bevölkerung. Vorlesung am Collège de France 1977–1978,* herausgegeben von Michael Sennelart, aus dem Französischen von Claudia Brede-Konersmann und Jürgen Schröder, Frankfurt/M. 2004.
— , *Society Must Be Defended: Lectures at the Collège de France, 1975–76,* aus dem Französischen von David Macey, New York 2003. Deutsch: *In Verteidigung der Gesellschaft. Vorlesungen am Collège de France 1975–76,* aus dem Französischen von Michela Ott, Frankfurt/M. 1999.
— , *The History of Sexuality. Volume 1: The Will to Knowledge,* aus dem Französischen von Robert Hurley, New York 1990. Deutsch: *Sexualität und Wahrheit. Band 1: Der Wille zum Wissen,* aus dem Französischen von Ulrich Raulff und Walter Seitter, Frankfurt/M. 1986.
Greenough, Paul, *Prosperity and Misery in Modern Bengal: The Famine of 1943–1944*, New York 1982.
Gupta, Akhil, *Postcolonial Developments. Agriculture in the Making of Modern India,* Durham 1998.
— , *Red Tape*, Durham (in Vorbereitung).
Hansen, Thomas Blom/Stepputat, Finn, »Sovereignty Revisited«, *Annual Review of Anthropology*, Jg. 35 (2006), S. 295–315.
Harvey, David, *A Brief History of Neoliberalism*, New York 2005. Deutsch: *Kleine Geschichte des Neoliberalismus,* Zürich 2007.
Kanbur, Ravi, »Economic Policy, Distribution and Poverty: The Nature of Disagreements«, *World Development*, Jg. 29, H. 6 (2001), S. 1083–1094.

Kohrman, Matthew, »Depoliticizing Tobacco's Exceptionality: Male Sociality, Death and Memory-Making Among Chinese Cigarette Smokers«, *The China Journal*, Jg. 58 (2007), S. 85–109.

Krishna, Anirudh, *Making and Unmaking Poverty*, unpubliziertes Manuskript, o.O. o.J.

Noël, Alain, »The New Global Politics of Poverty«, *Global Social Policy*, Jg. 6, H. 3 (2006), S. 304–333.

Prahalad, Coimbatore K., *The Fortune at the Bottom of the Pyramid: Eradicating Poverty through Profits*, Philadephia 2004. Deutsch: *Der Reichtum der Dritten Welt: Armut bekämpfen, Wohlstand fördern, Würde bewahren*, München 2006.

Redfield, Peter, »Doctors, Borders, and Life in Crisis«, *Cultural Anthropology*, Jg. 20, H. 3 (2005), S. 328–361.

Sachs, Jeffrey, *The End of Poverty. How We Can Make It Happen in Our Lifetime*, London 2005. Deutsch: *Das Ende der Armut: Ein ökonomisches Programm für eine gerechtere Welt*, München 2006.

Schlesinger, Victoria, »The Continuation of Poverty: Rebranding Foreign Aid in Kenya«, *Harper's Magazine*, Mai 2005, S. 58–66.

Sen, Amartya, *Development as Freedom.* New York 1999. Deutsch: *Ökonomie für den Menschen: Wege zu Gerechtigkeit und Solidarität in der Marktwirtschaft*, München/Wien 2000.

— , »More Than 100 Million Women Are Missing«, *The New York Review of Books*, Jg. 37, H. 20 (1990), 20.12.1990.

— , *Poverty and Famines. An Essay on Entitlement and Deprivation,* Oxford 1983.

Sindzingre, Alice, »The Evolution of the Concept of Poverty in Multilateral Financial Institutions: The Case of the World Bank«, in: Morten Boas/Desmond McNeill (Hg.), *In Global Institutions and Development: Framing the World?,* New York 2004, S. 164–177.

Stiglitz, Joseph E., *Globalization and Its Discontents*, New York 2002. Deutsch: *Die Schatten der Globalisierung*, Berlin 2002.

Sunder Rajan, Rajeswari, *The Scandal of the State: Women, Law, and Citizenship in Postcolonial India*, Durham N.C. 2003.

United Nations, *The Millennium Development Goals Report*, New York 2005.

Weber, Heloise, »Reconstituting the ›Third World‹: Poverty Reduction and Territoriality in the Global Politics of Development«, *Third World Quarterly*, Jg. 25, H. 1 (2004), S. 187–206.

World Bank, *Poverty. World Development Report 1990*, New York 1990.

II.
Lokale Erfahrungen globaler Zusammenhänge

Der Blick von Lake Success: Das Entwicklungsdenken der frühen UNO als ›lokales Wissen‹

Daniel Speich

Der britische Ökonom H. E. Caustin hatte ein Problem. Als stellvertretender Direktor der *Division of Economic Stability and Development* im *Department of Economic Affairs* des Generalsekretariats der UNO war er dafür zuständig, einen Beschluss der Generalversammlung umzusetzen, der im Dezember 1948 gefasst worden war. Man wollte nichts Geringeres als die weltweite wirtschaftliche Ungleichheit beseitigen.[1] In seinem Büro am provisorischen Sitz der UNO in den Räumen der Waffenfabrik Sperry in Lake Success, nahe New York, setzte Caustin mehrere Briefe auf, um für diese gigantische Aufgabe Helfer zu finden. Eine der ersten Adressen, die er anschrieb, war die kurz zuvor gegründete UNO-Wirtschaftskommission für Europa mit Sitz in Genf, deren Direktor Gunnar Myrdal als ausgewiesener Experte für wirtschafts- und sozialpolitischen Fragen galt. Caustin schrieb:

»Dear Dr. Myrdal, as you undoubtedly know the General Assembly adopted a resolution on technical assistance for economic development and appropriated for the year 1949 $ 288.000 to enable the Secretary-General to perform the functions described in that resolution. [...] Since the Assembly adopted this resolution at the very end of the first part of its Third Session, full consideration of the organisational matters and of policies and procedures to be established in connection with the technical assistance programme have only just become possible. We are now giving our full attention to this matter and it is our desire to have your advice as well as that of the Executive Secretaires of other regional commissions on various aspects of the technical assistance programme before we undertake its implementation.«[2]

---

1 Generalversammlung der Vereinten Nationen, Dritte Sitzung, Resolution 198 (III) »Economic Development of Underdeveloped Countries« vom 4.12.1948 und Resolution 200 (III) »Technical Assistance for Economic Development« vom 4.12.1948, http://www.un.org /documents/ga/res/3/ares3.htm (12.6.2009).

2 Schreiben von H. E. Caustin an Gunnar Myrdal, 21.12.1948. Archiv der Vereinten Nationen, Genf, (im Folgenden abgekürzt als UNOG). UNOG, GX. 26/1 (01). Zu

Viele Fragen waren offen. Klar war eigentlich nur, dass die Generalversammlung der UNO das wirtschaftliche Gefälle, das auf dem Planeten in den späten 1940er Jahren bestand, als globales Sicherheitsrisiko betrachtete und es deshalb beseitigen wollte. Ebenso klar war auch, dass man dieses Problem auf einem technischen Verfahrensweg und nicht auf einem politischen Verhandlungsweg lösen wollte. Für die politische Lösung von Sicherheitsfragen war der Sicherheitsrat geschaffen worden. Die in den Resolutionen 198 (III) und 200 (III) von 1948 angesprochenen Themen wurden hingegen dem Wirtschafts- und Sozialrat und dem Generalsekretariat übergeben. Sie sollten ein technisches Hilfsprogramm, ein »technical assistance programme« aufbauen. Wie ein solches Vorhaben anzugehen sei und wie die verhältnismäßig bescheidene Summe von 288.000 US-Dollar produktiv eingesetzt werden könnte, blieb dabei aber unklar. Caustin befand sich in einer Zwangslage, weil seine Vorgesetzten einen Bericht darüber verlangten, in welchen Sachbereichen und mit welcher theoretisch abgesicherten Zukunftsgewissheit die UNO an den vielen notleidenden Orten der Welt so eingreifen könne, dass sich die gewünschten Effekte einstellten. Er war mit einem technischen Problem konfrontiert, das nicht einfach zu lösen war.

Im Folgenden möchte ich erörtern, wie das globale Entwicklungsproblem in der frühen UNO-Geschichte verhandelt worden ist. Was heute als gigantischer Verwaltungsapparat erscheint, der die Welt internationaler Organisationen – ihre Sprache, ihre Konzepte, ihre Rekrutierungspraxis, ihre Karrierewege, ihre Verwaltungsroutinen – entscheidend prägt, war in den ausgehenden 1940er Jahren nur ein kleiner Club. Er bestand aus einer überschaubaren Zahl gesellschaftspolitisch engagierter Menschen, von denen viele aus den sozialliberalen Kreisen Großbritanniens, Skandinaviens und der USA stammten, sich persönlich kannten und die Aufträge der Generalversammlung in einer gemeinsamen Anstrengung umzusetzen gedachten.[3]

Mit Blick auf diese Gruppe geht es im Folgenden darum, universelle Annahmen über den Gang wirtschaftlicher Entwicklung zu »provinzialisieren«. Es wird eine Frageperspektive eingenommen, die im Anschluss an

---

Myrdal als Entwicklungstheoretiker siehe seine Selbstdarstellung in Myrdal, »International Inequality«.

3 Das Zusammengehörigkeitsgefühl und die Aufbruchsstimmung der Frühzeit sind in persönlichen Rückblicken dokumentiert. Siehe exemplarisch Anstee, *Never Learn to Type*. Siehe auch Weiss u.a., *UN Voices*.

Dipesh Chakrabarty sichtbar machen will, wie sehr im 20. Jahrhundert bestimmte Interpretationsweisen der historischen Erfahrung Europas zum stillschweigenden Maßstab des Wissens über die Welt geworden sind.[4] Der Aufsatz untersucht, wie solches Wissen nach Lake Success gekommen ist und welcher Blick von hier aus auf die Welt geworfen wurde. Es wird gefragt, welche Sachverhalte durch die Wissenstechniken, die die UNO anwendete, zur Geltung gelangten, und welche Zusammenhänge unzugänglich blieben. Diese Fragen scheinen deshalb von Bedeutung zu sein, weil die Weltbezüge, die in der frühen UNO-Zeit entwickelt wurden, für den weiteren Verlauf des globalen Entwicklungsunternehmens große Bedeutung erlangten.

Globalgeschichte kann Weltbezüge rekonstruieren, die stets von einem bestimmten historischen und geografischen Ort aus vollzogen worden sind.[5] Im vorliegenden Fall dient der provisorische Hauptsitz der UNO als Metapher für die Lokalität solchen Weltwissens.[6] Der Verweis auf Lake Success soll in Erinnerung halten, dass auch mit dem Umzug der Weltorganisation nach Manhattan und mit dem gigantischen Wachstum der UNO seit 1948 der Blick dieser Weltorganisation auf den Globus eine gewisse Perspektivität und Lokalität behalten hat. Internationale Organisationen sind in der zweiten Hälfte des 20. Jahrhunderts zentrale Akteure in der Verfestigung einer neuen »condition of globality« gewesen – eines planetarischen Handlungsbezugs, in dem kaum Erinnerungen an seine geschichtliche Verwurzelung enthalten sind. Die historische Forschung kann die Genealogien dieser neuen Globalität erkunden und dabei das Gewordensein von Gewissheiten kritisch aufzeigen.[7]

Globalität als »Gefüge wahrgenommener weltumspannender Probleme«, so Iris Schröder und Sabine Höhler, sei im 20. Jahrhundert »zunehmend als eine mathematisch-ingenieurwissenschaftliche Herausforderung begriffen« worden.[8] Das trifft auf die Wissensbestände der »technical assistance« und der Entwicklungszusammenarbeit in ganz besonderem Maße zu. In diesem Aufsatz wird vorgeschlagen, diese technischen Wissensbestände, deren wesentliches Charakteristikum stets gewesen ist, eine univer-

---

4 Chakrabarty, »Europa provinzialisieren«, S. 283.

5 Schröder/Höhler, »Welt-Räume«.

6 Zum Begriff des »Weltwissens« siehe Evers/Kaiser/Müller, »Entwicklung durch Wissen«.

7 Geyer/Bright, »World History«, S. 1041.

8 Schröder/Höhler, »Geschichte der Räume und Orte«, S. 306.

selle Gültigkeit zu beanspruchen, als »lokales Wissen« im Sinne des Kulturtheoretikers Clifford Geertz zu verstehen.[9] Eine solche Perspektive widerspricht der gängigen Verwendung der Begrifflichkeit von »lokalem Wissen«, die gerade darauf abzielt, einen Gegensatz zu Wissensbeständen mit universellem Geltungsanspruch stark zu machen.[10] Neuere Ansätze der Wissenschafts- und Technikforschung legen aber nahe, Wissen nicht nach der Breite seines Wahrheitsanspruchs zu differenzieren, sondern nach den politischen, wirtschaftlichen und gesellschaftlichen Bedingungen, aus denen heraus es entsteht.[11] Selbst sehr weitreichende entwicklungspolitische Handlungsanleitungen als »lokales Wissen« zu verstehen, meint nichts anderes, als den Blick auf die historischen Wurzeln ihrer Durchsetzungskraft und ihres Universalitätsanspruchs zu lenken.

Die Aufmerksamkeit gilt dabei der Geschichte der Wirtschaftswissenschaften, die seit den 1930er Jahren die Wahrnehmung weltumspannender Probleme wesentlich geprägt haben. Die Ökonomie hielt eine Theorie des gesellschaftlichen Wandels bereit, die für alle menschlichen Kollektive Gültigkeit beanspruchte. Und sie stellte praktisch anwendbares Wissen in Aussicht, um diesen Wandel zu steuern.[12] Aus diesen Gründen ist die ökonomische Expertise für internationale Entwicklungsagenturen zu einer sinnstiftenden Instanz geworden. Und deshalb scheint es fruchtbar zu sein, den Universalitätsanspruch internationaler Organisationen anhand dieses Wissensbestands historisch zu erforschen.

Der erste Teil des Aufsatzes widmet sich theoretischen Positionen und Auseinandersetzungen. Dabei handelt es sich aber nicht um einen Theorieteil, der die Ausgangsprämissen und Analysekonzepte vorstellt, mit denen dann historisches Quellenmaterial analysiert wird. Vielmehr sind diese Theorien selbst historische Gegenstände, deren Genese in die Perspektive einer Wissensgeschichte einzuschließen ist. Zum einen wird der Begriff des »lokalen Wissens« theoriegeschichtlich verortet und auf seine Anwendbarkeit für die Geschichte internationaler Organisationen befragt. Zum anderen werden zentrale Annahmen der Entwicklungsökonomie wissensgeschichtlich untersucht, die das Sprechen über globale Ungleichheit in der Frühzeit der UNO weitgehend geprägt haben.

---

9 Geertz, *Local Knowledge.*

10 Siehe z.B. Scott, *Seeing Like a State.*

11 Latour, *Science in Action.*

12 Arndt, *Economic Growth*; ders., *Economic Development.*

Der zweite Teil wendet sich der Geschichte dieser internationalen Organisation zu und fragt, wie sich ihre Mitarbeiterinnen und Mitarbeiter in den ausgehenden 1940er Jahren dem Problem globaler Ungleichheit gestellt haben und warum sie glaubten, seine Lösung befördern zu können. Es wird nach spezifischen »Problematisierungsweisen« gefragt. Damit ist in Anlehnung an Michel Foucault ein Zugang zu geschichtlichen Problemstellungen gemeint, der nicht *a priori* zwischen einer Sach- und einer Konzeptebene unterscheidet, sondern die Trennung zwischen diesen zwei Ebenen als Ergebnis historischer Praktiken versteht, aus denen sich Gewissheiten über den Zustand der Welt erst ergaben.[13]

1. Theoretische Positionen und Auseinandersetzungen

1.1. Zur Historisierung von Wissen in internationalen Organisationen

Zahlreiche Forschungen haben die Geschichte internationaler Organisationen oft als Ausdruck des Willens ihrer Mitgliedstaaten untersucht. Ein neueres Beispiel hierfür ist die Geschichte der UNO von Paul Kennedy, welche ganz an der Frage orientiert ist, inwiefern diese Körperschaft ihrem Anspruch, ein »Parlament der Menschheit« zu sein, gerecht geworden ist.[14] Die theoretische Grundlage solcher Darstellungen ist eine politikwissenschaftliche Theorie, die internationale Organisationen stets aus der Perspektive der Außenpolitik ihrer einzelnen Mitgliedsländer behandelt hat. Neuere Ansätze betonen hingegen stärker die Eigendynamik und die Eigeninteressen, die internationale Körperschaften entwickeln. Diese Perspektive ist von Martha Finnemore ausdifferenziert worden, indem sie die Rückwirkungen der internationalen Organisationen auf die Mitgliedsländer untersuchte. An drei Beispielen hat Finnemore eine Theorie internationaler Organisationen entworfen, die diese nicht als Spielball nationaler Interessen versteht, sondern als Produzenten von Wissensbeständen und von Bedeutungssystemen, welche die Interessenartikulation einzelner Länder strukturieren. »States«, so Finnemores Fazit, »are socialized to want certain

13 Foucault, *Gebrauch der Lüste*, S. 18.

14 Kennedy, *Parlament*.

things by the international society in which they and the people in them live«.[15]

Vor diesem organisationstheoretischen Hintergrund gewinnt der Begriff des »lokalen Wissens« großen analytischen Wert für die Untersuchung internationaler Körperschaften. Denn diese erscheinen als konturierbare Einheiten, mithin als Lokalitäten, deren wichtigste Eigenschaft es ist, Wissen und Weltdeutungen zu generieren. Gerade die Gewissheiten über weltwirtschaftliche Entwicklung in der frühen UNO haben einen Weltrahmen aufgespannt, in dem sich souveräne Einzelstaaten sozialisierten.

Wie viele Anthropologen seiner Generation hat sich auch Clifford Geertz in einem solchen Weltrahmen bewegt. Er begann sich in den 1950er Jahren mit Fragen des sozioökonomischen Wandels in Indonesien zu beschäftigen. Diese Forschungen standen im Kontext der US-amerikanischen *Regional Studies*, welche die außenpolitischen Strategien Washingtons mehr oder weniger absichtsvoll mit sozialwissenschaftlichen Studien stützen.[16] Zugleich verstand sich der Anthropologe Geertz in der von Talcott Parsons entworfenen Matrix der Sozialwissenschaften als Experte für »Kultur«, dessen Erkenntnisse sich mit der Expertise von Ökonomen, Religionswissenschaftlern, Soziologen und Psychologen fugenlos zu einer umfassenden Modernisierungstheorie verbanden.[17] Allerdings stand der semiotische Kulturbegriff, den Geertz in seinen Forschungen erarbeitete, zusehends quer zu dieser Arbeitsteilung der sozialwissenschaftlichen Disziplinen. Geertz entfernte sich von der Vorstellung einer »sozialen Physik«, die Modernisierungsprozesse in armen Ländern verstehen und steuern wollte. »The established approach to treating such phenomena, laws-and-

---

15 Finnemore, *National Interests*, S. 2. Ihre Fallstudie zur Weltbank ist in gekürzter Form auch erschienen als Finnemore, »Redefining Development«. Darin wird argumentiert, der strategische Wandel der Weltbank von der Industrialisierungsförderung zur Deckung von Grundbedürfnissen um 1970 könne nicht aus den Interessen der Signatarstaaten erklärt werden, sondern habe umgekehrt zu einer Neudefinition außenpolitischer Interessen der Mitgliedsländer der Bank geführt. Wie fruchtbar der Ansatz von Finnemore für die historische Forschung ist, zeigt Gees, *Europäisierungsprozess*. Eine hervorragende Fallstudie zur Performativität internationaler Organisationen bietet Godin, *Measurement*.

16 Ein Beleg für diese Selbstverortung ist ein Sammelband zu den »New States«, den Geertz 1963 herausgab. Die ihm zugrunde liegende Programmatik wurde in der Einleitung von Edward Shils erklärt. Shils, »Comparative Study«.

17 Kuper, *Culture*, Kapitel 3. Zur Disziplinären Matrix von Talcott Parsons und ihrer Bedeutung für die amerikanische Außenpolitik siehe Engerman, »Moscow and Back« und allgemein Gilman, *Mandarins*.

causes social physics, was not producing the triumphs of prediction, control, and testability that had for so long been promised in its name«, schrieb er 1983 in der Einleitung zu dem Band über *Local Knowledge*.[18] Die Sozialwissenschaften seien heterogen geworden und hätten eine neue Zugangsweise anerkennen müssen, die sich ganz auf das Deuten von Deutungssystemen konzentriere. Geertz postulierte in dem durchaus auch seiner Selbstinszenierung dienenden Band »a turn toward examining the ways in which the world is talked about – depicted, charted, represented – rather than the way it intrinsically is«.[19] Gemäß dieser »Wende« geht es im Folgenden mehr um Repräsentationen der Welt als um die Frage, wie diese Welt tatsächlich beschaffen sei. Die von Geertz angesprochenen Schwierigkeiten der »social physics«, ihre Versprechen in der Entwicklungszusammenarbeit zu erfüllen, werden der historischen Forschung dann zugänglich, wenn man fragt, über welche Beschaffenheit der Welt sich die historischen Akteure einigten.

Seit den frühen 1980er Jahren ist der Begriff des »lokalen Wissens« in mehrere Richtungen weiterentwickelt worden. Zum einen ist er zum Inbegriff des Wissens von nichteuropäischen Gesellschaften geworden, das im Modernisierungsprozess zu verschwinden droht, oder diesen Prozess erschwert. In einer harten Dichotomie zwischen universellen und lokalen Wissensbeständen hat James C. Scott argumentiert, geplante Entwicklung könne nur dann gelingen, wenn sie dem Wissen der Menschen, die das Ziel dieser Interventionen seien, einen systematischen Platz einräume.[20] Damit ist das »lokale Wissen« auf ein berechenbares Funktionselement in der »sozialen Physik« reduziert worden. Internationale Entwicklungsorganisationen haben diese Vorstellung aufgenommen und Wissen zu einem zentralen Gegenstand ihrer Projekte gemacht.[21]

---

18 Geertz, »Introduction«, S. 3.

19 Ebd., S. 4.

20 Scott, *Seeing Like a State*. Scott verwendete den Begriff *metis* als Stellvertreter für »lokales Wissen«. Er schrieb: »I am, however, making a case *against* an imperial or hegemonic planning mentality that *excludes* the necessary role of local knowledge and know-how.« (S. 7, meine Hervorhebungen). Die Bemerkung kann so gedeutet werden, als argumentiere er *für* eine imperiale oder hegemoniale Planungsmentalität, welche die notwendige Rolle des lokalen Wissens *einschließt*. Siehe die Kritiken von Cooper, *Colonialism*, S. 141, und Coronil, »Smelling Like a Market«.

21 Honerla/Schröder, *Lokales Wissen*; Bicker/Silitoe/Pottier, *Development*. Siehe auch Juma/Agwara, »Global Knowledge Economy«.

Ein zweiter Theoriestrang, der für meine Überlegungen bedeutend ist, hat von Clifford Geertz her die soziologische Analyse der modernen Wissenschaften neu zu begründen versucht. In verschiedenen Arbeiten ist seit den ausgehenden 1970er Jahren das kulturalistische Argument aufgenommen und betont worden, zwischen einer indigenen Konstellation in Indonesien und dem Betrieb in einem hochmodernen Labor in Kalifornien bestehe kein fundamentaler Unterschied. An beiden Orten sei Erkenntnisproduktion integral an situative Bedingungen gebunden, wobei auch die Universalitätsannahme der modernen Wissenschaft zu diesen lokalen Bedingungen gehöre.[22] Viele Vertreterinnen und Vertreter der aktuellen Wissenschafts- und Technikforschung kennen keine Dichotomie zwischen universellem Wissen und lokalen Deutungszusammenhängen mehr. Dem ist Rechnung zu tragen, wenn man die Bedeutung von Wissen in internationalen Organisationen untersucht.

Bruno Latour hat sich bereits in den frühen 1970er Jahren – damals noch nicht als Wissenschaftssoziologe – mit kulturellen Kompetenz- und Wissensdifferenzen beschäftigt und diese als soziale Konstruktionen beschrieben. 1974 befragte er gemeinsam mit Amina Shabou Unternehmer in Abidjan dazu, welche Führungskompetenz sie afrikanischen Angestellten zutrauten und welche Maßnahmen zur Afrikanisierung der ivorianischen Wirtschaft zu treffen seien. Dabei stellte sich heraus, dass die Trennung zwischen lokal verankerten Wissensformen der Ivorianer und mehr objektiv-rationellen Kompetenzen der Ausländer zwar weit verbreitet als *common sense* galt, dass sie sich aber in der konkreten Arbeit einzelner Führungspersonen nicht feststellen ließ. Europäische *Patrons* vor Ort betonten die Differenz stark, während transnationale Unternehmungen der Herkunft ihres Personals keine Beachtung schenkten.[23] Die Dichotomie zwischen lokalem und universellem Wissen diente im Industriellenmilieu Abidjans der Besitzstandswahrung. Sie war ein wichtiges soziales Deutungselement und taugte deshalb selbst nicht als analytische Kategorie für die sozialwissenschaftliche Beschreibung dieser gesellschaftlichen Konstellation.

---

22 Knorr Cetina, *Fabrikation*; Latour/Woolgar, *Laboratory Life*. Karin Knorr Cetina hat das provokative Programm auf den Begriff der »epistemischen Kultur« zugespitzt. Knorr Cetina, *Epistemic Cultures*.

23 Latour/Shabou, *Idéologies de la competence*. Ich danke Henning Schmidgen für den Hinweis auf diese Untersuchung.

Die weiterführende Frage, die sich Bruno Latour in der Folge vornahm, lautete hingegen, wie die Aussagen und Annahmen der modernen Wissenschaften ihren universellen Charakter erwerben und festigen konnten, so dass erst der Eindruck einer ontologischen Differenz zum »lokalen Wissen« entstand. Hierzu studierte er die Transfer- und Transformationsprozesse einzelner Einsichten durch ein ganzes Netzwerk von Wissensakteuren hindurch. 1987 hielt er fest:

We do not have to oppose the local knowledge of the Chinese to the universal knowledge of the European, but only two local knowledges, one of them having the shape of a network transporting back and forth immutable mobiles to act at a distance. [...] Who includes and who is included, who localises and who is localised is not a cognitive or a cultural difference, but the result of a constant fight.«[24]

Gerade im Hinblick auf die Plausibilität universeller Deutungsangebote, die von internationalen Organisationen im Entwicklungszusammenhang stets gemacht wurden, scheint dieser Ansatz hilfreich zu sein.

Ein dritter Theoriestrang hat die Geertz'sche Konzeption dazu genutzt, das Entstehen neuer kultureller Formationen im Zeitalter der internationalen Organisationen zu analysieren. Die Globalisierung habe, so Ulf Hannerz, neue »Stämme« hervorgebracht. Als solche »transnationalen Kulturen« bezeichnete er Bürokraten, Politiker, Geschäftsleute, Journalisten und Diplomaten, die sich unabhängig von ihren physischen Aufenthaltsorten in gemeinsamen Deutungshorizonten bewegten und bestimmte Wissensbestände teilten.[25] Es leuchtet ein, auch für die Entwicklungsexperten von der Formierung eines solchen neuen »Stammes« in den letzten Jahrzehnten zu sprechen.[26] Die Selbstverständlichkeiten und das Wissen, die diese transnationalen Kulturen zusammenhalten, unterscheiden sich nicht grundlegend von dem »lokalen Wissen«, das Geertz beschrieben hat. Sie werden aber mobiler gedacht und lassen sich relativ leicht übertragen. Die Wissensbestände betreffen überdies oft Vorgehensweisen und Verfahren, so dass ihre Träger ganz diverse, lokal vorgefundene Zustände beschreiben, inkorporieren und deuten können. Dieser dritte Theoriestrang hat demnach einen wichtigen Unterschied zwischen »lokalem Wissen« und weltweit zur Anwendung kommendem Wissen beibehalten. John Boli und Frank J. Lechner haben von einem wachsenden »world-cultural know-

24 Latour, *Science in Action*, S. 229. Der Ansatz wird am Beispiel einer Bodenprobe aus dem Amazonas anschaulich vorgestellt im Kapitel 2 von Latour, *Hoffnung der Pandora*.

25 Hannerz, »Cosmopolitans and Locals«, S. 244.

26 Hüsken, *Stamm der Experten*.

ledge« gesprochen, das sich zum Beispiel im Konferenzwesen der internationalen Organisationen verfestige. Dabei sei die Universalität dieses Wissens nicht ontologisch begründet, sondern wurzle in den Verfahren sich verdichtender globaler Kommunikation.[27]

Diese theoretischen Ausgangspunkte legen die Feststellung nahe, dass man die Geschichte internationaler Organisationen nicht trennen kann von der Geschichte der Herstellung, der Verarbeitung und der Anwendung von Wissen. Sehr oft haben sich diese Organisationen ja selbst als Wissensproduzenten oder als Wissens*broker* definiert. Dabei scheint es hilfreich, die zum Einsatz kommenden Wissensbestände nicht als abgeschlossene *black boxes* zu veranschlagen, die beispielsweise von den Wirtschaftswissenschaften den Entwicklungsexperten zur Verfügung gestellt worden sind. Vielmehr gilt es, auch die Fabrikation und insbesondere die Stabilisierung dieser Annahmen zu rekonstruieren.[28] Der Blick von Lake Success steht damit in diesem Beitrag für die Vorstellung, globale Ungleichheit könne durch volkswirtschaftliche Organisationsinnovationen in einer unpolitischen Weise behoben werden. Um diese Gewissheit zu historisieren, ist nun auf die Wissensgeschichte der Volkswirtschaftslehre zu blicken.

1.2. Das Artefakt der Nationalökonomie

Der Sachbegriff »the economy« (die Volkswirtschaft) als Gegenstand der »economics« (der Volkswirtschaftslehre) lässt sich in einschlägigen Enzyklopädien erst seit den 1930er Jahren finden. Die Vorstellung, dass es einen eigengesetzlichen Wirkungszusammenhang gibt, einen distinkten Bereich sozialer Praxis, der sich vom »Kulturellen«, vom »Religiösen« oder vom »Politischen« abgrenzen lässt, ist relativ neu.[29]

Neu ist natürlich nicht der Versuch, die Wirtschaftsaktivität eines gegebenen Territoriums in ihrer Gesamtheit zu erfassen, und daraus Handlungsanleitungen für die Zukunft zu gewinnen. Solche intellektuelle Aktivitäten können weit in die Frühe Neuzeit zurückverfolgt werden. Aber seit

27 Lechner/Boli, *World Culture*, Kapitel 4.

28 In der aktuellen Forschung zur Geschichte der Modernisierungstheorie werden die im Entwicklungszusammenhang eingesetzten Wissensbestände oft als solche *black boxes* präsentiert, die nach 1945 als »machtvolle Ideen« gewissermaßen aus dem Nichts auf die Weltbühne traten. Siehe z.B. Kunkel, »Systeme des Wissens«, S. 158 oder auch Eckert, »Spätkoloniale Herrschaft«, S. 11.

29 Mitchell, »Economists and the Economy«.

dem letzten Drittel des 19. Jahrhunderts und insbesondere in den ersten Jahrzehnten des 20. Jahrhunderts konstituierte sich die moderne, angelsächsische Volkswirtschaftslehre in Abgrenzung von der deutschen Historischen Schule neu als eine Art Ingenieursdisziplin, die ihre Gegenstände durch Verfahren der Quantifizierung und der Mathematisierung verfügbar machte.[30] Grundlegend hierfür war die Modellierung der Volkswirtschaft als geschlossenes Kreislaufsystem. Viele Ökonomen machten sich in der Zwischenkriegszeit daran, die relative Bedeutung und Funktion einzelner Faktoren in diesem Wirkungszusammenhang zu beschreiben, der in seiner Gesamtheit mithin als regulierbare Maschine gedacht wurde.[31] Als wichtigstes Medium zur Beschreibung dieses Objekts etablierte sich die volkswirtschaftliche Gesamtrechnung.

Diese Praxis war im späten 19. Jahrhundert als »Social Accounting« entstanden. Sie ließ sich zunächst von dem Erkenntnisinteresse leiten, die soziale Verteilung des Wohlstands innerhalb eines nationalen Gefüges empirisch zu untersuchen.[32] Um einen solchen Blick zu gewinnen, werteten Volkswirte Steuerregister aus und bereiteten die Ergebnisse in Tabellenform für weitere Berechnungs- und Auswertungsprozeduren auf. Die Korrelation mit Bevölkerungszahlen erlaubte es, Einkommensgruppen zu bilden, aus denen wiederum die Wohlstandsverteilung ersichtlich wurde. Es liegt nahe, diese Statistiken mit Bruno Latour als »Inskriptionen« zu bezeichnen, mit deren Hilfe sonst weitgehend unzugängliche Sachverhalte eine neue Sichtbarkeit gewannen.[33] In einem gewissen Sinne waren sie nicht nur repräsentativ, sondern eigentlich produktiv, das heißt sie verliehen ihren abstrakten Inhalten einen gegenständlichen Charakter.[34]

Als wichtige Pioniere beim Abbilden volkswirtschaftlicher Zusammenhänge in Zahlenform gelten der Brite Colin Clark und der US-Amerikaner Simon Kuznets. Aus der Arbeit dieser beiden Ökonomen ist das Bruttoso-

---

30 Klein/Morgan, *Age of Economic Measurement*; Morgan, »Economics«; Kalthoff/Rottenburg/Wagner, *Facts and Figures*. Vgl. auch Hodgson, *Economics Forgot History*. Diese Entwicklung ist verknüpft, aber nicht deckungsgleich mit dem Aufstieg der Grenznutzenschule.

31 Ein eindrückliches Beispiel für diesen physikalischen Zugang bietet die Apparatur aus Röhren, Ventilen und Pumpen, mit denen der Ökonom Irving Fischer ab 1892 in Yale seine Theorie des Marktes veranschaulichte. Mitchell, »Fixing the Economy«. Zur mechanischen Metaphorik der Ökonomie vgl. Schabas, »Jevonian Moment«.

32 Vgl. z.B. Sydenstricker/King, »Classification of Population«.

33 Latour, *Science in Action*, S. 68.

34 Morgan, »Perspective«.

zialprodukt hervorgegangen, das den Diskurs über globale Ungleichheit – trotz vielfacher Kritik – noch heute prägt. Das Aggregat stellte die Gesamtproduktion einer wirtschaftlichen Einheit dar und umfasste als Wirtschaftssubjekte die Unternehmen, die Haushalte und den Staat. Es konnte entweder als Total der Einkünfte oder als Total der Ausgaben ausgedrückt werden, die sich in einem geschlossenen volkswirtschaftlichen System zwangsläufig gleichen. Kuznets hat seine Konzeption in einem einflussreichen Artikel in der *Encycopledia of the Social Sciences* 1933 vorgestellt. Die nationale Buchhaltung sei, so hieß es dort, ein Instrument »to appraise the prevailing economic organization in terms of its returns«.[35] Kuznets schlug eine Methode vor, um Institutionengefüge auf ihre ökonomische Effizienz hin zu prüfen. Daran schloss sich leicht die Vorstellung an, ein Wandel der wirtschaftlichen Organisation führe zu einer Veränderung ihres Gesamtertrags. Im Prinzip ließ sich das Material für solche Überlegungen durch vergleichende Studien erarbeiten. Wenn einmal die – mehr oder weniger stabile – Bestandsaufnahme einer Wirtschaftseinheit zu einem gegebenen Zeitpunkt erfolgt war, konnten die Resultate mit anderen Erhebungen verglichen werden.

Wiederum mit Bruno Latour lässt sich diese Form des Wissenserwerbs als die Herstellung von »immutable mobiles«, von beweglichen, aber in sich stabilen Inskriptionen beschreiben, die in eine Kaskade weiterer solcher Inskriptionen eingefügt werden konnten.[36] Die Herstellung einer Wachstumsrate des Bruttosozialprodukts pro Kopf ist ein solcher mehrschichtiger Einschreibungsvorgang, indem der Gesamtumsatz einer Volkswirtschaft für ein bestimmtes Jahr durch die Bevölkerungszahl geteilt, an gleiche Konstruktionen für frühere Jahre angeschlossen und die Differenz als Quotient ausgedrückt wird. Auf diesem Transpositionsweg sind wesentliche Grundtatsachen der wirtschaftlichen Entwicklung zu mobilen Gewissheiten geworden.

Unter zahlreichen Volkswirtschaftlern war allerdings bis Anfang der 1960er Jahre stark umstritten, welche Sachverhalte in diesen Übersetzungsprozessen als lokale Besonderheit zum Verschwinden gebracht, und welche zu Universalien erhoben werden sollten.[37] Kuznets war sehr zurückhaltend bei der Herstellung geografischer Vergleichsanordnungen oder

35 Kuznets, »National Income«, S. 205. Vgl. auch Kapuria-Foreman/Perlman, »Simon Kuznets«.

36 Latour, »Drawing Things Together«.

37 Siehe im Detail: Speich, *Travelling with the GDP*.

langer Zeitreihen, und zwar nicht nur wegen der Schwierigkeit, vergleichbare, das heißt reale Preise für die verschiedenen Jahre zu ermitteln. Vielmehr wies er mit Nachdruck darauf hin, dass die volkswirtschaftliche Gesamtrechnung ausschließlich in Preisen ausdrückbare Sachverhalte aufzeichne, die er insgesamt als »economic activity« umschrieb. Die Reproduktionsarbeit in den US-amerikanischen Haushalten falle beispielsweise aus seiner Konzeption heraus, denn sie sei »much more a part of life in general than of professional economic activity proper«.[38] Wo aber innerhalb einer gegebenen sozioökonomischen Einheit die Trennlinie zwischen ökonomischer und nichtökonomischer Aktivität liege, war nach der Überzeugung von Kuznets historisch weitgehend beliebig. In einem Lexikonartikel hielt er fest: »Being conditioned by the institutional set up of the family and of economic society, the line between economic and non-economic activity shifts from country to country and from time to time«.[39] Noch war in dieser zögerlichen Umschreibung ein Wissen dafür enthalten, dass der Gegenstandsbereich der Ökonomie keine gegebenen Konturen hatte, sondern in jeder Forschungsarbeit neu zu definieren sei.

Kuznets warnte, man könne nicht mit einer gleichbleibenden Berechnungsweise durch die Wirtschaftsgeschichte oder über den Globus gehen. Um akkurate Vergleiche zu erhalten, müsse man im Grunde für jede einzelne Beobachtungseinheit und für jedes einzelne Jahr ein neues Buchhaltungsverfahren entwerfen, das dem Gefüge der Institutionen dieser Zeit und dieses Orts entspreche. Jene Konzepte des Nationaleinkommens, die den universellen Länder- und den Zeitvergleich ermöglichten, so folgerte er, bezahlten ihre methodische Konsistenz mit dem Preis, die Realität nicht adäquat zu beschreiben. Die Stärke der volkswirtschaftlichen Gesamtrechnung liege nicht in ihrer Anwendung auf den Weltmaßstab, sondern in der Beschreibung lokaler Konstellationen.

Colin Clark war von einem viel stärkeren Willen zur Universalisierung geprägt als Simon Kuznets. Er soll nicht nur als erster Ökonom von einer jährlichen Wachstumsrate des realen Prokopfeinkommens gesprochen haben. Clark wurde vielmehr zu einem Pionier der Entwicklungsökonomie, weil er 1940 ein umfangreiches Konvolut publizierte, das unter dem Titel *The Conditions of Economic Progress* im Medium der volkswirtschaftlichen Gesamtrechnung die Wirtschaftskraft aller Länder der Welt verglich.[40] Analog

38 Kuznets, »National Income«, S. 209.

39 Ebd.

40 Clark, *Conditions*. Vgl. auch Clark, »Development Economics«.

zu den heutigen Techniken der Kaufkraftparität konstruierte er hierfür eine künstliche Währungseinheit, den *International Unit*. Im transparenten statistischen Raum dieses Werks entstand ein bisher unbekanntes Bild. Es zeigte, dass die Hälfte der Weltbevölkerung in Ländern lebte, deren Durchschnittseinkommen für die Jahre 1925 bis 1934 unter 200 *Units* lag, was weniger als einem Sechstel des US-amerikanischen Wertes entsprach. Das Buch wurde zwar wegen seiner dürftigen Faktenbasis angegriffen, aber es machte dennoch Furore, weil es zeigte, dass die Welt im Grunde ein »wrechedly poor place« war, wie sich Clark im Vorwort ausdrückte.[41]

Die Debatte zwischen den Positionen von Simon Kuznets, der den Ländervergleich im Grunde ablehnte, und Colin Clark, der gerade in dem Globalvergleich den eigentlichen Erkenntnisgewinn sah, füllte in den 1940er Jahren viele Seiten der Zeitschrift *Econometrica*, dem Organ der 1932 gegründeten *Econometric Society*. 1947 fand man sich zu einer gemeinsamen Konferenz mit dem *International Statistical Institute*, dem Weltverband der Statistiker, in Washington ein, um diese Angelegenheit zu klären. Die Frage wurde noch verschärft, als nach dem Krieg einige Wirtschaftswissenschaftler damit begannen, auch koloniale Ökonomien zu vermessen. Rasch stellte sich heraus, dass die von Kuznets für die USA entworfene Trennlinie zwischen »life in general« und »economic activity proper« zur Beschreibung von ländlichen Subsistenzwirtschaften in Afrika keinen Sinn machte.[42] Noch 1961 wurde an einer Konferenz der *International Association for Research in Income and Wealth* in Addis Abeba kontrovers diskutiert, wie man für die neuen afrikanischen Staaten ein Bruttosozialprodukt berechnen könne, das einen aussagekräftigen Vergleich mit Industrieländern zuließ und gleichzeitig die lokalen Verhältnisse adäquat abbildete.[43]

In dieser langen Kontroverse festigte sich die Meinung, dass eine statistische Konstruktionsleistung wie die volkswirtschaftliche Gesamtrechnung, deren Endprodukt das gesamte Volkseinkommen einer Wirtschaftseinheit als Bruttosozialprodukt repräsentierte, immer nur dann in einer

41 Clark, *Conditions*. In dem Buch wurde auch erstmals die analytische Aufteilung einer Volkswirtschaft in einen agrarischen, einen industriellen und einen Dienstleistungssektor vorgeschlagen und festgestellt, dass sich die relative Bedeutung dieser drei Sektoren im Modernisierungsprozess zu Gunsten des Dienstleistungssektors verschiebe. Diese Sektortheorie gehört seither zu den Grundannahmen der Wachstums- und Entwicklungstheorie und wurde von Jean Fourastié popularisiert. Fourastié, *Große Hoffnung*.

42 Siehe Deane, *Measurement*; Prest/Stewart, *Nigeria*; Peacock/Dosser, *Tanganyika*.

43 Siehe Speich, »Entwicklungsautomatismus«, S. 194ff. Die Diskussionen der Konferenz in Addis Abeba finden sich in Samuels, *African Studies*.

wissenschaftlich überzeugenden Weise generiert werden konnte, wenn man sehr klar wusste, zu welchem Zweck man ein solches Total errechnete. Sowohl in reichen wie in armen Ländern waren zu viele soziale Interaktionen nicht in geldwirtschaftlichen Tauschprozessen verfasst, und fielen deshalb aus den Übersetzungsprozessen heraus. Die volkswirtschaftliche Gesamtrechnung erlaubte das Modellieren ökonomischer Transaktionen mit Blick auf bestimmte Fragestellungen. Aber der reine Ländervergleich von Aggregaten, die auf vermeintliche Istzustände verwiesen, hielt eine Mehrheit der Ökonomen für sinnlos. Zugleich waren die Wirtschaftsstatistiker aber bereits auf der Konferenz in Washington 1947 mit der Tatsache konfrontiert, dass das Bruttosozialprodukt ein globales Eigenleben gewonnen hatte, das sich aus dem engeren Zusammenhang der ökonomischen Wissensproduktion heraus nicht mehr kontrollieren ließ. Ein Teilnehmer meinte:

»These figures have been produced and people use them. They will continue to be produced, and people will continue to use them. If we were starting afresh, I would have a great deal of sympathy with what has been said about not using a single figure, and not even producing one. But the way the thing stands now is that in every governmental problem where a multiplicity of regions or countries is involved, national-income figures are used. […] And every international organization that has been formed has used national-income statistics in one way or another.«[44]

Nun müsse man die bittere Pille schlucken und sich umso mehr um qualitativ hochstehende Statistiken bemühen.

Aus der Analyse dieser Auseinandersetzung wird ersichtlich, dass der Hang zum globalen Universalismus dem makroökonomischen Wissen nicht notwendig eingeschrieben war. Vielmehr stand die Möglichkeit solcher Abstraktionen lange in Frage. Dass sie seit den 1940er Jahren eine so wichtige Rolle als Deutungssysteme für die weltwirtschaftliche Ungleichheit erlangten, erklärt sich weitgehend aus dem Bedarf der internationalen Organisationen nach Mechanismen zur Reduktion der Komplexität der Welt. Die Mitglieder der entstehenden internationalen Verwaltungsapparate wie Caustin oder Myrdal – zumeist Ökonomen, die der Forschung vorübergehend oder ganz den Rücken gekehrt hatten –, rezipierten aus den laufenden Debatten der Wirtschaftswissenschaft jene Techniken und Thesen, die ihnen in ihren Aufgaben hilfreich schienen. Damit schufen sie

44 So der US-Ökonom Arthur Smithies in Gilbert u.a., »Discussion«, S. 269.

Fakten, die wiederum auf die Wissensproduktion in der ökonomischen Disziplin zurückwirkten.

Mit der Schließung der Kontroverse entstand ein weltumspannendes Repräsentationssystem wirtschaftlicher Sachverhalte. Es konstruierte das Artefakt der Nationalökonomie und machte es für jede Nation sichtbar, wodurch die Plausibilität dieses Deutungssystems enorm stieg.

2. Gewissheiten der frühen UNO

Die ökonomische Wissensproduktion ist freilich nie nur als ein theoretisches Unterfangen betrieben worden. Das gilt in besonderem Maß für die Entwicklungsökonomie, die sich das Problem weltwirtschaftlicher Ungleichheit in der Absicht vornahm, es zu lösen. Dabei spielten internationale Organisationen wie die hier zur Debatte stehende UNO eine wichtige Rolle. Die Delegierten der UNO-Gründungskonferenz gingen 1945 davon aus, dass volkswirtschaftliche Notlagen kriegstreibend wirkten. Im Gegensatz zum Frieden von Versailles 1919 wollte man deshalb allen ehemaligen Kriegsparteien eine realistische Aussicht auf ökonomische Prosperität geben. Und es galt, auch die Länder, deren wirtschaftliche Schwierigkeiten nicht ursächlich auf den Zweiten Weltkrieg zurück zu führen waren, in das Friedensversprechen der ökonomischen Prosperität einzuschließen. Für viele Zeitgenossen lag die wahrscheinlichste künftige Kriegsursache in der weltwirtschaftlichen Ungleichheit, die sich in Colin Clarks Zusammenstellung zeigte.

Zur Umsetzung dieser friedensstiftenden Wirtschaftspolitik wurde der Wirtschafts- und Sozialrat der UNO geschaffen und formal dem Sicherheitsrat gleichgestellt. Das Gremium lancierte eine Reihe von ständigen Kommissionen, definierte sein Verhältnis zu bestehenden Organisationen wie der Internationalen Arbeitsorganisation (ILO) oder der Ernährungs- und Landwirtschaftsorganisation (FAO) und förderte die Gründung neuer Körperschaften, etwa der Weltgesundheitsorganisation (WHO) oder der Organisation für Erziehung, Wissenschaft und Kultur (UNESCO). 1948 entstand ein neues zentrales Organ, die *Technical Assistance Administration*. Sie sollte alle entwicklungsrelevanten Aktivitäten des UNO-Systems koordinieren und zu einem *Expanded Program for Technical Assistance* (EPTA) bündeln.[45]

In diesem Zusammenhang stand die Korrespondenz zwischen Lake Success und Genf. Zwischen Myrdal und Caustin hatte um den Jahreswechsel 1948/49 auch ein informellerer Austausch Platz gefunden. Die Probleme, die Caustin umtrieben, bezogen sich zweifellos auf globale Zusammenhänge. Aber es gab in der frühen UNO auch eine eher lokale Ebene, um die Zumutungen, denen sich das Generalsekretariat durch die Vorgaben der Generalversammlung ausgesetzt sah, auf ein menschliches Maß zu reduzieren. So hatte Caustins Mitarbeiter Hugh Gosschalk am 1. Februar 1949, noch bevor Myrdal offiziell antwortete, dem Genfer Mitarbeiter der Europäischen Wirtschaftskommission (ECE) Albert Kervyn geschrieben: »I am, therefore, going to ask you if you would be very kind and have put together and sent to me a piece on ECE activities of the kind mentioned, since last July. I am afraid this is rather a chore but it can be done so much better by you people and maybe you or somebody else could dictate an adequate piece off quite quickly.«[46] Im UNO-Zentrum von Lake Success war man zu dieser Zeit verzweifelt darum bemüht, Evidenz zu der Frage zu gewinnen, wie wirtschaftliche Entwicklung vonstatten ging, und wie dieser ominöse Prozess zu verallgemeinern sei. Das Generalsekretariat sah sich außerstande, Aussagen über die Welt zu machen. In den regionalen Wirtschaftskommissionen vermutete man hingegen die nötige Expertise und hoffte sogar, die dortigen Mitarbeiter könnten sich dieser lästigen Pflicht (»a chore«) durch einen Bericht entledigen, der sich gewissermaßen aus dem Ärmel schütteln ließ.

Das offizielle Antwortschreiben von Myrdal nach Lake Success erfolgte am 2. Februar 1949 und wird wohl eher enttäuschend gewirkt haben. Die Botschaft aus Genf war, dass man Entwicklung als schwierigen Sachverhalt erachte, dass die Probleme Europas kaum als Grundlage für Weltentwicklungsanstrengungen dienen könnten und dass der Teufel im Detail stecke:

---

45 Die Forschung zur Geschichte der UNO hat sich stark auf den Sicherheitsrat konzentriert. Siehe zum Beispiel Kennedy, *Parlament*, dessen Ausführungen zur Entwicklungsfrage sehr knapp ausfallen und weitgehend auf Dadzie, »United Nations«, basieren. Ein ganz anderes Bild zeigen die Publikationen des *United Nations Intellectual History Project*, die sich fast ausschließlich mit der Entwicklungsfrage befassen. Siehe Jolly u.a., *UN Contributions*; Weiss u.a., *UN Voices*.

46 Schreiben von Hugh Gosschalk an Albert Kervyn, 1. Februar 1949. UNOG, GX. 26/1 (01).

»Dear Mr. Caustin, we have given some thought in the Secretariat to your letter of 21 December 1948. Following is an interim reply. [...] [W]e feel that the European Governments should be highly selective in using the United Nations funds. Such selectivity is not only necessary, but it is made possible by the fact that the underdeveloped countries of Europe are not likely to ask for general technical missions. They are likely to want technical help in certain particular pressing directions.«[47]

Das Schreiben stellte zudem in Aussicht, dass sich Myrdals persönlicher Mitarbeiter, der 33-jährige Walt W. Rostow, demnächst im Hauptquartier in Lake Success einfände, um die Angelegenheit weiter zu erörtern. Dieser hatte während des Krieges an alliierten Einsatzplänen im Bombenkrieg gegen Deutschland mitgearbeitet, die darauf abzielten, dem Deutschen Reich größtmöglichen wirtschaftlichen Schaden zuzufügen. Nach Kriegsende war er nun mit dem gezielten Wiederaufbau Europas beschäftigt. Später synthetisierte er seine Erfahrungen zu einer mechanistischen Theorie, welche Investitionen in industrielle Anlagen direkt mit volkswirtschaftlichem Wachstum verband und dieses mit »Entwicklung« gleichsetzte. Der Einfluss dieser Theorie auf das globale Entwicklungsunternehmen ist schwer zu überschätzen.[48]

Der Blick auf den Schriftverkehr zwischen Genf und Lake Success macht deutlich, dass die Entscheidung der UNO-Generalversammlung, sich dem Entwicklungsthema anzunähern, konkret eine gewaltige Zumutung bedeutete. Man hielt das Problem der weltwirtschaftlichen Ungleichheit auf technischem Wege für lösbar, aber niemand verfügte über das entsprechende Wissen. Die UNO-Behörden gerieten nicht ohne Selbstverschulden in diese Lage. Denn kurz zuvor hatten sie in einem Bericht versichert, über das entscheidende Entwicklungswissen zu verfügen. »[T]here is extreme disparity in the average level of living standards among the various countries of the world. A comparison of national income per head of population indicates the order of magnitude of the disparity«, wurde darin ganz in der Sprache von Colin Clark festgestellt. Um Gleichheit zu schaffen, seien Maßnahmen im Bildungs-, im Gesundheits- und im Transportwesen der armen Länder zu treffen, die Spar- und Investitionsquoten zu erhöhen, und das Potenzial ihrer natürlichen Ressourcen zu vermessen.[49]

47 Schreiben von Gunnar Myrdal an H. E. Caustin vom 3. Februar 1949. UNOG, GX. 26/1 (01).

48 Menzel, »Rostow«; Rostow, »Stages«.

49 United Nations Department of Economic Affairs, *Salient Features*, S. 243.

Der Erfolg der frühen UNO-Aktivitäten blieb relativ bescheiden.[50] Jedenfalls stand er in keinem Verhältnis zur Größe der Aufgabe und zu der weltverbessernden Rhetorik, mit der die wirtschafts- und sozialpolitische Absicht der neuen internationalen Organisation begründet worden war. Als Beispiel für die großen Hoffnungen, die an das Unternehmen geknüpft wurden, sei der australische UNO-Delegationsleiter Herbert Vere Evatt zitiert, der 1948 festhielt: »The long-term opportunities for the United Nations in the economic field are almost limitless. Never before has the world been so well equipped with detailed statistical and other information, nor with the means for analysis and discussion of desirable courses of international cooperation in this field.«[51] Warum hatten die Mitarbeiter der frühen UNO ein so offensichtliches Vertrauen in die Machbarkeit von wirtschaftlicher Entwicklung nach europäischen und nordamerikanischen Maßstäben? Zwei mögliche Gründe sind anzuführen, die beide zu den eben skizzierten ökonomischen Abstraktionen zurückführen.

2.1. Die Ingenieursperspektive

Der erste Grund liegt in einem gewissermaßen als Ingenieursperspektive zu bezeichnenden Blickwinkel auf volkswirtschaftliche Zusammenhänge, der sich in der Zwischenkriegszeit verfestigte. Unter dem positiv verstandenen Begriff *Technocracy* formierte sich schon um 1920 in den USA eine Bewegung, die eine Herrschaft der Ingenieure und Ökonomen anstrebte. In der Tradition der Idee des »Philosophenkönigs« von Platon sollten die Regierungsgeschäfte den wissenschaftlich und technisch kompetentesten Personen anvertraut werden. Der Grundgedanke war, dass sich die innenpolitischen Konflikte durch eine effizientere Gestaltung der volkswirtschaftlichen Verhältnisse entschärfen ließen. Das politische Problem der Verteilung schien vollständig lösbar zu sein durch eine umfassende Rationalisierung, die Wachstum und Wohlstandsgewinne für alle Bevölkerungsteile versprach. Diese Vision schlug in den 1920er Jahren in allen europäischen Industrienationen ein und prägte auch den frühen Aufbau der Sowjetunion.[52]

---

50 Siehe die vernichtende Bilanz bei Kennedy, *Parlament*. Murphy, *A Better Way*, ist etwas weniger pessimistisch, aber sehr problembewusst.

51 Evatt, *United Nations*, S. 127.

52 Maier, »Taylorism«.

Man verstand das volkswirtschaftliche Wirkungsgefüge nicht als eine durch Kultur und politische Auseinandersetzung geprägte kontingente Lage, sondern als eine geschlossene Mechanik zur Herstellung von Wohlstand, deren Wirkungsgrad von »Ingenieur-Ökonomen« gesteigert werden konnte.[53]

Wissenschaftler wie Clark und Kuznets definierten ihre Tätigkeit in diesem Sinne als apolitisch. Die Generation von Politikern, welche die Welt 1945 an der Gründungskonferenz der UNO in San Francisco repräsentierte, war geprägt von dem Wunsch nach Sachverstand und technischen Lösungen. Und die ersten ständigen Mitarbeiterinnen und Mitarbeiter der Weltorganisation teilten dieses technische Selbstverständnis. Der erste Generalsekretär der UNO, Trygve Lie, blickte auf reiche Erfahrung in der norwegischen Wirtschafts- und Sozialpolitik zurück. Seine Tätigkeit in den Gewerkschaften und in der Regierung der Arbeiterpartei habe ihm gezeigt, dass soziale Ungleichheit nur durch die volkswirtschaftliche Produktivitätssteigerung gelöst werden könne und nicht durch Umverteilung. Dieses Modell, so meinte er in seiner Autobiografie 1954 rückblickend, habe er mittels der UNO auf einen Weltmaßstab übertragen wollen.[54]

In den 1930er Jahren war die gesellschaftliche Gestaltungsmacht der Ingenieure und Ökonomen in einer Reihe von Anwendungsfällen bestätigt worden. Große internationale Ausstrahlungskraft entfaltete beispielsweise die TVA, die *Tennessee Valley Authority*, ein hydrotechnisches Projekt im Rahmen des amerikanischen *New Deal*.[55] Und das volkswirtschaftliche Wissen eines Simon Kuznets erhielt während des Zweiten Weltkriegs enorme Bedeutung. Als Planungs-Direktor des *War Production Board* optimierte er zwischen 1944 und 1946 die US-Ökonomie für die kriegswirtschaftlichen Bedürfnisse, und nutzte hierfür die statistischen Erhebungen, die er seit den 1920er Jahren durchgeführt hatte. An einem ähnlichen Zauberstück arbeitete in Großbritannien John Maynard Keynes mit Hilfe des Statistikers Clark.[56]

Am abenteuerlichsten war wohl die weitreichende Wirtschaftsplanung, die die Briten ab 1940 für den Nahen Osten aufzogen. Wegen der Kriegs-

---

53 Der Begriff der Technokratie wird ausgeführt in Speich, *Technokratie und Geschichtlichkeit.*

54 Lie, *Cause of Peace*, S. 143.

55 Eine etwas reißerische Kontextualisierung der TVA bietet Schivelbusch, *Entfernte Verwandte.*

56 Zum *War Production Board* und der Rolle von Kuznets siehe Perlman, »Political Purpose«, S. 143. Maddison, »Quantifying«, erläutert Colin Clarks Beitrag zum Entwurf einer britischen Kriegswirtschaft durch Keynes.

aktivität standen die Häfen am Roten Meer und im Persischen Golf für die Versorgung der Zivilbevölkerung nicht mehr zur Verfügung. Um Engpässen vorzubeugen, wurde aber nicht die Kapazität dieser Häfen ausgebaut. Stattdessen steigerte man in einer Generalstabs-Operation in nur 15 Monaten die Effizienz der Lebensmittelproduktion in der Region so sehr, dass 90 Prozent der früheren Importe obsolet wurden.[57] Eine ganze Kohorte von Offizieren wechselte nach Kriegsende aus dem *Middle East Supply Centre* in den Dienst der UNO. Der leitende Planungsoffizier, Robert »Jacko« Jackson, wurde zum wichtigsten *trouble-shooter* der UNO.[58] Es erstaunt nicht, das Trygve Lie den Wirtschafts- und Sozialrat wiederholt als den UNO-Generalstab für den Weltfrieden bezeichnete: »the General Staff of Peace«. Dieser sollte zum Beispiel nach dem Modell der *Tennessee Valley Authority* ein hydrotechnisches Großprojekt am Jordan in Angriff nehmen, dessen Wohlstandseffekt den Israelisch-Arabischen Konflikt entschärfen würde.[59]

Das wesentliche Merkmal der technokratischen Konzeption war die Trennung von Wirtschaft und Politik in zwei distinkte Handlungssphären. In San Francisco wurde wiederholt betont, dass sich die neue internationale Organisation gerade durch den Wirtschafts- und Sozialrat markant vom Völkerbund unterscheide. Nun werde es möglich sein, meinte zum Beispiel die kanadische Delegation, weltwirtschaftliche und soziale Fragen in einem Forum zu diskutieren, das frei von politischen Machtspielen sei.[60] Für Politik, Krieg und Machtfragen sollte der Sicherheitsrat zuständig sein. Der gesamte Aufgabenbereich des Wirtschafts- und Sozialrats wurde hingegen als politikfreie Sphäre verstanden, in der technische Probleme durch internationale Fachleute der jeweils besten Lösung, dem »one best way«, zugeführt würden.[61]

Bei den ersten Entwicklungsaktivitäten der UNO sollte es nicht darum gehen, den armen Ländern mit Geld zu helfen und die globalen Wohl-

57 Murphy, *A Better Way*, S. 38.

58 Jackson, *Capacity*.

59 Lie, *Cause of Peace*, S. 143.

60 United Nations Information Organization, *Documents*, S. 21.

61 Nebenbei sei bemerkt, dass diese entpolitisierte Konstruktion es auch der Schweiz ermöglichte, im UNO-System mitzuwirken. Sie stellte mit Friedrich Traugott Wahlen 1949 sogar einen hochrangigen FAO-Direktor. Ein frühes Schweizer Entwicklungsprojekt galt bald als vorbildliches Kooperationsmodell: Es wollte die Mähleistung afghanischer Bauern durch die Einführung von Schweizer Sensen steigern. Lie, *Cause of Peace*, S. 151; Wartenweiler, *Angst*, S. 104.

standsgefälle durch Umverteilung zu nivellieren. Stattdessen setzte man auf Wissen und Technologie zur Steigerung der Effizienz. Das technische Hilfsprogramm verstand sich als ein »clearinghouse for skills and ›know-how‹«.[62] Man ging davon aus, dass die Welt über einen immensen Schatz an menschlichem Erfahrungswissen verfüge, der allerdings ungleich verteilt sei. Als Aufgabe der UNO galt es, beispielsweise die Erfahrung von Schweizer Bergbauern für Afghanistan fruchtbar zu machen. Kompliziertere Programme sahen den Transfer von Verfahrens- und Organisationswissen für ganze Industriesektoren vor.

Auf der ersten Geberkonferenz des UNO-Entwicklungsprogramms, die am 12. Juni 1950 in Lake Success stattfand, hielt Lie noch optimistisch fest, in dem nun aufzubauenden globalen Wissensaustausch dürfe es keine Hierarchien geben und die Zahl der Wissen gebenden Länder werde im Gleichschritt mit der Anzahl der Projekte zunehmen.[63] Die Realität gestaltete sich allerdings deutlich anders, wie bereits das Bolivien-Projekt von 1950 klar zeigte. Im Zuge dieses Projekts übernahmen von der UNO entsandte Experten vorübergehend die gesamten Verwaltungsgeschäfte in dem Andenland und bauten administrative Routinen auf, die sie aus ihren westlichen Herkunftsländern kannten. Schon 1952 waren von dieser kollektiven Anstrengung nur noch wenige Spuren erhalten.[64]

2.2. Die Vorstellung der Vergleichbarkeit

Solche Transferprozesse schienen aussichtsreich zu sein, weil man von einer Reihe von universalistischen Annahmen ausging. Ein zweiter Grund für den völlig ungebrochenen Machbarkeitsglauben der frühen UNO-Funktionäre lag in diesem Universalismus. Nur wenn man postulierte, dass alle Menschen im Grundsatz gleich, und dass alle menschlichen Kollektive im Prinzip zur Steigerung ihrer ökonomischen Effizienz befähigt seien, machte es Sinn, globale ökonomische Ungleichheiten durch die Vermittlung von Wissen und Technik alleine beheben zu wollen. Für Lie war es keine Frage, dass sich die volkswirtschaftliche Ingenieurskunst, die er in Norwegen kennengelernt hatte, auf alle menschlichen Kollektive anwen-

62 Lie, *Cause of Peace*, S. 146f.

63 Lie, »Opening Statement«, S. 311.

64 Keenleyside, *International Aid*, S. 60f. Siehe auch Anstee, *Never Learn to Type*. Eine ähnliche Präsenz entfaltete die UNO später auch in Libyen. Siehe Pelt, *Libyan Independence*.

den ließ. Mit Blick auf ihr Entwicklungspotenzial und mit Blick auf die Mechaniken des Wandels schienen sie alle vergleichbar zu sein.

Indem man die gleichen makroökonomischen Abstraktionen auf alle Länder anwendete, erschienen die wirtschaftlichen Probleme überall ähnlich gelagert zu sein und für die Anwendung universeller Lösungsstrategien bereit zu liegen. Man könnte dies als universalistische Konzeption bezeichnen. Sie ersetzte um 1945 relativ rasch eine ältere Problematisierungsweise der globalen Ungleichheit, die ganz im Zeichen fundamentaler Differenz gestanden hatte: den kolonialen Blick nämlich, der die Armut im Süden auf unveränderliche Tatsachen der Rasse zurückführte und dem »Weißen Mann« eine dauerhafte »moralische Bürde« aufgab.[65]

Insofern sich die Vereinten Nationen 1945 noch als ein Kriegsbündnis gegen den Faschismus verstanden, stellte die Annahme der Gleichheit und der Vergleichbarkeit eine Grundüberzeugung dar. Die Annahme war aber zugleich gewagt, voraussetzungsreich und historisch neu. Ihre Plausibilität basierte ganz wesentlich auf dem analytischen Rahmen, den die moderne Volkswirtschaftslehre dank den Arbeiten von Kuznets, Clark und anderen in den 1930er Jahren aufgespannt hatte. Während die UNO ihre Existenzberechtigung aus dem Postulat der Gleichheit aller Menschen bezog, war sie organisatorisch auf dem Prinzip der Gleichheit aller Nationen der Welt aufgebaut. Für Imperien und koloniale Dominanzverhältnisse gab es in dieser Ordnung keinen Platz. Jedes Mitgliedsland hatte in der Generalversammlung eine gleichwertige Stimme, sei es das große Brasilien, die mächtigen USA, oder das kleine Haiti. Ihre Geschichte, ihre Kultur, ihre Wohlstandsniveaus und ihre militärische Macht spielten in dieser Fiktion der internationalen Staatenfamilie keine Rolle.

Mit der rechtlichen Gleichheit ging auch eine formale Angleichung einher. Über Nacht war es nun beispielsweise für alle Mitgliedsländer notwendig geworden, ein Bruttosozialprodukt auszuweisen. Dieser Indikator wurde zum Schlüssel für die Aufteilung der Beitragszahlungen an das Budget der Vereinten Nationen. Schon kurz nach ihrer Gründung 1946 machte sich die Statistische Kommission des Wirtschafts- und Sozialrats daran, ein

65 Wie sehr sich die neue Konzeption gegen den Rassismus stellte, machte etwa der kanadische UNO-Beamte Hugh Keenleyside 1966 deutlich: »All informed observers have long abandoned the idea of any innate differences in the intellectual or physical capabilities of the different races. An Indian, or Sudanese, or Paraguayan has the same chance of being intellectually superior - and runs the same hazard of a less fortunate endowment - as any of his differently pigmented contemporaries.« Keenleyside, *International Aid*, S. 31. Auch Kuznets benannte diesen Punkt explizit. Kuznets, »International Differences«.

internationales System für die volkswirtschaftliche Gesamtrechnung zu entwerfen. Die Expertise zur Umsetzung dieses standardisierten »System of National Accounts« wurde armen Ländern in Form von technischer Hilfe zur Verfügung gestellt.[66] Die nationalen statistischen Ämter begannen ihre Zahlen nach klaren Vorgaben zu erfassen, während das Statistikbüro der UNO auf dieser Basis die Vorgaben weiter vereinheitlichte und periodisch neue Anleitungen herausgab.[67]

Die von Clark 1940 erfundene Weltsicht gewann nun rasch an Schärfe und das wachsende Zahlenwerk wurde bald zur Grundlage für ganze Kaskaden von Inskriptionen, wie sie oben kurz vorgestellt worden sind. Von großer Tragweite war die Korrelation des Bruttosozialprodukts mit der Bevölkerungszahl zur Definition dessen, was als Entwicklungsland gelten sollte. Clark selbst hatte ein durchschnittliches Prokopfeinkommen von 200 *Units* als Grenzwert benutzt, um zwischen reichen und armen Ländern zu trennen. In einer ganzen Reihe von Dokumenten sind solche Trennlinien seither gezogen worden, offiziell erstmals in der *Havana Charter* der Internationalen Handelsorganisation von 1948.[68]

Eine Vielzahl weiterer ökonomischer Abstraktionen diente zur Binnendifferenzierung der neuen Weltgemeinschaft nationaler Volkswirtschaften. So wurden die sektoralen Anteile an der gesamtwirtschaftlichen Produktion verglichen und die Investitionsquoten berechnet, das heißt es wurde eruiert, welcher Prozentsatz des Volkseinkommens für Investitionen zur Verfügung stand. Diese Daten dienten wiederum als Grundlage für die Wachstums- und entwicklungsökonomische Theorieproduktion. 1951 konnte Caustin endlich einen Bericht über die Weltentwicklungslage vorlegen, der substanzielle Situationsanalysen mit konkreten Handlungsanweisungen verband.[69] Er stammte wesentlich aus der Feder des Ökonomen W. Arthur Lewis, der wenig später mit einer eigenen Theorie des wirtschaftlichen Wandels und der Entwicklung hervortrat.[70] Der Kerngedanke dabei war, dass gelingende Wirtschaftsentwicklung in allen menschlichen

---

66 Studenski, *Income of Nations*, S. 155; United Nations Statistical Office, *System of National Accounts*.

67 Siehe Ward, *Quantifying*. Auch die OECD wurde auf diesem Feld aktiv. 1993 flossen die Initiativen zusammen. Eurostat u.a., *System of National Accounts*.

68 Vernon, »Politics«.

69 United Nations Department of Economic Affairs, *Measures*.

70 Lewis, *Theory of Economic Growth*. Die Theorie von Lewis prägte das globale Entwicklungsdenken – nicht nur der UNO – ähnlich stark wie die Konzeptionen von Walt W. Rostow.

Gemeinschaften möglich sei, dass es aber in vielen Gemeinschaften entwicklungshemmende kulturelle Sinn- und Deutungssysteme gebe, die es in einem ersten Schritt zu beseitigen gelte. Lewis und seine Mitautoren hielten fest: »Ancient philosophies have to be scrapped; old social institutions have to disintegrate; bonds of caste, creed and race have to be burst«.[71] So führte die Annahme der Gleichheit zu einem Projekt der Nivellierung kultureller Differenz. Während die Wirtschaftsstatistiker darüber diskutierten, wie die Mannigfaltigkeit der Welt in einer einheitlichen Weise dargestellt werden könnte, schlug der UNO-Bericht vor, die vielgestaltige Realität dem einheitlichen Bild anzupassen.

Die statistischen Abstraktionen schufen einen universellen Referenzrahmen, in dem die volkswirtschaftlichen Lagen aller Teile der Welt vergleichbar zu sein schienen. Krasse Differenzen im Lebensstandard wurden schlagartig evident. Zugleich eröffnete die neue Wissensform eine Fülle von Analyse- und Interventionsmöglichkeiten, die sich in der persönlichen Lebenserfahrung vieler UNO-Mitarbeiter als zuverlässig erwiesen hatten. Die Welt, die durch die Brille standardisierter *National Accounts* sichtbar wurde, zeigte sich als ein Raum, in dem Modelle volkswirtschaftlichen Wandels aus industrialisierten Ländern mechanisch auf alle anderen übertragbar wurden. Aus der Perspektive der Entwicklungsorganisationen schien der Preis, der dafür zu zahlen war, angemessen zu sein – vor allem auch angesichts des Zukunftsversprechens einer wirtschaftlichen Gleichstellung aller Menschen.

3. Fazit

Seit den 1970er Jahren hat sich ein Diskurs formiert, der die Machtwirkung des Entwicklungsunternehmens beklagt. Seine universellen Gewissheiten würden lokale Besonderheiten zerstören. Arturo Escobar hat zur Illustration dieses Umgestaltungswillens die oben zitierte Passage aus dem UNO-Entwicklungsbericht von 1951 angeführt, worin explizit zur Vernichtung lokaler Wissens- und Deutungssysteme aufgerufen wurde.[72] Oft sind solche internationale Organisationen, deren Tätigkeit sich gut auf die außenpolitische Agenda der USA beziehen lassen, zum Gegenstand der Kritik

71 United Nations Department of Economic Affairs, *Measures*, S. 15.

72 Escobar, *Encountering Development*, S. 4.

gemacht worden. So kann Escobars Rekonstruktion der Aktivität der Weltbank in Kolumbien mit dem Versuch Washingtons in Einklang gebracht werden, die weltpolitische Dominanz der Vereinigten Staaten abzusichern. Eine solche Kausalität ist einleuchtend, weil die große Gebernation die strategische Ausrichtung der Weltbank (und auch des Internationalen Währungsfonds) stark beeinflusst hat.[73]

Doch die hier angestellten Überlegungen zielen auf ein komplexeres Bild der Funktion von Wissen in internationalen Organisationen. Der Blick auf die UNO und auf die Anfänge des *Expanded Programme for Technical Assistance* zeigt, dass grundlegende Kategorien der Weltdeutung im Spannungsfeld zwischen ökonomischer Wissensfabrikation und verwaltungstechnischen Anwendungszwängen entstanden. Ein direkter Einfluss einzelner Mitgliedsländer auf die Verfestigung dieser Gewissheiten ist nicht feststellbar. Vielmehr bietet das von der UNO in Anschlag gebrachte Wissen über die Weltwirtschaft einen starken Beleg für die These, wonach die internationalen Organisationen selbst einen gewissen Einfluss darauf entwickelten, wie ihre Mitgliedsländer ihre außenpolitischen und außenwirtschaftlichen Strategien formulierten. Das Bruttosozialprodukt bestimmte nicht nur das finanzielle Engagement der Mitgliedsländer in der UNO. Die standardisierte volkswirtschaftliche Gesamtrechnung hat überdies ganz wesentlich die Formen beeinflusst, in denen die souveränen UNO-Mitgliedsländer ihre eigene Position in der Weltwirtschaft verstanden und wie sie ihre Wirtschaftsinteressen artikulierten.

Der Blick von Lake Success und die universellen Wissensbestände, die ihn ermöglichten, erscheinen so als das Resultat einer lokalisierbaren kulturellen Formation, einer internationalen Organisation, deren Deutungsweisen der Welt kulturwissenschaftlich interpretiert werden können – was nichts anderes heißt, als ihre Entstehung und Verfestigung historisch zu rekonstruieren. Die wissensgeschichtliche Analyse kann zeigen, wie die Aussagen der modernen Makroökonomie ihren allgemeingültigen Charakter erwarben, so dass sie erst in einen Gegensatz zu »lokalem Wissen« treten konnten. Ihre Universalität gründete wesentlich in den Verfahren ihrer

73 Tetzlaff, *Weltbank*. Die Schlagseite des kritischen Blicks auf die Entwicklungsgeschichte zugunsten der Bretton-Woods-Institutionen zeigt sich auch bei Amy L. Staples, die unter der Überschrift »Constructing an International Economic Worldview« ausschließlich von der Weltbank spricht – obwohl die Bretton-Woods-Institutionen erst im Verlauf der 1950er Jahre im Kontext des Nord-Süd-Konflikts überhaupt tätig geworden sind. Staples, *Birth of Development*.

Herstellung, Verarbeitung und Anwendung. Um diese Prozesse sichtbar zu machen, sind Wissensbestände nicht als *black boxes* zu verstehen, die aus ihrer Ursprungsdisziplin in gesellschaftliche Anwendungszusammenhänge verschickt werden. Vielmehr ist die Fabrikation von Wissen selbst mit in den Bereich jener Sachverhalte einzurücken, die historisch erforscht werden. Dies scheint gerade für den so sehr als Experten- und Wissenskultur formierten globalen Entwicklungszusammenhang zu gelten.

Seit dem Ende des Zweiten Weltkriegs ist ein neues »world cultural knowledge« zu Entwicklungsfragen entstanden, das zweifellos mit enormen Durchsetzungskräften einher geht und auf das Engste mit globalen Machtasymmetrien verknüpft ist. Es ist wichtig zu fragen, wie dieses Wissen zur Absicherung hegemonialer Positionen und Hierarchien instrumentalisiert worden ist – oder um eine etwas aus der Mode gekommene Terminologie aufzunehmen: wie es als Ideologie wirkt.[74] Man muss aber auch fragen, wie Wissen soweit stabilisiert und plausibel gemacht wird, dass es überhaupt für Instrumentalisierungen taugt. In diesem Prozess spielen Instrumentalisierungsabsichten eine wichtige Rolle. Er lässt sich aber nicht auf sie reduzieren.

Wohl ist der Zukunfts- und Machbarkeitsglaube der frühen Zeit der Entwicklungszusammenarbeit teilweise verflogen. Stattdessen hat sich die Vorstellung verbreitet, dass man Entwicklung dann erfolgreich induzieren könne, wenn »lokales Wissen« angemessen berücksichtigt werde. Damit ist freilich erneut eine Gewissheit mit universellem Geltungsanspruch entstanden, deren Genese und Verfestigung historisch rekonstruiert werden kann. Eine solche weiterführende Forschung würde zeigen, dass die früheren Heilsgewissheiten, Universalismen und die mit ihnen verbundenen Machtwirkungen keineswegs der Vergangenheit angehören.

Literatur

Anstee, Margaret, *Never Learn to Type. A Woman at the United Nations*, Chichester 2003.

Arndt, Heinz W., *The Rise and Fall of Economic Growth. A Study in Contemporary Thought*, Melbourne 1978.

— , *Economic Development. The History of an Idea*, Chicago/London 1987.

74 Habermas, *Ideologie.*

Bicker, Alan/Sillitoe, Paul/Pottier, Johan (Hg.), *Development and Local Knowledge. New Approaches to Issues in Natural Resources Management, Conservation, and Agriculture*, London 2004.

Chakrabarty, Dipesh, »Europa provinzialisieren. Postkolonialität und die Kritik der Geschichte«, in: Sebastian Conrad/Shalini Randeria (Hg.), *Jenseits des Eurozentrismus. Postkoloniale Perspektiven in den Geschichts- und Kulturwissenschaften*, Frankfurt/M. 2002, S. 283–312.

Clark, Colin, *The Conditions of Economic Progress*, London 1940.

— , »Development Economics. The Early Years«, in: Dudley Seers/Gerald M. Meier (Hg.), *Pioneers in Development*, New York/Oxford 1984, S. 57–77.

Cooper, Frederick, *Colonialism in Question. Theory, Knowledge, History*, Berkeley/Los Angeles/London 2005.

Coronil, Fernando, »Smelling Like a Market«, *The American Historical Review*, Jg. 106, H. 1 (2001), S. 119–129.

Dadzie, Kenneth, »The United Nations and the Problem of Economic Development«, in: Adam Roberts/Benedict Kingsbury (Hg.), *United Nations, Divided World. The UN's Roles in International Relations*, Oxford 1988, S. 139–158.

Deane, Phyllis, *The Measurement of Colonial National Incomes. An Experiment*, Cambridge 1948.

Eckert, Andreas, »Spätkoloniale Herrschaft, Dekolonisierung und internationale Ordnung. Einführende Bemerkungen«, *Archiv für Sozialgeschichte*, Jg. 48 (2008), S. 3–20.

Engerman, David, »To Moscow and Back: American Social Scientists and the Problem of Convergence«, in: Nelson Lichtenstein (Hg.), *American Capitalism. Social Thought and Political Economy in the Twentieth Century*, Philadelphia 2006, S. 47–70.

Escobar, Arturo, *Encountering Development. The Making and Unmaking of the Third World*, Princeton 1995.

Eurostat u.a. (Hg.), *System of National Accounts 1993*, Brüssel/New York/Washington DC 1993.

Evatt, Herbert Vere, *The United Nations*, London/Melbourne 1948.

Evers, Hans-Dieter/Kaiser, Markus/Müller, Christine, »Entwicklung durch Wissen – eine neue globale Wissensarchitektur«, in: Markus Kaiser (Hg.), *Weltwissen. Entwicklungszusammenarbeit in der Weltgesellschaft*, Bielefeld 2003, S. 43–77.

Finnemore, Martha, *National Interests in International Society*, Ithaca/London 1996.

— , »Redefining Development at the World Bank«, in: Frederick Cooper/Randall Packard (Hg.), *International Development and the Social Sciences. Essays on the History and Politics of Knowledge*, Berkeley/Los Angeles/London 1997, S. 203–227.

Foucault, Michel, *Sexualität und Wahrheit. Band 2: Der Gebrauch der Lüste*, aus dem Französischen von Ulrich Raulff und Walter Seitter, Frankfurt/M. 1991.

Fourastié, Jean, *Die große Hoffnung des zwanzigsten Jahrhunderts*, Köln 1954.

Geertz, Clifford, *Local Knowledge. Further Essays in Interpretive Anthropology*, New York 1983.

— , »Introduction«, in: ders., *Local Knowledge. Further Essays in Interpretive Anthropology*, New York 1983, S. 3–16.

Gees, Thomas, *Die Schweiz im Europäisierungsprozess. Wirtschafts- und gesellschaftspolitische Konzepte am Beispiel der Arbeitsmigrations-, Agrar- und Wissenschaftspolitik 1947–1974*, Zürich 2006.

Geyer, Michael/Bright, Charles, »World History in a Global Age«, *American Historical Review*, Jg. 100 (1995), S. 1034–1060.

Gilbert, Milton u.a., »The Measurement of National Wealth: Discussion«, *Econometrica*, Jg. 17, Supplement (1949), S. 255–272.

Gilman, Nils, *Mandarins of the Future. Modernization Theory in Cold War America*, Baltimore/London 2003.

Godin, Benoît, *Measurement and Statistics on Science and Technology. 1920 to the Present*, London 2005.

Habermas, Jürgen, *Technik und Wissenschaft als ›Ideologie‹*, Frankfurt/M. 1969.

Hannerz, Ulf, »Cosmopolitans and Locals in World Culture«, in: Mike Featherstone (Hg.), *Global Culture: Nationalism, Globalization and Modernity*, London 1990, S. 237–252.

Hodgson, Geoffrey, M., *How Economics Forgot History. The Problem of Historical Specificity in Social Science*, London/New York 2001.

Honerla, Susan/Schröder, Peter (Hg.), *Lokales Wissen und Entwicklung. Zur Relevanz kulturspezifischen Wissens für Entwicklungsprozesse. Beiträge der Local-Knowledge-Tagung, Bonn-Bad Godesberg, 7. bis 9. Oktober 1994*, Saarbrücken 1995.

Hüsken, Thomas, *Der Stamm der Experten. Rhetorik und Praxis des Interkulturellen Managements in der deutschen staatlichen Entwicklungszusammenarbeit*, Bielefeld 2006.

Jackson, Robert G. A., *A Study of the Capacity of the United Nations Development System*, Genf 1969.

Jolly, Richard u.a., *UN Contributions to Development Thinking and Practice*, Bloomington 2004.

Juma, Calestous/Agwara, Hezekiah, »Africa in the Global Knowledge Economy: Strategic Options«, *International Journal of Technology and Globalisation*, Jg. 2, H. 3/4 (2006), S. 218–231.

Kalthoff, Herbert/Rottenburg, Richard/Wagener, Hans-Jürgen (Hg.), *Facts and Figures. Economic Representations and Practices*, Marburg 2000.

Kapuria-Foreman, Vibha/Perlman, Mark, »An Economic Historian's Economist: Remembering Simon Kuznets«, *The Economic Journal*, Jg. 105, H. 433 (1995), S. 1524–1547.

Keenleyside, Hugh L., *International Aid. A Summary. With Special Reference to the Programmes of the United Nations*, New York 1966.

Kennedy, Paul, *Parlament der Menschheit. Die Vereinten Nationen und der Weg zur Weltregierung*, München 2007.

Klein, Judy L./Morgan, Mary S. (Hg.), *The Age of Economic Measurement*, Durham/London 2001.

Knorr Cetina, Karin, *Die Fabrikation von Erkenntnis. Zur Anthropologie der Naturwissenschaft*, Frankfurt/M. 1984.

— , *Epistemic Cultures. How the Sciences Make Knowledge*, Cambridge Mass. 1999.

Kunkel, Sönke, »Systeme des Wissens, Visionen von Fortschritt. Die Vereinigten Staaten, das Jahrzehnt der Modernisierungstheorie und die Planung Nigerias 1954–1965«, *Archiv für Sozialgeschichte*, Jg. 48 (2008), S. 155–182.

Kuper, Adam, *Culture. The Anthropologists' Account*, Cambridge Mass. 1999.

Kuznets, Simon, »National Income«, in: Edwin R. A. Seligman (Hg.), *Encyclopedia of the Social Sciences*, New York 1933, S. 205–224.

— , »International Differences in Income Levels. Reflections on Their Causes«, *Economic Development and Cultural Change*, Jg. 2, H. 1 (1953), S. 3–26.

Latour, Bruno, *Science in Action. How to Follow Scientists and Engineers Through Society*, Cambridge Mass. 1987.

— , »Drawing Things Together«, in: Michael Lynch/Steve Woolgar (Hg.), *Representation in Scientific Practice*, London 1990, S. 19–68.

— , *Die Hoffnung der Pandora. Untersuchungen zur Wirklichkeit der Wissenschaft*, Frankfurt/M. 2000.

— /Shabou, Amina, *Les idéologies de la competence en milieu industriel a Abidjan*, Abidjan 1974.

— /Woolgar, Steve, *Laboratory Life. The Social Construction of Scientific Facts*, Beverly Hills 1979.

Lechner, Frank J./Boli, John, *World Culture. Origins and Consequences*, Malden Mass. 2005.

Lewis, W. Arthur, *The Theory of Economic Growth*, London 1955.

Lie, Trygve, *In the Cause of Peace. Seven Years with the United Nations*, New York 1954.

— , »Opening Statement at the First UN Technical Assistance Conference«, in: Andrew W. Cordier/Wilder Foote (Hg.), *Public Papers of the Secretaries-General of the United Nations. Bd. 1: Trygve Lie 1946–1953*, New York/London 1969 [1950], S. 309–312.

Maddison, Angus, »Quantifying and Interpreting World Development. Macromeasurement Before and After Colin Clark«, *Australian Economic History Review*, Jg. 44, H. 1 (2004), S. 1–34.

Maier, Charles S., »Between Taylorism and Technocracy: European Ideologies and the Vision of Industrial Productivity in the 1920s«, *Journal of Contemporary History*, Jg. 5, H. 2 (1970), S. 27–61.

Menzel, Ulrich, »Walt Whitman Rostow«, in: David Simon (Hg.), *Fifty Key Thinkers on Development*, London/New York 2006, S. 211–217.

Mitchell, Timothy, »Fixing the Economy«, *Cultural Studies*, Jg. 12, H. 1 (1998), S. 82–101.

— , »Economists and the Economy in the Twentieth Century«, in: George Steinmetz (Hg.), *The Politics of Method in the Human Sciences. Positivism and Its Epistemological Others*, Durham/London 2005, S. 126–142.

Morgan, Mary, »Perspective. Making Measuring Instruments«, in: dies./Judy L. Klein, (Hg.), *The Age of Economic Measurement*, Durham/London 2001, S. 235–251.

— , »Economics«, in: Ted Porter/Dorothy Ross (Hg.), *The Modern Social Sciences, The Cambridge History of Science,* Bd. 7, Cambridge 2003, S. 275–305.

Murphy, Craig N., *The United Nations Development Programme. A Better Way?*, Cambridge Mass. 2006.

Myrdal, Gunnar, »International Inequality and Foreign Aid in Retrospect«, in: Dudley Seers/Gerald M. Meier (Hg.), *Pioneers in Development*, New York/Oxford 1984, S. 151–164.

Peacock, Alan T./Dosser, Douglas, *The National Income of Tanganyika 1952–54*, London 1958.

Pelt, Adrian, *Libyan Independence and the United Nations. A Case of Planned Decolonization. Foreword by U. Thant*, New Haven/London 1970.

Perlman, Mark, »Political Purpose and the National Accounts«, in: William Alonso/Paul Starr (Hg.), *The Politics of Numbers*, New York 1987, S. 133–153.

Prest, Alan R./Stewart, Ian G., *National Income of Nigeria 1950–51,* London 1953.

Rostow, Walt W., »The Stages of Economic Growth«, *The Economic History Review*, Jg. 12, H. 1 (1959), S. 1–16.

Samuels, L. H. (Hg.), *African Studies in Income and Wealth*, Chicago 1963.

Schabas, Margaret, »From Political Economy to Market Mechanics. The Jevonian Moment in the History of Economics«, in: I. Bernard Cohen (Hg.), *The Natural Sciences and the Social Sciences. Some Critical and Historical Perspectives*, Dordrecht 1994, S. 235–255.

Schivelbusch, Wolfgang, *Entfernte Verwandtschaft. Faschismus, Nationalismus, New Deal 1933–1939*, München 2005.

Schröder, Iris/Höhler, Sabine, »Für eine Geschichte der Räume und Orte im globalen Zeitalter«, in: dies. (Hg.), *Welt-Räume. Geschichte, Geographie und Globalisierung seit 1900*, Frankfurt/M. 2005, S. 303–313.

— , »Welt-Räume. Annäherungen an eine Geschichte der Globalität im 20. Jahrhundert«, in: dies. (Hg.), *Welt-Räume. Geschichte, Geographie und Globalisierung seit 1900*, Frankfurt/M. 2005, S. 9–47.

Scott, James C., *Seeing Like a State. How Certain Schemes to Improve the Human Condition Have Failed*, New Haven 1998.

Shils, Edward, »On the Comparative Study of the New States, in: Clifford Geertz (Hg.), *Old Societies and New States. The Quest for Modernity in Asia and Africa*, New York 1963, S. 1–26.

Speich, Daniel, »Der Entwicklungsautomatismus. Ökonomisches Wissen als Heilsversprechen in der ostafrikanischen Dekolonisation«, *Archiv für Sozialgeschichte*, Jg. 48 (2008), S. 183–212.

— , *Technokratie und Geschichtlichkeit. Zum postkolonialen Entwicklungsdenken von Walt W. Rostow und Simon Kuznets,* Preprints zur Kulturgeschichte der Technik, Zürich 2008.

— , *Travelling with the GDP through Early Development Economics' History*, Working Papers on the Nature of Evidence: How Well Do ›Facts‹ Travel, London 2008.

Staples, Amy L. S., *The Birth of Development. How the World Bank, Food and Agriculture Organization, and World Health Organization Changed the World, 1945–1965*, Kent 2006.

Studenski, Paul, *The Income of Nations. Theory, Measurement, Analysis Past and Present. A Study in Applied Economics and Statistics*, New York 1958.

Sydenstricker, Edgar/King, Willford I., »The Classification of the Population According to Income«, *The Journal of Political Economy*, Jg. 29, H. 7 (1921), S. 571–594.

Tetzlaff, Rainer, *Weltbank und Weltwährungsfonds – Gestalter der Bretton-Woods-Ära. Kooperations- und Integrations-Regime in einer sich dynamisch entwickelnden Weltgesellschaft*, Opladen 1996.

United Nations Information Organization, *Commission II. General Assembly, Documents of the United Nations Conference on International Organization, San Francisco, 1945*, Bd. 10, London/New York 1945.

United Nations Department of Economic Affairs, *Measures for the Economic Development of Under-Developed Countries*, New York 1951.

— , *Economic Report. Salient Features of the World Economic Situation 1945–47*, Lake Success 1948.

United Nations Statistical Office, *A System of National Accounts and Supporting Tables, Studies in Methods,* Serie F, Bd. 2, New York 1953.

Vernon, Raymond, »The Politics of Comparative Economic Statistics. Three Cultures and Three Cases«, in: William Alonso/Paul Starr (Hg.), *The Politics of Numbers*, New York 1987, S. 61–82.

Ward, Michael, *Quantifying the World. UN Ideas and Statistics*, Bloomington 2004.

Wartenweiler, Fritz, *Angst? Nein, Hoffen und Helfen! Vom Ringen der Weltorganisation für Brot, Arbeit, Gesundheit, geistiges Leben*, Zürich 1954.

Weiss, Thomas G. u.a., *UN Voices. The Struggle for Development and Social Justice*, Bloomington 2005.

Eine Brücke am Mount Meru: Zur Globalgeschichte von *Hilfe zur Selbsthilfe* und Gewalt in Tanganjika

Hubertus Büschel

In den frühen 1950er Jahren waren die Bewohner der überaus dicht besiedelten Region um den Mount Meru[1] im Norden Tanganjikas bei den Beamten der britischen Mandatsregierung und bei Entwicklungsexperten als »sehr schwierig und störrig« verschrien. Die Meru – so hieß es immer wieder – seien schon seit vielen Jahrzehnten völlig unzugänglich für jeglichen Ratschlag, sich »technisch weiterzuentwickeln«, ihre Anbaumethoden oder ihre Viehzucht zu »verbessern«. Sie seien die »bloody-minded Meru«, die sich schlichtweg gar nichts sagen lassen wollten.[2] Die Meru, das habe man schnell feststellen müssen, seien geradezu ein Paradebeispiel für die Eigenheiten »primitiver Menschen«, die der amerikanische Anthropologe Edward Spicer in seiner Erforschung von technischem Wandel und menschlichen Problemen mit folgenden Worten beschrieben hatte: »People resist changes that appear to threaten basic securities; they proposed changes they do not understand; they resist being forced to change.«[3] Die britische Mandatsverwaltung entsandte im Jahr 1956 vor dem Hintergrund solcher vermeintlich erschwerten Bedingungen einen nach ihren Maßstäben hervorragend ausgebildeten Entwicklungsexperten in die Region. Hierbei han-

---

1 Im Umkreis von Arusha und dem Berg Meru lebten in den 1950er Jahren mehr als 1.000 Menschen pro Quadratkilometer. Gulliver, *Social Control*, S. 9. Die Forschungen zu diesem Aufsatz wurden großzügig von der Deutschen Forschungsgemeinschaft unterstützt, der ausdrücklich gedankt sein soll. Dank gilt der Tanzania Commission for Science and Technology für die freundliche Erteilung einer Forschungserlaubnis, Christian Mentel für seine redaktionelle Unterstützung und Sophia Sabrow für Übersetzungen aus dem Swahili.

2 Vgl. Brain, »A Bridge in Meru«. In diesem rückblickend 1969 im *Community Development Journal* publizierten Bericht bezog sich der britische Entwicklungsexperte James L. Brain auf seine eigenen Erfahrungen vor Ort. Bisweilen zitierte er auch nicht näher nachgewiesene Quellen. Seit Anfang der 1950er Jahre kam es immer wieder zu Landkonflikten zwischen den Meru und der britischen Mandatsverwaltung. Die Meru schickten gar eine eigene Delegation zum *Trusteeship Committee* der Vereinten Nationen.

3 Spicer, *Human Problems*, S. 18.

delte es sich, wie es hieß, um eine »unconventional person with an unusually high fluency in Swahili« und »good sense for the natives«.[4]

Denn schon lange hatte sich für die britische Mandatsverwaltung in der Gegend ein wahrhaft dringliches Entwicklungsanliegen aufgetan: Eine Brücke über eine Schlucht am Fuße des Mount Meru sollte gebaut werden, um die 45 Fuß lang. Dass diese Brücke errichtet werden müsste, so die Behörden, sei auch unter den Meru »common knowledge«. Denn in der Regenzeit würde sich das Rinnsal in dieser Schlucht in einen reißenden Fluss verwandeln, Kinder könnten nicht in die Schule gehen, Frauen nicht ihre geernteten Bananen zur Hauptstraße bringen, wo sie auf Lastwagen geladen und zu den Märkten nach Arusha und Moshi gebracht wurden. Zweimal jährlich zur Regenzeit lag die Region geradezu brach. Es gab Ausfälle bei den Steuereinnahmen, weil die Leute in diesen Zeiten über keine Barmittel verfügten. Obwohl die meisten Meru sehr wohl die Bedeutung der zu bauenden Brücke einsahen, blieben sie zögerlich. Ähnlich wie andere »Primitive«, so wurde berichtet, hätten sie immer wieder die Sicherheit ihres gewohnten Lebens mit dem Willen zur Verbesserung der Lebensbedingungen abgewogen. Sie seien zu keinem Ergebnis gekommen.[5] Die Brücke schlichtweg durch Kolonialbeamte bauen zu lassen, kam nicht in Frage: Die Meru nähmen solche Hilfe vermutlich nicht an, denn ihnen würden Geschenke äußerst »verdächtig« erscheinen, wie den »meisten Menschen aus traditionellen Kulturen« Afrikas.[6]

Dem verantwortlichen Entwicklungsexperten sei es aber im Herbst 1956 gelungen, bei immer mehr Leuten mit sanftem aber stetigem Nachdruck den Wunsch nach der Brücke zu wecken. Den Meru sei dabei immer vermittelt worden, es sei ihr eigener Wille und sie würden ihre Lage aus eigener Kraft verbessern. Rasch habe man auch den Bruder des *Chiefs* als *Counterpart* gewinnen können, was die Arbeit sehr erleichtert hätte, wusste er doch die traditionellen, guten Verbindungen seiner Familie zu nutzen und viele zur Mitarbeit anzuspornen. Schließlich hätten sich über 100 Leute bei Bodenaushubarbeiten und in der Zimmerei und Schlosserei beteiligt. Selbst Frauen wurden immer wieder miteinbezogen. Jede, die vorbeikam, sei angehalten worden, mitzuhelfen, Steine an die Seite zu räumen oder Sand zu schaufeln.

4 Brain, »A Bridge in Meru«, S. 18.

5 Forster, *Traditional Cultures*, S. 59.

6 Ebd., S. 7.

Freilich gab es auch Probleme: Immer wieder hätten *Chiefs* und Medizinmänner Ansprüche angemeldet und aus »Aberglauben« gegen die Brücke gesprochen. Letztlich habe bei manchen Scham, bei anderen der Wille zur Entwicklung gesiegt. Insgesamt wurde die Brücke am Mount Meru in nur wenigen Wochen fertig gestellt. Stolz wurde immer wieder verkündet, dass sie lediglich 200 Pfund anstatt der durch britische Ingenieure veranschlagten 3.000 Pfund gekostet hatte. Es gab ein großes Fest mit gebratenem Ochsen, Gallonen von Bananenbier und Musik. Gefeiert wurde auch die »nachhaltige Entwicklung« der Gegend. So wurden immer wieder die Vorteile herausgehoben, die die Brücke für die Wirtschaft und Sicherheit der Region mit sich brachte. Nun könne man leicht den Unterricht der Alphabetisierungskampagnen von dies- und jenseits des Flusses besuchen. Und die Kinder müssten auf ihrem Schulweg nicht mehr an der Dorfschenke vorbei. So schloss der Bericht: »Progress meant among other things that children going to school should not see or be shamed by drunks.«[7]

Das Bauprojekt der Brücke am Mount Meru habe unter erschwerten Bedingungen die Menschen von »innen heraus« verändert, und ihnen gezeigt, wie produktiv eigenes Engagement sein kann. Die Brücke am Mount Meru sei daher ein glänzendes Beispiel für jene Entwicklungsarbeit in Afrika, die man nur als die beste und am meisten in die Zukunft weisende preisen könne: die *Hilfe zur Selbsthilfe*.[8]

Jenes immer wieder von zahlreichen Zeitgenossen gelobte Entwicklungskonzept ist von der kritischen historischen Erforschung der Entwicklungszusammenarbeit bislang kaum untersucht worden. Wenn man es überhaupt zur Kenntnis nahm, dann sah man hier moralische Integrität und vordergründige Zweckfreiheit, die über jede Ideologie erhaben zu sein schien und nur die Menschen vor Ort dazu anregen wollte, ihre Lebensbedingungen aus eigenem Antrieb und nach eigenen Vorstellungen zu verbessern. *Hilfe zur Selbsthilfe* gehört zu den zahlreichen entwicklungspolitischen Lippenbekenntnissen, wozu beispielsweise immer wieder Harry S. Trumans berühmtes *Point-Four-Program* von 1949 zitiert worden ist, das betonte, Entwicklungszusammenarbeit bestehe im »helping underdeveloped nations to help themselves«.[9] Auch passte *Hilfe zur Selbsthilfe* nicht so recht zu dem von James Ferguson entworfenen Interpretationsmodell

7 Brain, »Bridge in Meru«, S. 22.

8 Ebd.

9 Truman, *Years*, S. 227.

einer auf strikte Ziele programmierten »Entwicklungsmaschine«, die das zu entwickelnde Feld durchpflüge – und zwar ohne jegliche Rücksicht auf den Willen und die Vorstellungen der Bevölkerung vor Ort.[10] In *Hilfe zu Selbsthilfe*, das scheint offensichtlich, wird denn auch gerade jene immer wieder attestierte mechanistische Starrheit der Konzepte von Entwicklungs- und Modernisierungstheorien der Ersten Welt umgangen, die nach Arturo Escobar das Kennzeichen der Entwicklungszusammenarbeit ist.[11] In der so konzipierten Hilfe scheint es keine Asymmetrie von Macht und Verfügungsgewalten, keine Unterdrückung der Empfänger zu geben, sondern ein wirkliches Miteinander.

In diesem Beitrag wird das Gegenteil behauptet. Denn *Hilfe zur Selbsthilfe* war bei näherer Betrachtung, wie zu zeigen sein wird, keineswegs ein machtfreies humanitäres Konzept, wenn es dergleichen überhaupt je im Entwicklungszusammenhang gab oder gibt. Hier – so die Ausgangsthese – kulminierten gerade aufgrund ihrer Subtilität wirkungsvolle Machtstrukturen, wurden soziale Differenzen zwischen Unterentwickelten und Entwickelten immer wieder aufs Neue markiert oder sogar gestiftet. Unter der Chiffre der »guten Absicht« kam es letztlich häufig zu Druck und Gewalt. Auch wurde die gesellschaftliche Exklusion all jener Menschen befördert, die sich nicht an *Hilfe zur Selbsthilfe* beteiligen wollten. Man kann sagen: *Hilfe zur Selbsthilfe* war das Öl in Fergusons Entwicklungsmaschine, das Schmiermittel, welches das Getriebe dieser Maschine bis heute am Laufen hält, auch wenn es ächzt, quietscht oder zu rosten beginnt.

In den folgenden Ausführungen soll somit der weit verbreitete Irrtum widerlegt werden, dass das Entwicklungskonzept *Hilfe zur Selbsthilfe* zu den neuartigen, weiterführenden, nachhaltigen, auf Mitbestimmung der Empfänger angelegten Konzepte der Entwicklungszusammenarbeit zählt und daher frühestens im Postkolonialismus der 1960er Jahre entstanden sein könne.[12] Meine These lautet, dass gerade auch *Hilfe zur Selbsthilfe* ein »Kind des Spätkolonialismus« und der Krise der großen Kolonialreiche Großbritannien und Frankreich gewesen ist.[13] Denn *Hilfe zur Selbsthilfe* kam

---

10 Ferguson, *The Anti-Politics Machine.*

11 Escobar, *Power and Visibility.*

12 Vgl. Galtung, *Toward Self-Reliance*; Müller, *Gesellschaftspolitische Konzeptionen.* Eine kritischere Perspektive, die *Hilfe zur Selbsthilfe* allerdings auch erst für die Zeit nach 1945 festlegt, verfolgt: Ellerman, *Helping Others.*

13 Eckert/Wirz, »Wir nicht«, S. 377.

als modernes Mittel des *Social Building* in der Zwischenkriegszeit auf[14] und wurde im Verlauf der Weltwirtschaftskrise immer wichtiger.

War bereits die frühe *Hilfe zur Selbsthilfe* ein globales Prinzip, das weltumspannende Praktiken von Entwicklung anleitete? Mindestens drei Gründe sprechen dafür: Erstens wurde *Hilfe zur Selbsthilfe* aus der Praxis der Sozialarbeit in der Zwischenkriegszeit in Großbritannien, Frankreich und den USA heraus entwickelt und dann auf die Kolonien beziehungsweise Mandatsgebiete in »Übersee« übertragen. Zweitens wurden Akteure vor Ort sehr rasch zu Trägern von *Hilfe zur Selbsthilfe*. Im Prozess der Dekolonisierung fungierte *Hilfe zur Selbsthilfe* in Form von »self-reliance« (Eigenständigkeit) als weltweit privilegiertes Prinzip von Entwicklungspraktiken. Drittens stiftete *Hilfe zur Selbsthilfe*, wie schon angedeutet, einen regelrecht globalen Konsens. Immer wieder ist die Rede von einem erstrebenswerten, zeitgemäßen Weg der Entwicklungszusammenarbeit, der Menschenrechte und freie Entfaltung bewahre. Gerade dieser bis heute andauernde Konsens bot ein Umfeld für bisweilen massive Gewalt gegenüber all jenen, die sich nicht an der *Hilfe zur Selbsthilfe* beteiligten wollten und konnten. Besonders deutlich lässt sich dies an Fallstudien zu Tanganjika beziehungsweise Tansania[15] in den 1950er bis 1970er Jahren zeigen, die Gegenstand dieses Beitrages sind. Im Sinne des Konzepts von »Glokalisierung«[16] soll eine exemplarische Großaufnahme auf ein kleines Dorf in Tansania der 1960er Jahre zeigen, wie die Durchsetzungsdynamik der *Hilfe zur Selbsthilfe* als »gutes und selbstbestimmtes« Entwicklungsprinzip in lokale Handlungs- und Deutungskonflikte mündete, die Gewaltstrukturen freisetzten – und zwar Gewaltstrukturen, welche geradezu in der Tradition des Gegenteils von Selbsthilfe standen: nämlich kolonialer Zwangsarbeit. Gerade in diesen lokalen Konflikten wird die vielschichtige Ambivalenz von *Hilfe zur Selbsthilfe* erkennbar.

---

14 Konzeptionelle Hintergründe der *Hilfe zur Selbsthilfe* finden sich schon in der aufklärerischen Reformpädagogik des ausgehenden 18. Jahrhunderts.

15 Nach der Unabhängigkeit von Sansibar am 10. Dezember 1963 verbanden sich Tanganjika und Sansibar. Aus dieser Verbindung entstand am 26. April 1964 die Vereinigte Republik Tansania.

16 Vgl. Robertson, »Glokalisierung«.

1. Die Entstehung der *Hilfe zur Selbsthilfe*

»Wir geben uns nicht zufrieden mit negativem Gehorsam, auch nicht mit der kriecherischen Unterwerfung. Wenn Sie sich uns am Schluß beugen, so muß es freiwillig geschehen.«[17] Diese Zeilen, die George Orwell den Bürokraten in seinem Roman *1984* sprechen ließ, sind von Jean-François Lyotard in seiner diskursanalytischen Herrschaftsdiagnose *Das postmoderne Wissen* zitiert worden.[18] Lyotard griff damit das tragende Prinzip von *Hilfe zur Selbsthilfe* auf – nämlich die subtile Verflechtung von suggerierter Freiwilligkeit einerseits und konsequenter Unterwerfung andererseits.

Hilfe zur Selbsthilfe war ganz maßgeblich von pädagogischen Einsichten getragen: Bereits in den späten 1920er Jahren, dann im Gefolge der Weltwirtschaftskrise in den 1930er Jahren, sprachen europäische und nordamerikanische Sozialarbeiter immer häufiger von der »Notwendigkeit«, Mittel zu finden, um die »armen und primitiven Leute« dazu zu bringen, sich selbst zu helfen. Diese Leute, so das Argument, würden nur weitreichende und nachhaltige Verbesserungen ihres Lebens erlangen, wenn man sie alltäglich darin unterstütze, eigene Wünsche und Ziele selbst zu erreichen. In diesem Geist nahmen zahlreiche Institutionen und Akteure ihre Arbeit auf und erklärten den alltäglichen Problemen der Landarmut, Landflucht und Massenarbeitslosigkeit »den Krieg«.[19] Es sollte künftig nicht mehr dabei bleiben, den Bedürftigen Etiketten wie »Faulheit« und »Lethargie« anzuheften und sie lediglich zu alimentieren (was zweifellos auch weiterhin vorkam). Hingegen sollten Wege für das *Social Building* gerade der schwächsten und ärmsten Kreise »aus sich selbst heraus« gefunden werden.

Der Gedanke einer *Hilfe zur Selbsthilfe* als konsequentes Prinzip gesellschaftlicher »Entwicklung« hat seine Grundlagen in der europäischen Aufklärung des 18. Jahrhunderts und trat besonders deutlich in der Reformpädagogik auf, die der nordamerikanische Philosoph und Pädagoge John Dewey mit dem Schlagwort »Learning by Doing« seit den späten 1880er Jahren vertrat.[20] Im Jahr 1908 schrieb Dewey: »The best kind of help to

17 Orwell, *1984*, S. 233.

18 Lyotard, *Das postmoderne Wissen*, S. 184f.

19 Vgl. Katz, *The Undeserving Poor*, S. 12; Gans, *War Against Poor.*

20 Dewey, 1899–1900 auch Präsident der *American Psychological Association,* setzte sich vehement für die Demokratisierung aller Lebensbereiche ein. Er eröffnete 1886 in Chicago eine *Laboratory School* und etablierte dort den Ansatz *Learning by Doing.* Vgl. hierzu vor allem: Dewey, *Democracy and Education.* Zu Dewey: Bohnsack, *John Dewey.*

others, whenever possible, is indirect, and consists in such modifications of the conditions of life, of the general level of subsistence, as enables them independently to help themselves.«[21] Ähnlich betonte der Erzieher Anson Phelps Stokes seit 1922 immer wieder die Bedeutung von Eigeninitiative bei Bildung und Entwicklung.[22]

Die Theorien von Dewey und Stokes gewannen für die praktische Sozialarbeit allmählich an Brisanz: Seit den 1930er Jahren gab es im Norden von England, im Westen von Frankreich und im Osten der USA zunehmend prekäre Landarmut, Landflucht und Massenarbeitslosigkeit, die mit herkömmlichen Mitteln der Sozialfürsorge nicht mehr zu bewältigen schien. In der Praxis wurden *Agricultural Extension Work*[23] und *Communal Social Work*[24] als Heilmittel gesellschaftlicher Entwicklungshemmnisse gepriesen. Seit den 1930er Jahren standen die britische, französische und nordamerikanische Pädagogik und Sozialpsychologie nahezu einhellig für die Idee der *Hilfe zur Selbsthilfe* als »einzig wirksame« Sozialarbeit.

Außerdem, so ist in Texten aus jener Zeit immer wieder zu lesen, könnte sich hier die Machtasymmetrie vermeiden lassen, die anderen Formen der Hilfe zu eigen sei, welche als Geschenk ohne maßgeblichen Beitrag des Empfängers stattfänden. »Entwicklungshilfe« als Gabe – so äußerten Theoretiker mit Rekurs auf Georg Simmels *Untersuchungen über Formen der Vergesellschaftung* von 1908 und auf Marcel Mauss' Schrift *Le Don* von 1923 – beinhalte nämlich immer eine komplexe Reziprozität.[25] Sie würde soziale Beziehungen stiften und festigen und somit eine regelrecht statische Hierarchie zwischen dem Geber der Hilfe und ihrem Empfänger bewirken. Überdies werde der Empfänger stets mehr oder minder explizit verpflichtet, den Erwartungen des Gebers zu entsprechen. Das baue Druck und Unzufriedenheit auf, lähme oder verhindere gar Eigeninitiative. *Hilfe zur Selbsthilfe* umgehe diese Probleme.

21 Dewey/Tufts, *Ethics*, S. 390.

22 Phelps Stokes hatte die Entstehung von *Community*-Schulen in den USA angeregt mit einem Bildungsmuster, das sämtliche Beteiligten am Lehr- und Lernprozess in dessen konzeptionelle Gestaltung miteinbezieht. Stokes, »Readings«.

23 Vgl. Leeuwis, *Communication*.

24 Vgl. Lindner/Musner, *Unterschicht*.

25 Mauss, »Die Gabe«; Simmel, *Untersuchungen*, S. 667f.

2. »Das Wesen der Afrikaner« und die »glückliche vorkoloniale Zeit«

Seit Ende der 1930er Jahre reifte unter Sozialarbeitern und Entwicklungsexperten immer mehr die Vorstellung: Was in den Slums von Birmingham, auf den kargen Feldern Idahos oder den Arbeiterkaten Yorkshires als wirkungsvoll für die Hebung des Wohlstandes und die Verbesserung der Lebensbedingungen propagiert wurde, sollte auch in »Übersee« wirken können – und zwar besonders dort, wo es am nötigsten schien, zum Beispiel in Afrika südlich der Sahara.[26]

Viele priesen *Hilfe zur Selbsthilfe* rasch auch als die für Afrika »einzig wirkungsvolle Art« von »Entwicklungshilfe«. Anthropologen, die in der Zwischenzeit allmählich begannen, das »Wesen der Afrikaner« und die »afrikanische Armut« mit Feldstudien vor Ort zu erforschen, betonten immer wieder, dass besonders die »stolzen« sogenannten »Bantu-Menschen« das Gefühl haben müssten, ihre Lebensbedingungen nach ihren eigenen Vorstellungen und Wünschen zu verbessern. Nur vorsichtig sollte Unterstützung da geboten werden, wo die »Bedürftigen« ihre eigenen Ideen, Bedürfnisse und Wünsche erst entdecken und entwickeln müssten.[27] So schrieb der französische Ethnologe Lucien Lévy-Bruhl 1922 in seiner Studie *La Mentalité Primitive*, dass es notwendig sei, gerade der »Irrationalität mystischer Primitivität bei den Bantu« nachzugehen. Man müsse ihre »Gefühle« endlich ernst nehmen, denn sie entsprächen einer guten, weil »natürlichen« Lebenswelt.[28] 1923 erläuterte Maurice Delafosse, ebenfalls französischer Ethnologe und Kolonialbeamter, dass man vermehrt die »Mentalität, die Bedürfnisse, Wünsche« der Indigenen und das, »was sie sind, was sie sein wollen und was sie sein können«, berücksichtigen müsse, wenn man »Entwicklung« in den Kolonien und Mandaten erreichen wolle.[29]

26 Vgl. zur Erforschung der immer wieder als besonders »bedürftig« beschriebenen afrikanischen Regionen südlich der Sahara: Tilly/Gordon, *Ordering Africa*; L'Etoile, *Empires*. Zur globalen Dimension von Modellen europäischer Sozialstaatlichkeit für die Kolonialpolitik in Afrika: Eckert, »Exportschlager«.

27 Vgl. Raum, *Umgang*, S. 7.

28 Lévy-Bruhl, *La Mentalité Primitive*, S. 5, 15, 27f., 43, 135f.

29 Delafosse, *Broussard*, S. 107. Solche Diskurse sind selbst im nationalsozialistischen Kolonialrevisionismus zu finden: Der Leiter des 1938 eingerichteten Referats *Koloniale Sozialpolitik* im nationalsozialistischen *Arbeitswissenschaftlichen Institut* Wilhelm Rothhaupt betonte, dass »der afrikanische Arbeiter gelenkt und geführt werden« wolle, ohne dass er diese »Betreuung als Zwang empfinde«. Er müsse das Gefühl haben, ein »freiwilliger

Für Lévy-Bruhl und Delafosse stand fest, dass die Grundlage jeder »natürlichen« – und damit als intakt und funktionierend imaginierten – »Lebenswelt« in Afrika südlich der Sahara »traditionelle Stammenskulturen« seien. Verbunden war diese Vorstellung mit den seit dem 19. Jahrhundert gepflegten Diskursen von afrikanischen »Naturvölkern«, die vor dem Hereinbrechen des Kolonialismus miteinander glücklich, solidarisch, friedfertig und weitgehend ohne materielle Not organisiert in »Stämmen« gelebt hätten.[30] Diese Welt, so die Auffassung, müsse man in ihren Resten unbedingt erhalten, wenn nicht gar wieder herstellen. In diesem Sinne äußerte sich 1925 Delafosse in seiner Schrift *Les Civilisations Disparues* und plädierte hierbei, dass es in Afrika nur noch Elend und Krieg geben werde, wenn man jener Zerstörung indigener Lebensweisen nicht Einhalt gebiete.[31]

Damit formulierten Lévy-Bruhl, Delafosse und andere zum einen eine fundamentale Kritik der indigene Strukturen zerstörenden Kraft des Kolonialismus. Zum anderen sahen sie in Konzepten wie der *Hilfe zur Selbsthilfe* einen gültigen Weg, den Opfern kolonialer Kulturzerstörung dabei zu helfen, in ihre als ursprünglich intakt imaginierte Lebenswelt zurückzufinden. Die Vorstellungen von Lévy-Bruhl und Delafosse wurden weit über den französischen Sprachraum und nicht zuletzt auch von britischen Anthropologen rezipiert. So berichteten die britischen Anthropologen John Boyd Orr und John Gilks 1927 ganz im Sinne der französischen Vorbilder aus Tanganjika von den Massai als »noble savages«, deren Lebensumwelt durch technische Hilfe bedroht werde. Nur durch Selbsthilfe könne diese Bedrohung abgewendet werden.[32]

Diese Sichtweise gewann freilich auch zunehmend Befürworter unter afrikanischen *Chiefs*, Lehrern oder anderen Angehörigen der Führungseliten.[33] Sie fand auch Resonanz in der britischen Kolonialverwaltung: Künftig müsse es die vorrangige Aufgabe der Entwicklungsexperten sein, gerade jene Ideen, Bedürfnisse und Wünsche der Indigenen zu erkunden, die häufig verloren geglaubt würden – erklärte beispielsweise der Anthropo-

Helfer« zu sein, wenn es um die Entwicklung seiner Umgebung gehe. Arbeitswissenschaftliches Institut, »Die eingeborenen Lohnarbeiter«.

30 Edgerton, *Trügerische Paradise.*

31 Dalafosse, *Les Civilisation Disparues.* Auch der Roman des ebenfalls französischen Kolonialbeamten Robert Delavignette von 1931, *Les Paysans Noirs*, schürte den Mythos »ursprünglich gesunder« afrikanischer Bauerngesellschaften, deren Leben durch den Kolonialismus aus den Fugen geraten sei. Delavignette, *Paysons Noires.*

32 Orr/Gilks, »The Nutritional Condition«.

33 Ranger, »Kolonialismus«, S. 32; ders., »The Invention of Traditon«.

loge Bronislaw Malinowski, der seit 1926 Direktor des Londoner *International African Institute* und ein Mitglied des *Colonial Office* war.[34] Anfang der 1930er Jahre führte Malinowski in seiner Funktion als Experte der britischen Kolonialkommission aus: Es sei nun endlich die Zeit gekommen, mit der »Unmündigkeit« aufzuräumen, die der Kolonialismus für die Menschen in Afrika bedeutet habe. Gemeinsam mit den Menschen vor Ort müsse man Konzepte entwickeln, sich selbst zu helfen. [35]

Malinowski legitimierte die Übertragung europäischer und nordamerikanischer »Erkenntnisse« aus dem Alltag der Sozialarbeit auf Afrika im Übrigen auch theoretisch. In seiner Theorie des Funktionalismus wies er immer wieder auf die Zusammenhänge aller menschlichen »Kulturphänomene« hin. Trotz regionaler Unterschiedlichkeit sei die *Mechanik* der Ursachen der Not in England mit jener von Armut in Afrika durchaus zu vergleichen.[36] Und ebenso vergleichbar seien die Methoden, mit denen man die Menschen dazu bewegen könne, sich selbst aus dieser Armut »zu befreien«: Gespräche, spielerischer Umgang miteinander, Freude, Vertrauen oder gemeinsames *Brain Storming*, ein zu dieser Zeit aufkommendes psychotechnisches Konzept, das einen innerhalb der *Community* gemeinsam vollzogenen Prozess der Findung von Gefühlen, Gedanken und Wünschen beinhaltete.[37]

Auch schien *Hilfe zu Selbsthilfe* drohende Konflikte in den Kolonien und Mandatsgebieten zu entschärfen und die zunehmenden Forderungen nach politischer und ökonomischer Selbstständigkeit zu bedienen. Unter ökonomischen Gesichtspunkten wurde ohnehin deutlich, dass die Kolonien und Mandatsgebiete in Afrika südlich der Sahara kaum noch regierbar waren, würde weiter, so die Unterstellung, die Eigeninitiative der Afrikaner ausbleiben.[38] So wurde seit den späten 1920er Jahren in nahezu allen spätkolonialen Entwicklungsversprechen immer wieder betont, dass es um die Eigenständigkeit der Bedürftigen und um ihren Willen zur Entwicklung gehe.

---

34 Vgl. Malinowski, »Die Funktionaltheorie«, S. 27ff.; ders., *Dynamics of Cultural Change.*

35 Malinowski, »Native Education«.

36 Malinowski, »Die Funktionaltheorie«, S. 28. Vgl. auch die 1906 von Marcel Mauss entwickelte, sogenannte *Koinzidenten-Lehre*, nach der Sozialformen in allen Gesellschaften von ähnlichen Ursachen räumlicher, religiöser oder rechtlicher Faktoren abhängen: Mauss, »Note sur la nomenclature«. Vgl. die von der nordamerikanischen Anthropologin Ruth Benedict 1934 mit dem Begriff *Patterns of Culture* begründete Typenlehre, welche die Vergleichbarkeit aller Kulturen fundierte. Benedict, *Patterns of Culture.*

37 Vgl. Jones, »Rural Development«, S. 27–30.

38 Eckert/Wirz, »Wir nicht«, S. 377.

3. *Community Development* in Tanganjika

In spätkolonialen britischen Entwicklungspraktiken in Afrika – und somit auch im Mandatsgebiet Tanganjika – firmierte *Hilfe zur Selbsthilfe* unter dem britischen Konzept *Community Development.*[39] Im Jahr 1943 hieß es in einem Erlass des britischen *Department of Education in Tropical Areas* (DETA): Früher hätten die Menschen in Afrika mit »Fatalismus und Resignation« häufig »unglückliche Lebensumstände«, Hunger und Armut »ertragen«. Diese Zeiten seien nunmehr vorbei. Auch in Afrika würde man »zunehmend Ansprüche« anmelden auf »ein besseres Leben«. So müsse man die Menschen dort unterstützen, »sich selbst zu helfen«. [40]

Im Sommer 1945 kamen in Ashride britische Kolonialexperten zusammen, die festlegten: »Community Development is a movement designed to promote better living for the whole community with the active participation and on the initiative of the community.«[41] Die Gemeinde sollte auf ihre eigenen Probleme schauen, Wünsche entwickeln und Lösungen finden.[42] Die *Cambridge Summer Conference of African Administration* 1948 ergänzte diese Ausführungen dahingehend, dass die Initiative, sich »bessere Lebensbedingungen« zu schaffen, grundsätzlich durch die aktive Teilnahme der Menschen vor Ort geschehen solle. Wenn diese nicht vorhanden sei, dann müsse man einige »stimulierende Techniken« anwenden, wie etwa das Zeigen von Filmen.[43]

In der Praxis fand *Community Development* grundsätzlich in der *local community,* in kleinen, möglichst armen und somit »bedürftigen« Dörfern statt.

---

39 Das französische Entwicklungskonzept der *Hilfe zur Selbsthilfe* hieß *Animation.* In den 1940er Jahren wurde in den Papieren des britischen *Colonial Office* der Begriff der *Mass Education* zunehmend durch den aus dem britischen und nordamerikanischen Kontext bekannten Begriff *Community Development* ersetzt. Die Entwicklung von *Community Development* wird oft mit der bisweilen entschieden sozialistischen Terminologie der britischen *Labour*-Partei in Zusammenhang gebracht. Sieberg, *Colonial Development,* S. 649ff.; Saville, *Politics of Continuity.* Zum Konzept des britischen *Community Development* in Afrika allgemein: Smyth, »Roots of Community Development«. Vgl. zu dieser Verbindung zwischen *Development* und *Welfare* nach britischen Maßstäben: Cooper, *Decolonization,* S. 67. Zur Übersicht von *Community Development*-Projekten in Tanganjika: British National Archives Kew (im Folgenden: BNA Kew) CO 822/654 Community Development in Tanganyika 1951ff.; Vgl. BNA Kew 852/1022/4 Tanganyika's Application for Aid 1949ff.

40 Adult and Mass Education Sub-Committee, *Mass Education,* S. 11ff.

41 Colonial Office, *Community Development,* S. 2.

42 Vgl. ebd., S. 6.

43 Ebd. S. 2.; Vgl. Oeser/Emery, *Information.*

Es wurde angenommen, dass in den traditionellen Gemeinden ohnehin eine Art *Grass Roots Democracy* vorherrsche, in der gemeinsame Arbeitsformen und gegenseitiges Aushelfen nicht unbekannt seien. So könne die *Hilfe zur Selbsthilfe* dort, wo noch ein wenig »gute Tradition« vorhanden sei, zu den Wurzeln einstmals »solidarischer, friedfertiger Gemeinschaften« finden, in der sich die Menschen in jeder »Notlage geborgen« fühlten.[44] Es könne geholfen werden, auf diesem Wege manches an verloren gegangenem »Stammesbewusstsein« zurückzuerlangen, Traditionen zu pflegen und wiederzubeleben, die durch den Kolonialismus unterzugehen drohten.[45] Überdies, so wurde immer wieder herausgestellt, komme *Hilfe zur Selbsthilfe* dem Misstrauen gerade der Bewohner abgelegener Dörfer im subsaharischen Afrika entgegen, die einen »natürlichen Argwohn« gegen Geschenke von außen hegten und daher gegenüber »Entwicklungshilfe« besonders verschlossen seien.[46] Auch versprach man sich von der überschaubaren Größe der Projekte Möglichkeiten der »exakten« Beobachtung von Experimenten, Fortschritten, Erfolgen und Misserfolgen. Das eigene Engagement der Leute vor Ort habe überdies unmittelbare Effekte auf Produktivität und Dauerhaftigkeit. Habe man erst einmal selbst investiert, dann läge der Wunsch auf der Hand, dass diese Arbeit nicht vergebens war.[47]

Community Development konnte letztlich alle Projekte umfassen, die von der Mandatsverwaltung als geeignet eingeschätzt wurden, um die »Verbesserung der Lebensbedingungen« vor Ort voranzutreiben: der Bau von Schulen, *Dispensaries*, die Einrichtung der Wasserversorgung, Wohlfahrtsdienste, die Einführung neuer Dünge- und Anbautechniken oder Hygieneaufklärung.[48]

Die Projekte von *Community Development* liefen seit Mitte der 1950er Jahre in der Regel nach einem annähernd gleichen Schema ab: Zunächst reisten britische Entwicklungsexperten durch ein abgestecktes Gebiet und vollführten ein *Sociological Mapping*. Hierbei wurden soziale »Fakten«, Bedürfnisse, Entwicklungslücken und mögliche Entwicklungsziele erhoben,

---

44 Vgl. Colonial Office, *Community Development*. Zum Mythos einer im Vorkolonialismus einst glücklichen Bevölkerung: Edgerton, *Trügerische Paradise*. Vgl. für frühere Zeiten: Bitterli, *Die Wilden*, S. 367–411.

45 Joerges, »Community Development«, Sp. 1064.

46 Forster, *Traditional Cultures*, S. 7.

47 *Mass Education Bulletin*, Jg. 1 (1949), S. 2.

48 Sieberg, *Colonial Development*, S. 651.

sowie potentielle *Counterparts* vor Ort ausgesucht.[49] Die *Counterparts* übernahmen dann vor allem die Aufgabe, bei Versammlungen die Dorfbewohner dazu zu bringen, Unterentwicklungen zu erkennen, Wünsche aufkeimen zu lassen und diese öffentlich auszusprechen.[50] Diese Wünsche sollten allerdings möglichst weitgehend mit den vorher durch die britischen Experten entworfenen Entwicklungszielen übereinstimmen.[51] Sodann sollten Zuschüsse an Geld und Material zu fließen beginnen und die Arbeiten konkret einsetzen. Ausgenommen von der unentgeltlich zu leistenden körperlichen Arbeit waren nur alte, gebrechliche und behinderte Menschen, kleine Kinder und *Chiefs*, die allerdings verwaltende und leitende Funktionen im Projekt übernehmen sollten.[52] Berichte über die Projekte wurden von den *Counterparts* vor Ort und von den zuständigen britischen *Community Development Officers* verfasst. Aus »Fehlern« und »Errungenschaften« sollte für die Zukunft gelernt werden.

Erste Evaluationen für Tanganjika fielen durchweg positiv aus. Repräsentativ ist der Bericht eines britischen Entwicklungsexperten aus den Pare Bergen in Nordtanganjika, Anfang der 1950er Jahre. Der Autor hielt es für sehr fruchtbar für die Entwicklung des Landes, wenn man den Menschen vor Ort als »Freund und nicht als Diktator« begegne.[53] Näher betrachtet lehnten sich *Community Development* und *Hilfe zur Selbsthilfe* stark an Zielsetzungen zivilisationsmissionarischen Handelns an: Die Pädagogik des guten

49 Colonial Office, *Community Development*, S. 2–7. Dabei wurde der prozentuale Anteil der Analphabeten erhoben, sowie die wirtschaftlichen Verhältnisse von Gruppen oder größere Veränderungen der letzten Jahre, wie beispielsweise Zu- und Abwanderungen oder Missernten festgehalten. Vor allem wurde dabei Wert auf die Erfassung struktureller Daten zu Armut in der Region und zu den Haupthindernissen einer fortschrittlichen Entwicklung gelegt – wie Überweidungen, Monokulturen, hohe Kindersterblichkeit, gehäuftes Auftreten bestimmter Krankheiten (Malaria, parasitäre Infektionen), chronische Unter- und Fehlernährung, mangelnde Hygiene, schlechte Wohnverhältnisse oder Kriminalität.

50 *Mass Education Bulletin*, Jg. 1 (1949), S. 2.

51 Mumford/Jackson, »The Problem of Mass Education«; Adult and Mass Education Sub-Committee, *Mass Education*, S. 11ff.

52 Vgl. beispielsweise: Tanzania National Archives Dar es Salaam (im Folgenden abgekürzt: TNA Dar), L 5/1/C/12/2; TNA Dar, Acc. 304, A2/49, Reg. Office Handeni, Gespräche zwischen dem District Commissioner Handeni und dem Provincial Commissioner, Tanga, 27.3.1956.

53 So der Bericht des verantwortlichen britischen Offziers: TNA Dar, 3894/II H. Mason, Social Development Officer, Progress in Pare. An Interim on Experiments in Community Development in North Pare, Tanganyika, 1951. Vgl. Eckert, *Herrschen und Verwalten*, S. 151.

Beispiels, die Tugend gegenseitiger Hilfe und die Selbstlosigkeit als soziale Investition wurden immer wieder als Konstanten eines »gesunden, zukunftsweisenden Gemeinwesens« gepriesen.[54] Das Ziel waren friedliche, prosperierende Kolonien und Mandatsgebiete.

Jene Allianz zwischen kolonialistisch-utilitaristischen Implikationen und Traditionslinien einerseits sowie einer mechanistisch gedachten Wirkungsgewissheit der *Hilfe zur Selbsthilfe* andererseits wird noch deutlicher, wenn man die vehement kategorische Sprache von Leitlinien, Erhebungen und Evaluationsberichten betrachtet. Hier fallen immer wieder Begriffe wie »improvement« und »extension«. Entwicklung als *Hilfe zur Selbsthilfe* würde ganz automatisch, so ist immer wieder zu lesen, den »make the people happy approach« nach sich ziehen.[55]

Diese Diskurse änderten sich kaum mit der Unabhängigkeit Tanganjikas. Ganz im Gegenteil ist herauszustellen, dass es weder auf der Ebene der Konzepte, noch hinsichtlich der Praktiken maßgebliche Brüche zwischen kolonialem und postkolonialem *Community Development* gab.

Als »Motoren einer Entwicklung von unten« entstanden 1963 die sogenannten *Village Development Committees* (VDCs).[56] Hier traten *Chief*, Bürgermeister, Dorfvorstände, diverse Parteisekretäre, Vorsitzende der Kooperativen und Bauernverbände, Dorfschullehrer, Krankenschwestern und Pfarrer regelmäßig zusammen. Man traf sich meist in einem »Gemeindehaus für Entwicklung«, das in der Regel in einem ersten Projekt der *Hilfe zur Selbsthilfe* errichtet worden war.[57] Bisweilen waren hier britische Entwicklungsexperten anwesend, die auch in der Mandatszeit in Tanganjika tätig gewesen waren. Vermehrt beteiligten sich an Projekten aber auch Vertreter anderer westlicher Entwicklungsagenturen – wie des *Deutschen Entwicklungsdienstes* oder des amerikanischen *Peace Corps*. Bei solchen Treffen brachten die Vertreter der jeweiligen Dorfelite Vorschläge für Selbsthilfeprojekte

54 Joerges, »Community Development«, Sp. 1064.

55 Colonial Office, *Community Development*, Deckblatt, S. 2, 5, 11f.

56 Mitte der 1960er Jahre gab es ungefähr 7.000 VDCs in Tanganjika. Vgl. Lemarchand, »Village by Village«. Die Mitglieder waren nahezu ausnahmslos Parteivertreter. Vgl. als Lokalstudie zur Kilimanjaro-Region: Samoff, *Tanzania*. Vgl. zu den Aufgaben: TNA Dar, Acc. 518, Reg. Office Kilimanjaro, Pare District, Station Moshi D 30/9 Village Development Committee, ad 1 Rundschreiben des Vizepräsidenten von Tanganjika vom 23.5.1963.

57 TNA Dar, Acc. 467, Reg. Office Pagani, C 5/22, 1963–68, Village Development Committee, Protokoll Büro des Unterbezirks Madanga vom 3.1.1968. TNA Dar, Acc. 518, Reg. Office Kilimanjaro, Pare District, Station Moshi D 30/11 Development Committees Other Regions, Regionalentwicklungsplan der Region Morogoro vom 30.9.1966.

ein[58] – meist nicht ohne den Verweis, dass man lediglich die Wünsche der eigenen Nachbarn aufgreife.[59] Die Mitglieder der VDCs informierten auch über die Förderungsmöglichkeiten der Regierung sowie der internationalen Hilfsorganisationen und listeten den finanziellen Bedarf für künftige Projekte auf.[60]

»Sauberkeit und Gesundheit« standen an oberster Stelle aller Vorhaben. In Kampagnen wurde aufgeklärt, wie groß die Bedeutung von »luftigen und hellen Häusern sei, in denen es keinen rauchenden Herd« gebe.[61] Und am Beginn aller Selbsthilfe standen die »Tage der Sauberkeit«. Jede Familie sollte frühmorgens zunächst das eigene Haus mit »Besen fegen und mit viel Seife feucht wischen«. Anschließend sollten »in einvernehmlicher Gemeindearbeit« alle öffentlichen Gebäude gereinigt[62] und aller »Unrat und Schmutz« aus dem Dorf geschafft werden.[63] Anschließend sollten »nachhaltige Hygienemaßnahmen« in Angriff genommen werden, wie die Anlage von Latrinen, Abwasserkanälen oder die Organisation der Müllentsorgung und Lumpensammlungen.[64]

Neben die VDCs traten Mitglieder der *Union of Tanzania Women* (UWT), die »moderne Praktiken« im Haushalt, bei der alltäglichen Hygiene und Kinderpflege vermittelten. Teilhaber der 1964 gegründeten Einheitsgewerkschaft *National Union of Tanganyika Workers* (NUTA) setzten sich für

58 TNA Dar, Acc. 518, Reg. Office Kilimanjaro, Pare District, Station Moshi D 30/9 Village Development Committee, ad 1 Rundschreiben des Vizepräsidenten von Tanganjika vom 23.5.1963, S. 1.

59 Vgl. Ingle, *From Village to State*, S. 155.

60 Vgl. TNA Dar, Acc. 521, Reg. Office Mwanza, D 3/6/A, 1962ff., Aufstellung über Mittelbedarf diverser VDC-Projekte vom 17.9.1962; vgl. auch TNA, Acc. 578, IRG/2/VI 1969–72, Inspection Education General in der Region Moshi vom Januar 1969.

61 TNA Dar, Acc. 481, P 4/11, 1962–66 Tanga District, Development Committee, Bericht vom 23.11.1970 über die Beschlussfassung eines VDC zu Aufklärungskampagnen im Dorf Rugemnda, Bericht in Swahili.

62 TNA Dar, Acc. 467, Reg. Office Pagani, C 5/22, 1963–68 Village Development Committee, Bericht des Unterbezirks Madanga vom Januar 1969, Büro des Unterbezirks Madanga, Bericht vom 29.2.1967, vom März 1968, Bericht des TANU-Büros, Madanga vom 22.8.1967, Bericht des Unterbezirks Madanga vom 3.1.1968; TNA Dar, Acc. 518, Reg. Office Kilimanjaro, Pare-District, Station Moshi, Zusammenstellung des VDC vom 17.2.1965, 31.10.1964, Bericht in Swahili.

63 TNA Dar, Acc. 467, Reg. Office Pagani, C 5/22, 1963–68, Village Development Committee, Bericht Büro des Unterbezirks Madanga vom 1.2.1968, Bericht in Swahili.

64 TNA Dar, Acc. 556, TC 28/3, Moshi-Town-Council, Urban Self Help-Committee, Bericht vom 20.11.1962, Bericht in Swahili.

Gemeinschaftsarbeit und Maschinenringe ein. Dorfbewohner, die in der *Tanganyika African Parents' Association* (TAPA) organisiert waren, renovierten Schulen und sammelten für die Bezahlung von Lehrern. Und die Vertreter der *District Working Committees* mahnten Säumige zur Mitarbeit.[65]

Das sogenannte *Cell-System* der Staatspartei *Tanganyika African National Union* (TANU) bot dabei griffige Möglichkeiten, um zu kontrollieren wer sich beteiligte oder wer sich immer wieder den öffentlichen Arbeiten entzog. Im ganzen Land waren die jeweils zehn am nächsten zusammenstehenden Häuser zu *Ten House Cells* zusammengefasst worden, denen jeweils ein *Cell Leader* vorstand.[66] Jene *Cell Leader* hatten die Entwicklungsaktivitäten und Detailplanungen vor Ort zu koordinieren. Sie konnten all diejenigen melden, die sich nicht an den Arbeiten beteiligten.[67] Auch die Mädchen und Jungen der *TANU Youth League* sollten durch ihr »gutes Beispiel« das allgemeine Engagement in der *Hilfe zur Selbsthilfe* wecken.[68] Hier wurden – ganz im Sinne der globalen Struktur jenes »besten aller Entwicklungsprinzipien« – zahlreiche Kooperationen mit Jugendhilfsorganisationen im Ausland eingegangen, wie dänischen, britischen und deutschen Volontären, oder mit römisch-katholischen Nonnen und lutherischen Missionaren.[69]

Die Regierung von Tansania förderte und begrüßte Projekte des *Community Development.* Die Mitglieder der VDCs verstünden es, »wirklich auf die Bedürfnisse, Gefühle und Interessen« der Dorfbewohner zu hören. Sie würden diese kennen, verstehen und daher der Dorfgemeinschaft »Selbstvertrauen bei Planungen und ein Gefühl der Sicherheit für die Zukunft« vermitteln können, schrieb beispielsweise das Büro des Vizepräsidenten 1963 in einem landesweiten Rundschreiben an alle Provinzverwaltungen.[70] So könne man das dringlichste Ziel der Entwicklung Tansanias verwirkli-

65 Ingle, *From Village to State,* S. 135. Vgl. Tordoff, *Government,* S. 79–86.

66 Vgl. Levine, »The TANU-Ten-House Cellsystem«, S. 329–332; Picard, »Attitudes«; Ingle, »The Ten-House Cell System«; O'Barr, »Cell Leaders«; O'Barr/Samoff, *TANU Cell Leaders.*

67 Vgl. solche Meldungen in: TNA, Acc. 513, P4/10/1, 1963–69 Village Development Committee.

68 TANU-Pioniere hatten entsprechend zu schwören: »I shall educate myself to the best of my ability and use my education for the benefit of all.« *TANU Constitution*, Dar es Salaam 1954, o.S.

69 TNA Dar, Annual Report Regional Commission, 1964 West Lake Region, hier: S. 10.

70 TNA Dar, Acc 518, Reg. Office Kilimanjaro, Pare Distrikt, Station Moshi D 30/9, Village Development Committee, ad 1 Rundschreiben des Vizepräsidenten vom 21.5.1963, S. 4.

chen, dass nämlich selbst noch die »primitivsten, einfachsten und am wenigsten gebildeten Leute« erkennen würden, dass sie eine Verantwortung für die Verbesserung ihrer Lebensbedingungen und für die Entwicklung des Landes tragen würden.[71] Selbst diese würden aus ihrer »Apathie und Lethargie« gerüttelt und könnten zu »aktiven und engagierten Staatsbürgern« erzogen werden.[72] Im Jahr 1968 verkündete der tansanische Präsident Julius Nyerere in diesem Sinne:

»You can drive a donkey to water, but you cannot make it drink. By orders, or even by slavery, you can build pyramids and magnificent roads, you can achieve expanded acreage of cultivation, and increases in the quantity of goods produced in your factories. All these things, and many more, can be achieved through the use of force; but none of them result in the development of people; Force and deceiteful promises can in fact, only achieve short-term material goals. They cannot bring strength to a nation or a community, and they cannot provide a basis for the freedom of the people, or security for any individual or group or person.«[73]

4. »New Tribes«

Es lohnt sich, die treibenden Kräfte der *Hilfe zu Selbsthilfe* vor Ort genauer zu betrachten. 1944 propagierte das britische *Colonial Office*, dass für die Rolle der afrikanischen *Counterparts* zunächst vor allem die traditionellen »Führungspersönlichkeiten« der »afrikanischen Stammesgesellschaften« in Frage kämen – somit Männer mit »hohem sozialen Ansehen und Modernisierung gegenüber aufgeschlossener Persönlichkeit«, wie *Chiefs*, Ärzte oder Lehrer.[74] Ziel jener spätkolonialen Entwicklungspolitik war nicht zuletzt die »flächendeckende Schaffung nützlicher Bürger anstelle potentiell Unzufriedener«, wie es 1950 in Papieren des *Colonial Office* hieß.[75] Dabei wurden allmählich global gültige Fähigkeiten und Charaktereigenschaften der Ak-

71 Ebd.

72 Vgl. Ruthenberg, *Agricultural Development*, S. 116.

73 Nyerere, »Freedom and Development«, in: *The Standard*, 18.10.1968, zitiert nach: Ingle, *From Village to State*, S. 99.

74 So eine Stellungnahme des *State's Advisory Committee on Education* mit dem Titel *Mass Education in African Society*, London 1944, zitiert nach: Colonial Office, *Community Development*, S. 1.

75 TNA Dar, Acc. 412, 4/II, Government of Tanganyika. Ten Year Plan for African Education (Scheme for Revision), Dar es Salaam 1950, S. 9.

teure des *Community Development* entworfen, die für Amerikaner, Europäer und Afrikaner gleichermaßen gelten sollten.[76]

Im Jahr 1949 formulierte der *Economic and Social Council* der UNO *Guiding Principles* für Entwicklungsexperten in »Übersee«, die überall auf der Welt gelten sollten: Neben professionellen Kompetenzen sollten Experten »einfühlsam« sein und »offen« für die »Kultur und besonderen Bedürfnisse« ihrer Einsatzländer. Hiermit sollte den als zeitgemäß eingeschätzten Praktiken der »Entwicklungspolitik« entsprochen werden – wie eben der *Hilfe zur Selbsthilfe*.[77]

Die Richtlinien der UNO wurden auf mehr oder weniger sämtliche in »Übersee« tätigen Experten übertragen. So hieß es zu den Anforderungen für britische Entwicklungsexperten im tanganjikischen *Community Development* 1950:

> »Each is required to introduce to an African community (to which he is probably a ›foreigner‹) the new idea of a self-supporting club; he must cloax, guide, and not quarrel with, a Committee whose leading members are almost certain to be educated African civil servants; he must retain to constant cooperation of the local Chief and the Native Administration without taking part in politics; he must get on well with the District Commissioner and with the ladies who come to organise sewing-classes in the Centre; he must be able to overcome Moslem prejudices if he is a Christian or vice versa; he must be able to teach English to those who can read; and reading to those who cannot; he must organise lectures; games, scouts, youth clubs, dances, and so on; he must cozen members into paying subscriptions and safeguard the centre's movable property – in fact, to be fully successful he must be an outstanding personality; an energetic, tactful, reliable leader of men.«[78]

Über ganz ähnliche menschliche Voraussetzungen sollten afrikanische *Counterparts* verfügen. Ihnen wurde gar aufgrund »ihrer Herkunft« eine »besondere soziale Befähigung« zugesprochen. So müsse man bei der Ausbildung auf alle Fälle darauf achten, dass das »natürliche Zusammenge-

76 Vgl. hierzu die Arbeiten der Soziologen: Oeser/Emery, *Information*. Weiterentwickelt wurde diese Sichtweise in den 1970er Jahren in Anlehnung an Paulo Freires Pädagogik, die auf flache, möglichst unsichtbare Hierarchien in der Entwicklungszusammenarbeit setzte: Freire, *Pädagogik*.

77 United Nations Economic and Social Council, *Official Records*. Vgl. zu den Voraussetzungen für *Community Development Worker* allgemein: Connor, »Four Roles«. Freilich unterlag auch dieser Vorstellung die unhintergehbare Auffassung, dass Experten letztlich doch eine ziemlich genaue Vorstellung davon hätten, was die Menschen vor Ort wirklich nötig brauchten. Vgl. den Beitrag von Philipp H. Lepenies in diesem Band.

78 TNA Dar, Acc. 331,43/III, Social Welfare Officer and Member for Local Government, 17.10.1950.

hörigkeitsgefühl«, die »Fröhlichkeit und Offenheit« vieler Afrikaner nicht zugunsten des allzu häufigen »vulgären Individualismus des Westens« verloren gehe.[79] Es sei eine Chance, so schrieb in den 1950er Jahren der britische Entwicklungsexperte John Carins in Bezug auf Tanganjika, dass viele afrikanische *Counterparts* über »eine Mischung zwischen europäischem Wissen und Gewohnheiten« und »afrikanischen Bräuchen und Werten« verfügten, weshalb sie überaus leicht Zugang zu sehr vielen und unterschiedlichen Menschen bekämen.[80] Diese *Counterparts*, kann man im *Community-Development*-Handbuch des *Colonial Office* von 1958 nachlesen, sollten »Geburtshelfer« für neue Gesellschaften, nicht »Vaterfiguren« der alten sein.[81]

Ähnliches ließ 1969 der tansanische Präsident Nyerere zum Idealbild des *Ujamaa*-Dorfvorstandes veröffentlichen – die *Ujamaa Vijiji* waren seit 1963 gegründete Dörfer, die *Hilfe zur Selbsthilfe* beim Siedlungs- und Ackerbau praktizierten:[82]

»A good leader would explain, teach and inspire. In an Ujamaa village he would do more as he would lead by doing. He would be in the front of the people showing them what could be done, guiding them and encouraging them. He would be with them. [...] You do not lead people by yapping at their heels like a dog herding cattle.«[83]

In der britischen Mandatszeit gab es seit Mitte der 1950er Jahre bereits Tausende afrikanische *Counterparts* in der *Hilfe zur Selbsthilfe*.[84] Häufig waren es die Söhne von *Chiefs*, die hier eine besondere Stellung hatten – wie auch der *Counterpart* beim eingangs beschriebenen Fall der Brücke am Mount Meru. Sie leiteten oft als von der Dorfgemeinde gewählte und bezahlte *Community Development Worker* ein *Community Welfare Center*, in dem man zusammenkam und ausgebildet werden konnte.[85] Frauen unterwiesen als *Community Development Worker* Mütter, Töchter und Nachbarinnen in »mo-

---

79 Blumer, *Education for Citizenship*. Vgl. zur Ausbildung von Counterparts im britischen Community Development in Tanganjika: BNA Kew CO 822/2639, Development of Education in Tanganyika 1960–1962.

80 Carins, *Bush and Boma*, S. 149ff.

81 Colonial Office, *Community Development*, S. 86.

82 Scott, *Seeing Like a State*, S. 223–261. Nach wie vor grundlegend: Freyhold, *Ujamaa*. Zu den Kontinuitäten zwischen kolonialer und postkolonialer Landwirtschaftspolitik: Schneider, »Colonial Legacies«; ders., »Freedom«; Jennings, »We Must Run«.

83 *The Standard*, 3.1.1968, S. 1.

84 Tordoff, *Government*, S. 118ff.; Bienen, *Tanzania*, S. 322; Ingle, *From Village to State*, S. 138.

85 Ingle, *From Village to State*, S. 138.

derner« Hygiene, Kindererziehung und Haushaltsführung. Dann gab es noch eine Reihe bezahlter Hilfskräfte, genannt *Field Staff*.[86] Sie überwachten in der Regel die öffentlichen Arbeiten und zeichneten dafür verantwortlich, dass sich niemand von öffentlichen Einsätzen freikaufte.[87]

Die Gesellschaft der *Counterparts* reproduzierte letztendlich die häufig erst als Effekt kolonialer Regierungspraktiken gebildeten oder auch imaginierten Dorfhierarchien. Entsprechend weit gesteckt waren meist die Handlungsspielräume solcher Akteure. Gerade in Projekten der *Hilfe zur Selbsthilfe* verfolgten viele eigene Interessen. Es war an der Tagesordnung, dass bei der Einteilung für unentgeltlich zu leistende öffentliche Arbeiten die eigene Familie, nahestehende Nachbarn oder Freunde geschont wurden.[88] Mit Andreas Eckert gesprochen waren jene *Counterparts* »kulturelle Makler – Menschen zwischen den Welten«, die einerseits eine Affinität gegenüber den Heilsversprechen von »Modernität und Entwicklung« demonstrierten, und andererseits in indigenen, traditionellen Sozialstrukturen verhaftet schienen, was immer wieder Probleme mit sich brachte.[89] Hier formierten sich »New Tribes« einer afrikanischen Entwicklungsphalanx, die überaus eifrig immer dann Allianzen mit britischen Experten einging, wenn sie Vorteile erkannte – welcher Art auch immer.[90]

Der Weg zur Gewalt war nicht weit.

5. *Hilfe zur Selbsthilfe* und Gewalt

Erste Zweifel an der Heilsgewissheit des vermeintlich idealen Entwicklungsprinzips der *Hilfe zur Selbsthilfe* kamen Ende der 1950er Jahre unter britischen Kolonialbeamten auf. Einige gescheiterte Projekte des *Community Development* in Großbritannien boten die Aufhänger. In ein paar Dörfern Yorkshires hatte die Arbeitslosigkeit zugenommen, in Selbsthilfe errichtete öffentliche Gebäude verrotteten. Und die Vorstädte Glasgows galten wegen marodierenden Jugendbanden nach wie vor als unsicher – trotz zahlreicher Versuche von *Community Development Workers*, hier Abhilfe zu schaf-

86 Vgl. Eckert, *Herrschen und Verwalten*, S. 145, 147, 150.
87 Ebd., S. 151.
88 Vgl. Liebenow, *Colonial Rule*.
89 Eckert, *Herrschen und Verwalten*, S. 165–178; ders., »Cultural Commuters«.
90 Hannerz, »Cosmopolitans«; Appadurai, *Modernity*.

fen. Diese schlechten Erfahrungen nahmen britische Kolonialbeamte zum Anlass für die Warnung, wenn *Hilfe zur Selbsthilfe* in Großbritannien scheitern könne, müsse man auch am Viktoriasee und in den Usambara Bergen mit großen Schwierigkeiten rechnen. Ein Grund seien theoretisch-methodische Schwächen des Konzepts. So würden Theoretiker der *Hilfe zur Selbsthilfe* mit einer »geradezu mystischen« Heilsgewissheit auftreten, wenn sie von »felt needs«, »indirect approach« und »working within a culture« sprächen.[91] Dabei erweise sich häufig recht schnell, dass gerade die von den Dorfbewohnern geäußerten Bedürfnisse sinnlos, nicht zu realisieren oder keinesfalls nachhaltig seien. Allzu häufig würden Gemeindevertreter immer mehr Personal einstellen wollen, um arbeitslose Verwandte oder Freunde zu versorgen. Auch wünsche man sich oft möglichst »auffällige und große Gebäude«, entweder weil sich *Chiefs* auf diese Art und Weise ein Denkmal setzen wollten oder weil man mit einem möglichst modernen und großen Krankenhaus Nachbargemeinden übertrumpfen wolle. Solche Wünsche müsse der *Community Development Officer* dann jeweils mit viel Mühe und Einfühlungsvermögen ausreden.[92] Immer wieder berichteten die Regionalkommissare überdies, dass die Angehörigen des *Community Development Staff* ihre Zeit vor allem damit verschwenden müssten, den Menschen in den Dörfern die Politik der Regierung zu erläutern, was keineswegs zu vermehrtem Engagement führe.[93] Bau- und schulpolizeiliche Inspektionen stellten fest, dass in *Hilfe zur Selbsthilfe* errichtete Gebäude, Straßen, Wasserleitungen unsicher und mangelhaft seien.[94]

Im unabhängigen Tansania gab es immer wieder Berichte, dass sich besonders in den ländlichen Regionen die Lebensbedingungen der Menschen keineswegs verbessert, sondern bisweilen gar drastisch verschlechtert hätten. Die Zahl der Arbeitslosen wuchs. Es kam zu Ernährungsengpässen und Versorgungslücken beim Wasser. Mit Besorgnis kommentierten Ver-

---

91 Colonial Office, *Community Development*, S. 6.

92 Ebd., S. 23f.

93 TNA Dar, Annual Report Regional Commission 1963 Mwanza Region, S. 28.

94 TNA Dar, Acc. 578, IRG/2/II, District Council Njombe, 1965 School Inspection Reports General; TNA Dar, Acc. 516, 8 Voluntary Agency Schools, diverse Evaluationsberichte über den Zustand der Gebäude, Lehrpläne und Personal 1966–69; TNA Dar, Acc. 576, R 20/8/11, 1966–1971 District Council Njombe, Rural Development District Training Centre, Inspektionsberichte; TNA Dar, Reg. Office Pagani M 20/9, 1968–71 Medical and Health Rural Services Health Staff Community Development Staff Training, ad 70 Rundschreiben Ministry of Health and Social Welfare vom 10.7.1970 über einzureichende Berichte zu Dispensaries oder Kliniken.

treter der tansanischen Regierung bisweilen gar, dass die ehemalige britische Mandatsmacht ihre Entwicklungsexperten zunehmend abzog. Die Leute seien noch nicht bereit dafür, sich selbst zu helfen.[95] Im Verlauf der 1960er Jahre war in Berichten der VDCs an die Distriktsverwaltungen immer wieder von »untragbaren hygienischen Zuständen« in den Dörfern die Rede und man beschrieb die angebliche »Faulheit und Lethargie der Einwohner«, die einfach die Notwendigkeit nicht einsähen, sich selbst zu helfen.[96] Mehrfach schlugen die VDCs selber Strafmaßnahmen vor.[97]

Der Vorschlag, dass man bei der *Hilfe zur Selbsthilfe* mit Druck und Gewalt nachhelfen solle, kam freilich schon zu Mandatszeiten auf. Bereits 1954 hatte Nelson Rounce, ein britischer Entwicklungsexperte für Tanganjika, in einem Verbesserungsvorschlag bezüglich der *Hilfe zur Selbsthilfe* zu Händen des *Colonial Office* festgehalten: »The African must be compelled to help himself. [The] African must be compelled – and forcibly too – to improve the conditions under which he lives, with his own hands.«[98]

Hieß es in tansanischen Dorfversammlungen im Juni 1965 noch, dass »freiwillige Arbeit« in der Kolonialzeit eigentlich »Zwangsarbeit« bedeutet habe und dass diese Zeiten nun vorbei seien,[99] war im Februar 1967 schon die Mehrheit der Versammelten dafür, nunmehr ab und an bei der Selbsthilfe mit Stockschlägen nachzuhelfen, da immer weniger Menschen zur Arbeit erscheinen würden.[100]

In der Praxis finden sich für die 1960er Jahre zahlreiche Hinweise auf eine breite Palette von Druck und Gewalt im Rahmen der *Hilfe zur Selbsthilfe*: Säumige wurden ermahnt, vor die Dorfversammlung zitiert und öf-

---

95 Government of Tanganyika, *Development Plan for Tanganyika 1961/62 to 1963/64*, Dar es Salaam 1961. Vgl. Pratt, *Critical Phase*, S. 174ff.

96 TNA Dar, Acc. 518, Reg. Office Kilimanjaro, Pare District, Station Moshi, D 30/11 Development Committees Other Regions, Regionalentwicklungsplan der Region Morogoro vom 30.9.1966. Vgl. TNA Dar, Annual Report Regional Commission 1963 Southern Region, Supplementary Information to the Three-Year Territorial Development Plan, S. 10.

97 TNA Dar, Acc. 518, Reg. Office Kilimanjaro, Pare District, Station Moshi, D 30/11 Development Committees Other Regions, Regionalentwicklungsplan der Region Morogoro vom 30.9.1966.

98 Zitiert nach: Maguire, *Toward ›Uhuru‹*, S. 24.

99 TNA Dar, Acc. 304, L5/8A/29, Reg. Office Handeni, Zusammenkunft vom 23.6.1965.

100 TNA Dar, Acc. 304, L5/8A/29, Reg. Office Handeni, Zusammenkünfte vom 17.2.1967 und vom 22.3.1967. Vgl. Ingle, *From Village to State*, S. 101ff.

fentlich als »Feinde der Entwicklung« beschimpft.[101] Auch machte im Jahr 1964 die Geschichte eines tansanischen Agrarexperten aus Tanga die Runde, der von einer Gruppe, die sich nicht an Erntearbeiten des *Community Development* beteiligt hatte, um Nahrungshilfe gebeten worden war und zur Antwort gegeben haben soll: »Yes, government officers will help you. We'll help bury you after you die of laziness«.[102] Ebenso finden sich immer wieder Berichte, dass Eltern verboten wurde, ihre Kinder auf jene Schulen zu schicken, an deren Bau sie sich nicht beteiligt hatten. Kranken und Verletzten wurde die Inanspruchnahme von *Dispensaries* und Krankenhäusern verwehrt, wenn man ihnen vorwarf, nichts zu ihrem Unterhalt beigetragen zu haben. Und nicht zuletzt gab es immer wieder körperliche Strafen, wie Stockschläge und Peitschenhiebe.[103]

Wie schnell und wie massiv Gewalt von der Praxis der *Hilfe zur Selbsthilfe* in Dorfgesellschaften, die alltäglich mit Ressourcenknappheit zu kämpfen hatten, ausgehen konnte, vermitteln die Akten des *Handeni District Councils* von einer Dorfversammlung im April 1968. Darin wird berichtet, dass man Frauen mit dem Vorwurf vorgeführt habe, ein Hühnerzuchtprojekt sträflich vernachlässigt zu haben, für das sogar der Distriktbeamte persönlich Geld gespendet hatte. Das VDC befragte die verschämten Frauen nach den Gründen. Als sie nicht antworteten, bezichtigte man sie, daran Schuld zu tragen, dass die Kinder des Dorfes nun Hunger leiden müssten, denn ihnen fehlten die notwendigen Eier für ihre Nahrung. Das VDC, so der Bericht weiter, beschimpfte die Frauen öffentlich als »Schmarotzer«. Sie wurden selbst von ihren Nachbarn bespuckt, an den Haaren gezogen und herumgestoßen. Man zwang sie, Passagen aus Nyereres »Arusha-Erklärung«[104] auswendig aufzusagen, welche die Verantwortung jedes Einzelnen an der Entwicklung des Landes herausstellten. Dem nicht genug. Als das VDC die versammelte Dorfgemeinschaft fragte, ob man den Frauen mit einigen Streichen der *Kiboko* – der Peitsche des einstigen

101 TNA Dar, Acc. 563, 30, 4, 1, Reg. Office Pangani, Bericht des VDC im Bereich Limbangaa vom 29.2.1971.

102 Zitiert nach: Ingle, *From Village to State*, S. 93.

103 TNA Dar, Acc. 563, Reg. Office Pangani, 30, 4, 1, Bericht des VDC im Bereich Limbangaa vom 29.2.1971.

104 In der sogenannten »Arusha-Erklärung« vom 5.2.1967 entwickelte Nyerere Strategien gegen die nur schleppenden Entwicklungen im Land, gegen wachsende soziale Ungleichheit und oft politisch gebundene »Entwicklungshilfe«. Er propagierte erneut *Hilfe zur Selbsthilfe*, die vor allem auf den *Ujamaa*-Dörfern praktiziert werden sollte. Nyerere, »Arusha Declaration«.

deutschen Kolonialbeamten, die noch immer im Dorf verwahrt wurde – einen Denkzettel verpassen solle, hätten die Dorfbewohner begeistert applaudiert.[105]

Wenngleich in offiziellen Berichten im Tansania der 1960er und 1970er Jahre immer wieder die Bedeutung der Friedlichkeit und Freiwilligkeit in der *Hilfe zur Selbsthilfe* hervorgehoben und das gute Verhältnis zwischen Bauern, Dörfern und Entwicklungsbeamten betont wurde,[106] waren Gewalt und Zwang anscheinend keine Ausnahme. Zumindest erwiesen sich diese – wie im Fall des Berichts aus Handeni – als ein in öffentlichen Diskursen vertretbares Mittel, Säumige zu bestrafen und die anwesende Gesellschaft aufeinander einzuschwören. Auf welche Art und vor welchem Hintergrund auch immer solche Gewaltexzesse stattgefunden haben mögen, man konnte über sie sprechen und damit die Funktionsweise der *Hilfe zur Selbsthilfe* vor Ort beschreiben. Mit dem scheinbar freiheitlichen Prinzip der *Hilfe zur Selbsthilfe* konnten somit immer wieder, scheinbar ohne innere Widersprüche, Konflikte in Zusammenhang gebracht werden, die von Druck, Sanktionen und Gewalt erzählten.

Und hier ist eben gerade nicht jene Gewalt der rationalen Deutungen und Praktiken des »staatlich-autoritären Hochmodernismus« gemeint, die James C. Scott am Beispiel der tansanischen *Ujamaa*-Dörfer herausgestellt hat.[107] In Scotts Deutung wird lokalen Akteuren, die sich Entwicklungspraktiken letztlich aneigneten, sie mit trugen, konterkarierten und mit Gewalt in Zusammenhang brachten, kein eigenständiger Handlungsraum zugestanden. Für seine durchaus luzide Interpretation modernisierender Strategien und Gewaltdispositive der Entwicklungszusammenarbeit ist eine Perspektive auf die Lokalisierung des globalen Phänomens Entwicklung, auf die Praktiken, Deutungen und Wahrnehmungen vor Ort, letztlich entbehrlich. Damit bleibt in Scotts Deutung mehr oder minder implizit die Vision von »guter«, weil »selbstbestimmter« Entwicklung erhalten. Wie ambivalent sich nun gerade jene Formen von Entwicklung in der Praxis vor Ort erweisen konnten, macht allerdings die hier aufgezeigte Perspektive auf das Geschehen in dem betreffenden Dorf des Bezirks Handeni 1968 deutlich. Wie gezeigt, lässt sich hier ein situativer Handlungs- und Deutungskonflikt erkennen, der *innerhalb* des Bezugsrahmens der Selbsthilfe entstand und mit Gewalt oder zumindest dem Sprechen über Gewalt

---

105 TNA Dar, Acc. 304, L5/8A/29, Reg. Office Handeni, Zusammenkunft vom 28.4.1968.
106 Vgl. TNA Dar, Annual Report Regional Commission 1964 Coast Region, undatiert, S. 4.
107 Scott, *Seeing Like a State*, S. 223–261.

verflochten war. *Hilfe zur Selbsthilfe* erweist sich als ein in seinen humanitären Prämissen überaus fragiles Konstrukt, das Gewaltstrukturen gerade aus seinen Praktiken heraus freisetzen konnte. Damit konnte *Hilfe zur Selbsthilfe* bisweilen Facetten annehmen, die für das Gegenteil ihrer Prinzipien standen. Selbstbestimmung wurde zu Zwang; freiheitliche Gewaltlosigkeit zur kolonialen Züchtigung. In Anbetracht dieses Befundes wird die Utopie einer »guten« Entwicklungspraxis generell fraglich.

Freilich wäre es verkürzt, die Gewalt im Bezirk Handeni und anderen Regionen Tansanias lediglich als »Praxis der kleinen Leute« oder als Versagen gruppensolidarischen Handelns zu interpretieren. Im postkolonialen Tansania der 1960er und 1970er Jahre wurden solche Vorfälle durch die Regierung Nyereres zunächst geduldet, und später zunehmend aktiv gefördert. Auch in den staatlichen Stellungnahmen ist chronologisch eine allmähliche Steigerung zu erkennen, die Ermahnungen vorsah und Strafen duldete, bis hin zum endgültigen Ausschluss von allen, die sich nicht an der Entwicklung Tansanias beteiligen wollten oder konnten. Bereits 1962 ließ Nyerere verlauten, auch in der vorkolonialen Zeit Tanganjikas hätte man keine »Schmarotzer« ohne Sanktionen mitgetragen.[108] Jeder müsse in der Gesellschaft des freien Tansania arbeiten.[109] »Müßiggang und Herumtrödeln« sei künftig streng verboten, war in der Regierungszeitung *Uhuru* 1965 zu lesen.[110] Im Oktober 1968 wurde verlautbart, dass die Regierung nun offiziell Strafen erlaube, wenn sich jemand dem Beitrag zur *Hilfe zur Selbsthilfe* entziehe. Es sei den VDCs ferner erlaubt und empfohlen, Säumige aus Gemeinschaftsveranstaltungen auszuschließen oder mit Stockschlägen zu züchtigen.[111] 1974 schließlich lautete das Urteil Nyereres: »Faulpelze«, »Blutsauger«[112] und »abergläubische« Bauern, die sich jeder technischen Entwicklung gegenüber verschließen würden, seien in Tansania künftig unerwünscht.[113]

Um auf die globale Dimension der Geschichte der *Hilfe zur Selbsthilfe* zurückzukommen, sei darauf hingewiesen, dass sich durchaus Parallelen

108 Nyerere, »Ujamaa«, S. 165.

109 Ebd.

110 Vgl. die TANU-Zeitung *Uhuru*, 21.1.1965, zitiert nach: Brennan, »Blood Enemies«, S. 389.

111 Nyerere, »To Stop Shirkers«, S. 1.

112 Vgl. zur Semantik des Aussaugens in afrikanischen Gesellschaften: White, *Speaking with Vampires*.

113 So äußerte sich Nyerere in einer Rundfunkansprache im Dezember 1973, zitiert nach: Eckert, *Herrschen und Verwalten*, S. 256. Vgl. Hyden, *Beyond Ujamaa*, S. 130.

finden zwischen den Verhältnissen im Tansania der 1960er und 1970er Jahre und dem, was von europäischen und nordamerikanischen Selbsthilfe-Projekten berichtet wurde. Auch im »Norden« entstanden Konflikte häufig in der unmittelbaren Situation vor Ort – so jedenfalls die Berichterstattung zahlreicher Sozialarbeiter. Immer wieder ergriffen lokale Eliten autoritäre Leitungsfunktionen und verhinderten, dass die Wünsche der »einfachen Leute« zur Geltung kamen. Und nicht zuletzt kam es wie in Handeni so auch in Yorkshire oder Idaho innerhalb der jeweiligen *Community* zu Beschimpfungen, Ausgrenzungen und Gewalttaten gegen alle, die die Beteiligung an der Selbsthilfe verweigerten oder sich ihr zu entziehen versuchten.[114]

6. Schluss

Eine globalhistorische Perspektive auf die *Hilfe zur Selbsthilfe* zeigt, wie maßgeblich die Entwicklungszusammenarbeit in »Übersee« von sozialpädagogischen Laborsituationen im Europa und Nordamerika der Zwischenkriegszeit geprägt sein konnte. Was sich für die europäischen und nordamerikanischen Armen, »Asozialen« und »Landstreicher« zu bewähren schien, sollte für die »Primitiven« in Afrika ebenfalls gelten können.

Hinsichtlich ihrer Konzeption und Praktiken kann man gerade die *Hilfe zur Selbsthilfe*, dieses bis heute als mustergültig gepriesene Instrument der Entwicklungs*zusammenarbeit*, als äußerst vielschichtiges Ergebnis kolonialer Zivilisierungsmissionen und Herrschaftstechniken seit Ende der 1920er Jahre interpretieren. Auf keinen Fall stellte die Dekolonisation in dieser Hinsicht einen Bruch dar. Auch im postkolonialen Staat ging es darum, möglichst klare Entwicklungsziele vor Ort effizient durchzusetzen – neben aller Utopie, dass sich die Bevölkerung auf diese Weise selbst verwirklichen könne. Auch enthielt die Denkfigur, dass persönliches Engagement immer die »freiwillige Teilnahme« anderer nach sich ziehe, Elemente des kolonialen mechanistischen Gesellschaftsverständnisses. Hierher gehört etwa die Annahme, dass gemeinsame Arbeit die Bewohner eines Dorfes automatisch fester zusammenschließe.[115] Die Vorstellung, dass sich Afrikaner im-

114 Vgl. entsprechende Hinweise in: Community Development Project Working Group, »British National Communtiy Development«; Brady, »The Case«.

115 Vgl. deutlich in: Colonial Office, *Community Development*, S. 72.

mer engagierter einbringen würden, je mehr Erfolge sie sähen,[116] verweist außerdem auf paternalistisch-kolonialistische Gesten der »Erziehung des Negers zur Arbeit«, die um die Mitte des 19. Jahrhunderts formuliert worden sind.[117]

Es wurde für die koloniale wie postkoloniale Zeit in Tanganjika gezeigt, wie Entwicklungskonzepte und -praktiken, die immer wieder auf Selbstbestimmung, die Förderung indigener Wünsche und Ziele rekurrierten, in einer zugleich konsequenten und paradoxen Weise mit dem Zwang einhergingen, jene Menschen, die sich bei öffentlichen Arbeiten nicht einbringen konnten oder wollten, als »primitiv« und »nicht entwickelbar« zu stigmatisieren. Gewalt bis hin zu Stockschlägen war offensichtlich im Tanganjika der 1960er Jahre an der Tagesordnung. Zumindest scheint es nicht widersprüchlich gewesen zu sein, über den »freiwilligen Charakter« der *Hilfe zur Selbsthilfe* in Verbindung mit Zwangsmaßnahmen zu berichten.

Bei näherer Betrachtung erscheint die Brücke am Mount Meru als das Resultat eines selten geglückten Ausnahmefalls der *Hilfe zur Selbsthilfe*. Vielleicht handelte es sich bei den Berichten über den Bau dieser Brücke aber auch um Erzählungen von einem Wunschtraum, von Visionen und Utopien einer »besseren Entwicklungspraxis«.

So versteht sich dieser Beitrag zur Geschichte der *Hilfe zur Selbsthilfe* nicht zuletzt als Kritik an einem bis heute andauernden Entwicklungskonzept, das nach wie vor für die Verwirklichung der Visionen von Gleichberechtigung und Selbstbestimmung steht. Man muss die entwicklungspolitische Heilsgewissheit des »Miteinanders« fundamental in Frage stellen, die ihre überaus machtvollen Beharrungs-, Deutungs- und Durchsetzungskräfte gerade daraus schöpft, dass sie immer wieder so inszeniert wird, als wäre sie über viele Abgründe der Entwicklungszusammenarbeit erhaben.

---

116 The Secretary General of the United Nations to the Trusteeship Council, 19th June 1956, zitiert nach: Colonial Office, *Community Development*, S. 70.

117 Vgl. die zitierten Quellen in: Markmiller, *Die Erziehung*.

Literatur

Adult and Mass Education Sub-Committee, *Mass Education in African Society,* London 1943.

Appadurai, Arjun, *Modernity as Large. Cultural Dimensions of Globalization*, Minneapolis 2001.

Arbeitswissenschaftliches Institut, »Die eingeborenen Lohnarbeiter in der Produktionswirtschaft Ostafrikas«, *Das Neue Protokoll*, November 1938, S. 117–122.

Benedict, Ruth, *Patterns of Culture,* Cambridge Mass. 1934.

Bienen, Henry, *Tanzania: Party Transformation and Economic Development*, Princeton 1967.

Bitterli, Urs, *Die Wilden und die Zivilisierten*, München 1976.

Blumer, John, *Education for Citizenship* [in Tabora School], 13.5.1949, Dar es Salaam 1949.

Bohnsack, Fritz, *John Dewey, Ein pädagogisches Porträt*, Weinheim 2005.

Brady, Charles C., »The Case Against Self-Help«, *Community Development Journal*, Jg. 2, H. 8 (1967), S. 16–21.

Brain, James L., »A Bridge in Meru«, *Community Development Journal*, Jg. 4, H. 1 (1969), S. 17–23.

Brennan, James, »Blood Enemies. Exploitation and Urban Citizenship in the National Political Thought of Tanzania, 1958–1975«, *Journal of African History*, Jg. 47 (2006), S. 389–413.

Carins, John S., *Bush and Boma,* London 1959.

Colonial Office, *Community Development. A Handbook*, London 1958.

Community Development Project Working Group, »The British National Community Development Project 1969–1974«, *Community Development Journal*, Jg. 9, H. 3 (1974), S. 162–185.

Connor, Desmond M., »Four Roles for the Development Worker: An Approach to Training and Action«, *Community Development Journal*, Jg. 2, H. 8 (1967), S. 22–32.

Cooper, Frederick, *Decolonization and African Society. The Labor Question in French and British Africa*, Cambridge 1996.

Dalafosse, Maurice, *Les Civilisation Disparues: Les Civilisations Négro-Africains*, Paris 1925.

— , *Broussard ou les états d'ame d'un colonial*, Paris 1923.

Delavignette, Robert, *Les Paysons Noires*, Paris 1931.

Dewey, John, *Democracy and Education: An Introduction to the Philosophy of Education*, New York 1916.

— /Tufts, James, *Ethics,* New York 1908.

Eckert, Andreas, »Cultural Commuters: African Employees in Late Colonial Tanziania«, in: Benjamin M. Lawrance/Emily Lynn Osborn/Richard L. Roberts (Hg.), *Intermediaries, Interpreters, and Clerks. African Employees in the Making of Colonial Africa,* Madisnon Wisc. 2006, S. 248–269.

— , »Exportschlager Wohlfahrtsstaat? Europäische Sozialstaatlichkeit und Kolonialismus in Afrika nach dem Zweiten Weltkrieg«, *Geschichte und Gesellschaft*, Jg. 32 (2006), S. 467–488.

— , *Herrschen und Verwalten. Afrikanische Bürokraten, staatliche Ordnung und Politik in Tanzania*, München 2007.

— /Wirz, Albert, »Wir nicht, die Anderen auch. Deutschland und der Kolonialismus«, in: Sebastian Conrad/Shalini Randeria (Hg.), *Jenseits des Eurozentrismus. Postkoloniale Perspektiven in den Geschichts- und Kulturwissenschaften*, Frankfurt/M. 2002, S. 372–392.

Edgerton, Robert B., *Trügerische Paradiese. Der Mythos von den glücklichen Naturvölkern*, Hamburg 1994 [1992].

Ellerman, David, *Helping Others Help Themselves. From the World Bank to an Alternative Philosophy of Development Assistance*, Ann Arbor 2005.

Escobar, Arturo, *Power and Visibility: The Invention and Management of Development in the Third Word*, Ann Arbor 1986.

Ferguson, James, *The Anti-Politics Machine. Development, Depoliticization, and Bureaucratic Power*, Cambridge Mass. 1990.

Forster, George M., *Traditional Cultures and the Impact of Technological Change*, New York 1962.

Freire, Paulo, *Pädagogik der Unterdrückten. Bildung als Praxis zur Freiheit*, Reinbek 1972 [1970].

Freyhold, Michaela von, *Ujamaa Villages in Tanzania. Analysis of a Social Experiment*, London 1979.

Galtung, Johan, *Toward Self-Reliance and Global Interdependence. Reflections on a New International Order and North-South Cooperation*, Ottawa 1978.

Gans, Herbert, *The War Against the Poor. The Underclass and Anti-Poverty-Policy*, New York 1995.

Gulliver, Philip H., *Social Control in an African Society. A Study of the Arusha: Agricultural Masai of Northern Tanganyika*, London 1963.

Hannerz, Ulf, »Cosmopolitans and Locals in World Culture«, in: Mike Featherstone (Hg.), *Global Culture: Nationalism, Globalization and Modernity*, London 1990, S. 237–252.

Hyden, Goran, *Beyond Ujamaa in Tanzania. Underdevelopment and an Uncaptured Peasantry*, Berkeley 1980.

Ingle, Clyde R., *From Village to State in Tanzania. The Politics of Rural Development*, Ithaca 1972.

— , »The Ten-House Cell System in Tanzania. A Consideration of an Emerging Village Insitution«, *Journal of Developing Areas*, Jg. 6 (1972), S. 211–226.

Jennings, Michael, »We Must Run While Others Walk. Popular Participation and Development Crisis in Tanzania«, *Journal of Modern African Studies*, Jg. 41 (2003), S. 163–187.

Joerges, Bernward, »Community Development«, in: Hans Besters/Ernst E. Boesch (Hg.), *Entwicklungspolitik. Handbuch und Lexikon*, Berlin/Mainz 1966, Sp. 1063–1074.

Jones, Gwyn E., »Rural Development and Agricultural Extension: A Sociological View«, *Community Development Journal*, Jg. 2, H. 6 (1967), S. 26–33.

Katz, Michael B., *The Undeserving Poor. From the War on Poverty to the War on Welfare*, New York 1989.

Leeuwis, Cees, *Communication for Rural Inovation: Rethinking Agricultural Extension*, Oxford 2004.

Lemarchand, René, »Village by Village Nation Building in Tanzania«, *Africa Report*, Jg.10 (1965), S. 11–15.

L'Etoile, Benoît de u.a. (Hg.), *Empires, Nations and Natives. Anthropology and State-Making*, Durham 2005.

Levine, Katherine, »The TANU-Ten-House Cellsystem«, in: Lionel Cliffe/John Saul (Hg.), *Socialism in Tanzania*, Bd. 1, Dar es Salaam 1972, S. 329ff.

Lévy-Bruhl, Lucien, *La Mentalité Primitive*, Paris 1922.

Liebenow, Gus J., *Colonial Rule and Political Development in Tanzania: The Case of the Makonde*, Evaston 1971.

Lindner, Rolf/Musner, Lutz (Hg.), *Unterschicht. Die Entdeckung der »Armen« in Geschichte und Gegenwart*, Freiburg 2008.

Lyotard, Jean-François, *Das postmoderne Wissen. Ein Bericht*, Wien 2005 [1979].

Maguire, George Andrew, *Toward ›Uhuru‹ in Tanzania: The Politics of Participation*, Cambridge 1969.

Malinowski, Bronislaw, *Dynamics of Cultural Change: An Inquiry into Race Relations in Africa*, New Haven 1945.

— , »Die Funktionaltheorie« [1939], in: ders., *Eine wissenschaftliche Theorie der Kultur*, Frankfurt/M. 2005, S. 19–44.

— , »Native Education and Culture Contact«, *The International Review of Missions*, Jg. 25 (1936), S. 480–515.

Markmiller, Anton, *Die Erziehung des Negers zur Arbeit: Wie die koloniale Pädagogik afrikanische Gesellschaften in die Abhängigkeit führte*, Berlin 1995.

Mauss, Marcel, »Die Gabe. Form und Funktion des Austauschs in archaischen Gesellschaften« [1923], in: ders., *Soziologie und Anthropologie*, Bd. 2, Frankfurt/M. 1968, S. 1–144.

— , »Note sur la nomenclature des phénomènes religieux«, *L'Année Sociologique*, Jg. 9 (1906), S. 248–251.

Müller, Julius Otto (Hg.), *Gesellschaftspolitische Konzeptionen der Förderung von Selbsthilfe durch Fremdhilfe in Afrika. Theorie und Praxis im Text konkreter Vorhaben*, Marburg 1981.

Mumford, Walt Bryant/Jackson, Richard, »The Problem of Mass Education in Africa«, *Africa*, Jg. 11 (1938), S. 187–207.

Nyerere, Julius K., »Arusha Declaration«, in: ders., *Freedom and Socialism. A Selection from Writings and Speeches 1965–1967*, Dar es Salaam 1968, S. 231–250.

— , »To Stop Shirkers: President's Measures«, *The Standard*, 18.10.1968, S. 1.

— , »Ujamaa: The Basis of African Socialism«, in: ders., *Freedom and Unity/Uhuru na Umoja. A Selection from Writings and Speeches 1942–1965*, Dar es Salaam 1966, S. 162–171.

O'Barr, Jean F., »Cell Leaders in Tanzania«, *African Studies Review*, Jg. 15 (1972), S. 437–465.

— /Samoff, Joel (Hg.), *TANU Cell Leaders in Tanzania*, Nairobi 1974.

Oeser, Oscar Adolph/Emery, Frederick Edmund, *Information, Decision and Action: A Study of Changes in Farming Techniques*, London 1958.

Orr, John Boyd/Gilks, John, »The Nutritional Condition of the East African Native«, *The Lancet*, Jg. 1 (1927), S. 562.

Orwell, George, *1984*, Konstanz 1964 [1949].

Picard, Louis A., »Attitudes and Development. The District Administration in Tanzania«, *African Studies Review*, Jg. 23 (1989), S. 49–67.

Pratt, Cranford, *The Critical Phase in Tanzania 1945–1968. Nyerere and the Emergence of a Socialist Strategy*, Cambridge 1976.

Ranger, Terence, »Kolonialismus in Ost- und Zentralafrika. Von der traditionellen zur traditionalen Gesellschaft: Einsprüche und Widersprüche«, in: Jan-Heeren Grevemeyer (Hg.), *Traditionale Gesellschaften und europäischer Kolonialismus*, Frankfurt/M. 1981, S, 16–46.

— , »The Invention of Traditon in Colonial Africa«, in: Eric Hobsbawm/Terence Ranger (Hg.), *The Invention of Tradition*, Cambridge 1983, S. 211–262.

Raum, Otto F., *Umgang mit Völkern: Bantu*, Nürnberg 1957.

Robertson, Roland, »Glokalisierung, Homogenität und Heterogenität in Raum und Zeit« [1995], in: Ulrich Beck (Hg.), *Perspektiven der Weltgesellschaft*, Frankfurt/M. 1998, S. 192–220.

Ruthenberg, Hans, *Agricultural Development in Tanganyika*, Berlin u.a. 1964.

Samoff, Joel, *Tanzania. Local Politics and the Structure of Power*, Madison Wisc. 1974.

Saville, John, *The Politics of Continuity: British Foreign Policy and the Labour Government, 1945–46*, London 1993.

Schneider, Leander, »Colonial Legacies and Postcolonial Authoritarianism in Tanzania: Connects and Disconnects«, *African Studies Review*, Jg. 49 (2006), S. 93–118.

— , »Freedom and Unfreedom in Rural Developmkent: Julius Nyere, Ujamaa Vijinii, and Villagization«, *The Canadian Journal of African Studies*, Jg. 38 (2004), S. 344–393.

Scott, James C., *Seeing Like a State. How Certain Schemes to Improwe the Human Condition Have Failed*, New Haven/London 1998.

Sieberg, Herward, *Colonial Development. Die Grundlegung moderner Entwicklungspolitik durch Großbritannien, 1919–1949*, Stuttgart 1985.

Simmel, Georg, *Untersuchungen über die Formen der Vergesellschaftung*, Frankfurt/M. 1992 [1908].

Smyth, Rosalyn, »The Roots of Community Development in Colonial Office Policy and Practice in Africa«, *Social Policy and Administration*, Jg. 38 (2004), S. 418–436.

Spicer, Edward H., *Human Problems in Technological Change*, New York 1952.

Stokes, Anson Phelps, »Readings«, in: David G. Scanlon (Hg.), *Traditions of African Education. Classis in Education,* New York 1964, S. 73ff.

TANU Constitution, Dar es Salaam 1954.

Tilly, Helen/Gordon, Robert J. (Hg.), *Ordering Africa. Anthropology, European Imperialism, and the Politics of Knowledge*, Manchester/New York 2007.

Tordoff, William, *Government and Politics in Tanzania,* Nairobi 1967.

Truman, Harry, *Years of Trial and Hope: Memoirs*, Bd. 2, Garden City NY 1956.

United Nations Economic and Social Council, *Official Records, 9th Session*, Supplement Nr. 1, New York 1949, (E/1553, 15.8.1949).

White, Luise, *Speaking with Vampires. Rumor and History in Colonial Africa,* Berkeley 2000.

Entwicklungsutopien und globale Identitäten: Südkoreanische Krankenschwestern in der Bundesrepublik Deutschland der 1960er und 1970er Jahre

Young-Sun Hong

»Alle Menschen, ungeachtet ihrer Rasse, ihres Glaubens und ihres Geschlechts, haben das Recht, materiellen Wohlstand und geistige Entwicklung in Freiheit und Würde, in wirtschaftlicher Sicherheit und unter gleich günstigen Bedingungen zu erstreben.«[1]

In den späten 1960er und frühen 1970er Jahren war die Bundesrepublik Deutschland in eine Anzahl internationaler Skandale zum Menschenhandel mit jungen asiatischen Frauen verwickelt. Die indische Öffentlichkeit war empört, als bekannt wurde, dass 240 indische Frauen, viele von ihnen noch Jugendliche, über Jahre hinweg zu niedrigster Arbeit in bundesdeutschen Krankenhäusern und Altenheimen gezwungen wurden. Obwohl diese indischen Frauen mit dem Versprechen einer qualitativ hochwertigen Ausbildung zur Krankenschwester nach Deutschland gelockt worden waren, verbrachten sie in Wirklichkeit die meiste Zeit damit, Toiletten zu putzen und Böden zu schrubben. Viele von ihnen hatten in psychiatrischen Einrichtungen zu arbeiten, die beim deutschen Pflegepersonal zu jener Zeit wegen der angeblichen Gefährlichkeit psychisch Kranker sehr unbeliebt waren. Diese Verhältnisse führten zu massiven diplomatischen Schwierigkeiten: Das indische Parlament forderte über die Botschaft in Neu-Delhi die bundesdeutsche Regierung auf, den Sachverhalt zu untersuchen und die Missstände zu beheben.[2]

Der Skandal schlug europaweit Wellen: 1970 berichtete unter anderem die britische *Sunday Times*, dass mehrere Orden der römisch-katholischen Kirche mit Sitz in Europa und besonders in Westdeutschland in den »Han-

1 »Erklärung von Philadelphia« der Internationalen Arbeitsorganisation (IAO) vom 10.5.1944, Paragraph II, Absatz a), http://www.ilo.org/public/german/region/eurpro/bonn/download/philadelphia.pdf (4.2.2009).

2 Vgl. Westdeutsche Botschaft in Neu-Delhi an das Auswärtige Amt in Bonn, Politisches Archiv des Auswärtigen Amtes (im Folgenden: PAAA), B85/2196.

del« mit indischen Frauen verwickelt seien.[3] Es wurde berichtet, dass viele Orden junge Frauen aus dem indischen Kerala rekrutierten, weil sie angesichts eines noch nie da gewesenen Mangels an Novizinnen Arbeitskräfte für die notwendigen niederen Arbeiten in ihren Kliniken und Pflegeheimen benötigten. Auch *China Mail* aus Hongkong wusste vom »Verkauf« junger Frauen nach Westdeutschland.[4] Junge Chinesinnen wurden gegen »Entschädigung« angeworben, und man versprach ihnen eine Ausbildung zur Krankenschwester. Dann wurden sie aber als Hilfskräfte und Putzpersonal in Krankenhäusern ausgebeutet – so die Berichte der *China Mail* und anderer Zeitungen. In Westdeutschland gab es keine ernst zu nehmende öffentliche Diskussion über das Schicksal dieser Frauen aus Indien oder China. Die Verletzung ihrer Menschenrechte wurde nicht erwähnt.

Während des Zweiten Weltkrieges gewannen Diskurse über Menschenrechte in der internationalen Politik an Bedeutung. Bereits das Programm des angloamerikanischen Kreuzzugs gegen den Totalitarismus, das in Roosevelts »Vier Freiheiten« und in der Atlantik-Charta formuliert wurde, enthielt die wesentlichen Grundideen zu Menschenrechten. Wie Elizabeth Borgwardt festgehalten hat, implizierte die Atlantik-Charta, »that ideas about the dignity of the individual were an appropriate topic of international affairs«. Das Dokument markiere daher »a defining, inaugural moment for what we now know as the modern doctrine of human rights«.[5] In den USA und manchen europäischen Staaten setzten sozialstaatliche Maßnahmen an diesem Versprechen »moderner Menschenrechte« auf ein selbstbestimmtes Leben an.

Aus der Perspektive der europäischen Kolonial- und Mandatsmächte trafen diese Prinzipien nur auf Europa selbst und auf seine »weißen« Siedlungskolonien zu. »Farbige« Menschen in Asien und Afrika blieben hingegen Objekte »kolonialer Entwicklung«, die von den alten metropolitanen Mächten weiter verfolgt wurde.[6] Die kategorische Trennung zwischen so-

3 Vgl. *Sunday Times*, 22.8.1970; »Inderin: Statt Ausbildung Sklavenarbeit im Kloster«, *Neue Rhein-Zeitung*, 31.8.1970; »Der Nonnenfänger von Kerala«, *Die Zeit*, 4.9.1970; »Mädchen für 2000 Mark an Frauenkloster ›verkauft‹?«, *Bild*, 24.8.1970; »Mißstände, aber kein Mädchenhandel«, *Publik*, 4.9.1970; »Döpfner warnte schon 1966«, *Bonner Rundschau*, 31.8.1970. Vgl. auch »Inderinnen für europäische Klöster. Sklavenhandel unter christlichem Zeichen? – Heikle Situation für den Vatikan«, *Badische Zeitung*, 24.8.1970.

4 Laut einem Bericht des bundesdeutschen Generalkonsulats in Hongkong (1.9.1970). PAAA, B85/2196.

5 Borgwardt, *A New Deal*, S. 4.

6 Vgl. dazu Maul, *Menschenrechte*, S. 201.

zialstaatlichen und kolonialen Maßnahmen geriet allerdings auf der Bandung-Konferenz 1955 unter heftige Kritik. Hier erklärten die Regierungen der ersten postkolonialen Staaten, dass die Rechte ihrer einzelnen Bürger notwendigerweise eine Folge der nationalen Souveränität der neuen Staaten seien. Jene Erklärung eröffnete die dritte Generation des Menschenrechtsdiskurses, die auch wirtschaftliche Rechte in den Katalog der Menschenrechte einschloss.[7]

Die zunehmende Migration asiatischer Pflegekräfte in den 1960er Jahren muss im Kontext dieser Neudefinition der Menschenrechte im Zeichen nationaler Wirtschaftsentwicklung postkolonialer Staaten gesehen werden. Denn hier wurde die Frage immer brisanter, wie zwischen den Bedürfnissen der Gesellschaft, aus der man emigrierte, einerseits und den Rechten des Individuums auf persönliche Sicherheit und Entwicklung andererseits zu vermitteln sei.

Im Folgenden wird der eingangs zitierte Skandal im Mittelpunkt stehen. So werden vor allem asiatische Pflegekräfte betrachtet, die in den 1960er und 1970er Jahren nach Westdeutschland kamen – wobei es insbesondere um die südkoreanischen Frauen geht, die die Mehrheit dieser Arbeitsmigrantinnen ausmachten.

Viele jener Krankenschwestern wagten sich ans andere Ende der Welt in der Hoffnung auf ein besseres Leben für sich und ihre Familien. Die Träume dieser jungen Frauen waren jedoch – auf eine Art und Weise, die sich nur allmählich abzeichnete – mit der staatlich durchgeführten Modernisierung in Korea und in anderen asiatischen Ländern untrennbar verbunden. Tani Barlow hat in diesem Zusammenhang von der »Materialisierung der Frauenarbeit« gesprochen: »What […] the post-World War II nation-state system, and later its globalization project, achieved was the materialization of women's labor in the contemporary zones of export production, sex labor, and piecework.«[8]

7 Cheah, *Inhuman Conditions*, S. 194f.

8 Barlow, »Asian Women«, S. 290.

1. Globale Entwicklungsdiskurse

Die großen Entwicklungstheorien, die in der Entwicklungspolitik und in akademischen Kreisen während der letzten Jahrzehnte in Misskredit geraten sind, stellten zum Höhepunkt der Dekolonisation und des Kalten Krieges das elementare Schema dar, nach dem in Staaten der Ersten und der Dritten Welt gleichermaßen globale Muster des sozioökonomischen und des politischen Wandels gedeutet wurden.[9] Dabei konnte Entwicklung von den beteiligten Akteuren sehr unterschiedlich gedeutet werden. Im kapitalistischen Westen machten die Vorstellungen von Entwicklung und Modernisierung nur vor dem Hintergrund einer rassistisch durchtränkten Wahrnehmung der Dritten Welt Sinn, die sich mit einer ausufernden Sphäre des Archaischen und der Unterentwicklung konfrontiert sah, die es vorsichtig in die Moderne zu führen galt. Entwicklung, so das Leitmotiv, würde diese Länder auf dem durch die Modernisierungstheorie vorgezeichneten Weg vor ihrer eigenen Armut und ihrem Unwissen bewahren, und sie zugleich gegen die Bedrohung des Kommunismus immunisieren. Dem gegenüber verstanden die Länder des kommunistischen Blocks die Dritte Welt als ein Objekt internationaler sozialistischer Solidarität im gemeinsamen Kampf gegen die Überbleibsel des Imperialismus und gegen den Neokolonialismus. Das *telos* beider Narrative war dabei eine vorweggenommene Zukunft, deren Realisierung letztlich davon abhing, die Sympathie und das Wohlwollen der Menschen in den »armen Ländern« Afrikas oder Asiens zu gewinnen, und sie nach dem Selbstbild des Nordens umzuformen. Diese Modernisierungsprozesse waren jedoch keine transparenten und einseitigen Abläufe. Wie sehr die zwei Blöcke auch jeweils hofften, sich selbst im Spiegel der Dritten Welt zu erkennen, so verstellten gerade die Scheuklappen des Kalten Krieges und der anhaltende Rassismus ihren Blick auf den Umstand, dass auch in den Entwicklungsländern souveräne Akteure auf der Weltbühne handelten, die über lokale Werte verfügten und lokale Interessen verfolgten, und die sich deshalb in keines der beiden Modernitätsnarrative passgenau fügten.

---

9 Man muss das Konzept der Dritten Welt historisieren und vorsichtig sein bezüglich der heterogenen Geschichten, Interessen und Ideologien, die das Handeln dieser neu unabhängig gewordenen Länder beeinflussten. Trotzdem benutze ich den Begriff, um sowohl den Idealismus nationaler Befreiung, der von der blockfreien Bewegung ausging, als auch die eurozentrische Ordnung der Welt nach 1945 zu erfassen, welche die Entwicklungspolitiken und -praktiken der Geberländer im Norden des Globus bestimmte.

Für die Nationen der Dritten Welt war Entwicklung gleichbedeutend mit der Realisierung der Utopie staatlicher Unabhängigkeit, während die Vereinigten Staaten und Westeuropa Entwicklung und Modernisierung als Alternativen zu den stets latenten – und manchmal auch manifesten – sozialistischen und kommunistischen Tendenzen dieser nationalen Projekte verstanden. Für viele afrikanische und asiatische Entwicklungsdiktaturen war der kollektive Traum von Entwicklung ein wichtiger Mobilisierungsfaktor, der in ihren Bevölkerungen auf große Resonanz stieß. Zugleich hatte Entwicklung jedoch auch eine subversive Dynamik, deren Konturen im Falle jener jungen, gebildeten asiatischen Krankenschwestern mehr als deutlich wurde. Sie reisten nach Deutschland in der Erwartung, dass ihre Arbeit nicht nur der ökonomischen Entwicklungsagenda ihrer Regierungen zugute kommen, sondern auch ihre eigenen Menschenrechte befördern würde, indem sie ihnen helfe, gleichermaßen materiellem Mangel und patriarchalischer Herrschaft zu entkommen.

Es ist wichtig, die vielfältigen Formen zu untersuchen, in denen die im Entwicklungsdenken eingelassenen Grundkonflikte historisch aufgelöst worden sind. Denn erst in diesen Auseinandersetzungs- und Verhandlungsstrategien, so mein Argument, gewann der abstrakte, universalistische Begriff der Menschenrechte eine konkrete, geschichtsprägende Gestalt.

Drei Überlegungen sind dabei im Folgenden zentral: Erstens lege ich dar, dass die Geschichte der Entwicklungszusammenarbeit und der zeitgleich anwachsende Strom von Arbeitskräften aus Asien und Afrika als zwei eng miteinander verflochtene Aspekte eines größeren Prozesses zu sehen sind. Hier entstand allmählich ein neuer transnationaler sozialer Raum, der nicht adäquat erfasst werden kann, wenn man diese Vorgänge ausschließlich in den Kategorien der nationalen Geschichte sieht. Zweitens sollte man die Rolle des Staates als Akteur nicht ganz außer Acht lassen, auch wenn seine konzeptionellen und geografischen Grenzen viel unbestimmter sind als Historikerinnen und Historiker gemeinhin annahmen und heute noch häufig annehmen. Mein Beitrag wird zeigen, wie sehr der Staat als eine »Artikulationsoberfläche« zwischen dem Globalen und dem Nationalen fungierte, das heißt, wie sehr er den Einfluss globaler Kräfte auf das Innenleben der Nation gestaltete und beeinflusste und wie sehr er umgekehrt die Art und Weise geprägt hat, in der lokale Kräfte in umfassendere Globalisierungsprozesse eingebunden worden sind. Viele Autorinnen und Autoren haben den Zustand der Globalisierung in der Begrifflichkeit von Strömen, Kräften und Netzwerken beschrieben, die zwar auf ganz unterschiedlichen Ebenen wirken, aber dem regulierenden Zugriff des Nationalstaats stets unzugänglich bleiben. Diese Sichtweise verstellt den Blick auf Handlungsräume, die es immer gegeben hat. Sie verdeckt die Asymmetrien, die in den globalen Netzwerken wirken, und sie lässt die Frage außer Acht, wer von diesen Ungleichheiten profitiert hat. Dagegen soll im Folgenden herausgearbeitet werden, wie spezifische Vorstellungen von »Rasse«, Klasse und Geschlecht mithalfen, den globalen Strom der Arbeitsmigration in den Nachkriegsjahrzehnten zu strukturieren und die ungleichen Machtverhältnisse, die er verkörperte, zu legitimieren. Drittens wird argumentiert, dass die Genese des westdeutschen Sozialstaats nicht zu verstehen ist, wenn man nicht berücksichtigt, wie stark die wachsende Nachfrage nach Niedriglohn-Pflegekräften im Westen mit den Entwicklungsstrategien jener Drittwelt-Länder verbunden war, die erst das Angebot von jungen, migrationswilligen Frauen hervorbrachten. An diesem Punkt hoffe ich, dem weitgehend abstrakten Globalisierungskonzept einen handfesten Gehalt abzugewinnen. Es soll deutlich werden, wie sehr die globale Migration durch politische Entscheidungen bestimmt gewesen ist, die sich an dem jeweils nationalen Interesse orientierten, in Konkurrenz zu anderen Nationalstaaten den weltweiten Fluss von Arbeitskräften vor Ort zu kontrollieren.

In den letzten Jahren ist es üblich geworden, die Kommodifizierung der reproduktiven Arbeit von Frauen der Dritten Welt im Rückgriff auf das Konzept einer »globalen Frau« oder einer »globalen Fürsorgekette« zu analysieren. Und tatsächlich sind die globalisierten Hausangestellten zu einem starken Symbol für die Zwänge der Globalisierung geworden, deren zerstörerische Auswirkungen auf den Süden niemand bestreitet.[10] Dieser Prozess war allerdings in den 1960er Jahren bereits voll im Gange, lange bevor diese »women on the move« zu Symbolfiguren für die Ungleichheit der zeitgenössischen Globalisierung avancierten.[11] In Ländern wie Korea oder den Philippinen war die weibliche Arbeitskraft während der 1960er und 1970er Jahre in verschiedenster Art und Weise mobilisiert worden, um die nationale ökonomische Entwicklung zu unterstützen. Frauen sollten im Ausland arbeiten, um Devisen zu beschaffen und ihre Familien zu unterstützen; sie sollten mit ihrer Arbeitskraft eine Art menschliches Unterpfand für westliche Entwicklungskredite bieten; sie sollten als »industrielle Soldatinnen« in den Freihandelszonen dienen oder als Sexarbeiterinnen die

10 Vgl. Cheah, *Inhuman Conditions*, Kapitel 6.

11 Hyun Yi Kang, »Si(gh)ting«, S. 404, zitiert in Barlow, »Asian Women«, S. 290.

Nachfrage US-amerikanischer Soldaten und japanischer Touristen stillen. Allerdings wurden die Bedingungen dieser Arbeitsverhältnisse von den Regierungen an beiden Enden der »Fürsorgekette« gemeinsam festgelegt. Da die Regierungen sich sehr viel stärker für das Erreichen ihrer eigenen ökonomischen Ziele interessierten als für das Wohlergehen einzelner Frauen, kam es zu einer geschlechtspezifischen Differenzierung des Staatsbürgerrechts, das die Betroffenen deutlich benachteiligte. Doch das ist nur ein Teil des Skandals. Wir müssen erforschen, wie die Entwicklungspolitik sowohl in der Ersten als auch in der Dritten Welt zugleich auf der nationalen und auf der globalen Ebene spezifische Herrschaftsverhältnisse von »Rasse«, Klasse und Geschlecht aufgebaut und reproduziert hat. Und wir müssen untersuchen, in welcher Weise die Erfahrungen der transnationalen Krankenschwestern den subalternen Zuschreibungen entgegenstanden, in die sie von ihren Ursprungsländern und durch den geschlechts- und »rassespezifisch« differenzierten globalen Arbeitsmarkt hinein gezwungen wurden. So kann sichtbar werden, wie die Erfahrung dieser Zwangslagen Hintergrund für Widerstände bot, die sich gegen die Ungleichbehandlung innerhalb der globalen Arbeitsteilung richteten. Kollektives widerständiges Handeln wiederum bedingte neuartige, transnationale Identitäten. Einerseits wurden die Erwartungen der Arbeitsmigrantinnen im Gesundheitswesen bitter enttäuscht. Der Traum, ihren beruflichen Ansprüchen gemäß mit einem kleinen Vermögen und mit größerer fachlicher Kompetenz dereinst »nach Hause« zurückzukehren, wurde fast immer enttäuscht. Andererseits realisierten die Betroffenen aber auch, dass sich überall auf der Welt ein Zuhause einrichten ließ. Freilich war der Preis dafür hoch, denn es galt, subalterne Positionen immer wieder aufs Neue zu überwinden. Letztlich gewannen viele dieser Frauen, die von ihren westdeutschen Zeitgenossen despektierlich als »Mädchen aus Übersee« oder als »Lotus-Mädchen« bezeichnet worden waren, eine genuin transnationale Identität als Weltbürgerinnen.

2. »Can the subaltern speak?«[12]

Mit diesem Zitat aus Gayatri Chakravorty Spivaks Werk möchte ich im Folgenden die Frage aufwerfen, inwiefern, wie und wann Frauen, die in der südkoreanisch-bundesdeutschen Arbeitsmigration im Gesundheitswesen eine subalterne Position hatten, ihre Erfahrungen artikuliert haben.

Der 15. März 2006 war in dieser Hinsicht entscheidend. An diesem Tag fand die 700. »Mittwochsdemonstration« jener überlebenden koreanischen »comfort women« statt, die im Zweiten Weltkrieg zur Arbeit in japanischen Armeebordellen gezwungen worden waren.[13] Seit 1992 hatten diese Frauen – auch bei Regen oder Schnee – jeden Mittwoch vor der japanischen Botschaft in Seoul demonstriert, um die japanische Regierung zu dem Eingeständnis zu bringen, dass sie zu Sexsklaverei gezwungen worden waren, und um eine offizielle Wiedergutmachung für das erlittene Unrecht zu erstreiten. An diesem 700. Mittwoch wurden in der ganzen Welt Mahnwachen abgehalten, so auch in Deutschland, einem der wenigen europäischen Länder, in denen es solche Aktion gab. Am selben Tag hielten Mitglieder der *Koreanischen Frauengruppe in Deutschland* vor der Kaiser-Wilhelm-Gedächtniskirche in Berlin ein koreanisches Zeremoniell ab und zogen anschließend zur japanischen Botschaft in der Hiroshimastraße, wo japanische Frauenaktivistinnen zu ihnen stießen.

Die *Frauengruppe* war 1978 von koreanischen Krankenschwestern im Kampf gegen eine angekündigte Änderung der westdeutschen Regierungspolitik gegründet worden, die die Anwerbung von Krankenschwestern aus nichteuropäischen Ländern beenden wollte. Tausende von Frauen wären betroffen gewesen. Man hätte sie nach dem Ablauf ihrer Arbeits- und Aufenthaltsgenehmigungen nach und nach in ihre Heimatländer zurückgeschickt – ob sie dies nun wollten oder nicht und unbenommen der Arbeitsleistung und der widrigen Arbeitsbedingungen in der Bundesrepublik. Die Betroffenen organisierten erstmals 1978 eine Unterschriftenkampagne gegen solche Maßnahmen der Ausweisung. Sie klagten, dass die angekündigte Maßnahme ihre Menschenrechte verletze, weil sie Gastarbeiterinnen behandle als wären sie »Tiere« oder eine »Ware«, die nach Belieben benutzt und weggeworfen werden könne. Die Kampagne war zumindest teilweise erfolgreich. Vielen Koreanerinnen wurde eine dauerhafte Aufenthalts- und Arbeitsgenehmigung für die Bundesrepublik Deutschland erteilt. Die

12 Vgl. Spivak, *Can the Subaltern Speak?*

13 Vgl. http://www.womenandwar.net (4.3.2009).

Frauengruppe hatte auch Geld für südkoreanische Textilarbeiterinnen gesammelt, die für die Demokratisierung der Gewerkschaften in ihrer Heimat kämpften. Unter dem Schlagwort *Factory Light* setzte man sich dafür ein, Westdeutsche auf die südkoreanische Arbeiter- und Arbeiterinnenbewegung aufmerksam zu machen und ihre Unterstützung zu gewinnen.

Obwohl historische Untersuchungen zur Arbeitsmigration und zu den Erfahrungen von Migrantinnen und Migranten in den letzten Jahren einen regelrechten Boom erfahren haben, ist das kollektive Schicksal der asiatischen Krankenschwestern in der Bundesrepublik weitgehend unerforscht geblieben. Diese Frauen sind sofern Deutschlands »vergessene Gastarbeiter«. Ein wichtiger Anstoß zur Aufarbeitung ihrer global verflochtenen Geschichte und ihrer ambivalenten Identitätskonstruktion ging von den Kindern jener ersten Generation von Migrantinnen aus. Erst die zweite Generation war im Stande, ihre eigenen Schicksale zu benennen und auch die teilweise traumatischen Erfahrungen der Mütter vernehmbar zu machen. Es erstaunt daher nicht, dass die wichtigste Quellensammlung zum Thema – *Zuhause* – auf Deutsch erschienen ist, und nicht in Koreanisch oder in Hindi.[14] Die Herausgeberinnen, die beide als Töchter von koreanischen Krankenschwestern über 30 Jahre lang in der Bundesrepublik lebten, sammelten Erfahrungen gezielt für das deutsche Publikum, dem die misslichen Lebens- und Arbeitsumstände der Koreanerinnen in deutschen Krankenhäusern nahezu unbekannt schienen.

Der zeitliche Kontext der zunehmenden Politisierung und Radikalisierung der in der Bundesrepublik arbeitenden Krankenschwestern aus Südkorea ist nicht zu unterschätzen: Als die Bundesregierung Mitte der 1960er Jahre erstmals in großem Umfang asiatische Krankenschwestern anwarb, war der Kalte Krieg noch auf seinem Höhepunkt. In der zweiten Hälfte der 1970er Jahre verfolgten die beiden Blöcke jedoch eine Politik der *Détente*, die es Westdeutschland ermöglichte, Pflegekräfte aus Jugoslawien anzuwerben, einem der osteuropäischen Niedriglohnländer. Die deutsche Nachfrage nach asiatischen Krankenschwestern ging zurück. Zugleich setzten steigende Ölpreise und die weltweite Rezession diejenigen Regierungen in Asien unter Druck, deren Stabilität auf den positiven Effekten wirtschaftlicher Erfolge für innenpolitische Verhältnisse beruhte. Das galt insbesonders für die Philippinen und Südkorea. Die Außenhandelsbilanz beider Staaten wurde wegen der steigenden Ölpreise immer negativer. Die

14 Berner/Choi/Koreanische Frauengruppe, *Zuhause*.

Devisen einbringende Arbeitsmigration nach Europa ließ nach. Vor dem Hintergrund dieser Entwicklungen kam es zu einem präzedenzlosen und rigorosen Eingriff der Regierungen in den Arbeitsmarkt. Man förderte nunmehr den Sextourismus, um die sinkenden Transferleistungen der Arbeitsmigrantinnen zu kompensieren und um die Außenhandelsbilanz aufzubessern. Erst das spezifische Zusammentreffen dieser lokalen und globalen Kräfte führte zu Protestbewegungen und brachte eine transnationale Bewegung für Menschen- und Arbeitsrechte hervor. Aber wo liegen die Anfänge dieser bemerkenswerten Transnationalität?

3. »Letzte Hilfe für Krankenhäuser sind Asien und die dritte Welt«[15]

In einem *Spiegel*-Artikel vom August 1961 mit dem Titel »Die Bundesrepublik – Ein unterentwickeltes Land« zeigte der Autor drastisch einen katastrophalen Mangel an Krankenhausausstattung und Pflegepersonal auf. Es wurde von den skandalösen Zuständen berichtet, wie beispielsweise, dass Krebspatienten im Endstadium in Baracken und in Behelfskrankenhäusern untergebracht wurden – umgeben von Schutthaufen: »Wenn solche bedauernswerten Menschen jeden Gesundungswillen verlieren, glauben, als Todgeweihte zu gelten und im Vorraum zu einem Leichenhaus zu sein, ist dies nicht zu verdenken.«[16] Ferner war davon die Rede, dass viele überbelegte und personell unterversorgte Krankenhäuser in großen Städten täglich mehrere hundert Patienten abweisen mussten und dass diejenigen, die das Glück hatten, überhaupt aufgenommen zu werden, sich in renovierungsbedürftigen, überbelegten Zimmern wiederfanden.[17]

Der akute Personalmangel rührte hauptsächlich von zwei Entwicklungen her, die beide das Ergebnis der forcierten Nachkriegsmodernisierung der westdeutschen Gesellschaft waren. Zum einen führten das steigende Durchschnittsalter der deutschen Bevölkerung, die wachsende Bedeutung von Herz-, Gefäß- und anderen chronischen Krankheiten, die anstelle der akuten, ansteckenden Erkrankungen früherer Zeit das Gesundheitswesen

15 »Letzte Hilfe für Krankenhäuser sind Asien und die dritte Welt«, *Welt am Sonntag*, 27.7.1969.

16 *Der Spiegel*, H. 36 (1961), S. 32.

17 Vgl. auch »Die Krankheit unserer Krankenhäuser«, *Berliner Zeitung*, Oktober 1969.

zu dominieren begannen, sowie die großzügige Gesundheitsversorgung des deutschen Sozialversicherungssystems insgesamt dazu, dass mehr Krankenschwestern benötigt wurden. Auch verlängerte sich mit dem Alter der Patienten die Dauer der Krankenhausaufenthalte. Die Fortschritte in der technischen Entwicklung der medizinischen Versorgung veränderten das Berufsbild des Pflegepersonals. Die Versorgung wurde immer komplexer und der Bedarf an Krankenschwestern mit spezifischen Fähigkeiten im Ungang mit neuen Geräten stieg.[18] Zum zweiten stand die steigende Nachfrage nach Pflegepersonal einem stetig sinkenden Angebot gegenüber. Hierfür waren mehrere demografische und soziale Entwicklungen entscheidend. Das grundsätzliche Problem bestand darin, dass westdeutsche Frauen im Verlauf der 1960er Jahre immer weniger bereit waren, einen anspruchsvollen, fordernden, doch zugleich unterbezahlten Beruf zu ergreifen. Das allgemeine Wirtschaftswachstum eröffnete eine Vielzahl beruflicher Alternativen mit höherem sozialen Prestige und besserer Bezahlung in Industrie, Wirtschaft oder Handel. Auch christliche Orden, die traditionell einen beachtlichen Anteil der Krankenschwestern in den Krankenhäusern des Landes beschäftigten, überalterten ab den frühen 1960er Jahren. Es wurde immer schwieriger, eine neue Generation von Ordensschwestern und Diakonissen anzuwerben. 1962 konstatierten Tageszeitungen, dass in der Bundesrepublik 25.000 Ordensfrauen fehlen würden und gaben Prognosen ab, dass sich diese Lage in den kommenden Jahrzehnten noch zuspitzen würde.[19] Die Westdeutschen konnten diesen Bedarf an Arbeitskräften nicht in anderen, industrialisierten europäischen Ländern decken, weil diese selbst einen ähnlichen Arbeitskräftemangel zu beklagen hatten. Der Arbeitsmarkt in den weniger industrialisierten Ländern kam nicht in Frage, weil es – so die Einschätzung der bundesdeutschen Verantwortlichen dieser Zeit – den dort arbeitslosen Frauen an der notwendigen Qualifikation fehlte. Aufgrund der Aussichtslosigkeit, in Europa Krankenschwestern anzuwerben, begannen die Krankenhausverwaltungen darüber nachzudenken, ihren Arbeitskräftebedarf außerhalb Eu-

18 Es ist festzuhalten, dass mit dem Fortschritt in der Medizintechnik Männer begannen, sich für den Krankenpflege-Beruf zu interessieren und sich deren Anteil von 6,6% im Jahr 1950 auf 8,9% 1961 und auf 12,9% im Jahr 1970 stieg. Kreutzer, *Liebesdienst*, S. 29.

19 »25000 Ordensfrauen fehlen in Deutschland«, *Neue Presse*, 29.9.1962. 1962 schloss das Universitätsklinikum Würzburg drei seiner vier Gynäkologieabteilungen, weil der Mangel an jungen Mitgliedern einen Schwesternorden dazu gezwungen hatte, 36 seiner Mitglieder zurückzuziehen. »Eine Frauenklinik fast geschlossen«, *Frankfurter Allgemeine Zeitung*, 31.12.1962.

ropas zu decken. Dies war jedoch keineswegs ein gradliniger Prozess, der auch nicht nur von westdeutschen Akteuren ausging.

Ein Schlüsselfaktor bei der Auswahl jener Länder, in denen die Bundesrepublik Deutschland Krankenschwestern anzuwerben versuchte, war, was zu dieser Zeit die »Stärke des Staates« genannt wurde. Man wollte sichergehen, dass die Staaten, in denen angeworben wurde, sich insofern als verlässliche Partner erweisen würden, als sie über genug Steuerungsmöglichkeiten verfügten, um die gewünschten Arbeitskräfte dauerhaft zur Verfügung zu stellen.

Bereits 1962 begannen das Auswärtige Amt, das Arbeitsministerium und der *Deutsche Krankenhausverband*, mit der philippinischen Regierung über den Import einer beträchtlichen Anzahl von Krankenschwestern zu verhandeln. Man hatte sich auf die Philippinen konzentriert, weil die Deutschen hofften, die Dominanz des Christentums, genauer des Katholizismus, und die weite Verbreitung der englischen Sprache in dem Land würde die Integration der philippinischen Krankenschwestern in Deutschland erleichtern. Doch die relative Stärke des Berufsverbandes der philippinischen Krankenschwestern, die Tatsache, dass migrationswillige Frauen die USA als Zielland bevorzugten, und die Abwesenheit eines starken, durchsetzungsfähigen philippinischen Staates reduzierten die Erfolgschancen der deutschen Bemühungen erheblich.

Auch zentral- und südamerikanische Länder galten als interessant für Anwerbungen, gab es doch zahlreiche Verbindungen zu Deutschen vor Ort, die dort seit dem 19. Jahrhundert eingewandert waren. In der Tat schrieben Deutsche in diesen Regionen, die vor allem im medizinischen Bereich tätig waren, an Diplomaten vor Ort oder an deutsche Krankenhausverwaltungen und wiesen auf viele ausgebildete oder in Ausbildung stehende Krankenschwestern hin, die man anwerben könne. Die deutsche Bundesregierung reagierte auf solche Angebote allerdings in der Regel ablehnend. Das Arbeits- und das Innenministerium sowie das Auswärtige Amt bestanden darauf, dass der gesamte Anwerbungsprozess weitgehend unter der Kontrolle der deutschen Regierung ablief. Die deutschen Behörden gingen nicht davon aus, dass jene Länder in der Lage oder willens seien, die Bereitstellung von Arbeitskräften verlässlich zu gewährleisten.

Begrenzt blieb die Rolle des Staates bei der Anwerbung indischer Krankenschwestern. Hier gab es traditionell starke und unterhalb der Staatsebene liegende Verbindungen zwischen den christlichen Kirchen in der

Bundesrepublik und in Indien, die steuernd in die Arbeitsmigration eingriffen.[20]

Hingegen fand die Bundesrepublik in Südkorea unter der Präsidentschaft von Park Chung-hee einen kooperativen, beflissenen Partner. Nicht nur stellte die weitgehend reibungslose Beschäftigung südkoreanischer Männer in deutschen Minen, die seit den frühen 1960er Jahren stattfand, ein Modell für die staatlich organisierte Förderung transnationaler Arbeitsmigration dar. Auch hoffte Park ab der Mitte der 1960er Jahre, den ständigen Fluss von Geldanweisungen aus Übersee im Rahmen der Arbeitsmigration zu einem tragenden Pfeiler seiner Entwicklungsdiktatur machen zu können und forcierte deshalb die staatliche Intervention im globalisierten Arbeitsmarkt. Im Oktober 1965 schuf die koreanische Regierung die *Overseas Manpower Export Advancement Corporation*, die im November 1965 – neutraler – in *Korean Overseas Development Corporation* (KODCO) umbenannt wurde, um die Arbeitsmigration zu fördern.[21]

In der Praxis ließen sich die Absichten der beiden Regierungen nicht so einfach umsetzen. Die staatliche südkoreanische Förderung der Arbeitsmigration erzielte nur mäßige Erfolge – insbesondere, was die Festlegung der Einsatzorte in Europa anging. Auch politische Aktivitäten der Frauen entzogen sich weitgehend der Kontrolle. In Deutschland wurden die Regulierungsbemühungen der Bundesregierung immer wieder durch Krankenhausleitungen oder Beamte auf Bundes- und kommunaler Ebene unterlaufen, deren Anliegen vielmehr die Deckung des unmittelbaren Personalbedarfs war als die nationale Arbeitspolitik insgesamt.

Im Folgenden soll die Arbeitsmigration aus Südkorea näher betrachtet werden.

---

20 Trotz aller Bemühungen gelang es dem indischen wie dem bundesdeutschen Staat nicht, die Arbeitsmigration zu regulieren. Auf den Philippinen gab es mit Indien vergleichbare kirchliche Beziehungen, die Arbeitsmigrationen regelten. Nach dem Putsch von Ferdinand Marcos 1972 wurde künftig vieles von staatlichen Stellen organisiert. Parrenas, *Servants of Globalization*, S. 52.

21 Chung, *South Korea*, S. 82.

4. Die Arbeitsmigration aus Südkorea

Die Bundesrepublik Deutschland warb seit den frühen 1960er Jahren südkoreanische Männer als Bergleute an. 1964 schlug die koreanische Regierung vor, künftig auch examinierte Krankenschwestern bereitzustellen. Die deutsche Seite lehnte zunächst ab, weil bereits laufende Verhandlungen mit den Philippinen nicht gefährdet werden sollten. Diese Verhandlungen gestalteten sich allerdings schwierig, so dass Südkorea bald zum wichtigsten Land für Anwerbungen auf dem Gesundheitssektor wurde. Im April 1965 beauftragte der koreanische Botschafter in Deutschland, General Choi Dukshin, den am Universitätsklinikum Mainz beschäftigten koreanischen Kinderarzt Lee Sukil, mit der Anbahnung von Kontakten für die Anstellung südkoreanischer Krankenschwestern in westdeutschen Einrichtungen, so berichtet zumindest Lee in seinen 1997 erschienenen Erinnerungen.[22] Lee nahm Kontakt mit verschiedenen Krankenhäusern in der Region Frankfurt am Main auf und bot die Anstellung von Krankenschwestern zu Konditionen an, die von den deutschen Partnern als sehr günstig bewertet wurden: Die Krankenschwestern sollten für drei Jahre vertraglich an einen Arbeitgeber gebunden sein. Die Flugkosten von Seoul nach Frankfurt am Main würden die betreffenden Krankenhäuser vorschießen. Dieser Vorschuss würde jedoch mit der Gehaltszahlung der Krankenschwestern in Raten verrechnet werden. Die Krankenhäuser konnten einzelne Bewerberinnen aus einer von Lee vorgelegten Liste auswählen. Die Krankenhausverwaltungen waren offensichtlich von diesem Angebot sehr angetan und baten Lee um die Rekrutierung von 210 Krankenschwestern. Alle Einsatzeinrichtungen waren Mitglieder einer Gruppe freier gemeinnütziger Krankenhäuser in Frankfurt am Main und Umgebung, deren Trägerin die pietistische Hofacker-Vereinigung aus Württemberg war. Im Sommer 1965 bat die Vereinigung das hessische Arbeitsministerium, Arbeitsgenehmigungen für die südkoreanischen Krankenschwestern auszustellen und damit eine Ausnahme vom Grundsatz der geltenden Ausländerpolitik zu machen, durch den die Beschäftigung von Nichteuropäerinnen verboten war – unter Ausnahme von Bürgern der USA, Kanadas, Australiens, Neuseelands und Israels.[23] Ausnahmen durften nur gemacht werden, wenn die Betreffenden in der Bundesrepublik eine

22 Lee, *Brücke*, S. 103–107.

23 Anlage: Grundsätze der Ausländerpolitik. Ständige Konferenz der Innenminister der Länder, 3.–4. Juni 1965, PAAA, B85/1502.

»besonders qualifizierte Tätigkeit ausüben sollen«.[24] Um ihrer Bitte gegenüber dem hessischen Arbeitsministerium Nachdruck zu verleihen, zeichnete die Direktion der Hofacker-Vereinigung ein düsteres Bild von der personellen Unterversorgung ihrer Kliniken. Sie wies darauf hin, dass die Regierung und nicht die Krankenhausleitungen die Schuld tragen würden, wenn Gesundheitseinrichtungen wegen drastischen Personalmangels geschlossen werden müssten.[25] Und tatsächlich stellte das hessische Arbeitsministerium trotz der unsicheren Rechtslage für immerhin 128 südkoreanische Krankenschwestern die beantragten Arbeitsgenehmigungen aus.

In Südkorea wurde das Abkommen von hochrangigen Beamten, vom Gesundheitsministerium und von Präsident Park Chung-hee persönlich unterstützt. Die südkoreanische Regierung forcierte mit Nachdruck die Migration von Pflegepersonal. Das führte allerdings bald zu kritischen Stimmen im Lande: Die *Korea Times* klagte 1966, dass von fünf Krankenschwestern im Land eine nach Deutschland geschickt würde.[26] Und selbst Angehörige der bundesdeutschen Botschaft berichteten mit Sorge, dass die südkoreanische Regierung den eigenen Bedarf an Krankenschwestern der Nachfrage des deutschen Marktes unterordne.[27] Öffentliche Proteste, die der Befürchtung Ausdruck gaben, dass Korea sein eigenes Gesundheitssystem gefährde, wurden vom südkoreanischen Geheimdienst, der *Korean Central Intelligence Agency* (KCIA), unterdrückt – so jedenfalls ein Bericht der bundesdeutschen Botschaft in Seoul an das Auswärtige Amt vom August 1966.[28] Mehrfach würden Kritiker verprügelt oder mit Freiheitsstrafen bedroht. Auch würde die Regierung Südkoreas den schlichtweg falschen Eindruck vermitteln, sie verfüge über ein schier »unerschöpfliches« Reservoir von medizinischen Arbeitskräften, das nur darauf warte, von deutschen Krankenhäusern und Pflegeeinrichtungen ausgeschöpft zu werden.[29]

---

24 Ebd.

25 Schultheis an das hessische Arbeitsministerium (2.8.1965), Bundesarchiv Koblenz (im Folgenden: BAK) B149/22428. Schultheis' Brief an die koreanische Botschaft in Bonn (2.8.1965) erwähnt ausdrücklich, dass Lee »on behalf of« der koreanischen Botschaft tätig war. PAAA, B85/1319.

26 »Urgent Steps Asked to Halt Nurse-Drain«, *The Korea Times*, 14.9.1966.

27 Deutsche Botschaft in Seoul an das Auswärtige Amt (6.8.1966), PAAA B85/1319.

28 Deutsche Botschaft in Seoul an das Auswärtige Amt (8.8.1966), PAAA B85/1319. Hier wird auch erwähnt, dass bei der Anwerbung Korruption eine große Rolle spielt. Vgl. Bundesanstalt für Arbeit (im Folgenden: BAA) an das Bundesministerium für Arbeit (BMA) (22.3.1966), BAK B149/22407.

29 Ebd.

Die Anwerbungen in Hessen machten Schule. Bald beteiligten sich Krankenhausverwaltungen aus Nordrhein-Westfalen und Niedersachsen. Noch im Jahr 1966 stellten deutsche Arbeitsministerien mehr als 300 Arbeitsgenehmigungen für südkoreanische Krankenschwestern aus.[30]

Die erste Gruppe von südkoreanischen Krankenschwestern, 128 an der Zahl, startete von Seoul Richtung Frankfurt am Main am 30. Januar 1966. Eine zweite Gruppe folgte Ende April und zwei weitere im Juli des gleichen Jahres – gemeinsam mit künftigen Bergleuten für westdeutsche Minen.[31] Die deutsche Botschaft in Seoul hatte mit der bürokratischen Abwicklung der Arbeitsmigration alle Hände voll zu tun. Die hochrangigen Beamten des Bundesarbeitsministeriums waren anscheinend überzeugt vom Arbeitskräftebedarf. Sie gaben sich angenehm überrascht von der fachlichen Qualifikation der Krankenschwestern und von der Geschwindigkeit ihrer Bereitstellung. Auch baten sie ihre Kollegen von der Bundesanstalt für Arbeitsvermittlung und Arbeitslosenversicherung, die Arbeitsgenehmigungen so schnell wie möglich auszustellen, um Verzögerungen zu vermeiden.[32]

Die ersten südkoreanischen Krankenschwestern, die für die Arbeit in Deutschland ausgewählt wurden, waren besonders gut qualifiziert. Sie hatten alle entweder ein vierjähriges Universitätsstudium abgeschlossen oder drei Jahre eine Fachhochschule für Krankenpflege besucht. Das *Curriculum* der südkoreanischen Schulen für Krankenschwestern, das neben praktischen Arbeiten um die 2.400 Stunden theoretischer Studien auf *College*-Niveau vorsah, war am Modell der amerikanischen Ausbildungsstätten orientiert. Hier wie dort ließ sich die Erwartung erkennen, dass Krankenschwestern künftig neben der Krankenpflege eine wichtigere und breitere Rolle im Gesundheitssystem spielen sollten. Außerdem verfügten alle Krankenschwestern über praktische Erfahrung, die sie in einem der 21 Zentralkrankenhäuser Südkoreas gesammelt hatten. Sie waren ferner jung und galten als hübsch – was die koreanischen Medien einhellig betonten. Alle südkoreanischen Krankenschwestern, die in die Bundesrepublik geschickt wurden, stammten aus einer privilegierten Schicht. Darauf lässt

30 BAA an das Bundesministerium für Arbeit (29.4.1966), BAK B149/22428. 1966 arbeiteten in Korea 6.800 geprüfte Krankenschwestern und nur wenige Jahre später wurde geschätzt, dass 24.000 Krankenschwestern für eine volle personelle Ausstattung der Krankenhäuser des Landes benötigt würden. Dr. Corvoy, Direktor des *Education Committee of the Korean Nurse Association*, in der *Korea Times*, 12.3.1971, PAAA B85/1511.

31 Deutsche Botschaft an das Auswärtige Amt (6.8.1966), PAAA B85/1319.

32 Vermerk (17.3.1966), BAK B149/22428.

schon ihre gute Ausbildung schließen, die im Nachkriegskorea nur wenigen zukam. Viele jener jungen Frauen wurden im Auto ihrer Familie mit eigenem Chauffeur zum obligatorischen Eignungstest gebracht. Die Frauen selbst hatten hohe Erwartungen an ihr Leben im Ausland und an ihre künftige Arbeit. Beispielsweise äußerte K. Chang-Ja in der südkoreanischen Zeitschrift *Sunday News* im Januar 1966, kurz vor ihrer Abreise: Sie liebe klassische Musik, sei schon Mitglied eines Chors an der Yonsei University gewesen und plane daher auch, ihre freie Zeit in Deutschland, einem Geburtsland der Klassik, mit Musikstudien zu verbringen.[33] In der zweiten Entsendung vom April 1966 waren zwei Schwestern, die als Pflegepersonal mit Offiziersrang in der koreanischen Armee gedient hatten. Die ältere von ihnen hatte sogar den Rang eines Hauptmannes. Sie berichteten südkoreanischen Zeitungen vor ihrer Abreise von der Hoffnung, dass sie ihre beruflichen Erfahrungen in einem so hoch entwickelten Gesundheitssystem wie dem deutschen gut einbringen könnten. Nach einem dreijährigen Aufenthalt in der Bundesrepublik wollten sie nach Südkorea zurückkehren. Wieder zu Hause, wollten sie mit ihrem Bruder, der zu jener Zeit noch Student der Humanmedizin war, ein eigenes Krankenhaus eröffnen.[34]

Im Vergleich zu den südkoreanischen Verhältnissen war das Anforderungsniveau für deutsche Krankenschwestern eher niedrig. Es genügte ein mittlerer Schulabschluss für die Aufnahme in einer Krankenpflegeschule. Deutsche Schwestern in Ausbildung absolvierten lediglich 1.200 Stunden theoretischen Unterricht. Hier wurde im Vergleich mit den südkoreanischen und den amerikanischen Standards weit mehr Wert auf die Vermittlung praktischer Fähigkeiten in der Krankenpflege und in der Hauswirtschaft gelegt, welche die Schwestern in Krankenhäusern oder Heimen verschiedener Art erwarten würde.[35] Entsprechend geringer als in Südkorea und den USA war demnach der soziale Status des deutschen Pflegepersonals.

Zeitgleich mit der Anwerbung südkoreanischer Krankenschwestern wurde in der Bundesrepublik vieles unternommen, um die Pflegeberufe für junge deutsche Frauen attraktiver zu machen. Betrug das Arbeitspensum einer Krankenschwester 54 Stunden im Jahr 1956, wurde es im Jahr 1958

33 »With Full Excitement – To West Germany«, *The Sunday News*, 30.1.1966.

34 *Chosun Daily*, 28.4.1966; *Kyonghyang Newspaper*, 28.4.1965.

35 Yoo, *Situation*, S. 73ff.

auf 51 Stunden, 1960 auf 48 Stunden und 1974 auf 40 Stunden gesenkt.[36] Auch sollten Krankenschwestern künftig von hauswirtschaftlichen Aufgaben entbunden werden. Reinigungsarbeiten, die Essensausgabe, Wäsche waschen und sogar viele grundlegenen Pflegearbeiten, wie die Körperpflege der Patienten, Unterstützung bei der Nahrungsaufnahme, Lagerung und Transport sollten künftig nicht mehr Aufgaben einer deutschen examinierten Krankenschwester sein. Man stellte Hilfskrankenschwestern für solche Tätigkeiten ein. Der *Bund freier Schwestern* schätzte 1958, dass noch 30 bis 40 Prozent der Arbeitszeit von Krankenschwestern durch »berufsfremde Tätigkeiten« in Anspruch genommen würden.[37] 1964 gab es in der Bundesrepublik bereits 30.000 Hilfskrankenschwestern, die 100.000 examinierten Schwestern zur Seite standen. Das angestrebte Verhältnis von Krankenschwestern zu Hilfskräften war jedoch 7:3, was einem Mangel von etwa 15.000 Hilfskräften gleichkam. 1966 wurde geschätzt, dass es im gesamten Pflegesektor nicht weniger als 30.000 unbesetzte Stellen gebe.[38] Es lag nahe, dass die fehlenden Arbeitskräfte aus dem europäischen Ausland angeworben werden sollten. So waren 1965 ungefähr 20.000 Frauen aus Spanien, Portugal, Italien, Griechenland und der Türkei in bundesdeutschen Krankenhäusern als Hauswirtschafterinnen beschäftigt. Die Zahl der Hilfskräfte im medizinischen Bereich hatte sich seit 1963 um 200 Prozent und seit 1961 sogar um 400 Prozent gesteigert. Obwohl die deutschen Einwanderungsbestimmungen gegen die Beschäftigung von Nichteuropäerinnen auf der Annahme basierten, dass Hauswirtschafterinnen und Hilfspflegekräfte aus den Mittelmeerländern angeworben werden könnten, waren die deutschen Arbeitgeber an Arbeitskräften aus diesen Herkunftsländern weitgehend uninteressiert. Das Arbeitsministerium betonte mit zunehmender Frustration, dass die deutschen Krankenhäuser Frauen aus den Ländern an der europäischen Peripherie von der Aufnahme solcher Arbeitsverhältnisse sogar abschreckten, weil sie unverständlich hohe Bedingungen stellten für etwas, das im Grunde ungelernte Arbeit sei.

Die Einführung der semiprofessionellen Bezeichnung Hilfskrankenschwester 1965 war damit Teil des breiter angelegten Bemühens, den professionellen Status von ausgebildeten und geprüften Krankenschwestern zu

36 Einblicke in den Forderungskatalog der Gewerkschaft ÖTV zur Verbesserung der Arbeitsbedingungen von Krankenschwestern bietet Kreutzer, *Liebesdienst*.

37 Kreutzer, *Liebesdienst*, S. 260.

38 Laut eines Berichts der Bundesanstalt für Arbeit, zitiert in Bernhardt, »Ausländische Arbeitskräfte«.

verbessern, indem das Aufgabenfeld »entlastet« wurde. Jedoch konnte angesichts des fortbestehenden Mangels an deutschen Frauen, die am weniger attraktiven Ende des Krankenpflege-Spektrums eine Arbeit aufnehmen wollten, der Status von deutschen Krankenschwestern nur dadurch verbessert werden, dass die ungelernte Arbeit auf ausländische Krankenschwestern verlagert wurde, die folglich ihre Fähigkeiten entwertet und nun ihrerseits den eigenen professionellen Status beschädigt fanden.

So lässt vieles darauf schließen, dass bundesdeutsche Gesundheitsverwaltungen von vornherein beabsichtigten, Krankenschwestern aus Südkorea mit »niedrigen« hauswirtschaftlichen Tätigkeiten zu beschäftigen. Gleichwohl bestanden sie darauf, ausschließlich hochqualifiziertes Personal aus Südkorea zu beziehen. Obwohl das deutsche Einwanderungsrecht die Beschäftigung von Nichteuropäern in ungelernten Positionen verbot, hatten die Verwaltungen von Krankenhäusern und Pflegeeinrichtungen vor allem hier Bedarf. So wurde immer wieder versucht, das Ausländerrecht entweder zu umgehen oder sogar die Beschäftigungsbeschränkungen aufheben zu lassen. So setzte beispielsweise der *Deutsche Krankenhausverband* mit Verweis auf einen drohenden massiven Pflegenotstand die Bundesregierung dahingehend unter Druck, die Immigration asiatischer Frauen für ungelernte Arbeiten im Gesundheitssektor zuzulassen. Nach Ansicht des Generalsekretärs des Verbandes, Rudolf Bernhardt, war die Zukunft des Berufs der Krankenschwester gefährdet, wenn außereuropäische Arbeitskräfte nicht nach Deutschland gelassen würden. Er brachte vor, dass sich *deutsche* Krankenschwestern tagtäglich in der »Zwangslage« wiederfänden, neben ihrer eigentlichen Berufstätigkeit, durch die sie ja schon bis zum Äußersten ausgelastet seien, noch »Putz- und Reinigungsarbeiten mit zu übernehmen«. Bernhardt fuhr fort: »Die Folgen davon aber bekommt in erster Linie der Patient zu spüren.«[39]

Das geschilderte Problem wurde Gegenstand einer Fragestunde des Bundestages. Im Oktober 1966 stimmte der Staatssekretär im Bundesarbeitsministerium mit Bedauern der Aussage zu, dass »in manchen Fällen« südkoreanische Schwestern, deren Ausbildung zweifellos besser als die ihrer deutschen Kolleginnen sei, in der Tat häufig mit grundlegenden Pflegetätigkeiten betraut würden und »praktisch als Hausgehilfinnen Dienst tun«.[40] Der Bundestag reagierte hierauf allerdings keineswegs mit Maßnahmen, welche die angemessene Beschäftigung dieser Krankenschwestern

39 Bernhardt, »Ausländische Arbeitskräfte«, S. 451.

40 *Verhandlungen des Deutschen Bundestages*, 69. Sitzung, 28.10.1966, S. 3234.

gewährleistet hätten. Vielmehr wurde versucht, die bestehenden Bestimmungen zu lockern, damit künftig eine Beschäftigung in niederen Tätigkeiten erlaubt sei, die außereuropäischen Arbeitskräften normalerweise verboten war. Der praktischen Entprofessionalisierung geprüfter südkoreanischer Krankenschwestern wurde so Tür und Tor geöffnet. Abgeordnete setzten sich sogar dafür ein, dass Hauswirtschaftsstellen besetzt würden: So klagte eine sozialdemokratische Abgeordnete, dass allein 661 Krankenhäuser und 641 Seniorenheime in Nordrhein-Westfalen massiv, doch bislang ohne Erfolg, versuchen würden, mehr als 3.350 freie Stellen für Hauswirtschafterinnen zu besetzen. Die Abgeordnete ersuchte die Regierung dringend, diesen Missstand zu beheben und Arbeitskräfte außerhalb Europas anzuwerben.[41] Gerade in Nordrhein-Westfalen umgingen zu dieser Zeit drei Dutzend Krankenhäuser und Seniorenheime die gültigen Bestimmungen und besetzten Stellen im hauswirtschaftlichen Bereich, für die man kaum Qualifikationen benötigte, mit hochqualifiziertem südkoreanischem Personal. Von einer Erweiterung des Fachwissens der betreffenden Schwestern konnte in diesen Arbeitsverhältnissen nicht die Rede sein.

Es erstaunt daher nicht, dass, wie noch zu zeigen sein wird, die Frauen aus Südkorea mit ihren Arbeitsbedingungen unzufrieden waren.

Zusammenfassend ist festzustellen: Gegen Ende der 1960er Jahre hatte sich die Anwerbung asiatischer Frauen für bundesdeutsche Krankenhäuser von einem noch marginalen Phänomen zu Beginn des Jahrzehnts in eine gängige Praxis gewandelt. So arbeiteten im Jahr 1971 bereits 5.000 südkoreanische, 3.000 philippinische und 1.500 indische Frauen in deutschen Gesundheits- und Pflegeeinrichtungen. In der Tat stimmten deutsche Gesundheitsexperten darin überein, dass der Krankenhausbetrieb ohne diese Frauen kollabiert wäre, vor allem ohne die südkoreanischen Mitarbeiterinnen, die 73 bis 83 Prozent aller Arbeitsgenehmigungen erhielten, die zwischen 1968 und 1979 an nichteuropäische Pflegekräfte vergeben wurden.[42] Die südkoreanische Regierung tat, was immer sie konnte, um ihre weiblichen Arbeitskräfte für den deutschen Markt attraktiv zu machen. 1970 warben die südkoreanischen Behörden mit Hilfskrankenschwestern als einer »Exportware« und reagierten damit auf die dringende und hohe

41 Vgl. ebd., S. 3233f.

42 Irmgard Nölkensmeier, »Information über die Situation von asiatischen Arbeitnehmern und Arbeitnehmerinnen in deutschen Krankenhäusern« (Januar 1972), Archiv des Deutschen Caritasverbandes, 3291.024 Fasz. 6. Vgl. Auch BAA an ihre Zweigstellen (2.7.1970), und an den Arbeitsminister (15.7.1969), beide BAK B149/22408.

Nachfrage in bundesdeutschen Krankenhäusern. Bereits im Oktober 1969 hatte die südkoreanische Regierung angeboten, jedes Jahr 500 geprüfte Krankenschwestern, 1.000 Hilfskrankenschwestern und 5.000 auszubildende Krankenschwestern nach Deutschland zu entsenden.[43] 1969/70 verpflichtete sich das südkoreanische Amt für Arbeitsexport in einer langfristigen Vereinbarung mit der deutschen Regierung, die »erforderliche Zahl« von Krankenschwestern und Hilfskrankenschwestern bereitzustellen. Nun richtete die südkoreanische Regierung eigens Zentren ein, um eine große Anzahl von Hilfskrankenschwestern in kurzer Zeit speziell für eine Arbeit in Deutschland auszubilden.[44]

Diese bilaterale Übereinkunft markierte den Beginn einer zweiten Phase der Migration südkoreanischer Frauen in den deutschen Gesundheitsmarkt und führte zu einem grundlegenden Problem: Weder den Hilfskrankenschwestern noch den sich in Ausbildung befindenden Krankenschwestern konnte in Aussicht gestellt werden, im südkoreanischen Gesundheitssektor Arbeit zu finden, wenn sie nach ihrem Aufenthalt von drei Jahren aus der Bundesrepublik zurückkehren würden. Ihr Qualifikationsprofil war für den koreanischen Arbeitsmarkt wertlos und die in deutschen Krankenhäusern gesammelte Erfahrung zählte nicht viel. Im Ergebnis fanden sich diejenigen, welche die Rückkehr nach Südkorea ins Auge fassten, vor die Wahl gestellt, entweder eine spezifische Weiterbildung zu machen oder aber die Branche zu wechseln. Ähnlich erging es den in der Bundesrepublik Deutschland ausgebildeten Krankenschwestern, die bei der Rückkehr nach Südkorea, wenn überhaupt, dann nur mit großen Schwierigkeiten eine Anstellung finden konnten, weil die bundesdeutsche Ausbildung als unter dem internationalen und südkoreanischen Standard stehend eingeschätzt wurde.[45] Die Anliegen einzelner Frauen wurden allerdings schnell dem größeren Anliegen nationaler Entwicklung untergeordnet, und es scheint, dass die südkoreanische Regierung hoffte, diese Frauen würden kontinuierlich von Land zu Land ziehen, um weiterhin Devisen nach Hause zu senden.[46] So betonte der Generaldirektor des südkoreani-

43 Laut Jörg Lauterbacher (Deutscher Krankenhausverband), zitiert in einem Vermerk des Bundesministeriums für Arbeit (März 1970), BAK B149/22429.

44 Vermerk von Weidenbörner (April 1970), BAK B149/22432; Vermerk von Weidenbörner (25.8.1970), BAK B149/22429.

45 Das deutsche Entwicklungsministerium war sich des Problems voll bewusst. Ref. 314 bis Ref. 102 (10.4.1973) betr. Reise von Staatssekretär nach Korea. BAK B213/11962.

46 Dieser Aspekt wurde von der deutschen Botschaft in Seoul in einem Memorandum an das Auswärtige Amt betont (8.4.1970), BAK B149/22429.

schen Arbeitsamtes gegenüber dem Ministerialdirektor des Bundesarbeitsministeriums im Dezember 1971, dass die Frauen, die seine Regierung nach Deutschland zu schicken gedenke, zu Hause durchaus »entbehrlich« seien.[47] Diese Bemerkung stand im Kontext eines breit angelegten Vorhabens der südkoreanischen Regierung in den 1970er Jahren, die überzähligen weiblichen Arbeitskräfte gezielt als Wirtschaftsfaktor für die nationale Entwicklung zu nutzen. Neben der Förderung von Arbeitsmigration öffnete sich Südkorea für den organisierten Sextourismus japanischer Männer und für den »Erholungsurlaub« von US-Soldaten aus dem Vietnamkrieg.

5. Rassismus und Deklassierung

Die ethnische Zugehörigkeit prägte in der Form rassistischer Zuschreibungen ebenso wie Geschlecht und Klasse die Erfahrung der eingewanderten weiblichen Arbeitskräfte in der Bundesrepublik Deutschland. Es gab viele Hintergründe für alltägliche Rassismen, denen südkoreanische Arbeitskräfte an ihren Arbeitsplätzen in bundesdeutschen Krankenhäusern ausgesetzt waren. Vorurteile wurden dadurch verstärkt, dass südkoreanische Krankenschwestern – wenn überhaupt – kaum Deutsch konnten. Anstatt ihnen jedoch Sprachkurse anzubieten, benutzten viele Krankenhausleitungen die fehlende Sprachkompetenz als Legitimation, ausgebildete Krankenschwestern mit der Arbeit von Putzfrauen zu betrauen. Unter dem Vorwand, dass Menschen aus der sogenannten Dritten Welt ohnehin nicht über die erforderlichen Kenntnisse oder die technischen Fertigkeiten für eine Arbeit in einem »westlichen Krankenhaus« verfügen würden, legten leitende Personen im Pflegedienstleitungsbereich fest, dass selbst examinierte Krankenschwestern mit langjähriger Berufserfahrung in Südkorea in der Bundesrepublik mindestens ein Jahr als Hauswirtschafterinnen arbeiten sollten, bevor man sie als Krankenschwestern einsetzen könnte. Eine deutsche Krankenschwester berichtete: »Eine koreanische Schwester, die ohne Sprachkenntnisse nach Deutschland kommt, wird sofort eingesetzt zum Waschen der Patienten und Geschirrspülen, denn dabei braucht nicht viel erklärt zu werden.«[48] Entsprechend der Erhebung einer südkoreanischen Doktorandin, die in den Jahren 1970 bis 1974 als Betreuerin für

47 Memorandum von Weidenbörner (10.12.1971), BAK B149/22432.

48 Zitiert nach: Yoo, *Situation*, S. 209.

Krankenpflegekräfte aus ihrem Heimatland in der Bundesrepublik tätig gewesen war, hatten von ungefähr 700 koreanischen Krankenschwestern und Hilfskrankenschwestern in Deutschland (darunter viele ausgebildete Krankenschwestern, die in den 1960er Jahren nach Deutschland gekommen waren), 32 Prozent *ausschließlich* Putzarbeiten zu verrichten, 25 Prozent mussten die Patienten baden und waschen sowie 31 Prozent sowohl Putzarbeiten als auch grundlegende Patientenpflege zu erledigen. Es verwundert kaum, dass nur 13,5 Prozent der Beschäftigten angeben, mit ihrer Arbeit im ersten Jahr in Deutschland zufrieden zu sein.[49] Das erste Jahr war wegen der Erwartungen, welche diese Frauen hatten, und angesichts der tatsächlichen Arbeitsbedingungen, die sie vorfanden, in der Tat oftmals sehr hart. Eine Krankenschwester, die 1971 in die Bundesrepublik kam, erzählte: »Ich habe mich anfangs gegen diese Ungerechtigkeit sehr gewehrt und nonverbal Widerspruch erhoben. Manchmal war es sehr schwer zu verstehen, warum ich nur die niedrigste Arbeit machen musste. Je größer mein Widerspruch war, desto schlimmer war meine Situation.«[50]

Die Vorurteile und Rassismen trafen besonders diejenigen Krankenschwestern hart, die über den Abschluss einer vierjährigen Hochschule für Krankenpflege verfügten und zu Hause einen sehr viel höheren beruflichen Status genossen. Ohne Zweifel litten die Krankenschwestern, die ihren ersten Dreijahresvertrag 1966 antraten, am meisten unter den Diskrepanzen zwischen ihren beruflichen Qualifikationen und der Arbeit vor Ort. In Südkorea wurden examinierte Krankenschwestern als Assistentinnen der Ärzteschaft angesehen und übten durchweg sehr anspruchsvolle Tätigkeiten in der Krankenpflege aus, die ihrer Fachhochschul- oder Universitätsausbildung entsprachen. In der Bundesrepublik mussten sie durchwegs die Tätigkeit von Hauswirtschafterinnen und Hilfskrankenschwestern ausüben. Als besonders hart galten die Arbeiten in Senioren- und Behindertenheimen, wo Patienten unter immenser körperlicher Belastung gepflegt werden mussten. Die folgende Episode, an die sich Jung-ja Peters mehr als 30 Jahre später in der oben beschriebenen Sammlung *Zuhause* erinnerte, war kein Einzelfall. Sie war in den 1970er Jahren in einem kleinen katholischen Pflegeheim in Westberlin beschäftigt gewesen. Über ihren ersten Tag erzählte Peters, wie sie sich in aller Frühe in ihre Schwesterntracht kleidete – weißer Kittel, Strümpfe, Schuhe und das Krankenschwester-Abzeichen an der Brust. Sie beschrieb weiter, das »Allerwich-

49 Ebd., S. 211.
50 Ebd., S. 212.

tigste« sei für sie gewesen, dass sie ihre »ordentlich gekämmten Haare unter der ›Nurse Cap‹ zusammengesteckt« getragen hatte. Sie erinnerte sich: »Alles war perfekt und genau so, wie eine koreanische Krankenschwester aussehen sollte«. Im Pflegeheim wartete schon ihre Vorgesetzte mit Eimer und Wischlappen auf sie. Als sie Peters sah, zeigte sie in Richtung der Toiletten, und drückte ihr die Putzutensilien in die Hand. Peters fuhr fort: »Ohne jedes ›Guten Morgen‹ verschwand sie zurück an ihren Frühstückstisch. Es fiel mir in diesem Moment sehr schwer, meine Haltung zu wahren. [...] Ich nahm meine ›Nurse Cap‹, Kennzeichen unseres Berufsstands und unserer Ausbildung, vom Kopf und begann, die Toiletten zu putzen.«[51]

Viele Frauen teilten die Erfahrung schlechter Behandlung und Diskriminierung, wobei immer wieder die ersten Monate in der Bundesrepublik als die traumatischsten beschrieben worden sind. So schrieb eine Krankenschwester, die 1970 in die Bundesrepublik kam:

»Ich bin manchmal verwirrt, weil ich nicht weiß, ob ich eine Putzfrau bin oder eine Küchenhilfe. Die Arbeit ist jeden Tag die gleiche. Ich erinnere mich an meine Zeit in Korea, als ich mit Medikamenten und Injektionen umgehen musste. Als ich mich in die Bundesrepublik bewarb, dachte ich an eine hochentwickelte Behandlungstechnik, an der ich meine Kenntnisse noch vertiefen zu können hoffte. Dies hat sich aber nun als Irrtum erwiesen. So wie die Situation tatsächlich ist, sollten sie lieber die Putzfrauen und Hausmädchen aus Korea holen. [...] So aber verlerne ich sogar die Technik, die ich an der Universität und im Krankenhaus in Südkorea erworben habe.«[52]

Eine andere Koreanerin beklagte sich:

»Die sich monatelang wiederholende Putzarbeit bin ich wirklich satt. Selbst ein Hausmädchen in Korea tut solche Arbeit auch nicht. Meine Hände sind durch die Reinigungsmittel so grob und zum Teil geschwollen. Ich erwarte jeden Tag die Zuweisung einer anderen Arbeit, aber sie lässt mich von der Putzarbeit nicht frei.«[53]

Wieder und wieder haben südkoreanische Krankenschwestern rückblickend ähnliche Erfahrungen wie die folgende als eine Art tiefes Trauma beschrieben:

»Bis jetzt arbeite ich zwei Jahre lang fast nur in der Küche. Meine Vorstellung, in Deutschland meine beruflichen Erfahrungen erweitern zu können, erwies sich als

51 Berner/Choi/Koreanische Frauengruppe, *Zuhause*, S. 85.
52 Yoo, *Situation*, S. 208.
53 Ebd., S. 225.

falsch. Die ungleiche Behandlung ist spürbar groß. […] Ich will aber nicht nur Küchen- oder Badedienst, sondern auch eine Arbeit am Krankenbett wie die deutschen Kolleginnen verrichten. […] Ich möchte auch Abwechslung, aber die Deutschen wollen das nicht verstehen.«[54]

Auch mit der steigenden Beschäftigungszahl und der zunehmenden Sichtbarkeit asiatischer Pflegekräfte in bundesdeutschen Krankenhäusern ließen die alltäglichen Diskriminierungen nicht nach. Beschwerden wurden häufig ignoriert. Selbst aufgeschlossene Deutsche neigten dazu, die Missstände als Ausdruck kultureller Unterschiede abzutun. Beamte und Angestellte der Gesundheitsverwaltungen stellten Putzarbeiten sogar als wertvolle Anleitung zur Arbeitsdisziplin und als Einübung des Arbeitslebens in einem modernen Industriestaat dar. Immer wieder wurden die kulturellen Unterschiede und die Unterentwicklung der Frauen aus Asien hervorgehoben und somit die *De facto*-Ausbeutung in bundesdeutschen Krankenhäusern ebenso wie die Abhängigkeit des Gesundheitssystems von diesen billigen Arbeitskräften verschleiert.

Wenige Frauen verfügten über Netzwerke, die sie im alltäglichen Leben unterstützen konnten. Einige versuchten, sich das Leben zu nehmen, viele litten an Depressionen oder anderen psychischen Erkrankungen, die auf Stress und Diskriminierungen zurückzuführen waren. Während einige Frauen die Bundesrepublik in Richtung USA oder Kanada verließen, protestierten andere und versuchten, ihr Selbstwertgefühl zu schützen beziehungsweise wieder zu erlangen.

Es gab allerdings auch mehr oder minder direkte Formen des Widerstandes: So erinnerte sich eine Krankenschwester, dass sie bei ihrer Tätigkeit als Reinigungskraft im Krankenhaus immer wieder an ihre gute Zeit in Südkorea habe zurückdenken müssen, als sie noch als Krankenschwester und nicht als Putzfrau arbeitete und Respekt und Ansehen genoss. Wieder spielt hier die »Nurse Cap« – wie bei obigen Schilderungen – eine geradezu symbolische Rolle. Eines Tages habe sie beschlossen, berichtet die Frau, morgens mit ihrer Schwesternhaube zum Dienst zu erscheinen, obwohl dies verboten war. Denn sie arbeitete ja nur als Hilfsschwester. Diese Haube sei für sie ein Symbol ihrer Würde und ihres Selbstwertgefühls gewesen. Die Stationsschwester sei ihr sofort entgegengetreten und habe ihr, ohne ein Wort zu sagen, die Haube vom Kopf gerissen. Als sie die Haube trotzig wieder aufgesetzt hatte, habe die Oberschwester sie beim diensthabenden

54 Shim, *Aspekte*, S. 47.

Arzt gemeldet, der ihr die Bedeckung erneut vom Kopf riss. Die Betroffene erzählt, sie sei in Tränen ausgebrochen und habe sich kaum wieder beruhigen können, weil sie sich so sehr gedemütigt und verletzt fühlte.[55]

Überdies ist zu bedenken: Gerade die intensive und gute Zusammenarbeit zwischen der südkoreanischen und der bundesdeutschen Regierung brachte mit sich, dass es letztlich keine Ansprechpartner gab, bei denen die betroffenen Frauen ihre Rechte einfordern oder auch nur ihre Nöte und verletzten Gefühle vorbringen hätten können. Offensichtlich waren weder Diplomaten Südkoreas in der Bundesrepublik noch deutsche Verantwortliche willens, sich für die Verbesserung ihrer Lage einzusetzen. Man scheute vermutlich davor zurück, das gute Verhältnis beider Staaten in irgendeiner Art und Weise zu gefährden. Es scheint, dass deutsche Beamte sehr weitgehend den Ausbau und die Aufrechterhaltung des bundesdeutschen Sozialstaates ebenso eng mit der Arbeitsimmigration in Verbindung brachten, wie ihre südkoreanischen Kollegen die Entwicklung ihres Landes. In der Bundesrepublik, wo der Wohlfahrtsstaat die soziale Sicherheit aller Bürger zu gewährleisten suchte, waren transnationale Arbeitskräfte im Gesundheitssektor das Objekt einer hoch ausdifferenzierten Form der Souveränität. Sie wurden hier zu einem ungleich höheren Grad zu Objekten der staatlichen Beobachtung und der kontrollierenden Auflagen als die Anspruchsberechtigten sozialer Rechte. So gab es auch keinen Schutz davor, nach Südkorea zurückgeschickt zu werden, wenn man aufgrund von Protesten oder Kritik auffiel oder sich die Bedarfslage veränderte. Diese prekäre Stellung entsprach den südkoreanischen Verhältnissen: Dort hatten Frauen generell untergeordnete Rollen in der Gesellschaft inne. Schon daher lag kein triftiger Grund für südkoreanische Beamte vor, ihre Rechte im Ausland energisch zu vertreten. Noch dazu hätte ein solches Vorgehen – so die Position der Akteure zu dieser Zeit – den Zufluss von Devisen verringert und damit die Entwicklung Südkoreas gefährdet. Auch war stets zu befürchten, dass eine zu hohe Anspruchshaltung die südkoreanische Arbeitskraft auf dem globalen Arbeitsmarkt so weit verteuern könne, dass sie nicht mehr konkurrenzfähig war.[56]

55 Ebd., S. 80f.

56 Bis Anfang der 1970er Jahre wurde die südkoreanische Regierung sehr viel geschickter in der Überwachung ihrer Bürger im Ausland.

6. Was heißt »Zuhause«?

In der zweiten Hälfte der 1970er Jahre verschoben sich die Rahmenbedingungen des Arbeitsmarkts im Gesundheitssektor aufgrund des wirtschaftlichen Abschwungs und der Entspannungspolitik. Nun entschied die Bundesregierung, die Verträge von 16.000 im Lande beschäftigten Krankenpflegekräften von außerhalb der Europäischen Gemeinschaft nicht zu erneuern. Darunter befanden sich 7.000 Kranken- und Hilfskrankenschwestern aus Südkorea. Trotz der schlechten Arbeits- und Lebensumstände waren Widerstände zu erwarten. Denn es war zu erahnen, dass die in der Bundesrepublik gesammelte Arbeitserfahrung als Reinigungs- oder Hauswirtschaftskraft kaum für den südkoreanischen Arbeitsmarkt für Krankenschwestern von Relevanz sein würde. Die südkoreanische Regierung bot allerdings keinerlei Unterstützung oder Bleibeverhandlungen an, sondern mahnte die betroffenen Frauen zur Ruhe. Es wurde deutlich, dass die bundesdeutsche wie die südkoreanische Regierung die Ausbeutung im bundesdeutschen Gesundheitssektor deckte. Eine der Krankenschwestern, die später ein führendes Mitglied der südkoreanischen *Frauengruppe* in der Bundesrepublik werden sollte, erklärte:

> »Und dann wurde mir klar, dass wir nur billige Arbeitskräfte waren, quasi Ware, keine Menschen. Hinzu kam, dass die deutschen Behörden damals eine neue Regelung für Arbeits- und Aufenthaltsgenehmigungen einführten: Man musste, um eine Arbeitsgenehmigung zu bekommen, eine Aufenthaltserlaubnis haben. Wenn man aber zur Ausländerbehörde ging, um eine Aufenthaltsgenehmigung zu erhalten, hieß es, man müsse erst eine Arbeitsgenehmigung vorweisen. Beim Arbeitsamt das gleiche Spiel. So wurde man hin- und hergeschoben zwischen den beiden Behörden. Man hatte keine Chance, das war ein bewusst abgekartetes Spiel. Ein nicht endender Spießrutenlauf. Man sagte uns praktisch ins Gesicht: Euer Vertrag ist jetzt abgelaufen, fertig und weg. Das hat mir wirklich die Augen geöffnet. In ihren Augen waren wir Arbeitstiere, die man beliebig einsetzen und dann auch wieder wegschicken konnte. Dass Menschen dort, wo sie arbeiten, auch Freundschaften schließen, Familien gründen und ein Eigenleben führen, spielte überhaupt keine Rolle.«[57]

In ihrer problematischen Lage beschlossen die Betroffenen, bei deutschen Bürgerinnen und Bürgern beispielsweise in Form von Unterschriftenkampagnen Unterstützung zu suchen. Man stieß – wider Erwarten – auf große Anteilnahme und Solidarität. Eine der Aktivistinnen schrieb rückblickend:

57 Berner/Choi/Koreanische Frauengruppe, *Zuhause*, S. 18f.

»Die Teilnahme an der Unterschriftaktion war für mich ein entscheidender Einschnitt in meinem Leben. Ich war ja damals eine alleinstehende junge Frau. Und die Zusammenarbeit mit anderen Koreanerinnen war bedeutend, sie hat mir den Blick geöffnet für Geschichte und gesellschaftliches Zusammenleben.« Auch wurde betont, dass die Kampagne das Gemeinschaftsgefühl und die Solidarität unter den Frauen gestärkt habe: »Die ganze Unterschriftenaktion war für mich nicht nur eine wertvolle Erfahrung, sondern ein wachsender Prozess. Auf einen Fremden zuzugehen, ihm die Umstände erklären und ihn dann um eine Unterschrift zu bitten, war keineswegs eine leichte Sache.«[58] In solchen Aktionen – so eine Aktivistin – habe man auch gelernt, mit Überheblichkeit und Diskriminierung umzugehen. So erinnert sich eine Betroffene:

»Beim ersten Mal war ich tief verletzt, ja sogar beschämt, so dass ich gar nicht darauf reagieren konnte. Aber im Austausch mit anderen Unterschriftensammlerinnen fasste ich wieder Mut und sammelte weiter. Später haben wir gemeinsam darüber gelacht, wie verängstigt wir anfangs gewesen waren und wie wir uns im Laufe der Aktion verändert, entwickelt haben, selbstbewusster und fordernder geworden sind. Ziviler Ungehorsam und Widerstand waren Begriffe, die uns zu Beginn völlig fremd waren. Am Anfang war es daher alles andere als selbstverständlich, dass wir Protestaktionen und Demonstrationen durchführten. Aber wir haben daraus gelernt, was möglich ist, und dass man sein Recht fordern kann und muss.«[59]

Die Aktionsgruppen südkoreanischer Krankenschwestern forderten auch immer deutlicher die Verbesserung der Arbeitsbedingungen. Im September 1978 gründete sich sogar ein bundesweiter Verband südkoreanischer Krankenschwestern. Eine Göttinger Gruppe verteilte Handzettel, in denen sie sich mit folgenden Worten beklagte:

»Die Praxis, uns mit Hilfe einer rigorosen Anwendung der Gesetze, mit dem Vorenthalten von Informationen über unsere Rechte und Ansprüche, mit Nachlässigkeit und Gleichgültigkeit zu Sündenböcken einer von uns nicht verschuldeten Situation zu machen, ist inhuman und überdies sachlich nicht zu rechtfertigen.«[60]

Es wurde vorgebracht, dass schon aufgrund der schweren Arbeit und des Einsatzes, der in der Bundesrepublik geleistet worden war, nun eine unbeschränkte Arbeits- und Aufenthaltserlaubnis erteilt werden müsse: »Wir

58 Ebd.

59 Ebd., S. 19f.

60 Koreanische Frauengruppe, *Dokumentation*, S. 13.

glauben uns im Recht, wenn wir jetzt fordern, den Zeitpunkt unserer Rückkehr selbst zu bestimmen, damit wir Zeit und Gelegenheit haben, uns finanziell und sozial auf unsere Rückkehr nach Korea einzurichten.«[61]

Die Bundesregierung lenkte tatsächlich ein und erteilte Aufenthalts- und Arbeitsgenehmigungen. Infolge dieser Zugeständnisse ermutigte die *Koreanische Frauengruppe* und der Bundesverband südkoreanischer Krankenschwestern ihre Mitglieder immer mehr dazu, Forderungen für eine langfristige Verbesserung der sozialen, ökonomischen und politischen Lage der Arbeitsmigranten zu stellen.

Wie oben erwähnt, rückte allmählich auch der Arbeitskampf von Lohnarbeiterinnen in Südkorea in die Aufmerksamkeit der Südkoreanerinnen, die in der Bundesrepublik lebten. Führende Mitglieder der *Koreanischen Frauengruppe* versuchten in der Folge, die geschlechtsspezifische Ausbeutung und Unterordnung von Frauen sowohl in der südkoreanischen als auch in der bundesdeutschen Gesellschaft zu unterbinden und auf ihre zu Unrecht untergeordnete Rolle im Wirtschaftsleben beider Länder hinzuweisen. So sammelte die *Frauengruppe* für in Südkorea streikende Textilarbeiterinnen Geld, was von dort mit Dankensschreiben im Januar 1979 gewürdigt wurde. Hier erklärten die durchweg noch jugendlichen südkoreanischen Arbeiterinnen: »Wir protestieren und widersetzen uns, weil wir die Ungerechtigkeit nicht aushalten können.«[62] Auf diese Weise kam eine Erfahrung zur Sprache, mit der sich die Mitglieder der Gruppe in Deutschland stark identifizierten. Allerdings war die öffentliche Solidarität der Exilkoreanerinnen in der Bundesrepublik Deutschland mit den Arbeiterinnen in Südkorea nicht unproblematisch. Die Frauengruppen in der Bundesrepublik fühlten sich – mehr oder minder zu Recht – vom südkoreanischen Geheimdienst beobachtet. Aus Angst, als Kommunistinnen angesehen zu werden, nahm man sich häufig zurück. In der Tat bezeichneten viele Südkoreaner in der Bundesrepublik die *Frauengruppe* als »Rote Gruppe« oder sogar als »Rote Kommunistische Gruppe«.[63] Ein Mann drohte sich scheiden zu lassen, wenn seine Frau ihre Mitgliedschaft nicht aufgebe.[64]

Das 20. Jahrhundert ist Geschichte geworden, und die meisten Gründungsmitglieder der *Koreanischen Frauengruppe* waren Zeuginnen eines epo-

61 Ebd.

62 Ebd., S. 99.

63 Berner/Choi/Koreanische Frauengruppe, *Zuhause*, S. 23.

64 Ebd., S. 25.

chalen Wandels sowohl in Südkorea als auch in der Bundesrepublik Deutschland. Viele von ihnen sind mittlerweile über 50 oder gar über 60 Jahre alt. Manche setzten sich für Flüchtlinge und Migranten in Deutschland ein. Ein Dutzend Mitglieder der *Koreanischen Frauengruppe* wurden von den Herausgeberinnen der Sammlung *Zuhause* gefragt, wo und was ihr Zuhause sei. Die Antworten lassen den Schluss zu, dass diese Frauen ihre Identität am ehesten als global empfanden. Die Herausgeberinnen von *Zuhause* erklärten selbst: »Es ist eher ein Gefühl des sich Wohlfühlens und des Angekommenseins als die Bindung an einen konkreten Ort. Eine Zerrissenheit oder Orientierungslosigkeit, wie sie Migranten oft unterstellt wird, ist am Ende bei keiner Autorin zu verspüren.« Kook-Nam Cho-Ruwwe fing die ganze Vielfalt der Erfahrungen ihrer Generation mit den Worten ein:

»Ich gehöre zu den beiden Orten und zugleich gehöre ich nirgendwohin. Die Suche nach einer geografischen Heimat führt mich zu einer innerlichen Trennung; sie schließt einen Teil von mir immer aus, aber ich will alles in mir umschließen. Meine Heimat ist alles, was ich war, bin und werde. Sie ist in mir. Darum ist meine Heimat überall, wo ich war, bin und sein werde. Alle Menschen besitzen die Weisheit, irgendwann ihre eigenen Lebenswege zu begreifen. In solchen Momenten spüre ich, wie sich meine bisherigen Lebenswege von Korea, von Deutschland, aus der Vergangenheit und aus der Zukunft, wie Flüsse zu einem See in mir versammeln. Die Trennung zwischen den Lebensräumen und Lebenszeiten wird grenzenlos aufgelöst. Dennoch kann ich die verschiedenen Farben und Gesänge dieser Welten unterscheiden ohne meine Seele zu entzweien. Ich tauche oft in meinen tiefen See und entdecke dort meine wunderbaren Schätze wieder. Ich will weiter fließen, um das Meer zu erreichen.«[65]

7. Fazit

Die Verflechtungen zwischen den beiden geteilten Nationen Korea und Deutschland sind von Historikerinnen und Historikern bislang wenig untersucht worden. Dabei liegen die Verbindungen zwischen beiden Ländern gerade hinsichtlich der jüngeren Geschichte auf der Hand: Beide haben eine Teilungsgeschichte, in Südkorea wurde ein »German Village« eröffnet, Samsung investierte beachtlich in der Bundesrepublik. Dies alles sind

65 Ebd., S. 40.

Zeichen der Globalisierung und der transnationalen Verbindungen zwischen Südkorea und Deutschland. Auch haben die Hintergründe für die steigende Nachfrage nach Arbeitskräften in Deutschland und die Befriedigung dieser Nachfrage durch Südkorea die historische Forschung in Korea bisher nicht interessiert.

Entsprechend ist die transnationale Verflechtungsgeschichte um die Arbeitsmigration südkoreanischer Krankenschwestern in die Bundesrepublik Deutschland in den letzten 50 Jahren vor allem Thema der persönlichen Erinnerungen Betroffener gewesen. Erst in jüngster Zeit gibt es hierzu Veröffentlichungen, die allerdings stetig zunehmen.

So wurde in diesem Aufsatz gezeigt: Die Geschichte der südkoreanisch-bundesdeutschen Arbeitsmigration Tausender Krankenschwestern setzte in den 1960er Jahren ein, als die Bundesrepublik ihren steigenden Bedarf an Arbeitskräften im Bergbau und im Pflegebereich auf dem globalen Arbeitsmarkt zu decken begann. Dass im Zuge des Wirtschaftswunders eine beachtliche Zahl von Arbeitskräften aus dem Mittelmeerraum nach Deutschland kam, ist bekannt. Unbekannt war bislang, wie viele examinierte Krankenschwestern aus Südkorea unter den miserabelsten Bedingungen als Reinigungs- und Hauswirtschaftspersonal in Krankenhäusern und Pflegeheimen in der Bundesrepublik arbeiteten.

Die Wirtschaftspolitik und die Entwicklungsprogramme Südkoreas waren nicht unentscheidend für dieses dunkle Kapitel globaler Arbeitsmigration. In den 1960er Jahren verstand die Regierung Park den Export südkoreanischer Arbeitskräfte als ein Mittel zur Senkung des »Bevölkerungsdrucks«, somit als Mittel gegen die Probleme von Überbevölkerung, Hunger, Armut und Arbeitslosigkeit.[66] Auch hoffte die südkoreanische Regierung, das Wirtschaftswunder am Rhein würde sich positiv auf Südkorea auswirken. Marktkräfte und demografische Entwicklungen haben eine komplementäre Struktur zwischen den Volkswirtschaften der Bundesrepublik und Südkoreas geschaffen, die von der südkoreanischen Regierung gezielt dazu benutzt worden ist, nationale Entwicklungspläne voranzubringen. Die klassisch (neo-)koloniale Vorstellung vieler westdeutscher Behörden, man könne durch die »Erziehung koreanischer Arbeitskräfte zu Ordnung, Fleiß und Disziplin« einen Beitrag zur Entwicklung des ostasiatischen Landes leisten, entsprach den Vorstellungen der südkoreanischen Entwicklungsdiktatur. Beide Regierungen mussten aber bald feststellen,

66 »A Proposal of Korean Labor (Miners) Employment to the FRG«, (kein Datum, vermutlich 1965), BAK B149.

dass sich die Migrationsbewegungen zwischen den beiden Ländern nicht vollständig kontrollieren ließen.

Was zeigt dieses Beispiel einer globalen Verflechtungsgeschichte? Zum einen lässt sich erkennen, dass Phänomene wie Arbeitsmigration zum Themenkreis »Entwicklung« gehören, wenngleich sie bislang kaum unter dieser Perspektive betrachtet wurden. Außerdem zeigt sich hier, dass es nicht möglich ist, die Geschichte Europas und besonders auch Deutschlands als eine Geschichte der »European agency« zu schreiben. Gerade das geteilte Deutschland der Nachkriegszeit war ein wichtiger Schauplatz und auch ein Akteur der Entstehung von globalen Märkten, der Zunahme von Migrationsströmen und von Rassismen. Es ist irreführend, bereits dann von transnationaler Geschichtsschreibung zu sprechen, wenn man Ereignisse in verschiedenen Ländern zur Kenntnis nimmt. So ist der Zusammenhang zwischen dem anhaltenden Wirtschaftswachstum der 1950er und 1960er Jahre und der zunehmenden Migration von Arbeitskräften nach Deutschland gut bekannt. Aber man hat auch die Bedingungen – sprich die globalen Verflechtungen von Interessenslagen und Praktiken –, unter denen sie auf dem internationalen Arbeitsmarkt verfügbar wurden, bisher kaum als einen integralen Bestandteil der deutschen Geschichte gedeutet.

So zeigt das Beispiel südkoreanischer Krankenschwestern in der Bundesrepublik Deutschland der 1960er und 1970er Jahre: Erst im Blick auf gegenseitige, globale Verflechtungen macht die Rede von transnationaler Geschichte einen Sinn. Zur Debatte steht dann, wie der transnationale Sozialraum, der beispielsweise durch die Arbeitsmigration entstand, als historischer Forschungsgegenstand zu konzeptualisieren ist. Gewiss kann dies nur gelingen, wenn man von der falschen Vorstellung einer Konfrontation zwischen autonomen, nationalstaatlichen Gesellschaften einerseits und anonymen Kräften der Globalisierung andererseits abrückt.

Aus dem Englischen von Christian Mentel

Literatur

Barlow, Tani E., »Asian Women in Reregionalization«, *Positions*, Jg. 15, H. 2 (2007), S. 285–318.

Berner, Heike/Choi, Sun-ju/Koreanische Frauengruppe in Deutschland (Hg.), *Zuhause. Erzählungen von deutschen Koreanerinnen*, Berlin 2006.

Bernhardt, Rudolf, »Die ausländischen Arbeitskräfte in den deutschen Krankenhäusern«, *Das Krankenhaus*, H. 11 (1966), S. 445–446.

Borgwardt, Elizabeth, *A New Deal for the World. America's Vision for Human Rights*, Cambridge Mass. 2005.

Cheah, Pheng, *Inhuman Conditions. On Cosmopolitanism and Human Rights*, Cambridge Mass. 2006.

Chung, Young-Iob, *South Korea in the Fast Lane: Economic Development and Capital Formation*, Oxford 2007.

Hyun Yi Kang, Laura, »Si(gh)ting Asian/American Women as Transnational Labor«, *Positions*, Jg. 5, H. 2 (1997), S. 403–437.

Koreanische Frauengruppe (Hg.), *Dokumentation*, o.O. 1979.

Kreutzer, Susanne, *Vom »Liebesdienst« zum modernen Frauenberuf: Die Reform der Krankenpflege nach 1945*, Frankfurt/M. 2005.

Maul, Daniel, *Menschenrechte, Sozialpolitik und Dekolonisation. Die Internationale Arbeitsorganisation (IAO) 1940–1970*, Essen 2007.

Parrenas, Rhacel Salazar, *Servants of Globalization: Women, Migration, and Domestic Work*, Berkeley 2001.

Shim, Yun-Chong, *Aspekte der Sozio-Kulturellen Einordnung Koreanischer Krankenpflegekräfte in Deutschland*, Dissertation, Heidelberg 1973.

Spivak, Gayatri Chakravorty, »Can The Subaltern Speak?«, *Wedge*, Jg. 7/8 (1985), S. 120–130.

Sukil, Lee, *Hangang kwa rheingang yuie moojiegae darie reul notda* [*Eine Brücke zwischen dem Han Jiang und dem Rhein bauen*], Seoul 1997.

Verhandlungen des Deutschen Bundestages. 5. Wahlperiode. Stenographische Berichte, Bd. 62: Von der 46. Sitzung am 15. Juni 1966 bis zur 77. Sitzung am 1. Dezember 1966, Bonn 1966.

Yoo, Do-Jin, *Die Situation koreanischer Krankenpflegekräfte in der Bundesrepublik Deutschland und ihre sozialpädagogischen Probleme*, Dissertation, Kiel 1975.

Fit für den Weltmarkt in fünf Jahren? Die Modernisierung der senegalesischen Erdnusswirtschaft in den 1960er Jahren[1]

Martin Rempe

Brüssel, 20. Dezember 1962: Nach mehr als einem Jahr andauernden, äußerst zähen Verhandlungen einigten sich die sechs Mitgliedsstaaten der Europäischen Wirtschaftsgemeinschaft (EWG) und die ihr assoziierten afrikanischen Staaten auf ein neues Abkommen. Ein halbes Jahr später wurde es in Yaoundé, Kamerun, feierlich unterzeichnet. Zu den afrikanischen Staaten, die am Abschluss beteiligt waren, zählte auch der Senegal. Das westafrikanische Küstenland zögerte seine Zustimmung zur Konvention bis zuletzt hinaus, weil es angesichts der im Abkommen festgeschriebenen Abschaffung französischer Subventionen massive Einnahmeausfälle in der Erdnusswirtschaft befürchtete: Ein fixer Zeitplan bestimmte, dass der Senegal seine Erdnüsse ab dem 1. Juli 1964 auf dem freien Weltmarkt kommerzialisieren sollte. Als Kompensation bot die EWG eine sogenannte Produktionshilfe an, die, angelegt auf fünf Jahre, degressiv Subventionen gewährte und Strukturanpassungsmaßnahmen finanzierte.[2] Die Logik bestand darin, im Rahmen der Strukturanpassung die Produktivität der senegalesischen Erdnusswirtschaft massiv zu steigern und so die Verluste auszugleichen, die aus dem Wegfall französischer Subventionen resultierten. Das Herzstück dieser Strategie bildete die »Action de Vulgarisation« der *Société de l'Aide et de la Coopération* (SATEC), einer französischen Entwicklungsgesellschaft, die senegalesische Bauern im Erdnussanbau anleiten und ihnen neue Techniken und Methoden vermitteln sollte. Als Ziel der Aktion wurde ausgegeben, innerhalb von drei Jahren eine Steigerung der Produktivität um 25 Prozent zu erreichen.

---

1 Ich danke den Herausgebern dieses Bandes Hubertus Büschel und Daniel Speich sowie Heike Wieters für wertvolle Kommentare zu früheren Versionen des Aufsatzes.

2 Vgl. zu den Verhandlungen über das erste Abkommen von Yaoundé jüngst Migani, *La France*. Grundlegend dazu Moser, *Europäische Integration*; Cosgrove-Twitchett, *Europe and Africa*.

Dieser Aufsatz widmet sich dem Modernisierungsprozess der senegalesischen Erdnusswirtschaft aus globalgeschichtlicher Perspektive. Im Kern verfolgt dieser Ansatz eine »Geschichtsschreibung mit einem Bewusstsein für globale Zusammenhänge«[3] – nicht mehr, aber auch nicht weniger, wenn man von den Anleihen absieht, die die Globalgeschichte bei den *Post-Colonial Studies*, der transnationalen und der Verflechtungsgeschichte nimmt.[4] Genau genommen sind es zwei Perspektiven, die den Weg zu solchen globalen Zusammenhängen weisen: der Fokus auf Globalisierungstendenzen, das heißt auf zunehmende Interaktion, Verdichtung und Entgrenzung einerseits, und die Konzentration auf globale Phänomene im Sinne von weltweit zu beobachtenden Entwicklungen, die parallel, aber relativ unabhängig voneinander verlaufen, andererseits. Beide Perspektiven können für den Modernisierungsprozess der senegalesischen Erdnusswirtschaft fruchtbar gemacht werden. Zum einen erfuhr dieser Prozess aufgrund des senegalesischen Beitritts zu einem transnationalen Rechtsregime eine ganz erhebliche Beschleunigung, die der mit dem Abkommen verbundenen Integration der Erdnusswirtschaft in den Weltmarkt geschuldet war und somit ein ideales Beispiel für die Globalisierung und die damit in Zusammenhang gebrachte »Verdichtung von Raum und Zeit« darstellt.[5] Zum anderen lässt sich dieser Prozess in einem globalen Trend zur Modernisierung verorten, wie er seit Ende des Zweiten Weltkriegs zu beobachten war und in der entstehenden sogenannten Dritten Welt mit der Durchsetzung des Entwicklungsparadigmas seinen Niederschlag fand.[6]

Neben den transnationalen politischen und den globalen wirtschaftlichen Bedingungen, unter denen der Senegal seinen Weg der landwirtschaftlichen Modernisierung einschlug, rückt somit dieser Weg selbst ins Zentrum des Erkenntnisinteresses und wird in Anlehnung an Roland Robertson als Prozess der Glokalisierung, das heißt als »bestimmte Ausprägung eines sehr allgemeinen Phänomens«,[7] untersucht. Die historische Modernisierungsforschung steckt in Bezug auf die sogenannten Entwicklungsländer noch in den Kinderschuhen. Umso wichtiger scheint es, sich

3 Conrad/Eckert, »Globalgeschichte«, S. 27.

4 Vgl. ebd. Zur transnationalen Dimension grundsätzlich Patel, *Nach der Nationalfixiertheit*. Vgl. außerdem zur Verflechtungsgeschichte und den *Post-Colonial Studies* Conrad/Randeria, »Geteilte Geschichte«.

5 Vgl. Osterhammel/Petersson, *Globalisierung*, S. 12.

6 Vgl. Engerman/Unger, »Introduction«. Zum Entwicklungsparadigma vgl. Eckert, »Spätkoloniale Herrschaft«.

7 Robertson, »Glokalisierung«, S. 216.

der Entwicklungszusammenarbeit in der Praxis zuzuwenden, um grundlegende Erkenntnisse über Akteure, Mechanismen und Auswirkungen der Projektarbeit zu gewinnen.[8]

Der Fokus auf die Praxis erweitert und beschränkt zugleich Robertsons Konzept der Glokalisierung, der die Betonung des (lokalen) Raums in erster Linie dazu nutzt, den in der gegenwärtigen Diskussion über Globalisierung virulenten Gegensatz zwischen kultureller Homogenisierung und Fragmentierung zu entkräften und eine Parallelität zu konstatieren.[9] So müssen neben kulturellen Entwicklungen auch soziale und insbesondere politische Auswirkungen benannt werden, die das Projekt der SATEC im Senegal auslöste. Andererseits können diese Einsichten erst in einem zweiten Schritt für eine vergleichende Globalgeschichte der Entwicklungszusammenarbeit fruchtbar gemacht werden. Dass mit diesem Aufsatz nur der erste Schritt vollzogen wird und damit erkenntnistheoretische Bescheidenheit geübt wird, scheint durchaus angebracht. Vorschnelle Urteile über globale Prozesse könnten dem jungen und nicht unumstrittenen Forschungszweig der Globalgeschichte kaum mehr als einen Bärendienst erweisen.[10] Der damit eingeschlagene Ansatz, »globalisierungsverdächtige Befunde«[11] einer glokalen Analyse zu unterziehen, verfolgt insofern empirische Grundlagenforschung und scheint darüber hinaus auch deswegen dringend geboten, weil Afrika in der Globalisierungsdebatte nach wie vor kaum Beachtung findet. Schließlich und nicht zuletzt wirft der Modernisierungsprozess der senegalesischen Erdnusswirtschaft unter den Bedingungen der Dekolonisation auch ein neues Licht auf die durchaus umstrittene Frage, ob der Kolonialismus den historischen Prozess der Globalisierung eher vorantrieb oder diesem im Wege stand.[12]

8 Ein Beispiel für eine Perspektive auf die Praxis der Zusammenarbeit, allerdings stärker kulturgeschichtlich ausgerichtet, bietet etwa Büschel, »In Afrika helfen«. Programmatisch in eine ähnliche Richtung weisen auch Engerman/Unger, »Introduction«.

9 Vgl. Robertson, »Glokalisierung«.

10 Einen zusammenfassenden Überblick zu Einwänden gegen die Globalgeschichte geben ebenfalls Conrad/Eckert, »Globalgeschichte«, S. 39–42. Hervorzuheben unter den Skeptikern ist insbesondere Cooper, *Colonialism*, S. 91–112.

11 Loimeier/Neubert/Weißköppel, »Einleitung«, S. 26.

12 Einen konzisen Überblick zu dieser Diskussion liefert Austen, »Africa and Globalization«.

1. Große Erwartungen und enttäuschte Hoffnungen: Regionale und globale Grenzen senegalesischer Modernisierung nach der Unabhängigkeit

Als im Jahre 1840 ein französisches Schiff mit der bescheidenen Ladung von 722 Kilogramm Erdnüssen die senegalesische Insel Gorée in Richtung Marseille verließ, konnte noch niemand ahnen, dass mit dieser Fuhre eine wirtschaftliche Entwicklung einsetzte, die den Senegal bis heute maßgeblich prägen sollte. Um die Jahrhundertwende war die Erdnussproduktion auf 125.000 Tonnen pro Jahr angestiegen, überrundete noch vor dem Zweiten Weltkrieg die Halbe-Million-Marke und übersprang 1961 schließlich die Hürde von einer Million Tonnen. Der Erdnussanbau erstreckte sich zu Beginn der 1960er Jahre auf ungefähr die Hälfte der bewirtschafteten Flächen im Senegal und sicherte 75 Prozent der Einkommen im Agrarsektor. Herstellung und Verkauf der verschiedenen Erdnussprodukte – ungeschälte und geschälte Erdnüsse, Öle und Futterkuchen – bildeten knapp ein Viertel des Bruttosozialprodukts und machten gut 80 Prozent aller Exporte aus. Die Unternehmen, die diese Erdnussprodukte erzeugten, zeichneten in finanzieller Hinsicht für mehr als zwei Fünftel aller industriellen Aktivitäten im Senegal verantwortlich. Schließlich waren knapp 90 Prozent der arbeitenden Bevölkerung direkt oder indirekt im Erdnusssektor beschäftigt.[13] Diese wenigen Eckdaten verdeutlichen, welch überragende Stellung der Erdnusssektor in der gesamten senegalesischen Volkswirtschaft kurz nach der Loslösung von Frankreich im Juni 1960 einnahm.

Die rasche Ausbreitung und Steigerung der Produktionsraten seit der Jahrhundertwende war zum einen der *économie de traite* geschuldet, die in einem simplen Austauschverhältnis bestand: Die französischen Großhandelshäuser nahmen den Bauern die Erträge ab und versorgten sie im Gegenzug mit Saatgut sowie Nahrungsmitteln und Fertigwaren aus der Metropole. Zwischenhändler dienten als Transmissionsriemen in diesem Arrangement und trieben die Bauern mit horrenden Zinserhebungen in die Verschuldungsfalle. Zum anderen ging die Steigerung der Produktionsraten auf die Aktivitäten der im Senegal ansässigen islamischen Bruderschaften zurück. Insbesondere die Muriden-Bruderschaft, die eng mit der

13 Zahlen und Daten entnommen aus Pélissier, *Les paysans du Sénégal*, S. 30f.; Diarassouba, *L'évolution*, S. 69f.; Freud, *L'arachide au Sénégal*, S. 9.

Kolonialbürokratie kooperierte, stieß ins Landesinnere vor und machte dort neue Flächen für den Erdnussanbau nutzbar. Mit Dekret vom 13. November 1954 wurde diesem freien, aber recht ungleichen Wirtschaften ein Ende bereitet und eine Marktordnung für Ölpflanzen errichtet, die im gesamten französischen *Empire* Anwendung fand. Auf ihrer Grundlage setzte ein interministerieller Ausschuss Jahr für Jahr Abnahmekontingente fest, für die bestimmte Preisgrenzen galten. Diese Marktordnung machte die senegalesische Erdnuss in der Regel wesentlich teurer als auf dem Weltmarkt frei gehandelte Nüsse. Andererseits darf nicht übersehen werden, dass das Überpreissystem auf Gegenseitigkeit beruhte. Auch die aus Frankreich in den Senegal eingeführten Waren lagen häufig deutlich über Weltmarktpreisen.[14]

Die Assoziierung des Senegal an die Europäische Wirtschaftsgemeinschaft, die Frankreich zur unumstößlichen Bedingung einer Vertragseinigung gemacht hatte, änderte an diesem Arrangement zunächst nichts. Bestrebungen der französischen Regierung während der Vertragsverhandlungen, die europäischen Partner auf Abnahmegarantien für Erzeugnisse aus ihren Kolonien zu verpflichten, scheiterten am Widerstand der deutschen und niederländischen Delegation. Dementsprechend beschränkte sich der Europäische Entwicklungsfonds (EEF) für die assoziierten Länder auf die Finanzierung von Entwicklungsprojekten.[15] Ebenso wenig änderte die Unabhängigkeit des westafrikanischen Sahel-Landes im Juni 1960 etwas an diesen protektionistischen Außenhandelsstrukturen.[16]

Im Senegal selbst hingegen erfuhr die Erdnusswirtschaft im Zuge der Dekolonisation eine grundlegende Umgestaltung. Regierungschef Mamadou Dia brachte den Erdnusssektor unter staatliche Kontrolle und begann, einen nationalen Entwicklungsapparat aufzubauen, dessen Hauptaugenmerk auf der Gründung freier und selbstverwalteter Genossenschaften lag. In ihnen sollte sich nach den Vorstellungen Dias der afrikanische Sozialismus realisieren. Im ersten senegalesischen Entwicklungsplan, den Dia zu-

14 Vgl. Tignor, »Cooperative Experience«; Péhaut, *Les oléagineux*, S. 769–778. Zur Rolle der Muriden-Bruderschaften: Diop, *La société Wolof* und Cooper, *Africa*. Vgl. auch Historisches Archiv der Europäischen Union (HAEU) 17/1969-67: KOM DG VIII, Der Markt für die Ölfrüchte der assoziierten überseeischen Länder und Gebiete, 11.5.1960.

15 Vgl. grundsätzlich Girault, »La France«; Moser, *Europäische Integration*, S. 346–372.

16 Vgl. Centre d'accueil et de recherche des Archives Nationales (CARAN) FPU 73: Schreiben Botschaft Dakar an Secrétaire d'Etat aux relations avec les Etats de la Communauté, 24.12.1960; Schreiben Botschaft Dakar an Secrétariat de la Communauté, 28.4.1960.

sammen mit dem französischen Dominikanerpriester Louis-Joseph Lebret erstellte, wurde dieser Ansatz wie folgt konkretisiert: »La voie sénégalaise de développement [est] davantage orientée vers le développement de l'homme que vers la croissance.«[17]

Nun schlug die (kurze) Stunde des senegalesischen Nationalstaats. Mit Dekret vom 13. Januar 1960 wurden das *Office de commercialisation agricole* (OCA) und die *Banque Sénégalaise de développement* (BSD) gegründet. Das Amt verfügte über ein Kommerzialisierungsmonopol nach innen wie außen und zeichnete für die Versorgung der Genossenschaften mit Samen, Lebensmitteln und Ackergerät zuständig. Die Entwicklungsbank stellte die dafür notwendigen Kredite bereit. Außerdem reformierte Dia aus der Kolonialzeit überkommene Institutionen dahingehend, dass diese den Aufbau eines freien Kooperativenwesens unterstützen sollten. Auf der Ebene der neu geschaffenen sieben senegalesischen Regionen übernahmen die *Centres régionaux d'assistance pour le développement* (CRAD) zum Teil die Aufgaben, die bisher die *Sociétés mutuelles de développement rural* erfüllten. Letztere standen in der Tradition der Zwangsgenossenschaften, welche die senegalesische Erdnusswirtschaft seit der Jahrhundertwende geprägt hatten und die längste Zeit integraler Bestandteil der französischen Kolonialadministration im Senegal waren.[18] Die neuen Regionalzentren hingegen verwalteten lediglich solche Kooperativen, die sich noch nicht selbst organisieren konnten. Außerdem dienten sie als Scharnier zwischen dem OCA und den auf Dorfebene angesiedelten Genossenschaften. Geplant war außerdem, dass aus den CRAD regionale Genossenschaftsunionen hervorgehen würden, sobald sich ein freies Genossenschaftssystem etabliert hatte.[19] Zum Herzstück im Aufbau eines freien Kooperativenwesens avancierten aber die *Centres d'expansion rurale* (CER), die 1954 von der französischen Kolonialadministration mit dem Ziel errichtet wurden, das Vertrauen der Bevölkerung zu gewinnen und zugleich durch die Verbreitung »moderner« Anbaumethoden die Produktivität zu steigern. Bis 1960 arbeiteten aller-

17 »Der senegalesische Entwicklungsweg zielt stärker auf die Entwicklung der Menschen als auf wirtschaftliches Wachstum ab.« République du Sénégal, *Les Orientations*, S. 1. Vgl. dazu auch Dia, *Mémoires*, S. 114–122 und Mbodj, »La crise trentenaire«, S. 98–101. Allgemein zur enthusiastischen Stimmung, welche die Ausarbeitung des Plans begleitete: Becker, »Le père Lebret«.

18 Zur Geschichte des senegalesischen Genossenschaftswesens bis zur Unabhängigkeit ausführlich Tignor, »Cooperative Experience«.

19 Vgl. Archives Nationales du Sénégal (ANS) VP 271: Beweggründe des Gesetzes zur Gründung der CRAD, 26.11.1959. Vgl. dazu auch Gellar, »Circulaire«.

dings gerade einmal 25 Franzosen und 34 Senegalesen in diesen Zentren.[20] Die neuen *Centres* sollten diese Tätigkeit fortführen, darüber hinaus aber flächendeckend agieren, mit Spezialisten verschiedener Bereiche wie Landwirtschaft, Viehzucht oder auch Bauwesen besetzt werden und als Ansprechpartner für die Genossenschaften in allen möglichen technischen Fragen zur Verfügung stehen. Langfristig ging die senegalesische Regierung davon aus, dass die Zentren sich aufgrund ihrer Tätigkeit und der damit einhergehenden Professionalisierung des Kooperativenwesens selbst überflüssig machen würden.[21] Mit den *Centres d'animation rurale* wurde schließlich eine weitere Einrichtung neu gegründet, die sich der Ausbildung von freiwilligen Animateuren widmete. Jene erhielten in den Zentren Informationen über den senegalesischen Entwicklungsweg ebenso wie praktische Hinweise für den Bauernalltag, die sie daraufhin in den Dörfern populär machen sollten.[22] Übergreifendes Ziel dieser Reformen war es, »à donner aux ruraux des moyens efficaces d'action pour accroître la production agricole et améliorer leur niveau de vie; à constituer des organisations solidement établies, dotées d'un statut fondé sur l'impérieuse nécessité d'adapter l'activité coopérative à l'évolution sociale et aux structures économiques nouvelles«.[23] Sie dienten so als Symbol schlechthin für einen Bruch mit den Strukturen der Kolonialzeit und standen zumindest in der Theorie für die Idee einer dezidiert nationalstaatlich organisierten Entwicklung, die von unten ihren Weg nehmen sollte.[24]

Zugleich erhoffte sich die senegalesische Regierung von der Assoziierung mit der EWG neue Handelspartner. Die Unabhängigkeit nahezu aller assoziierten afrikanischen Länder im Laufe des »Afrikajahrs« 1960 machte es notwendig, die Assoziierung auf eine neue Grundlage zu stellen. Blieben

---

20 Vgl. Centre des Archives Contemporaines (CAC) 20000232-19: Comité du Fonds d'aide et de coopération, Antragsvermerk zum Senegal, o.D. [1960].

21 Vgl. ANS VP 271: Dekret zur Organisation der CER, 20.5.1960.

22 Vgl. ANS VP 271: Übersicht zur Ausbildungswoche der Leiter von Animationszentren, o.D. [1961]. Vgl. zur *Animation rurale* im Detail: Diouf, »Senegalese Development« und Gellar, *Democracy in Senegal*.

23 »[...] den Bauern effiziente Möglichkeiten zu bieten, um die Produktion und ihren Lebensstandard zu steigern; vernünftig ausgestattete Einrichtungen zu gründen mit einer Satzung, die entsprechend der unabweisbaren Notwendigkeit gestaltet ist, das Genossenschaftswesen an den sozialen Wandel und die neuen wirtschaftlichen Strukturen anzupassen«. ANS VP 248: Ministère de l'économie rurale, Beweggründe des Gesetzes zur Gründung der CER o.D. [1960].

24 Vgl. dazu grundsätzlich Péhaut, *Les oléagineux*, S. 978–984; Gellar, »Circulaire«, S. 125f.; Mbodj, »La crise trentenaire«, S. 99; Diarassouba, *L'évolution*, S. 187–197.

die assoziierten Staaten 1957 noch von den Verhandlungen ausgeschlossen und wurden nicht einmal konsultiert, so sollte dies nun korrigiert und ein Abkommen »auf der Grundlage völliger Gleichberechtigung«[25] geschlossen werden. In der Erwartung, dass das französische System mit festgelegten Preisen und garantierten Abnahmemengen auf die EWG übertragen werden würde, suchte man in Dakar nach weiteren Verwertungsmöglichkeiten für die Erdnuss. So wurde überlegt, in die europäische Margarineproduktion einzusteigen oder auch Maßnahmen einzuleiten, um Erdnussöl in deutschen, niederländischen oder gar italienischen Küchen populär zu machen. Die Kapazitäten des französischen Absatzmarktes schienen auf Dauer nicht auszureichen angesichts der Ertragssteigerung von circa 20 Prozent, die mit der Durchführung des ersten Entwicklungsplans erwartet wurden.[26]

Doch die Hoffnungen, dass die EWG diesen senegalesischen Entwicklungsweg mittragen würde, wurden rasch enttäuscht. Während Frankreich und die EWG-Kommission ein finanzielles Engagement zugunsten der afrikanischen Monokulturwirtschaften befürworteten, wehrten sich Deutschland und die Niederlande heftig dagegen, die überlebte französische Kolonialwirtschaft weiter zu alimentieren. Stattdessen plädierten sie für eine Diversifizierungsstrategie. Die gegenteiligen Auffassungen waren bereits von den EWG-Vertragsverhandlungen bekannt. Anders als 1957 ging es nun aber um mehr als einen ergänzenden europäischen Beitrag zur Entwicklung des Senegal. Die bevorstehende Errichtung der Gemeinsamen Agrarpolitik (GAP) samt europäischer Marktordnung für Ölpflanzen schloss die Fortführung bilateraler französischer Preis- und Abnahmegarantien für senegalesische Erdnüsse definitiv aus. Die sogenannte Produktions- und Diversifizierungshilfe, auf die sich die europäischen Mitgliedstaaten schließlich einigten, diente somit nicht als Ergänzung zu bisher gewährten französischen Subventionen, sondern vielmehr als deren Substitut. Die degressiv gewährte Produktionshilfe war dazu bestimmt, die senegalesische Erdnusswirtschaft im Laufe von fünf Jahren dauerhaft an

25 Präambel Assoziierungsabkommen, in: Bundesgesetzblatt (BGBl.), Teil II, 8.4.1964, S. 296. Vgl. dazu auch Dimier, »Neo-Patrimonial State«.

26 Vgl. Centre des Archives Diplomatiques Nantes (CADN) Amb. Dakar 292: Schreiben Diagne an Secrétaire d'Etat aux relations avec les Etats de la Communauté, 1.6.1960; ANS VP 171, Vermerk Fall an Senghor, 5.11.1960.

den Weltmarkt heranzuführen, und die Diversifizierungshilfe sollte die Abhängigkeit von der Hülsenfrucht mindern.[27]

Mit der Produktions- und Diversifizierungshilfe setzte nicht nur ein Wettlauf gegen die Zeit ein, der in dem Maße vorher nicht gegeben war.[28] Noch gravierender als die knapp bemessene Anpassungsfrist war die wirtschaftspolitische Grundsatzentscheidung selbst. Die senegalesische Erdnuss musste sich dem direkten Konkurrenzkampf auf dem Weltmarkt für pflanzliche Fette mit weiteren ölhaltigen Erzeugnissen wie der Sojabohne oder der Baumwollsaat stellen, bei dem sie äußerst schlechte Karten besaß. Zum einen lag das daran, dass die konkurrierenden Pflanzen höherwertige Eigenschaften besaßen. Ölsaaten wurden nicht nur zur Herstellung von Speiseöl benötigt. Das Ölschrot kam als Futterkuchen in der Viehfütterung zum Einsatz und avancierte im Laufe der 1960er Jahre zum wichtigsten Produkt von Ölsaaten.[29] Die Sojabohne hatte aufgrund ihres hohen Eiweißgehalts und hoher Schrotausbeute einen deutlichen Wettbewerbsvorteil gegenüber anderen ölhaltigen Pflanzen. Erdnussschrot litt demgegenüber häufig unter einem zu hohen Gehalt des Pilzgifts Aflatoxin, was eine Verwendung im Futtermittelbereich zusehends ausschloss. Im Speiseölbereich sah es nicht besser aus, da die Produktionskosten für Erdnussöl im Vergleich zu anderen Speiseölen deutlich höher lagen.[30]

Zum anderen war der Weltmarkt gesättigt, befand sich gar in einer Situation latenter Überproduktion, was die Preise drückte. In Europa, wo der Pro-Kopf-Verbrauch am höchsten war – 55 bis 60 Gramm am Tag – und gleichzeitig die Eigenproduktion an Rohstoffen am niedrigsten, war der

27 Vgl. dazu ausführlich Moser, *Europäische Integration*, S. 474–501; Cosgrove-Twitchett, *Europe and Africa*, S. 73–96.

28 Zur Bedeutung der Zeitdimension in der Entwicklungspolitik siehe den Beitrag von Niels P. Petersson in diesem Band.

29 Die direkte Verwertung, beispielsweise als gesalzene Erdnüsse aus der Dose, hatte in den 1960er Jahren noch kaum Bedeutung erlangt. Erste Überlegungen, für den Verzehr geeignete Erdnüsse im Senegal anzubauen, datieren vom Frühjahr 1967. Zwei Jahre später finanzierte der EEF ein Projekt im Sine-Saloum, das vergleichsweise erfolgreich verlief. Vgl. HAEU 25/1980-1458: KOM DGVIII, Situation der Landwirtschaftsprojekte im Senegal, o.D. [1967]; HAEU 25/1980-1485: Reisebericht Cerini, Dezember 1971.

30 Vgl. Höh, *Weltmarkt*, S. 6–19, 28–31. Das Problem des hohen Aflatoxingehalts von Erdnüssen wurde erst im Laufe der 1960er Jahre wissenschaftlich festgestellt. Die EWG reagierte 1970 darauf und verfügte strengere Grenzwerte für Tierfuttermittel, worüber sich Präsident Senghor bitterlich beschwerte. Vgl. Archives du Ministère des Affaires étrangères français (AMAEF) Sénégal 107: Schreiben Senghor an Pompidou, 15.7.1970. Dazu auch Péhaut, »Vingt ans d'échec«.

Konsum kaum noch zu steigern. In den sogenannten Entwicklungsländern hingegen, wo der Tagesverbrauch im Schnitt zwischen 9 und 28 Gramm lag, fehlte es an finanziellen Mitteln, um den Konsum anzuheben.[31]

Darüber hinaus war der Weltmarkt regelmäßig Interventionen ausgesetzt, die die Marktgesetze von Angebot und Nachfrage immer wieder aushebelten und somit die Preisbildung erheblich beeinflussten. Was den Erdnussmarkt betraf, bot zu Beginn der 1960er Jahre insbesondere Indien, zu jener Zeit Weltmarktführer in der Erdnussproduktion, wiederholt Erdnussöl zu regelrechten Dumpingpreisen auf dem Weltmarkt feil. Doch auch die USA setzten den Weltmarkt für pflanzliche Fette mit Überschüssen aus ihrer hochsubventionierten Sojabohnenwirtschaft unter Druck. Ein Großteil der Exporte wurde dabei im Rahmen des 1954 eingerichteten *Food for Peace Program* abgewickelt. Diese Lieferungen führten unter anderem dazu, dass den senegalesischen Produzenten zeitweise Absatzmärkte etwa in Guinea oder Algerien wegbrachen.[32]

Schließlich herrschten nicht nur auf der Angebotsseite sehr ungleiche Bedingungen. Gut 30 Prozent der weltweiten Nachfrage konzentrierten sich in einem Firmenkonzern: dem holländisch-britischen Margarine- und Seifenhersteller Unilever. 600 Tochterfirmen in über 60 Ländern produzierten in jener Zeit mehr als 1,6 Millionen Tonnen Margarine und ungefähr eine Million Tonnen Seife im Jahr. Jede zweite Tonne Ölsaat, die zu Weltmarktpreisen in einen Industriestaat geliefert wurde, wanderte in die Fabriken von Unilever. Die Marktmacht Unilevers hatte natürlich gravierende Auswirkungen auf die Preisbildung am Weltmarkt und spiegelte letztlich auch das langjährige, bis weit in die koloniale Ära zurückreichende Versagen französischer Großhandelshäuser wider, eine gemeinsame Front gegen den britischen Rivalen aufzubauen. Die britische wirtschaftliche Überlegenheit im kolonialen Konkurrenzkampf setzte sich somit in der postkolonialen Ära fort.[33]

Nicht zuletzt hatten diese globalen Entwicklungen aber auch gravierende Auswirkungen auf den französischen Absatzmarkt. Französische Konsumenten und Verarbeitungsindustrien entdeckten im Laufe der

31 Vgl. Péhaut, *Les oléagineux*, S. 926.

32 Vgl. HAEU 17/1969-67: KOM DG VIII, Zusammenfassung einer Studie zum Weltmarkt der Ölpflanzen, 27.2.1960. Vgl. außerdem dazu ausführlich Péhaut, *Les oléagineux*, S. 917–931. Einen kurzen Überblick zur Entstehung des Nahrungsmittelhilfeprogramms der USA liefert Shaw, *UN World Food Programme*, S. 29–36.

33 Vgl. D'Almeida-Topor/Lakroum, *L'Europe et l'Afrique*, S. 119–124; Péhaut, *Les oléagineux*, S. 927.

1960er Jahre die Vorzüge anderer Speiseöle. Bis zu Beginn des Jahrzehnts hatte Erdnussöl überwiegend senegalesischer Provenienz die französische Küche noch deutlich dominiert; lediglich jeder fünfte Liter verwendetes Speiseöl basierte auf anderen Ölsaaten. Doch bereits drei Jahre später verschwand der Begriff *arachide* aus den Werbeanzeigen französischer Ölhersteller wie Huilor und Lesieur, die stattdessen ihren Markennamen stärker akzentuierten. So entstand aufgrund neuer und billigerer Versorgungsmöglichkeiten ein Konkurrenzkampf im Speisölbereich, bei dem das vergleichsweise teure Erdnussöl nur verlieren konnte. Am Ende des Jahrzehnts war sein Anteil am Verbrauch in Frankreich von 86 auf 65 Prozent zurückgegangen.[34]

Nahezu all diese globalen wirtschaftlichen Entwicklungen waren bekannt oder zumindest vorhersehbar und ein wesentlicher Grund dafür, dass die senegalesische Regierung ihre Zustimmung zum Abkommen von Yaoundé bis zur letzten Sekunde hinauszögerte.[35] Sie war sich von Anfang an darüber im Klaren, dass die Produktions- und Diversifizierungshilfe (PDH) in äußerst unzureichender Art und Weise zwei unterschiedliche Entwicklungsstrategien verband. Berechnungen des senegalesischen Handelsministeriums bezifferten die Einnahmeausfälle für die nächsten fünf Jahre im Erdnusssektor auf ungefähr zwölf Milliarden Francs CFA, wobei in der Kalkulation die gesamte PDH, die sich in etwa auf denselben Betrag belief, bereits der ausschließlichen Unterstützung der Erdnusswirtschaft zugerechnet war.[36] Die umgekehrte Option lautete, den Wegfall französischer Subventionen gänzlich auf die Bauern, die Industrie und das Haushaltsbudget umzulegen und den gesamten Betrag für Diversifizierungsmaßnahmen verfügbar zu machen. Senegals Verhandlungsführer Djime Momar Gueye umschrieb dieses Szenario als »solution chirurgicale, la plus dure, la plus impopulaire, la plus efficace aussi, mais comme toute solution chirurgicale, elle risque d'entraîner la mort du patient«.[37] Ungeachtet dessen, dass der Senegal diesen Weg nicht einschlug, zeigt ein Blick auf die tatsächlich ergriffenen senegalesischen Diversifizierungsmaßnahmen, dass sie selbst mittelfristig die drückende Abhängigkeit von der Erdnuss nicht

34 Vgl. Péhaut, *Les oléagineux* S. 943–955.

35 Vgl. zu den Details: Rempe, »Airy Promises«.

36 Vgl. ANS MDR 1 R 669: Vermerk Handelsministerium, 14.2.1964.

37 »[…] chirurgischen Eingriff, d.h. die härteste, unbeliebteste, zugleich effizienteste Lösung, aber wie bei allen chirurgischen Eingriffen besteht die Gefahr, dass der Patient dabei stirbt«. CARAN FPU 63: Bericht Gueye, 29.12.1962.

wesentlich abschwächen konnten. Die Maßnahmen, die sich vorwiegend auf den im Senegal bis dahin nicht praktizierten Baumwollanbau konzentrierten, riefen in reinen Zahlen zwar zunächst wesentlich bessere Ergebnisse hervor als geplant – bis 1971 konnte die Produktion auf circa 11.500 Tonnen gesteigert werden. Im Vergleich zu einer Erdnussernte von 790.000 Tonnen im selben Jahr blieb die volkswirtschaftliche Bedeutung dennoch bescheiden, woran sich auch in den gesamten 1970er Jahren nichts ändern sollte.[38]

Diversifizierung allein konnte demnach das Erdnussproblem nicht lösen. Deswegen veranschlagte die senegalesische Regierung gut 70 Prozent des EWG-Programms für die Produktionshilfe und 30 Prozent für Diversifizierungsmaßnahmen. Mehr als die Hälfte der Produktionshilfe war für Strukturverbesserungsmaßnahmen vorgesehen, die auf eine beschleunigte Modernisierung der Erdnusswirtschaft abzielten. Einerseits sollte sie dadurch wettbewerbsfähig gemacht werden. Andererseits spekulierte Dakar nicht ganz zu Unrecht auf eine künftige Berücksichtigung senegalesischer Erdnüsse im Rahmen der Gemeinsamen Agrarpolitik der EWG. Eine vage Absichtserklärung in diese Richtung war im Assoziierungsabkommen festgehalten. Im Dezember 1963 rang sich der Ministerrat diesbezüglich zu einer Grundsatzentscheidung durch, einen Mechanismus zur Preisstabilisierung von Ölsaaten und -pflanzen mit Herkunft aus den assoziierten Ländern durch die GAP zu finanzieren. Doch die »Krise des leeren Stuhls« und darauffolgender hartnäckiger Widerstand seitens aller Mitgliedstaaten außer Frankreich verzögerten die Implementierung und nahmen schließlich dem Senegal jegliche Hoffnungen, sich der aufgezwungenen Globalisierung und den damit einhergehenden Unwägbarkeiten des Weltmarkts ein Stück weit entziehen zu können.[39]

---

38 Vgl. AMAEF Sénégal 112: Handelsperspektiven 1971, Erzeugnisse des Senegal: Baumwolle 25.2.1971; Handelsperspektiven 1972, Erzeugnisse des Senegal: Baumwolle, 10.4.1972. Erntedaten aus Touré, »Tendances«, S. 221. Anfang der 1980er Jahre überstieg der Ausfuhrwert der Erdnuss denjenigen der Baumwolle immer noch um mehr als das Fünffache. Vgl. dazu auch Kennes, »European Communities' Assistance«, S. 336f.; ferner Lele/van de Walle/Gbetibouo, *Cotton in Africa*.

39 Vgl. dazu ausführlich Rempe, »Airy Promises«. Die »Krise des leeren Stuhls« löste die französische Regierung im Juli 1965 aus, nachdem im Ministerrat keine Einigung über die Finanzierung der Gemeinsamen Agrarpolitik erzielt werden konnte. Sie zog ihren Ständigen Vertreter aus Brüssel ab und blockierte dadurch ein halbes Jahr lang die Handlungsfähigkeit der Gemeinschaft. Zu den Hintergründen grundlegend: Ludlow, *European Community*, S. 40–70.

2. Die Aktion der SATEC: Praxis und Folgen beschleunigter Modernisierung

In wirtschaftlicher Hinsicht bescherte die Konvention von Yaoundé dem Senegal also einen Globalisierungsschub. Zugleich aber modifizierte das Assoziierungsabkommen ganz erheblich den eingangs skizzierten senegalesischen Entwicklungsweg, führte zu einer Rückkehr französischer Experten ins Land und ließ dadurch die Einflussnahme der einstigen Kolonialmacht im Erdnusssektor wieder aufblühen. In der Literatur ist der Wandel vom nationalen Entwicklungsweg zum expertengesteuerten Ansatz stets auf das Ende der Regierung von Premierminister Mamadou Dia im Dezember 1962 zurückgeführt worden, der nach einem Konflikt mit Präsident Lépold Sédar Senghor unter Arrest gestellt wurde, was Letzterem zur alleinigen Machthabe im Senegal verhalf.[40] Gewiss bestanden unterschiedliche Entwicklungsvorstellungen zwischen dem frankophilen Katholiken Senghor, der bis dahin mehr Zeit in Frankreich als im Senegal verbracht hatte, und dem eher frankreichkritischen Muslim Dia, der sozialistische Gesellschaftsmodelle propagierte. Auch bedrohte Dia mit seinen Reformen die Vormachtstellung der islamischen Bruderschaften im Erdnusssektor und damit jene Gruppe, bei denen Senghor seinen stärksten politischen Rückhalt hatte. Dennoch bildete das nur eine Woche nach dem Konflikt unterzeichnete Abkommen, und nicht so sehr Senghors entwicklungspolitische Überzeugungen, die Hauptursache für den Strategiewechsel, auch wenn der senegalesische Staatspräsident für französische Expertise sicherlich empfänglicher als sein Kontrahent gewesen sein mag.[41]

Kurz nach Abschluss des Abkommens gab die senegalesische Regierung im Januar 1963 beim französischen *Institut des recherches agronomiques tropicales et des cultures vivrières* (IRAT) eine Studie in Auftrag, die Vorschläge für eine rasche Ertragssteigerung im Erdnussanbau machen sollte. Diese wissenschaftliche Expertise wies dem neuen senegalesischen Entwicklungsansatz den Weg. Das entsprechende politische Strategiepapier des

40 Dieser Interpretation folgen u.a. Ba/Ndiaye/Sonko, »Le mouvement paysan«; Mbodj, »La crise trentenaire«, S. 102; Gellar, »Circulaire«, S. 129. Vgl. zum Konflikt zwischen Dia und Senghor Zuccarelli, *La vie politique*, S. 86–91. Eine abweichende Interpretation des Konflikts bietet Coulibaly, *Le Sénégal*, S. 59–67.

41 Vgl. zu den unterschiedlichen Persönlichkeiten: Colin, »Léopold Sédar Senghor«; Hesseling, *Histoire politique*, S. 226ff. Zum Verhältnis der beiden Rivalen zu den islamischen Bruderschaften: Loimeier, *Säkularer Staat*, S. 143–163.

senegalesischen Landwirtschaftsministeriums, das sich explizit auf die Studie berief, hieß folgerichtig *Programme de développement accéléré d'arachide et de mil* und wies als oberstes Ziel aus, innerhalb dreier Jahre die Erträge um 25 Prozent zu erhöhen, um damit die Verluste ausgleichen zu können, die sich aus dem Wegfall der französischen Subventionen ergaben.[42] Entgegen ursprünglicher Zielsetzungen des ersten Entwicklungsplans avancierte nun dank der Vorgaben aus Brüssel Wachstumssteigerung zur dominanten Entwicklungsstrategie, der sich andere Erwägungen unterzuordnen hatten.[43] Die »Action de Vulgarisation« der SATEC bildete als integraler Bestandteil des Produktionshilfeprogramms der EWG das Herzstück dieser Strategie, da das Projekt direkt auf die Anbaugewohnheiten der Bauern abzielte. Die ebenfalls durch die Produktionshilfe der EWG finanzierte Bereitstellung neuen Ackergeräts, ausgewählter Qualitätssamen und wissenschaftlich erprobten Erdnussdüngers, so die dahinterstehenden Überlegungen, nützten wenig, solange diese nicht oder nicht »richtig« eingesetzt würden.[44]

Die SATEC wurde erst 1956 gegründet und konnte insofern kaum auf Erfahrungen in kolonialer Entwicklungsarbeit zurückblicken. Auch ihr Generaldirektor Francis Bour gehörte nicht der Kolonialszene an. Er hatte ein Diplom an der *Ecole polytechnique* erworben und war ursprünglich Spezialist für Telekommunikationsfragen. Dennoch war er bestens vertraut mit der »neuen« französischen Entwicklungshilfebürokratie, da er vor seinem Engagement bei der SATEC sowohl bei der *Caisse centrale de coopération économique* als auch im *Ministère de la coopération* tätig war und darüber hinaus neben der SATEC auch das IRAT leitete.[45] Obwohl die SATEC eine staatliche Gesellschaft war und dementsprechend von einem Aufsichtsrat kontrolliert wurde, in dem Vertreter verschiedener Ministerien saßen, agierte sie gegenüber ihren Auftraggebern wie ein privates, das heißt profitorien-

42 Vgl. CAC 19950281-136, Bd. 1: Ministère de l'économie rural, Entwurf des Programms zur beschleunigten Entwicklung der Erdnuss- und Hirseproduktivität, September 1964.

43 Freilich darf die sozialistische, bisweilen humanistische Rhetorik des senegalesischen Entwicklungsplans nicht darüber hinwegtäuschen, dass die kurze Phase »endogener« Modernisierung von Machtkämpfen um die politische und soziale Kontrolle der Bauernschaft gekennzeichnet war. Dies ändert jedoch nichts an der unterschiedlichen Qualität der zwei in Frage stehenden Entwicklungsansätze. Vgl. dazu Mbodj, »La crise trentenaire«, S. 100f.

44 Vgl. Archiv der Delegation der EU im Senegal (ADEUS) II. FED 214015032: KOM DG VIII, Exposé zum Fünfjahresprogramm der Produktionshilfe, 21.12.1964.

45 Vgl. Nowak, »Francis Bour«; CAC 19950281-44: KOM DG VIII, Fragebogen »IRAT«, 10.2.1963. Zu der nach der Dekolonisation erfolgten Reorganisation der französischen Entwicklungsbürokratie vgl. Bossuat, »French Development Aid«.

tiertes Unternehmen. Sie widmete sich vorrangig Projekten und der Durchführung von Studien im landwirtschaftlichen Bereich, im Handwerk sowie der Kleinindustrie. Ihr Einsatzbereich war zunächst auf das heimische Territorium sowie die französischen *Territoires d'Outre-Mer* beschränkt, doch nach der Dekolonisation Französisch-Afrikas gelang es, das Einsatzgebiet auf ebenjene Region zu erweitern und dadurch in direkte Konkurrenz zu dem wesentlich größeren französischen *Bureau pour le développement de la production agricole* zu treten.[46]

Die »Action de Vulgarisation« war das erste Projekt der SATEC im Senegal. Über einen französischen Verbindungsmann, der als Berater im senegalesischen Planungsministerium arbeitete, lancierte Generaldirektor Bour im Herbst 1963 das Angebot, die wissenschaftlichen Empfehlungen des IRAT durch die SATEC in die Praxis umzusetzen. Weil sich die Entwicklungsgesellschaft bis dato weder einen Namen im Erdnussanbau gemacht hatte noch mit den administrativen Strukturen der senegalesischen Erdnusswirtschaft vertraut war, begaben sich zwei Mitarbeiter – ein Agronom und ein Soziologe – eine Woche lang zu Feldstudien vor Ort. Ein zusätzlicher Kurzbesuch von Bour persönlich reichte aus, um ein Dossier vorzulegen, das die Zustimmung der senegalesischen Regierung fand.[47] Das Finanzierungsmodell war ebenso rasch gefunden: Der französische *Fonds d'aide et de coopération* übernahm die Kosten für das Jahr 1964 unter der Bedingung, dass das Projekt ab dem darauffolgenden Jahr in die Produktionshilfe der EWG integriert würde. Dies sicherte der französische Direktor des Europäischen Entwicklungsfonds, Jacques Ferrandi, der SATEC zu und stellte ihr darüber hinaus weitere Engagements des EEF in Aussicht mit der Bemerkung, »de rendre à César ce qui lui appartient«.[48]

Tatsächlich können die Aktivitäten der SATEC im Senegal als ein Prozess beschrieben werden, in dem im Zuge der Dekolonisation verloren ge-

---

46 Vgl. CAC 19950281-131, Bd. 1: Weltbank, Die SATEC im Senegal, August 1966; CAC 19950281-44: KOM DG VIII, Fragebogen »SATEC«, 10.2.1963. Zur Ausweitung des Einsatzgebietes vgl. CARAN FPU 98, Bd. 8: Schreiben Sécrétariat d'Etat de la coopération an Ministère des finances 10.5.1961.

47 Vgl. CAC 19950281-133, Bd. 1: Schreiben Bour an Moity, 22.11.1963; Schreiben Thiam an Bour, 26.12.1963; CAC 19950281-139: Schreiben Thiam an Bour, 11.1.1964.

48 »Caesar zurückzugeben, was Caesar gehört.« CAC 19950281-44: Schreiben Ferrandi an Bour, 11.1.1964; vgl. auch SATEC, Vermerk, 23.1.1964; CAC 19950281-139: Vermerk Bour an Rege, 10.8.1964; CADN Dakar Amb. 92: Mission d'aide et de coopération, Vermerk, 2.1.1964; MAC 53: Schreiben Thiam an Mission d'aide et de la coopération vom 8.5.1964.

gangener Einfluss durch praktische Entwicklungshilfe zurückerobert wurde. Dennoch bestanden durchaus senegalesische Handlungsspielräume, die französische Entwicklungsgesellschaft zu steuern und einzuhegen. Ebenso war die ganze Aktion innerhalb der senegalesischen Ministerialverwaltung nicht unumstritten. Deswegen scheint es ratsam, die historische Dynamik dieses Prozesses genauer zu beleuchten und damit die häufig aus einem eurozentrischen Blickwinkel vertretene Kontinuitätsthese verflechtungsgeschichtlich auszudifferenzieren.

Die SATEC nahm im April 1964 ihre Tätigkeit auf. Analytisch können zwei Ebenen ihrer Aktivitäten unterschieden werden. Zum einen begegnete sie bei der eigentlichen Projektarbeit in den Erdnussregionen der Bevölkerung ebenso wie dem senegalesischen Entwicklungsapparat. Zum anderen schaltete sie sich im Lauf der Zeit immer stärker in Reformdiskussionen der senegalesischen Regierung bezüglich des Erdnusssektors ein.

Für die Durchführung des Projekts musste zunächst die organisatorische und praktische Zusammenarbeit zwischen der SATEC und der bestehenden nationalen Entwicklungsadministration festgelegt werden. Der senegalesische Landwirtschaftsminister, Karim Gaye, erstellte einen Plan, der sich zu weiten Teilen auf Vorschläge der Entwicklungsgesellschaft stützte. Zunächst waren 15 technische Assistenten der SATEC, angesiedelt bei den *Centres d'expansion rurale*, für die Kernzone des Erdnussanbaugebiets um die Städte Kaolack, Diourbel und Thiès vorgesehen, die jeweils für 10 bis 15 senegalesische Vulgarisateure zuständig sein sollten. Auf regionaler Ebene sollten Ingenieure der SATEC die Aktion anleiten, während im Landwirtschaftsministerium ein Generalstab eingerichtet werden sollte. Den bei den landwirtschaftlichen Zentren angesiedelten Assistenten wurde aufgegeben, zum einen den Vulgarisateuren neue Anbautechniken zu vermitteln, die diese daraufhin in den Dörfern verbreiten sollten. Zum anderen war vorgesehen, dass die Mitarbeiter der SATEC die Kreditgewährung und dadurch die Versorgung mit Agrargerät vereinfachten. Dabei wurde in erster Linie an den Erdnussanbau gedacht. Dennoch erwartete man, dass sich die Mitarbeiter der SATEC ebenfalls dem dringenden Problem der Lebensmittelversorgung auf dem Land annahmen. Das Mandat war demnach so umfassend angelegt, dass veritable Parallelstrukturen entstanden: Wie bereits erwähnt, waren an den Landwirtschaftszentren bereits Mitarbeiter beschäftigt, die sich um die Vulgarisation kümmerten und auf regionaler Ebene trat der Ingenieur der SATEC neben den zuständigen *Inspécteur régional de l'agriculture*. Nach Gayes Vorstellungen sollten die Mitarbeiter der CER von der Gegenwart der französischen Experten profitieren, während Ingenieur und *Inspecteur* einen »brain-trust« bilden sollten. Die Erleichterung der Kreditgewährung und Versorgung mit Agrargerät war bereits Sache des OCA, der Entwicklungsbank und der *Centres régionaux d'assistance pour le développement.* Der SATEC kam dennoch die Aufgabe zu, den Bedarf zu bestimmen und die gesammelten Informationen weiterzugeben.[49]

Freilich waren die existierenden Strukturen ihren Aufgaben bisher nicht gerecht geworden. Zum einen mangelte es an der Infrastruktur. Der Entwicklungsplan sah die Errichtung von 61 *Centres d'expansion rurale* bis Ende 1963 vor, 38 von ihnen wurden vom ersten EEF finanziert. Tatsächlich aber waren von den 38 bis zum selben Zeitpunkt erst 9 gebaut und weitere 12 in Entstehung, unter anderem, weil die Prozeduren des EEF recht schwerfällig waren.[50] Von den 76 Zentren, die in Betrieb waren, verfügten demnach die Hälfte über keine eigenen Gebäude. Zum anderen fehlte es an Personal. Der Großteil der Zentren operierte mit gerade mal drei bis fünf Mitarbeitern. Hinzu kamen administrative Kompetenzstreitigkeiten, was dazu führte, dass die CER widersprüchliche Weisungen aus verschiedenen Ministerien oder von den Regionalverwaltungen erhielten.[51] Diese rudimentären, kaum funktionierenden Strukturen erklären, warum die senegalesische Regierung zunächst darauf verzichtete, der SATEC einen konkreten Platz in ihnen zuzuweisen. Dass sich die Mitarbeiter der Entwicklungsgesellschaft den CER und CRAD unterordnen würden, schien angesichts ihres Selbstverständnisses als Entwicklungsexperten unrealistisch. Andererseits war nicht daran zu denken, die jüngst gewonnene Selbstständigkeit auch offiziell wieder an eine französische Entwicklungsgesellschaft abzutreten.

Gayes Verzicht auf klare Hierarchien wirkte sich in der Praxis zugunsten der Entwicklungsgesellschaft aus. Die Zusammenarbeit mit den senegalesischen Beamten der Landwirtschaftszentren funktionierte kaum. Dort herrschte Frustration, weil die SATEC jene Arbeit verrichtete, die sie eben-

49 Vgl. CAC 19950281-139: Mitteilung Gaye an Kabinett, 12.2.1964.

50 Vgl. CAC 19950281-136, Bd. 1: Landwirtschaftsministerium, Zusammenfassung des Programms zur beschleunigten Entwicklung des Erdnusssektors, September 1964; zu den CER vgl. ADEUS II. FED 214015032: KOM DG VIII, Exposé zum Fünfjahresprogramm der Produktionshilfe, 21.12.1964; außerdem République du Sénégal, *Les orientations*, S. 84.

51 Vgl. HAEU CEAB 5-1554: République du Sénégal, Situation der Betreuung der Landbevölkerung, 29.10.1964.

so gut selbst hätten erledigen können, wenn sie ähnlich gut ausgestattet und besoldet gewesen wären wie die Mitarbeiter der Entwicklungsgesellschaft. Einer von ihnen war der Auffassung, dass »la SATEC est obligée de travailler, car elle a un contrat avec le Gouvernement Sénégalais. Moi, je suis fonctionnaire, je n'ai pas de contrat«.[52] Letztlich bewirkte die SATEC dadurch die Aushöhlung einer senegalesischen Verwaltungseinrichtung, deren Aufbau ebenfalls von der EWG gefördert wurde. Nach gut einjähriger Erfahrung mit der »Action de Vulgarisation« entlud sich auch auf ministerieller Ebene heftige Kritik darüber. Während einer Sitzung des *Comité de tutelle de l'opération SATEC* im Mai 1965 wurde der Entwicklungsgesellschaft unter anderem vorgeworfen, dass sie nur soweit wie nötig mit den landwirtschaftlichen Zentren kooperierte und insgesamt äußerst überheblich auftrat: »A lire les rapports SATEC on peut penser qu'avant elle tout était vide au Sénégal et que le paysan ignorait jusqu'à la houe.«[53]

Ungeachtet dieser Kritik baute die SATEC konsequent ihre eigenen Strukturen aus. Die vorgegebene Zeit war äußerst knapp bemessen, weswegen die senegalesischen Vulgarisateure in regelrechten Crashkursen auf ihre Tätigkeit eingestellt wurden. Gerade deswegen legte die SATEC größten Wert auf deren Auswahl und dominierte mit der Zeit immer stärker das Auswahlverfahren, das ursprünglich gemeinsam mit der *Animation rurale* und den Landwirtschaftszentren durchgeführt worden war.[54] In den Augen der französischen Experten hatten es letztlich die Vulgarisateure in der Hand, den Senegal auf den rechten Entwicklungspfad zu führen:

»Le vulgarisateur n'est donc pas seulement le dépositaire et le promoteur d'une technique mais aussi d'une mystique de développement. Cette mystique il doit la découvrir lui-même et l'adapter au cours de sa formation et de son perfectionnement. Cette notion est difficile à inscrire dans le cadre d'un programme de stage,

52 »Die SATEC ist verpflichtet zu arbeiten, weil sie einen Vertrag mit der senegalesischen Regierung besitzt. Ich bin nur Beamter, ich habe keinen Vertrag.« CAC 19950281-136, Bd. 1: SATEC, Das Leben eines technischen Assistenten im Senegal, 25.6.1965.

53 »Wenn man die Berichte der SATEC liest, könnte man meinen, dass der Senegal vor ihrer Ankunft völlig brach lag und dem Bauer selbst die Hacke unbekannt war.« CAC 19950281-139: Protokoll der Sitzung des *Comité de Tutelle de l'Opération SATEC*, 10.5.1965.

54 Vgl. CAC 19950281-139: Ministère de l'économie rurale, Rundschreiben an die Regionalinspekteure und Verantwortlichen der Animation, 25.4.1964; CAC 19950281-138: SATEC, Vermerk zur Organisation der Auswahl und Ausbildung der Vulgarisateure, Februar 1965.

mais elle demeure en filigrane parmi toutes les activités et à travers tous les dialogues.«[55]

Gesucht wurden ausschließlich männliche Bauern, die technisch versiert waren sowie über die Gabe verfügten, sich Gehör zu verschaffen und ihre Landsleute zu beeinflussen. Lesen und Schreiben auf Französisch waren außerdem erwünscht. Das Auswahlverfahren dauerte eine Woche und würde heutzutage wohl als *Assessment Center* bezeichnet werden: Die Prüfung intellektueller, sozialer und handwerklicher Fähigkeiten stand ebenso auf dem Programm wie die Bewertung des Charakters der Kandidaten. Für jede Kategorie bekam die Auswahlkommission einen Beurteilungsbogen als Leitfaden an die Hand. Der Bogen zur Feststellung sozialer Fähigkeiten schrieb den Prüfern explizit vor, die Kandidaten rund um die Uhr, das heißt auch außerhalb des eigentlichen Programms, im Auge zu behalten. Auch die Bewertungen selbst waren vorgefertigt. Erwartete intellektuelle Fähigkeiten reichten von »Confusion: plus soumis à la magie du verbe que pratique – lent d'esprit – naïf – s'exprime de façon confuse – comprend très lentement,« bis zu »Analyse – Synthèse: a du bon sens et du sens pratique – sait rapidement observer et analyser une situation – en tire les conséquences et en examine les causes – s'exprime clairement – comprend très vite et bien – demande des explications si nécessaire.«[56] Bei erfolgreichem Bestehen ging es für die auserwählten Vulgarisateure für drei Wochen in ihr Einsatzgebiet und anschließend noch einmal für eine Woche in Klausur, in der jeder Vulgarisateur die Defizite seines Einsatzgebietes zusammenfassen musste und ein Training in zentralen Techniken seiner künftigen Tätigkeit erhielt: Beherrschung und Vermittlung neuer Anbaumethoden sowie Gesprächsleitung und -führung.[57] Schließlich ging es nicht nur

55 »Der Vulgarisateur verwahrt und verbreitet nicht nur Techniken, sondern auch eine Entwicklungsmystik. Diese Mystik muss er für sich selbst entdecken und sie sich im Laufe seiner Aus- und Weiterbildung aneignen. Diese Vorstellung lässt sich nur schwer in den Rahmen eines Praktikantenprogramms aufnehmen, steht aber als Leitidee hinter allen Aktivitäten und Gesprächen.« CAC 10050281-138: SATEC, Vermerk zur Organisation der Auswahl und Ausbildung der Vulgarisateure, Februar 1965.

56 »Konfusion: der Magie des Wortes stärker erlegen als der Praxis – langsam im Geiste – naiv – drückt sich unklar aus – versteht sehr langsam« – »Analyse – Synthese: hat ein gutes Empfinden und Praxissinn – versteht, schnell zu beobachten und eine Situation zu analysieren – zieht daraus die Konsequenzen und sucht nach den Ursachen – drückt sich klar aus – versteht schnell und gut – bittet um Erklärungen, wenn nötig.« CAC 19950281-138: SATEC, Leitfaden zur Bewertung intellektueller Fähigkeiten, 30.1.1965.

57 Vgl. CAC 19950281-138: SATEC, Vermerk zur Organisation der Auswahl und Ausbildung der Vulgarisateure, Februar 1965.

darum, neue Techniken populär zu machen, sondern auch über deren regelmäßige Anwendung auf den Erdnussfeldern zu wachen und gegebenenfalls korrigierend einzugreifen.[58] Die Wandlung vom einfachen Bauern zum ausgewiesenen Entwicklungsexperten, der, ausgestattet mit einem Arbeitsvertrag der SATEC, seine ehemaligen Dorfkollegen anleitete und zugleich kontrollierte, erfolgte so in lediglich fünf Wochen.[59] Mit den senegalesischen Vulgarisateuren war man zunächst im Großen und Ganzen zufrieden, »dès lors qu'ils sont étroitement suivis et récompensés ou sanctionnés«.[60] Dennoch blieb das Misstrauen in deren Eignung bestehen. Bis Dezember 1965 waren 52 Vulgarisateure entlassen worden, 18 hatten ihrerseits gekündigt. Als Entlassungsgründe wurden »Faulheit« beziehungsweise »Abwesenheit« (14), »Undiszipliniertheit« (10), »Unehrlichkeit« (3) oder »Unfähigkeit« (25) angeführt.

Es besteht kein Zweifel, dass der Charakter des Auswahlverfahrens ebenso wie die dahinterstehende Entwicklungsstrategie an gängige Praxen aus der kolonialen Ära erinnern. Überwachungsbedürfnisse prägten die Auswahlwoche genauso wie den Projektalltag, für die Kolonialzeit typische Attribute fanden bei der Einordnung geistiger Fähigkeiten und als Entlassungsgründe Verwendung. Sinn und Zweck der Ausbildung war es schließlich, in kürzester Zeit autochthone Mittelsmänner zu formen, die anschließend die Bevölkerung im Sinne der Entwicklungsgesellschaft beeinflussten.[61] Dennoch sollte das Hauptmerkmal der ganzen Aktion nicht ausschließlich in kolonial tradierten, teils rassistisch konnotierten Einstellungen und Praxen gesucht werden. Ebenso deutlich tritt die auf der Grundlage eines gestuften Überwachungssystems geplante autoritäre Revolution von oben hervor, wenn man sich der Stellung und Behandlung niederer französischer Mitarbeiter zuwendet. Die technischen Assistenten waren in der Regel Absolventen französischer Landwirtschaftsschulen und bekamen die Aufgabe, die Arbeit der Vulgarisateure zu kontrollieren. Die Vorbereitung auf ihre Aufgabe gestaltete sich ähnlich dürftig wie diejenige der Vulgarisateure. Ein Assistent berichtet:

---

58 Vgl. CAC 19950281-138: SATEC, Vermerk zum Heft des Vulgarisateurs, März 1965.

59 Vgl. CAC 19950281-138: SATEC, Arbeitsvertrag des Vulgarisateurs, 29.4.1965.

60 »[…] seitdem sie genau beobachtet und belohnt oder bestraft werden«. HAEU 25/1980-641: SATEC, Vorläufiger Jahresbericht der Erdnussaktion 1965.

61 Vgl. z.B. die Attribute, die in der französischen Schulpolitik in Algerien Anwendung fanden, bei Colonna, »Educating Conformity«. Zur Ausbildung autochthoner Mittelsmänner etwa Eckert, »Verheißung der Bürokratie« und Dimier, »Négocier avec les rois nègres«.

»Avant de rentrer à la SATEC, je ne connaissais du Sénégal que les noms de sa capitale Dakar, de St. Louis, de son Président de la République, son essai de fédération dans le Mali; mes connaissances s'arrêtaient là. En débarquant du Boeing, j'ignorais tout du pays, des habitants, des coutumes et du travail que j'aurais à faire car on ne nous en avait que très vaguement parlé avant notre départ de Paris.«[62]

Sie selbst unterlagen der Kontrolle der Regionalinspekteure. Nahezu identisch mit dem Auswahlverfahren der Vulgarisateure wurden auch die technischen Assistenten hinsichtlich ihrer praktischen, intellektuellen und beruflichen Fähigkeiten sowie ihrer moralischen und menschlichen Charaktereigenschaften evaluiert. Auch bei ihnen wurde für möglich gehalten, dass sie keinen klaren Gedanken fassen könnten oder eben eine hervorragende Auffassungsgabe besäßen. Freilich blieben Unterschiede in der Behandlung bestehen: Während Vulgarisateure bei schlechten Bewertungen mit der umgehenden Entlassung rechnen mussten, wurde ungenügend arbeitenden Assistenten ein klärendes Gespräch in Aussicht gestellt.[63] Dennoch verweist die Stellung und Behandlung der französischen Assistenten auf einen zentralen Aspekt des Projekts: Differenz wurde nicht nur zwischen schwarzen und weißen, sondern auch zwischen hohen und niederen Mitarbeitern der SATEC angenommen und reproduziert.

Die Mischung aus hektischer Schulung und rigider Kontrolle der niederen Mitarbeiter der SATEC unterschied sich zudem kaum von dem Vorgehen, das die senegalesische Ministerialbürokratie für die Rekrutierung ihres eigenen Entwicklungsapparates immer deutlicher einschlug.[64] So wuchs eine Generation von Praktikanten heran, die unter der Aufsicht der SATEC sowie des senegalesischen Staates den Auftrag hatten, den Erdnusssektor zu organisieren und produktiver zu machen. Ende des Jahres 1965 hatte die SATEC ihren Entwicklungsapparat im senegalesischen Erd-

62 »Bevor ich zur SATEC kam, kannte ich vom Senegal die Namen der Hauptstadt Dakar sowie von St. Louis und dem Präsidenten der Republik, den Föderationsversuch mit Mali, mehr war es nicht. Als ich aus der Boeing ausstieg, wusste ich nichts über das Land, die Bewohner, die Bräuche sowie die Arbeit, die ich verrichten sollte, weil man darüber mit uns nur sehr vage gesprochen hatte vor unserem Abflug aus Paris.« CAC 19950281-136, Bd. 1: SATEC, Das Leben eines technischen Assistenten im Senegal, 25.6.1965.

63 Vgl. HAEU 25/1980-641: SATEC, Vorläufiger Jahresbericht der Erdnussaktion 1965; CAC 19950281-138: SATEC, Beobachtungsbogen für die technischen Assistenten, März 1965.

64 Vgl. dazu ausführlich Diouf, »Senegalese Development«; ferner Gellar, »Circulaire«, S. 129ff.

nussgürtel etabliert: Die Anzahl der französischen Assistenten war auf 37, die der Vulgarisateure auf 509 angewachsen. Doch im Laufe der Zeit verstärkte sich der Eindruck, dass das Konzept in der Praxis – ebenfalls parallel zu den senegalesischen Strukturen – erhebliche Mängel aufwies. Insbesondere die Vulgarisateure gerieten ins Zentrum der Kritik, was innerhalb der SATEC eine lebhafte Reformdiskussion auslöste. Man einigte sich im September 1967 auf eine zweite Etappe der Ausbildung, in welcher der pädagogische Schwerpunkt vom »Erlernen« auf das »Verstehen« verlagert werden sollte. Kurze Zeit später kursierte im Pariser Hauptquartier auch die Idee einer »alphabétisation fonctionnelle«, das heißt eines auf fünf Monate begrenzten und auf die Tätigkeit des Vulgarisateurs zugeschnittenen Lesekurses.[65] An der dahinterstehenden Entwicklungslogik änderten diese Maßnahmen jedoch kaum etwas. Nicht die nachhaltige Vermittlung von Fähigkeiten, sondern funktionale Humankapitalverwertung im Dienste der Produktivitätssteigerung prägte nach wie vor das Projekt.

Neben der deutlichen Steigerung der Erdnussproduktion hatte sich die SATEC außerdem von Anfang an gegenüber dem Senegal verpflichtet, ihren Entwicklungsapparat nach und nach auf allen Ebenen mit senegalesischem Personal zu besetzen.[66] Doch auch in dieser Frage überwog das Misstrauen in die Fähigkeiten der Senegalesen und insbesondere ihrer Ausbildungsstätten. So versuchte SATEC-Missionschef Chabrol, senegalesische Studenten, die in Paris am *Institut national agronomique* beziehungsweise der *Ecole nationale supérieure de l'administration* kurz vor ihren Abschlüssen standen, für die Posten der Regionalinspekteure zu gewinnen.[67] Woher die senegalesischen technischen Assistenten kommen sollten, die zunächst als Praktikanten französischer Mitarbeiter an die Aufgabe herangeführt werden sollten, war innerhalb der Führungsriege der SATEC heftig umstritten. Die einen plädierten dafür, Bedienstete der *Centres d'expansion rurale* einzustellen, was andere für wenig realistisch hielten, da diese – zumindest theoretisch besehen – in der Verwaltungshierarchie über den technischen Assistenten standen. Stattdessen wurde vorgeschlagen, Absolventen der Verwaltungsschule in Louga und der *Ecole des cadres ruraux* in Bambey unter

65 CAC 19950281-138: SATEC, Vermerk über die Ausbildung der Vulgarisateure, September 1967; CAC 19950281-140: SATEC, Vermerk zur Politik der Senegalisierung des Mitarbeiterstabes, April 1968.

66 Vgl. ADEUS II. FED 214015032: KOM DG VIII, Exposé zum Fünfjahresprogramm der Produktionshilfe, 21.12.1964.

67 Vgl. CAC 19950281-140: Schreiben Chabrol an Bour, 23.6.1966.

Vertrag zu nehmen. Letztlich stellte die Entwicklungsgesellschaft sowohl die einen wie die anderen ein. Nach gut dreivierteljähriger Erfahrung mit senegalesischen technischen Assistenten beklagte sich Chabrol jedoch gegenüber dem Landwirtschaftsministerium:

»Certains agents ont des difficultés à assimiler et mettre en pratique les méthodes de vulgarisation. Ces difficultés proviennent, la plus souvent, d'un manque de connaissances de base: c'est ainsi que plusieurs moniteurs d'agriculture ne parviennent pas à comprendre les problèmes soulevés par l'élaboration et l'exécution du programme agricole, l'endettement du paysan, etc … et ne sont donc pas capables de former ou de contrôler les vulgarisateurs placés sous leur autorité.«[68]

Doch nicht nur die behaupteten mangelnden Fähigkeiten des senegalesischen Personals bereiteten erhebliche Probleme. Ärger stellte sich bald auch zwischen jenem und französischen Mitarbeitern ein. Die Franzosen waren anfangs angesichts ihres vermeintlichen Erfahrungsvorsprungs nicht begeistert darüber, gemeinsame Sitzungen mit ihren neuen senegalesischen Kollegen besuchen zu müssen, weswegen es einiger Anstrengungen bedurfte, um Ansätze von Teamgeist entstehen zu lassen. Abhilfe versprach man sich durch die Einführung eines neuen Postens, des *Adjoint régional de vulgarisation* (ARV), der in erster Linie das neue senegalesische Personal betreuen sollte und in der Regel mit freigewordenen französischen Assistenten besetzt wurde.[69] Der formalen Gleichstellung mit französischen Mitarbeitern folgte somit umgehend eine erneute Sonderbehandlung von Senegalesen. Konflikte wurden nicht im Dialog gelöst, sondern durch die Einführung neuer Hierarchien entschieden. Zugleich kam es nicht selten vor, dass senegalesische Assistenten und solche Vulgarisateure, die vorher als *Guide de l'arrondissement* gearbeitet hatten und somit aus der regulären senegalesischen Verwaltungshierarchie stammten, um die Gunst der Bauern buhlten. Die bereits konstatierte Rivalität zwischen der französischen Agentur und den senegalesischen Verwaltungsstrukturen setzte sich demnach innerhalb des Projekts fort und führte dabei zu innersenegalesischen

68 »Manche Angestellten haben Schwierigkeiten, sich die Methoden der Vulgarisation anzueignen und sie umzusetzen. Diese Schwierigkeiten sind am häufigsten auf fehlende Grundkenntnisse zurückzuführen. So verstehen einige Landwirtschaftslehrer die Probleme nicht, die bei der Ausarbeitung und Durchführung des Landwirtschaftsprogramms oder durch die Verschuldung der Bauern entstehen etc. … und sind somit nicht fähig, die Vulgarisateure auszubilden oder zu kontrollieren, die unter ihrer Autorität stehen.« CAC 19950281-140: Schreiben Chabrol an Ministère de l'économie rurale, 3.8.1966.

69 Vgl. CAC 19950281-138: ARV, Trimesterbericht, Juni 1967.

Konflikten, die ebenfalls entlang der von der SATEC bestimmten Hierarchien entschieden wurden.[70]

Trotz kärglich gewährter Ausbildung und steter Klagen über die mangelnden Fähigkeiten der senegalesischen technischen Assistenten verstand sich die SATEC dennoch als so etwas wie die »Schule der Nation« und Sprungbrett für vielversprechende Verwaltungskarrieren. Im Rahmen einer interministeriellen Sitzung unter Vorsitz von Präsident Senghor forderte sie im Herbst 1966, dass alle Abteilungen Personal für die SATEC zur Verfügung stellen müssten, wobei der SATEC ein Auswahlrecht eingeräumt werden sollte. Die Entwicklungsgesellschaft wollte außerdem verbrieft bekommen, dass die abgeworbenen Beamten von ihren alten Dienststellen weiter bezahlt würden.[71] Der Glaube in die Wirkmächtigkeit der eigenen Ausbildungsaktion kannte bei manchem Mitarbeiter kaum Grenzen. Einer von ihnen bemerkte im Hinblick auf künftige Karriereverläufe senegalesischer Mitarbeiter: »On aboutirait ainsi à un corps dynamique qui influerait peut-être les structures de l'administration actuelle.«[72]

Das hier zur Schau getragene Selbstbewusstsein sowie die tiefe Überzeugung, mit der Projektarbeit zugleich Maßstäbe einer »guten« Verwaltung zu setzen, lässt bereits erahnen, dass die SATEC ihre Mission nicht darauf beschränken wollte, senegalesische Erdnussbauern produktiver zu machen. Tatsächlich schaltete sie sich im Lauf der Zeit immer stärker in politische Diskussionen der senegalesischen Regierung über Reformen im Erdnusssektor ein und verstand es, ihre Einflussmöglichkeiten stetig auszuweiten. Dadurch setzte ein Prozess ein, der sich aus globaler Perspektive als Versuch lesen ließe, der Verwaltung zu rationalen Strukturen westlicher Prägung zu verhelfen.[73] In der glokalen Analyse jedoch zeigt sich einerseits, dass die SATEC selbst stärker auf persönliche Beziehungen als auf den Dienstweg setzte, um ihren Zielen näher zu kommen. Andererseits wird deutlich, dass ebenjene Ziele nicht so sehr in einer Rationalisierung der bestehenden Ministerialverwaltung bestanden, sondern im Aufbau eines

70 Vgl. CAC 19950281-138: SATEC, Missionsbericht Lang, April 1967; Trimesterbericht der ARV, Juni 1967.

71 Vgl. CAC 19950281-140: SATEC, Fragen und Vorschläge anlässlich des interministeriellen Ausschusses, 10.11.1966; Kommentare von Bour für Senghor zum Bericht der SATEC, November 1966.

72 »Man würde so zu einem dynamischen Verwaltungskorps gelangen, das vielleicht die Strukturen der aktuellen Verwaltung beeinflussen könnte.« CAC 19950281-138: Trimesterbericht der ARV, Juni 1967.

73 Zum Import westlicher politischer Strukturen allgemein Badie, *Imported State.*

vergleichsweise autonomen Entwicklungsapparats unter ihrer Federführung.

Eine erste Gelegenheit, ihren Einfluss auf die senegalesische Erdnusswirtschaft zu erweitern, ergab sich im Sommer 1966, als die senegalesische Regierung die *Centres régionaux de l'assistance pour le développement* auflöste und durch ein in Dakar angesiedeltes, zentrales *Office national de coopération et de l'assistance au développement* (ONCAD) ersetzte. Dank guter Verbindungen zum ersten Generaldirektor der neuen Behörde, Dodou Sarr, der zugleich in der Gunst von Präsident Senghor stand, gelang es der SATEC, deren Aufbau entscheidend mitzugestalten. So erstellte die SATEC unter anderem ein Organigramm und entwarf künftige Verwaltungsabläufe des Amtes. Zugleich schlug sie Landwirtschaftsminister Magatte Lo vor, für die Abteilungen Rechnungswesen, Beratung der Kooperativen, Samenherstellung und -verteilung sowie Organisation von Transport, Versorgung und Vermarktung jeweils einen Spezialisten der Entwicklungsgesellschaft im ONCAD anzusiedeln, die, so das Angebot der SATEC, zunächst mit der Leitung und zugleich der Ausbildung potentieller senegalesischer Führungskräfte beauftragt werden sollten.[74] Auf einer Sitzung konnten sich Sarr, Lo und Chabrol jedoch lediglich auf die Bereitstellung eines Finanzspezialisten verständigen, was am Minister lag, der befürchtete »de voir la SATEC prendre, dans cette période transitoire, une place exagérée qui risquerait de le [le ministre, M. R.] gêner«.[75] Darauffolgende Verhandlungen mit dem Planungsministerium verliefen für die SATEC erfreulicher; das ONCAD bekam zwei weitere Mitarbeiter der Entwicklungsgesellschaft als Berater mit Leitungsfunktionen zur Seite gestellt.[76]

Dass die SATEC selbst letztlich ein fester Bestandteil der senegalesischen Verwaltungsstrukturen wurde, zeigte sich spätestens mit der Reform des *Office de commercialisation agricole* ein Jahr später. In der von Präsident Senghor einberufenen Reformkommission bekam die SATEC einen festen Platz neben den zuständigen Abteilungen der Ministerien zugewiesen. Im Ergebnis wurde die Versorgung der Bauern mit Produktionsmitteln dem

---

74 Vgl. CAC 19950281-140: Schreiben Bour an Lo, 7.9.1966.

75 »[…] dass die SATEC einen übertriebenen Platz in der Übergangsphase einnehmen würde, was die Gefahr mit sich bringen würde, ihn in Verlegenheit zu bringen«. CAC 19950281-140: Vermerk von Chabrol, 14.9.1966.

76 Vgl. CAC 19950281-140: SATEC, Vermerk, 28.1.1966; Vermerk Chabrol, 14.9.1966; Vermerk Gibert, 2.12.1966; Vermerk Renaud an Bour, 1.3.1967; Schreiben Bour an Ministère des Affaires étrangères français, 25.4.1967; Vermerk, 11.8.1967; Vermerk Gibert, 25.11.1967.

Aufgabenbereich des OCA entzogen und dem ONCAD zugeteilt, womit die Behörde endgültig zum Machtzentrum der senegalesischen Erdnusswirtschaft aufstieg – ein Machtzentrum, das in hohem Maße unter direktem Einfluss der SATEC stand.[77]

Die dominante Position, die sich die französische Entwicklungsgesellschaft innerhalb weniger Jahre erarbeitet hatte, drohte jedoch mit dem Auslaufen der Finanzierung durch den EEF am 30. Juni 1968 in sich zusammenzufallen, sofern es der SATEC nicht gelang, einen neuen Finanzier für die »Action de Vulgarisation« zu finden und sich langfristig als vierte nationale Institution neben der Entwicklungsbank, der Entwicklungsbehörde und der Ministerialverwaltung zu etablieren. Erste Pläne in diese Richtung datieren aus dem Frühjahr 1966. Der Generaldirektor des ONCAD begrüßte die Idee der SATEC, eine Nachfolgeorganisation als autonome Filiale der Behörde zu konzipieren und diese dadurch vor dem Zugriff der senegalesischen Ministerialbürokratie zu schützen. Mit der zum 1. Januar 1968 erfolgten Gründung der *Société de développement et de vulgarisation agricole* (SODEVA) wurde dieses Konzept in die Tat umgesetzt und darüber hinaus der Aufgabenbereich nochmals erweitert: Die neue Behörde erhielt die Aufsicht über die Erdnussgenossenschaften und war fortan für die gesamte Planung und Durchführung des Agrarprogramms zuständig. Diese Erweiterung hatte die SATEC im Zusammenspiel mit einflussreichen französischen Beratern der senegalesischen Ministerien dem anfangs skeptischen Senghor abgetrotzt, der im Gegenzug jedoch auf einer Kapitalbeteiligung der französischen Gesellschaft an der SODEVA mit 10 Prozent bestand. Außerdem wurde sie übergangsweise mit der Leitung der neuen Entwicklungsbehörde beauftragt.[78]

Die Suche nach Finanzierungsmöglichkeiten ging ebenfalls von der SATEC aus. Bour nutzte seine Kontakte zur Weltbank, die ein Engagement zunächst von der Reform des ONCAD abhängig machte und die Absetzung des ihrer Ansicht nach unfähigen Generaldirektors forderte. Nachdem Bour Vertretern der Washingtoner Bank klar gemacht hatte, wie

77 Vgl. CAC 19950281-140: Vermerk Chabrol, 22.5.1967.

78 Vgl. CAC 19950281-140: Protokoll der Sitzung des interministeriellen Ausschusses, 24.11.1967; SATEC, Vermerk an Senghor, 9.11.1967; CAC 19950281-141: SATEC, Verlauf des Projekts zur Produktivitätssteigerung im Erdnussanbau, März 1969. Geplant war, die SODEVA zum 1. Juli 1969 vollständig an senegalesische Führungskräfte zu übergeben. Zu diesem Zeitpunkt sollte die SATEC jedoch laut eines späteren Plans immer noch 18 Mitarbeiter in Leitungsfunktionen besetzen, während lediglich 7 senegalesische Führungskräfte vorgesehen waren.

wertvoll und zugleich harmlos Dodou Sarr sei, weil er der SATEC gewogen und insofern empfänglich für ihre Expertisen sei, wurde die Finanzierung der SODEVA für drei Jahre bewilligt. Die Weltbank und die *Caisse centrale de coopération économique* gewährten dem senegalesischen Staat Kredite über 175 respektive 600 Millionen Francs CFA, der sich seinerseits noch einmal mit 580 Millionen Francs CFA beteiligte.[79] Innerhalb von zwei Jahren war es der SATEC somit gelungen, ihren autoritären und von kolonialen Praxen geprägten Vulgarisationsapparat in eine nationale Entwicklungsbehörde umzuwandeln, die relativ autonom von der Ministerialbürokratie für die verwaltungsmäßige Organisation der Erdnusswirtschaft zuständig wurde.

3. Fazit

Welche Schlüsse lassen sich aus der glokalen Analyse des senegalesischen Modernisierungsprozesses ziehen, und wie ist zugleich dessen globalisierungsverdächtiger Impetus zu bewerten? Zunächst zur Globalisierung: Es wäre verfehlt, die Ergebnisse und Auswirkungen des Abkommens von Yaoundé ausschließlich als senegalesische Globalisierung zu deuten. Erstens änderte der Eingriff in innerstaatliche senegalesische Belange, den das Assoziierungsabkommen bedeutete, in quantitativer und inhaltlicher, kaum aber in qualitativer Hinsicht etwas an der strukturellen Abhängigkeit, in der sich der Staat Senegal zeit seines Bestehens befand. Anders gewendet: Für Staaten, die nie über westlichen Staaten vergleichbare Souveränität verfügten, macht das Verständnis von Globalisierung als Prozess schwindender staatlicher Souveränität wenig Sinn.[80] Zweitens hatte der – vordergründig als emanzipatorischer Schritt zu deutende – Beitritt der früheren Kolonie zu einem transnationalen Rechtsregime unter anderem die paradoxe Folge, dass französische Entwicklungsexperten ins Land zurückkehrten und dadurch die »besonderen Beziehungen« zur ehemaligen Metropole stabilisiert statt geschwächt wurden. Dies zeigt, dass das Verständnis von Globalisierung als Prozess zunehmender Interaktion und Vernetzung letztlich nur relativ bewertet werden kann und verdeutlicht zugleich, dass sich der fran-

79 Vgl. CAC 19950281-140: Schreiben Bour an McKitterick, 24.8.1967; Schreiben Bour an Lo, 19.2.1968.

80 Vgl. den Beitrag von Antony Anghie in diesem Band.

zösische Kolonialismus in der Perspektive der *longue durée* gerade nicht in ein ungebrochenes Globalisierungsnarrativ einpassen lässt.[81] Ebenso wie die Assoziierung somit Globalisierungsprozesse im Senegal auslöste, hemmte sie auch derlei Entwicklungen. Sie zwang einerseits zu wirtschaftlicher Liberalisierung und bot zugleich neue Möglichkeiten internationaler Vernetzung. Andererseits perpetuierte sie die Präsenz der ehemaligen Kolonialmacht und avancierte zwischenzeitlich – zumindest in der Vorstellung der senegalesischen Verantwortlichen – zum einzigen Schutzschild gegen eine wirtschaftliche Globalisierung.

Wie die glokale Analyse des Modernisierungsprozesses selbst gezeigt hat, perpetuierte das Abkommen von Yaoundé und das damit einhergehende Produktionshilfeprogramm nicht nur die Präsenz der einstigen Kolonialmacht, sondern ebenso ein Stück weit deren Praktiken. Bemerkenswert daran ist insbesondere, dass dies von der SATEC und der senegalesischen Regierung gemeinsam zu verantworten war, obwohl Erstere kaum Erfahrungen in der Kolonialzeit gesammelt hatte und Letztere ebenjene Praktiken überwinden wollte. Das koloniale Projekt der *mise en valeur* erfuhr mit der Entwicklungszusammenarbeit jedoch auch Modifikationen, weil sich in ihr die einstige Dichotomie von Kolonisierenden und Kolonisierten stärker zu Gegensätzen zwischen Entwicklungsplanern, Entwicklungshelfern und Entwicklungsadressaten ausdifferenzierte. So fand beispielsweise das autoritäre Design des Projekts die grundsätzliche Billigung und Unterstützung der senegalesischen Regierung, machte zugleich aber auch kaum Halt vor niederen französischen Mitarbeitern.

Die ihr aufgetragenen Ziele hat die SATEC deutlich verfehlt. Zum einen gelang es ihr nicht, in der vorgegebenen Frist von drei Jahren den von ihr errichteten Entwicklungsapparat vollständig mit senegalesischem Personal zu besetzen.[82] Indes verstand es die Entwicklungsgesellschaft, sich selbst eine dominante Position innerhalb der senegalesischen Ministerialbürokratie zu verschaffen. Anspruch und Wirklichkeit klafften jedoch weit auseinander. Die Parallelstrukturen, die mit ihrer Ankunft entstanden, wusste sie zwar gänzlich zu ihren Gunsten aufzulösen, was in der Grün-

81 Vgl. dazu auch Cooper, *Colonialism*.

82 Im Juni 1968 waren bei der Entwicklungsgesellschaft neben 728 Vulgarisateuren insgesamt 50 Senegalesen als technische Assistenten und in höheren Posten angestellt. Dem senegalesischen Korps standen 40 ausländische Mitarbeiter gegenüber, vgl. CAC 19950281-140: Vermerk über die Situation des Entwicklungsprogramms zur Beschleunigung, Anhang II, 4.7.1968.

dung eines zunächst unter ihrer Leitung stehenden nationalen Entwicklungsapparates gipfelte. Dieser funktionierte jedoch selbst nicht wesentlich besser als diejenigen Mechanismen, die durch die SATEC verdrängt worden waren. Die Entwicklungsgesellschaft löste insofern kaum eine Rationalisierung der senegalesischen Verwaltung aus, sondern passte sich selbst klientelistischen Strukturen an und trug so zu deren Stabilisierung bei – ein Prozess, der ebenfalls aus der kolonialen Ära nicht unbekannt ist.[83]

Doch auch das wirtschaftliche Ziel, die Produktion um 25 Prozent zu steigern, hat die SATEC nicht erreicht. Im Gegenteil fielen die Ernteerträge des Wirtschaftsjahres 1968/69 so niedrig aus wie seit Beginn der 1960er Jahre nicht mehr. Einerseits beeinträchtigten ungünstige klimatische Bedingungen das gesamte Projekt und insbesondere jene Saison. Andererseits konnte die SATEC bis zum Juli 1967 unter wesentlich stabileren Bedingungen agieren als ursprünglich vorgesehen, weil Frankreich entgegen der Yaoundé-Konvention bis zu diesem Zeitpunkt weiterhin Erdnüsse zu garantierten Preisen und Mengen abnahm. Der daraufhin einsetzende drastische Preisrückgang um mehr als 20 Prozent löste unter den Erdnussbauern eine weitverbreitete Rückkehr zur Subsistenzwirtschaft aus und bildete einen weiteren Grund für das schwache Erntejahr 1968/69. Letztlich aber machen diese Fremdfaktoren vor allem deutlich, dass kaum verlässliche Aussagen über die konkreten wirtschaftlichen Auswirkungen des Projekts getroffen werden können.[84]

Abschließend besteht kein Zweifel, dass sich die Ziele des Projekts – Wachstumssteigerung und die Herstellung einer funktionierenden Verwaltung westlicher Prägung – nahtlos in eine globale Geschichte der Modernisierung einfügen. Hinsichtlich des Vorgehens der Entwicklungsgesellschaft sowie der Formen der Zusammenarbeit vor Ort müssen allerdings weitere Fallstudien abgewartet werden, bevor übergreifende Schlüsse in globaler Perspektive gezogen werden können. Zumindest der SATEC selbst aber mangelte es keineswegs an globalem Sendungsbewusstsein: Sie pries ihr

83 Vgl. Badie, *Imported State*, S. 142; Eckert, »Vom Segen der (Staats-)Gewalt?«.

84 Vgl. Waterbury, »Dimensions«. Ermöglicht wurde die Verlängerung der Abnahmegarantien durch Verzögerungen, die bei der Errichtung der Gemeinsamen Agrarpolitik auftraten. So erfolgte die Vermarktung senegalesischer Erdnüsse erst zum Juli 1967, als die Marktordnung der EWG für Ölsaaten schließlich in Kraft trat. Vgl. Rempe, »Airy Promises«.

Projekt gegenüber Präsident Senghor als exemplarisch und Vorbild für die gesamte sogenannte Dritte Welt.[85]

Literatur

Austen, Ralph A., »Africa and Globalization: Colonialism, Decolonization and the Postcolonial Malaise«, *Journal of Global History*, Jg. 1 (2006), S. 403–408.

Ba, Cheikh Oumar/Ndiaye, Ousmane/Sonko, Mamadou Lamine, »Le mouvement paysan 1960–2000«, in: Momar-Coumba Diop (Hg.), *La société sénégalaise entre le local et le global*, Paris 2002, S. 257–283.

Badie, Bertrand, *The Imported State. The Westernization of the Political Order*, Stanford 2000.

Becker, Charles, »Le père Lebret et l'enthousiasme des indépendances«, in: ders./Pierre-Paul Missehoungbe/Philippe Verdin (Hg.), *Le père Lebret, un dominicain économiste au Sénégal (1957–1963)*, Dakar 2007, S. 33–42.

Bossuat, Gérard, »French Development Aid and Co-operation under de Gaulle«, *Contemporary European History*, Jg. 12 (2003), S. 431–456.

Büschel, Hubertus, »In Afrika helfen. Akteure westdeutscher ›Entwicklungshilfe‹ und ostdeutscher ›Solidarität‹ 1955–1975«, *Archiv für Sozialgeschichte*, Jg. 48 (2008), S. 333–366.

Colin, Roland, »Léopold Sédar Senghor et la pratique du pouvoir: entre Politique de Développement, les défis et les risques«, in: La section française de l'Assemblée parlementaire de la Francophonie (Hg.), *Léopold Sédar Senghor: La pensée et l'action politique*, Paris 2006, S. 137–148.

Colonna, Fanny, »Educating Conformity in French Colonial Algeria«, in: Frederick Cooper/Ann Laura Stoler (Hg.), *Tensions of Empire: Colonial Cultures in a Bourgeois World*, London 1997, S. 346–370.

Conrad, Sebastian/Randeria, Shalini, »Geteilte Geschichte – Europa in einer postkolonialen Welt«, in: dies. (Hg.), *Jenseits des Eurozentrismus. Postkoloniale Perspektiven in den Geschichts- und Kulturwissenschaften*, Frankfurt/M. 2002, S. 9–49.

Conrad, Sebastian/Eckert, Andreas, »Globalgeschichte, Globalisierung, multiple Modernen: Zur Geschichtsschreibung der modernen Welt«, in: dies./Ulrike Freitag (Hg.), *Globalgeschichte: Theorien, Ansätze, Themen*, Frankfurt/M. 2007, S. 7–49.

Cooper, Frederick, *Africa since 1940. The Past of the Present*, Cambridge 2002.

— , *Colonialism in Question. Theory, Knowledge, History*, London 2005.

85 Vgl. CAC 19950281-140: Schreiben Dehaye an Senghor, 28.11.1966. Dass es in den 1960er Jahren in anderen Ländern landwirtschaftliche Entwicklungsprojekte mit relativ ähnlichem Projektdesign gab, steht zumindest außer Frage, vgl. Waterbury, »Dimensions«, S. 193.

Cosgrove-Twitchett, Carol, *Europe and Africa. From Association to Partnership*, Farnborough 1978.

Coulibaly, Abdou Latif, *Le Sénégal à l'épreuve de la démocratie. Enquête sur 50 ans de lutte et de complots au sein de l'élite socialiste*, Paris 1999.

D'Almeida-Topor, Hélène/Lakroum, Monique, *L'Europe et l'Afrique. Un siècle d'échanges économiques*, Paris 1994.

Dia, Mamadou, *Mémoires d'un militant du tiers-monde. Si mémoire ne ment*, Paris 1985.

Diarassouba, Valy-Charles, *L'évolution des structures agricoles du Sénégal. Déstructuration et restructuration de l'économie rurale*, Paris 1968.

Dimier, Véronique, »Négocier avec les rois nègres: L'influence des administrateurs coloniaux français sur la politique européenne de développement«, in: Marie-Thérèse Bitsch/Gérard Bossuat (Hg.), *L'Europe unie et l'Afrique: de l'idée d'Eurafrique à la convention de Lomé I*, Brüssel 2005, S. 393–409.

— , »Bringing the Neo-Patrimonial State Back to Europe. French Decolonization and the Making of European Development Aid Policy«, *Archiv für Sozialgeschichte*, Jg. 48 (2008), S. 433–457.

Diop, Abdoulaye-Bara, *La société Wolof. Tradition et changement*, Paris 1981.

Diouf, Mamadou, »Senegalese Development. From Mass Mobilization to Technocratic Elitism«, in: Frederick Cooper/Randall Packard (Hg.), *International Development and the Social Sciences: Essays on the History and Politics of Knowledge*, London 1997, S. 291–319.

Eckert, Andreas, »Die Verheißung der Bürokratie. Verwaltung als Zivilisierungsagentur im kolonialen Westafrika«, in: Boris Barth/Jürgen Osterhammel (Hg.), *Zivilisierungsmissionen: Imperiale Weltverbesserung seit dem 18. Jahrhundert*, Konstanz 2005, S. 269–283.

— , »Spätkoloniale Herrschaft, Dekolonisation und internationale Ordnung. Einführende Bemerkungen«, *Archiv für Sozialgeschichte*, Jg. 48 (2008), S. 3–20.

— , »Vom Segen der (Staats-)Gewalt? Staat, Verwaltung und koloniale Herrschaftspraxis in Afrika«, in: Alf Lüdtke/Michael Wildt (Hg.), *Staats-Gewalt: Ausnahmezustand und Sicherheitsregimes. Historische Perspektiven*, Göttingen 2008, S. 145–165.

Engerman, David C./Unger, Corinna R., »Introduction: Towards a Global History of Modernization«, *Diplomatic History*, Jg. 33 (2009), S. 375–385.

Freud, Claude, *L'arachide au Sénégal. Un moteur en panne*, Paris 1997.

Gellar, Sheldon, »Circulaire 32 Revisited: Prospects for Revitalizing the Senegalese Cooperative Movement in the 1980s«, in: John Waterbury/Mark Gersovitz (Hg.), *The Political Economy of Risk and Choice in Senegal*, London 1987, S. 123–159.

— , *Democracy in Senegal. Tocquevillian Analytics in Africa*, New York 2005.

Girault, René, »La France entre l'Europe et l'Afrique«, in: Enrico Serra (Hg.), *La relance européenne et les traités de Rome*, Brüssel 1989, S. 351–378.

Hesseling, Gerti, *Histoire politique du Sénégal. Institutions, droit et société*, Paris 1985.

Höh, Hartmut, *Weltmarkt für Ölsaaten und Ölschrote. Analyse von Struktur und Verlauf*, Gießen 1989.

Kennes, Walter, »European Communities' Assistance for Agricultural Development in Cameroon, Senegal, and Tanzania, 1960–1987«, in: Uma Lele (Hg.), *Aid to African Agriculture. Lessons from Two Decades of Donors' Experience*, Baltimore 1992, S. 325–385.

Lele, Uma/van de Walle, Nicolas/Gbetibouo, Mathurin, *Cotton in Africa. An Analysis of Differences in Performance*, Washington 1989.

Loimeier, Roman, *Säkularer Staat und islamische Gesellschaft. Die Beziehungen zwischen Staat, Sufi-Bruderschaften und islamischer Reformbewegung in Senegal im 20. Jahrhundert*, Hamburg 2001.

— /Neubert, Dieter/Weißköppel, Cordula, »Einleitung«, in: dies. (Hg.), *Globalisierung im lokalen Kontext. Perspektiven und Konzepte von Handeln in Afrika*, Münster 2005, S. 1–30.

Ludlow, N. Piers, *The European Community and the Crises of the 1960s. Negotiating the Gaullist Challenge*, London 2006.

Mbodj, Mohamed, »La crise trentenaire de l'économie arachidière«, in: Momar-Coumba Diop (Hg.), *Sénégal. Trajectoires d'un état*, Dakar 1992, S. 95–136.

Migani, Guia, *La France et l'Afrique sub-saharienne, 1957–1963. Histoire d'une décolonisation entre idéaux eurafricains et politique de puissance*, Brüssel 2008.

Moser, Thomas, *Europäische Integration, Dekolonisation, Eurafrika: Eine historische Analyse über Entstehungsbedingungen der Eurafrikanischen Gemeinschaft von der Weltwirtschaftskrise bis zum Jaunde-Vertrag 1929–1963*, Baden-Baden 2000.

Nowak, Marika, »Francis Bour«, *Le Monde*, 20.9.2007.

Osterhammel, Jürgen/Petersson, Niels P., *Geschichte der Globalisierung*, München 2004.

Patel, Kiran Klaus, *Nach der Nationalfixiertheit. Perspektiven einer transnationalen Geschichte*, Berlin 2004.

Péhaut, Yves, »De l'O.C.A à la SONACOS: Vingt ans d'échec des structures de commerce de l'arachide du Sénégal«, *Année Africaine* (1984), S. 407–431.

— , *Les oléagineux dans les pays d'Afrique occidentale, associés au marché commun. La production, le commerce et la transformation des produits*, Lille 1974.

Pélissier, Paul, *Les paysans du Sénégal: Les civilisations agraires du Cayor à la Casamance*, Saint-Yrieix Haute-Vienne 1966.

Rempe, Martin, »Airy Promises. The Senegal and the EEC's Common Agricultural Policy in the Nineteen-Sixties«, in: Kiran Klaus Patel (Hg.), *Fertile Ground for Europe? The History of European Integration and the Common Agricultural Policy since 1945*, Baden-Baden 2009, S. 221–240.

République du Sénégal, *Les orientations générales du plan quadriennal, 1961–1964*, Dakar 1963.

Robertson, Roland, »Glokalisierung: Homogenität und Heterogenität in Raum und Zeit«, in: Ulrich Beck (Hg.), *Perspektiven der Weltgesellschaft*, Frankfurt a.M. 1998, S. 192–220.

Shaw, John, *The UN World Food Programme and the Development of Food Aid*, Basingstoke 2001.

Tignor, Robert, »Senegal's Cooperative Experience, 1907–1960«, in: John Waterbury/Mark Gersovitz (Hg.), *The Political Economy of Risk and Choice in Senegal*, London 1987, S. 90–122.

Touré, Seydou Nourou, »Tendances et perspectives de l'agriculture«, in: Momar-Coumba Diop (Hg.), *La société sénégalaise entre le local et le global*, Paris 2002, S. 189–225.

Waterbury, John, »Dimensions of State Intervention in the Groundnut Basin«, in: ders./Mark Gersovitz (Hg.), *The Political Economy of Risk and Choice in Senegal*, London 1987, S. 188–222.

Zuccarelli, François, *La vie politique sénégalaise 1940–1988*, Paris 1988.

»So fanden wir auf der Karte diesen kleinen Staat«: Globale Positionierung und lokale Entwicklungsfantasien der Schweiz in Rwanda in den 1960er Jahren[1]

Lukas Zürcher

»Rwanda hat [...] vieles gemeinsam mit der Schweiz. Abgesehen von einigen unbedeutenden Minen ist es arm an Bodenschätzen, hat aber ein überaus erträgliches Klima. Ein friedliches Volk, genügsam, wenn recht ernährt, auch arbeitswillig. [...] Mögen die Chancen für die Republik Rwanda auf den ersten Blick nicht so gross scheinen, dieses Land hat Zukunft. Zwei, drei Generationen noch, und Rwanda kann in Afrika die Aufgaben übernehmen, die in Europa die Schweiz erfüllt.«[2]

Mit dieser Hervorhebung von Gemeinsamkeiten und der Fantasie, dass Rwanda zu einem Musterland für Entwicklung nach Schweizer Vorbild werden könnte, schloss der Journalist Jakob Peter Uetz 1965 den ersten von insgesamt sechs Beiträgen in der Tageszeitung *Emmenthaler-Blatt*. Seine Berichterstattung über die 1963 angelaufenen Entwicklungsbemühungen der Schweiz in Rwanda, für die er als einer der ersten Schweizer Journalisten »mit Kamera und Schreibmaschine durch ›schwarzes Land‹ südlich des Äquators« reiste, eröffnete Uetz mit dem Titel »Afrikanische Schweiz: Einparteienstaat, aber dafür Frauenstimmrecht«.

Die Schlussworte wie auch der Titel des Artikels überraschen. Im Gegensatz zu kolonialen Wahrnehmungsmustern und Diskursdispositiven werden bei Uetz nicht mehr in erster Linie Unterschiede, Entwicklungsdefizite und Fallhöhen zwischen den verschiedenen Gesellschaften und den

1 Für Gespräche und Anregungen sowie die kritische Lektüre des vorliegenden Artikels danke ich besonders Frank Schubert, Konrad J. Kuhn und Franziska Hohl Zürcher. Der Aufsatz ist Teil eines Dissertationsprojekts am Lehrstuhl für Geschichte der Neuzeit und für Aussereuropäische Geschichte der Universität Zürich bei Prof. Dr. Gesine Krüger.

2 »Afrikanische Schweiz: Einparteienstaat, aber dafür Frauenstimmrecht«, *Emmenthaler-Blatt*, 13.10.1965.

angeblich unterschiedlichen Zivilisationsstufen unterstrichen,[3] sondern vor allem Parallelen aufgezeigt. Uetz ging dabei so weit, dass er zur Herstellung von Augenhöhe schweizerische Demokratiedefizite ins Feld führte, wie etwa das damals den Frauen vorenthaltene Stimm- und Wahlrecht. Außerdem fällt auf, dass Uetz es in seinem Artikel nicht für notwendig erachtete, seiner Leserschaft die Aufgabe der Schweiz in Europa zu erklären, die Rwanda mittelfristig in Afrika erfüllen sollte.

Der folgende Beitrag setzt bei diesen Auffälligkeiten an und untersucht die Beziehungen zwischen der Schweiz und Rwanda in den 1960er Jahren. Dabei liegt der Schlüssel zum Verständnis für den Aufbau und die Ausgestaltung der gegenseitigen Beziehungen an zwei Orten: in der Selbstpositionierung der zwei Staaten innerhalb einer zunehmend als *global community* wahrgenommenen Welt und in den damals vorherrschenden, ideologisch geprägten jeweiligen Selbst- und Fremdbildern. Es wird argumentiert, dass sich sowohl Rwanda wie auch die Schweiz in der dekolonisierten Welt neu erfinden mussten und dass ihnen der entstehende globale Entwicklungsdiskurs – der bisweilen die Form eines mit beliebigen Inhalten auffüllbaren Containers annahm[4] – erlaubte, sich in einem neuen globalen Sinn- und Deutungszusammenhang einzuordnen, sei es als Geber- oder als Nehmerstaat.

Im ersten Teil wird untersucht, wie sich die Schweiz angesichts der globalen Veränderungen im Zeitalter der Dekolonisation um 1960 neu als Akteurin der Entwicklungszusammenarbeit auf internationaler Ebene entwarf. Im zweiten Teil wird nach den Gründen für die gegenseitige Auswahl als Geber- bzw. als Nehmerstaat gefragt und nach entsprechenden Legitimationsmustern gesucht. Schließlich wird aufgezeigt, welche Formen die Arbeit der Schweizer Entwicklungsverantwortlichen vor dem Hintergrund der jeweiligen nationalen Selbstentwürfe und der globalen Entwicklungskonzeptionen annahm und welche Veränderungen in Rwanda dadurch hervorgerufen wurden. Neben der vorhandenen Literatur zu den

3 Vgl. zum Beispiel Gustave Moynier, Mitbegründer und erster Präsident des Internationalen Komitees vom Roten Kreuz (IKRK), der das Recht auf Kolonialismus aus dem »höheren Entwicklungsstand« der »Weissen« herleitete und die »Zivilisierung« von Afrikanerinnen und Afrikanern als notwendigen Prozess erachtete. Wirz, »Humanitäre Schweiz«, S. 105.

4 Die Container-Metapher verdanke ich Richard Rottenburg, Daniel Speich und Aram Ziai. Vgl. Dreier, »Global History of Development«, in: *H-Soz-u-Kult*, 31.1.2009.

Beziehungen zwischen der Schweiz und Rwanda in den sechziger Jahren[5] stützt sich der Beitrag vor allem auf Zeitungsartikel und bislang noch kaum erforschte Briefe und Analysen von Schweizer Entscheidungsträgern und Entwicklungsfachleuten im Schweizerischen Bundesarchiv in Bern.

1. Dekolonisation, »technische Zusammenarbeit« und Neutralität: Internationale Herausforderungen und nationale Lösungsstrategien

Die Aufnahme der Beziehungen zwischen der Schweiz und Rwanda 1962 markierte einen Meilenstein in der Geschichte der schweizerischen Beziehungen mit außereuropäischen Staaten. Erstmals engagierte sich die Schweiz mit einem großen bilateralen Entwicklungsprojekt in einem afrikanischen Land. Für den neutralen Kleinstaat ohne koloniale Vergangenheit und entsprechend gelagerte Verpflichtungen sowie ohne ersichtliche wirtschaftliche oder geopolitische Interessen in Afrika war dies keine Selbstverständlichkeit. Der schweizerische Auftritt in Rwanda ruft daher Fragen nach den Beweggründen und deren Legitimation auf.

Die 1950er und 1960er Jahre waren geprägt vom schnellen Ende der Kolonialimperien in Afrika und Asien, eines der bedeutendsten Ereignisse des 20. Jahrhunderts. Der Prozess der Dekolonisation ging einher mit einer Neuordnung der Welt in eine »Erste«, eine »Zweite« und eine »Dritte« Welt sowie der Konstituierung der internationalen Entwicklungsgemeinschaft, einer *global community*, die aus den neu gegründeten UNO-Agenturen, der Weltbank, älteren Einrichtungen wie etwa der Internationalen Arbeitsorganisation (IAO) sowie zahlreichen weiteren internationalen Zusammenschlüssen und weltweit tätigen Nichtregierungsorganisationen hervorging.[6] Dies stellte die Schweiz der Nachkriegszeit vor Herausforderungen. Wollte sich die Schweiz, deren Neutralitätspolitik durch ihr Verhalten während des Zweiten Weltkriegs auf internationaler Ebene in Misskredit geraten war, wieder als angesehene Akteurin in der internationalen Staatengemeinschaft etablieren, so war sie gefordert, eine angemessene Politik gegenüber

5 Zu den jüngeren Untersuchungen vgl. Voyame u.a., *Coopération Suisse*; Cart, »Coopération suisse«; Friedli, »Entwicklungszusammenarbeit«; Gianella, *Suisse et le Rwanda*.

6 Irye, *Global Community*.

den neuen Staaten in Asien und Afrika zu entwerfen, die Integration in die westliche Staatengemeinschaft voranzutreiben und einen sichtbaren und möglichst einflussreichen Platz innerhalb des UNO-Systems zu finden. Die schweizerische Außenpolitik stand vor der Aufgabe, diese außenpolitischen Erfordernisse mit den innenpolitischen Gegebenheiten und Befindlichkeiten in Einklang zu bringen.[7]

Die schweizerische Gesellschaftsgeschichte der 1950er Jahre zeichnete sich durch Ungleichzeitigkeiten und »rasanten Stillstand« aus:[8] Einerseits führten Regelvertrauen und Zukunftsoptimismus zu einer Koexistenz von Dynamik und Stabilität, die das enorme wirtschaftliche Wachstum dieser »goldenen Jahre« ermöglichten.[9] Andererseits waren viele Einwohnerinnen und Einwohner des Kleinstaats von einer rückwärtsgewandten, nach innen gerichteten Mentalität geprägt. Im privaten Alltag zeigte sich dies in einem verbreiteten Desinteresse gegenüber dem Rest der Welt, das wohl auch mit einer gewissen Selbstgenügsamkeit und einer Überheblichkeit gegenüber allem Fremden verbunden war. Politisch manifestierte sich diese Mentalität in der Orientierung an der Neutralitätspolitik und an der geistigen Landesverteidigung der Kriegsjahre. Ob in Gemeinderatssitzungen oder im nationalen Parlament, überall wurde der »Sonderfall Schweiz« beschworen, was einen politischen und gesellschaftlichen Aufbruch verhinderte.[10] Außenpolitik wurde in der Schweiz generell als Außenwirtschaftspolitik verstanden und von den Verantwortlichen aus Rücksicht auf die politische Öffentlichkeit in der Schweiz nach Möglichkeit ohne große Visibilität und auf untergeordneter Ebene betrieben.[11] Entsprechend schwer tat sich die Regierung mit den zeitgenössischen außenpolitischen Herausforderungen des Beziehungsaufbaus mit den neuen Staaten sowie der Integration in die internationale Entwicklungsgemeinschaft.[12] Um die Akzeptanz in der Schweizer Bevölkerung für die Mitarbeit bei den Entwicklungsaktivitäten der verschiedenen UNO-Agenturen gewinnen zu können, wurden die Vereinten Nationen im politischen Diskurs der Schweiz durch einen Kunstgriff in eine »technische« und eine »politische« UNO auseinanderdefiniert. Dies verhinderte allerdings nicht, dass die Zahlungen an die ers-

---

7 Moos, *Ja zum Völkerbund.*

8 König, »Rasanter Stillstand«; Tanner, »Schweiz in den 1950er Jahren«.

9 Siegenthaler, »Strukturen und Prozesse«, S. 14.

10 Zur Sonderfall-Thematik vgl. Imhof, »Sonderfallsdiskurse«.

11 Hug, »Vom Neutralismus zur Westintegration«, S. 62.

12 Für eine der wenigen Studien zur schweizerischen Anerkennungspraxis vgl. Graf, »Schweiz und die Dritte Welt«.

ten UNO-Entwicklungsprogramme, das *Expanded Program for Technical Assistance* (EPTA) und den Spezialfonds (SUNFED), im internationalen Vergleich bescheiden blieben und innerhalb der Verwaltung sowie im Parlament bezüglich des Umfangs, der Ausrichtung und der Verankerung weiterhin umstritten waren.[13] Von den bilateralen Entwicklungsanstrengungen war noch kaum die Rede; sie konzentrierten sich im Wesentlichen auf ein Stipendienprogramm und die Unterstützung eines privaten Hilfswerks in Nepal.[14]

Ein Beitritt zur »politischen« UNO wurde 1955 in internen Konsultationen im Eidgenössischen Politischen Departement verworfen. Anlass zu diesen Konsultationen gaben die 1955 erfolgten UNO-Beitritte des ebenfalls neutralen Österreichs sowie 15 weiterer Staaten.[15] Die UNO, die nun 76 Mitglieder zählte, kam ihrem Ziel der Universalität einen beträchtlichen Schritt näher, was die Schweiz mit ihrer Nichtmitgliedschaft aufgrund ihrer Neutralitätspolitik in Erklärungsnot geraten ließ. Der Schweizer Botschafter August R. Lindt, der 1956 zum UNO-Hochkommissar für Flüchtlinge ernannt wurde und sich auf dem neuen internationalen Parkett hervorragend auskannte, betonte gegenüber Außenminister Max Petitpierre die besondere Situation, die durch die Dekolonisation entstehe. Die Schweiz würde durch eine UNO-Mitgliedschaft im Urteil der gerade unabhängig werdenden Kolonien zwangsläufig an Ansehen verlieren. Er argumentierte, dass die Schweiz als Land ohne koloniale Vergangenheit bei den jungen Staaten große Sympathien genießen würde. Wenn sie nun aber deren antikoloniale Forderungen in den entsprechenden UNO-Abstimmungen nicht unterstützte oder sich der Stimme enthielte, so würden diese Sympathien schwinden. Umgekehrt laufe man im Falle einer Unterstützung antikolonialer Forderungen Gefahr, eng befreundete Nationen wie Frankreich oder Großbritannien zu brüskieren. Eine Nichtmitgliedschaft würde die Schweiz vor diesem Dilemma bewahren.[16] Parallel dazu hat man in Bern bereits 1954 den Schweizerinnen und Schweizern in Afrika geraten, sich von den

13 Von 1950 bis 1960 gab die Schweiz für die Entwicklungsprogramme der UNO circa 13,5 Millionen Franken aus. Matzinger, *Anfänge*, S. 314.

14 Zu den Anfängen der schweizerischen Entwicklungszusammenarbeit vgl. Hug/Mesmer, *Entwicklungshilfe*; Matzinger, *Anfänge*; Dardel, *Coopération*; Schrötter, *Schweizerische Entwicklungspolitik*; Keller, »Die technische Entwicklungshilfe«.

15 Albanien, Bulgarien, Kambodscha, Finnland, Ungarn, Irland, Italien, Jordanien, Laos, Libyen, Nepal, Portugal, Rumänien, Spanien und Sri Lanka.

16 Zu den internen Konsultationen vgl. Trachsler, »Partizipation oder Alleingang?«, S. 17f.

Kolonialisten vor Ort langsam zu distanzieren.[17] Insgesamt zeichnete sich die schweizerische Politikgestaltung gegenüber den Herausforderungen der Dekolonisation und der Mitarbeit in der UNO durch »passives Abwarten« und »selbstgenügsame Abgeschlossenheit« aus; statt »systematisch« und »zielsicher« war sie eher »pragmatisch« und »tastend«.[18]

Zu Beginn der 1960er Jahre fand die Schweiz zu einem aktiveren und weltoffeneren Handeln. Ausdruck davon waren die 1961 erfolgte Ernennung eines Delegierten des Bundesrats für technische Zusammenarbeit, die Gründung des *Dienstes für technische Zusammenarbeit* (DftZ)[19] sowie eine deutliche Erhöhung der Entwicklungsausgaben auf Bundesebene. Für die Laufzeit von drei Jahren bewilligte das Parlament einen Kredit von 60 Millionen Franken, der zu zwei Dritteln für die bilaterale und zu einem Drittel für die multilaterale Zusammenarbeit ausgegeben werden sollte.

Ausschlaggebend für diesen Ausbau waren drei Entwicklungen. Erstens ging die wachsende Zahl neuer Staaten in Afrika mit einer weltweiten Bilateralisierung der Entwicklungsanstrengungen einher. Die Geberstaaten reagierten damit auf den Rechtsanspruch auf Hilfe, den die Entwicklungsländer aus der Multilateralität ableiteten. Zudem konnten sie mit der bilateralen Zusammenarbeit ihren Einfluss auf das Empfängerland erhöhen und ihre nationalen, politischen und wirtschaftlichen Interessen besser durchsetzen. Zweitens erhöhte die UNO den Druck auf die Schweiz, ihre vergleichsweise niedrigen Beitragszahlungen aufzustocken. Die UNO kaufe bei der Schweiz mehr Leistungen ein, als die Schweiz der UNO an finanziellen Mitteln zur Verfügung stelle.[20] Drittens sensibilisierten und mobilisierten die rasant wachsende Zahl der neuen Staaten, erste Fernsehbilder aus Entwicklungsländern sowie eine breite Kampagne der UNO-Ernährungs- und Landwirtschaftsorganisation (FAO) gegen den Hunger die schweizerische Bevölkerung für Entwicklungsfragen.[21] Der Glaube, durch

17 Perrenoud, »Guerres«, S. 96.

18 Graf, »Schweiz und die Dritte Welt«, S. 108.

19 Begriffe wie »Entwicklungshilfe« und »technische Hilfe« wurden in der Schweiz – anders als in anderen europäischen Staaten oder auch den USA – bereits zu Beginn der sechziger Jahre offiziell durch »technische Zusammenarbeit« ersetzt, um das beabsichtigte Miteinander von Gebern und Empfängern zu betonen. Bereits 1961 wurde innerhalb der Bundesverwaltung der *Dienst für technische Hilfe* in *Dienst für technische Zusammenarbeit* umbenannt. Matzinger, *Anfänge*, S. 197.

20 Zur Bilateralisierung und dem Druck der UNO vgl. Eigenmann, »Bildung bilateraler Koalitionen«, S. 553–560.

21 Ausdruck davon ist die Fülle der zu Beginn der sechziger Jahre erschienenen Artikel in Zeitungen und Zeitschriften sowie das große Echo, das die Rede des Bundespräsidenten

den Einsatz moderner Technik die Entwicklungsländer schnell auf das Niveau der Industrienationen heben zu können, war noch ungebrochen. »Das Volk schien auf immer neue Spendenaufrufe nur zu warten und war versessen auf Berichte über fleissige und wagemutige junge Eidgenossen, die den Bewohnern ferner Länder beibrachten, was Schweizer Qualität bedeutete«, hielt etwa Al Imfeld, eine der schillerndsten Figuren der entwicklungspolitischen Bewegung der Schweiz, rückblickend fest.[22]

Für die schweizerische Regierung taten sich durch diese Entwicklungen neue Wege auf. Die allgemeine Bilateralisierung der Hilfe erlaubte es ihr, ohne Gesichtsverlust bei der UNO die bilateralen Entwicklungsausgaben gegenüber den multilateralen massiv auszubauen und dem Bedürfnis der schweizerischen Bevölkerung nach mehr direkter schweizerischer Hilfstätigkeit sowie internationaler Geltung und Wertschätzung gerecht zu werden. Gleichzeitig vermochte die Schweiz ihrer Neutralität, die durch ihr Verhalten im Zweiten Weltkrieg und die UNO-Nichtmitgliedschaft zusehends erklärungsbedürftig gewordenen war, neuen Glanz und eine neue Legitimationsbasis zu verleihen und die von Außenminister Max Petitpierre 1947 vorgegebene außenpolitische Maxime »Neutralität und Solidarität« zu unterstreichen.[23] Mit einem Rückgriff auf zentrale Schweizer Leitbilder und Grundwerte, insbesondere auf die Herkunftsmythologie und die Bedrohungssemantik, ließ sich in Verbindungen mit den neuen Staaten der Wert der schweizerischen Neutralität und Solidarität wirkungsvoll aufzeigen.[24] Beispielhaft machte dies August R. Lindt, der 1964 in seiner neuen Funktion als Delegierter des Bundesrats für technische Zusammenarbeit erklärte:

Max Petitpierre zur Lancierung der Kampagne in der Schweiz fand. Vgl. »Zum Beginn des Kreuzzugs gegen den Hunger. Radioansprache des Bundespräsidenten«, *Neue Zürcher Zeitung*, 1.7.1960. Vgl. auch Matzinger, *Anfänge*, S. 195.

22 Al Imfeld ist Priester und schloss Studien in Theologie, Soziologie, Journalismus und Tropenlandwirtschaft ab. In den 1960er Jahren arbeitete er mit Martin Luther King in der Bürgerrechtsbewegung, woraufhin er von der römisch-katholischen Kirche exkommuniziert wurde. Für die *Washington Post* berichtete er 1966 als Sonderkorrespondent über den Vietnamkrieg. Für die Missionsgesellschaft Immensee arbeitete er in Zimbabwe, wo er nach zwei Jahren ausgewiesen wurde, sowie in Malawi, Tansania und Kenia. Für sein literarisches Werk erhielt er mehrere Auszeichnungen. Bürgi/Imfeld, *Mehr geben*, S. 39. Zur entwicklungspolitischen Bewegung der Schweiz vgl. Kuhn, »Kampf der Entrechteten«.

23 Möckli, *Neutralität*.

24 Imhof, »Sonderfallsdiskurse«, S. 28f. Zur Verknüpfung von Entwicklungszusammenarbeit mit Leitbildern der Nachkriegszeit vgl. Holenstein, René, »Seele unseres Volkes«.

»Unsere öffentliche Meinung [hat] oft in leidenschaftlicher Weise schon seit den griechischen Freiheitskriegen am Befreiungskampf anderer Völker teilgenommen. [...] Nicht nur dieser Sympathie wegen, die wir, von keiner Kolonialvergangenheit belastet, den neuen Staaten entgegenbringen, besitzt die Schweiz in Afrika, Asien und Lateinamerika hohes Ansehen. [...] Die Mehrzahl der jungen Nationen sind [...] machtpolitisch Kleinstaaten. Sie fühlen sich, gleich wie die Eidgenossenschaft in den ersten Jahrzehnten ihrer Existenz, vielseitig bedroht. In der Schweiz sehen sie ein ermutigendes Vorbild. Es gibt ihnen die Hoffnung, dass auch sie sich in Unabhängigkeit behaupten können. Sie teilen unsere Abneigung gegen Bindungen an Mächtigere. Die Neutralität als Außenpolitik bewundern sie in der schweizerischen Fassung. Die meisten unter ihnen begnügen sich mit der Relativität des Neutralismus, der ihrer wirtschaftlichen Entwicklungsphase zu entsprechen scheint. Denn die Absolutheit der Neutralität verlangt wirtschaftliche Unabhängigkeit als Voraussetzung einer selbständigen militärischen Verteidigung. Die neuen Staaten aber sind Entwicklungsländer.«[25]

Die Schweiz hatte sich somit auf diskursiver Ebene als Entwicklungsakteurin erfunden und sich innerhalb der globalen Unternehmung zur Entwicklung der armen Welt platziert: Sie sah sich als Modell und Vorbild für Entwicklungsländer, insbesondere für afrikanische Staaten. Auch in Europa begann sich die Schweiz in diesem Zeitraum eine Vorbildrolle zuzuschreiben. So sollte gemäß Außenminister Friedrich Traugott Wahlen das aufzubauende Europa »wesensverwandte Züge mit der Schweiz« haben, die das Zukunftsbild Europas vorwegnehme.[26] Dieses schweizerische Selbstverständnis bildete den innenpolitischen Hintergrund für die Aufnahme der Beziehungen zwischen der Schweiz und Rwanda zu Beginn der 1960er Jahre.

2. Kleinstaat sucht Kleinstaat: Der gegenseitige Auswahlprozess zur Entwicklungszusammenarbeit

In einem für ein breites Publikum geschriebenen Aufsatz über die Anfangszeit im *Dienst für technische Zusammenarbeit* (DftZ) schrieb Rolf Wilhelm, einer der engsten Mitarbeiter August R. Lindts:

25 Lindt, »Verhältnis der Schweiz«, S. 15f.

26 Friedrich Traugott Wahlen, zit. in: Kreis, »Idee«, S. 332. Zur Vorbildrolle der Schweiz in der Entwicklungszusammenarbeit vgl. Dardel, *Coopération*, S. 64f.

»Gut erinnere ich mich der Abende in seinem [Lindts] grossen Büro am runden Tisch vor der Karte Afrikas, wie wir überlegten und abwogen, wo etwa die besten Chancen oder auch die grössten Hindernisse bestehen könnten. Was sprach dafür oder dagegen in den verschiedenen Küstenländern Afrikas [tätig zu werden], in denen auch schweizerische Missionsgesellschaften tätig waren? Was war die Haltung der ehemaligen Kolonialmächte? Was sprach für oder gegen Guinea, was für das Sahelland Mali? [...] Ich kam abends manchmal recht spät heim.«[27]

Lindt seinerseits erklärte 1986 in einem Film zum 25-jährigen Bestehen der staatlichen Entwicklungsagentur:

»Das erste, was Wilhelm und ich taten, war, einmal die Karte von Afrika anzuschauen. Wir waren uns bewusst, dass wir uns nicht in einem sehr grossen Land engagieren konnten, wo man sehr leicht den Überblick verliert. So fanden wir auf der Karte diesen kleinen Staat – vielleicht den kleinsten Staat in Afrika, zusammen mit Burundi – Ruanda.«[28]

Bemerkenswert sind zunächst die große Entscheidungsfreiheit, aber auch die Orientierungslosigkeit der Herren Lindt und Wilhelm. Beinahe im Dunkeln, so scheint es, suchten sie nach möglichen Entscheidungshilfen und Auswahlkriterien. Bislang wurden mangels besserer Entscheidungsgrundlagen vor allem Länder berücksichtigt, zu denen die Schweiz diplomatische oder konsularische Beziehungen unterhielt, in denen bereits schweizerische Hilfswerke oder Missionsgesellschaften tätig waren oder die über eine aktive Auslandschweizerkolonie verfügten, darunter Nepal, Peru, Bolivien oder Indien. Neue Orientierung bot auch die potentielle Vorbildfunktion der Schweiz. Erst 1964, nachdem die Aufbauarbeit in Rwanda bereits begonnen hatte, formulierte der DftZ erstmals Prinzipien, welche die Auswahl und Zusammenarbeit mit Partnerländern grundsätzlich regelten.[29]

Auffallend ist zudem die hier vorgenommene durchaus kolonialistisch anmutende Inszenierung mit Tisch und Karte – und mit Männern, die abends in unbekannten Weltgegenden nach einem geeigneten Platz für ihre Bedürfnisse suchen. Bewusst oder unbewusst wurden bei diesen Schilderungen der Anfänge der schweizerischen Entwicklungszusammenarbeit mit Rwanda anschlussfähige koloniale Metaphern benutzt, die von der schwei-

27 Wilhelm, »Anfangszeit«, S. 129.

28 Lindt, »25 Jahre«, S. 7.

29 Botschaft des Bundesrates an die Bundesversammlung über die Weiterführung der technischen Zusammenarbeit der Schweiz mit den Entwicklungsländern vom 29. Mai 1964, Bundesblatt (23), Band I, 11.6.1964, S. 1069–1094, hier: 1075ff.

zerischen Bevölkerung offenbar sofort verstanden wurden – zumindest nach den Vorstellungen von Wilhelm und Lindt.

Beim Annäherungsprozess der Schweiz an Rwanda wurden vorhandene Unsicherheiten, Orientierungsschwierigkeiten und historische Kontingenzen mit Komplexität reduzierenden Mechanismen der selektiven Wahrnehmung und der Analogienbildung bewältigt. Persönliche Netzwerke spielten dabei eine wichtige Rolle. Für wirtschaftliche Interessen der Schweiz bei der Wahl Rwandas lassen sich hingegen keine handfesten Quellenhinweise finden.[30] Aus Schweizer Sicht waren die Handelsbeziehungen mit Rwanda von ihrem Umfang her vernachlässigbar: So flossen zum Beispiel 1961 von insgesamt über 400 Millionen Franken,[31] die von der Schweiz in afrikanischen Ländern investiert wurden, nur gerade 659.000 Franken nach Rwanda; die rwandischen Exporte in die Schweiz erreichten ganze 100.000 Franken.[32]

Die offiziellen Kontakte zwischen der Schweiz und Rwanda begannen mit einer Einladung der Schweiz zu den Unabhängigkeitsfeierlichkeiten nach Kigali am 1. Juli 1962, die zwar zu keinem Besuch, dafür zu einer Glückwunschbotschaft führte. Vier Monate später stattete der erste Präsident Rwandas, Grégoire Kayibanda, der Schweiz einen Besuch ab. In Begleitung von Finanzminister Gaspard Zyimana und Landwirtschaftsminister Balthazar Bicamumpaka sprach er sowohl beim Bundespräsidenten Paul Chaudet vor wie auch beim ersten Delegierten des Bundesrats für technische Zusammenarbeit Hans Keller. Es bleibt unklar, wodurch sich Präsident Kayibanda zu seinem Besuch in der Schweiz veranlasst sah. Anzunehmen ist, dass Erzbischof André Perraudin, ein Angehöriger des Missionsordens der »Weissen Väter« aus der Schweiz, Kayibanda zu diesem Schritt ermutigt hatte.[33] Perraudin reiste erstmals 1947 nach Afrika, namentlich nach Burundi, und trat 1950 in Rwanda eine Stelle als Lehrer im *Grand Séminaire de Nyakibanda* an. 1956 übernahm er als Apostolischer Vikar das höchste kirchliche Amt in Rwanda und wurde später zum Erzbischof von Rwanda ernannt.[34] Kayibanda seinerseits hatte zuvor im Umfeld

30 Cart, »Coopération suisse«, S. 465.

31 Perrenoud, »Guerres«, S. 94.

32 Zu den Wirtschaftsbeziehungen Schweiz–Rwanda vgl. Ausgeteiltes Dokument an den Bundesrat vom 19. Juni 1962, Anerkennung von Rwanda und Burundi, Schweizerisches Bundesarchiv, Bern (im Folgenden: BAR), EPD 1962–1963, E 2001 (E) 1976/17, Bd. 588.

33 Friedli, »Entwicklungszusammenarbeit«, S. 28.

34 Perraudin, *Un évêque au Rwanda,* S. 13ff.

der römisch-katholischen Kirche rund um Perraudin seine Ausbildung gemacht und seine politische Karriere gestartet.[35]

Präsident Kayibanda besuchte auf seiner ersten Europareise mit einer kleinen *Entourage* nur Staaten, zu denen bereits enge personelle Beziehungen bestanden. Neben der Schweiz waren dies die ehemalige Kolonialmacht Deutschland und die Mandatsmacht Belgien, die zwischen 1897 und 1916 beziehungsweise zwischen 1916 und 1962 in Rwanda geherrscht hatten, sowie Frankreich, zu dem über kirchliche Kanäle ebenfalls Beziehungen bestanden und das seinerseits großes Interesse an engen Kontakten mit den früheren belgischen Kolonien bzw. Mandatsgebieten zeigte.[36] Die Suche nach schweizerischen Hilfsleistungen begründete Kayibanda mit der ausgezeichneten Arbeit und dem hohen Ansehen der bisher in Rwanda lebenden rund 70 Schweizerinnen und Schweizer, darunter viele Missionarinnen und Missionare.[37] Die schweizerische Neutralität wird in den Quellen hingegen als Beweggrund nicht erwähnt.

Der erste Kontakt auf Regierungsebene zwischen Rwanda und der Schweiz war von Überraschung, Unsicherheit und Improvisation geprägt. Der Umgang mit afrikanischen Spitzenpolitikern war für Schweizer Diplomaten ungewohnt, und ebenso neu waren für den damals erst 38-jährigen rwandischen Präsidenten die protokollarischen Feinheiten auf Reisen. Sinnbildlich für diesen ersten Kontakt ist eine Anekdote, wonach am Regierungssitz in Bern offenbar zwischenzeitlich niemand für den Staatspräsidenten abkömmlich war, worauf dieser mit seiner Delegation kurzerhand mit einem Fahrer und einer Staatskarosse ins Berner Oberland auf Rundreise geschickt und dort vom Fahrer in einem Gasthaus zum Kaffee eingeladen wurde.[38]

Über das Gespräch zwischen Präsident Kayibanda und Bundespräsident Paul Chaudet ist wenig bekannt. Hingegen geht aus den Akten hervor, dass sich die rwandischen Gäste gegenüber Hans Keller, dem Delegierten

35 Perraudin selber relativiert seine persönliche Bedeutung. Kayibanda habe von sich aus die Initiative zu dem Schweizbesuch ergriffen und ihn lediglich um Unterstützung gebeten. Perraudin, Interview mit Tommaso Gianella, in: Gianella, *Suisse et le Rwanda,* S. 68. Wie dem auch sei, fest steht, dass die Schweiz durch Perraudin und seine Landsleute zu einem Bezugspunkt für die rwandische Regierung geworden war.

36 Thimonier, »Coopération franco-rwandaise«, S. 14–21.

37 Hans Keller, Aktennotiz über den Besuch einer Regierungsdelegation aus Rwanda, 10. Oktober 1962, BAR, E 2001 (E) 1976/17, Bd. 588.

38 »Afrikanische Schweiz: Einparteienstaat, aber dafür Frauenstimmrecht«, *Emmenthaler-Blatt*, 13.10.1965.

des Bundesrats für technische Zusammenarbeit, nach schweizerischen Hilfsleistungen in den Bereichen Tourismus, Straßenbau, Wasserkrafterschließung, Naturgasverwertung, Viehzucht und allgemeiner Stipendienvergabe erkundigten.[39]

Bei der Anfrage von Kayibanda spielten sowohl die Bedürfnisse Rwandas nach einer besseren Infrastruktur als auch Vorstellungen von schweizerischer Expertise eine Rolle. Es fällt auf, dass vor allem nach Hilfeleistungen gefragt wurde, die allgemein zum schweizerischen *Know-how* zu gehören schienen: Tourismus, Wasserkraft, Straßenbau. Die Nachfrage nach Hilfe war auf das potentielle Angebot der Schweiz abgestimmt worden.[40]

Im DftZ zeigte man sich wohlwollend gegenüber der rwandischen Anfrage und erklärte sich bereit, die Entsendung einer Expertenmission für Fremdenverkehrsfragen und Viehzucht zu prüfen.[41] Doch bis zum Abschluss des ersten Vertrags über Entwicklungszusammenarbeit im Oktober 1963 unterzog die Schweiz Rwanda zunächst einer Untersuchung. Entscheidend beim Evaluationsprozess war eine grundsätzlich spärliche Informationslage im DftZ. Zuverlässige Berichte und Analysen zu Rwanda waren zu Beginn der 1960er Jahre gemäß Rolf Wilhelm schwierig zu finden. So haben die Verantwortlichen vor allem Reden von Präsident Kayibanda zu wirtschaftlichen und sozialen Themen gelesen, die von der Schweizer Botschaft im Kongo geschickt worden waren und »gar keinen schlechten Eindruck« machten.[42] In einem ersten Schritt wurden so bis April 1963 verwaltungsintern vier Gründe für eine Aufnahme bilateraler Hilfe für Rwanda festgehalten: Erstens sei Rwanda eine kleine Republik, deren Wirtschaft ganz auf die Landwirtschaft ausgerichtet sei. Zweitens sei Hilfe aufgrund des rasanten Bevölkerungswachstums besonders dringend. Drittens sei Rwanda nicht in der Einflusssphäre einer Großmacht und auch die ehemalige Mandatsmacht Belgien begrüße eine Zusammenarbeit. Und viertens seien die Regierungsverantwortlichen Rwandas angesehen und führten das Land »unter Befolgung einer gewissen ›Austerity-Policy‹«.[43]

---

39 Hans Keller, Aktennotiz über den Besuch einer Regierungsdelegation aus Rwanda, 10. Oktober 1962, BAR, E 2001 (E) 1976/17, Bd. 588.

40 Siehe zum Beispiel Risch, *Praktische Möglichkeiten.*

41 Brief von Hans Keller an Richard Ulrich, Erster Adjunkt in der Eidgenössischen Finanzverwaltung und ab 1963 UNO-Berater für Fiskalpolitik in Burundi, BAR, E 2001 (E) 1976/17, Bd. 588.

42 Wilhelm, »Anfangszeit«, S. 131.

43 Vorschlag betreffend weiteres Vorgehen zur Abklärung eines TZ-Projektes in Rwanda, 6. April 1963, BAR, E 2001 (E) 1976/17, Bd. 588.

Mit Landwirtschaft, Neutralität und Sparsamkeit wurden drei Elemente hervorgehoben, die bis heute für das schweizerische Selbstverständnis konstitutiv sind.[44] Mit dem Hinweis auf eine drohende Überbevölkerung wurde gemäß der damals auch in der Schweiz verbreiteten neomalthusianischen Theorie, die von einer wachsenden Schere zwischen verfügbaren Nahrungsmitteln und wachsender Weltbevölkerung ausging, die Dringlichkeit der Hilfe unterstrichen. Eine im Mai 1963 von Richard Ulrich, dem Ersten Adjunkt in der Eidgenössischen Finanzverwaltung, durchgeführte Analyse in Rwanda[45] sowie die im Juni erfolgte Sondierungsreise von Rolf Wilhelm und August R. Lindt, der Hans Keller in seinem Amt als Delegierter des Bundesrats für technische Zusammenarbeit abgelöst hatte, festigten anschließend den Entscheid, in Rwanda aktiv zu werden. Fünf Faktoren waren dafür ausschlaggebend: die Kleinstaatlichkeit, der Präsident, die Berge, die Demokratie und die Geschichte.

Überzeugt hatte die Schweizer Entwicklungsverantwortlichen auf der Reise zunächst die Übersichtlichkeit der rwandischen Verhältnisse. Für Lindt war Rwanda ein »Probe- und Lehrstück«,[46] wo man mit überschaubaren Aufwendungen die Wirksamkeit von Entwicklungszusammenarbeit testen könne und schnell sehe, ob ein bestimmtes Projekt richtig oder falsch sei.[47] Darüber hinaus ist zu vermuten, dass sich die Schweiz im überschaubaren Rwanda von ihrem limitierten Mitteleinsatz eine besonders große internationale Sichtbarkeit schweizerischer Leistungen und Profilierungschancen erhoffte, die ihren Anspruch auf eine globale Vorbildrolle unter Beweis stellen würde.

Von Bedeutung für die Entscheidungsfindung war zudem die Persönlichkeit des Präsidenten Kayibanda. Den Quellen zufolge waren es nicht nur spezifisch wirtschaftliche und politische Programme, die sich am kapitalistischen Wirtschaftssystem orientierten oder einen angemessenen Umgang mit den öffentlichen Finanzen versprachen, die den schweizerischen Entscheid zur Zusammenarbeit mit Rwanda herbeiführten. Vielmehr ver-

44 Zur Entwicklung des schweizerischen Selbstverständnisses vgl. Marchal, »Schweizeralpenland«.

45 Richard Ulrich, Günstige und ungünstige Umstände für eine schweizerische Entwicklungshilfe in Rwanda, 31.5.1963, Diplomatische Dokumente der Schweiz, http://www.dodis.ch (im Folgenden: DoDiS), DoDiS-30255.

46 »Technische Zusammenarbeit der Schweiz mit Ruanda«, *Neue Zürcher Zeitung*, 15.11.1963.

47 »Neutralität und Solidarität. Gespräch mit Botschafter August Lindt, Delegierter des Bundesrats für Technische Zusammenarbeit«, *Die Weltwoche*, 26.2.1965.

mochte der Präsident auch durch sein Auftreten die Sympathien der Schweizer zu gewinnen.[48] Noch über zwanzig Jahre nach dieser Reise hielt Lindt fest:

»Was uns sofort imponierte, war die Einfachheit der Regierung, und ganz besonders des Präsidenten […]. Er hatte nicht einen Mercedes, sondern steuerte selbst einen Volkswagen. Er trug sehr abgerissene Kleider, wie die ganze Bevölkerung damals, die mehr oder weniger in Lumpen ging. Ich glaubte also, man würde hier nicht fürchten, dass die Schweiz ihr Geld in einem Lande investiert, das alle unmöglichen Luxusartikel braucht.«[49]

Gleichzeitig konnten sich die Schweizer großen Einfluss auf die Geschicke des Landes ausrechnen. Zum einen fragte der Präsident explizit nach einem persönlichen Schweizer Berater für Rechts- und Wirtschaftsfragen. Zum anderen zeigte sich Kayibanda äußerst nahbar, was zumindest Rolf Wilhelm imponierte:

»Eines Morgens sass ich mit dem Buchhalter der Genossenschaft [Trafipro] in Kabgayi […] über die Haufen von Zahlen gebeugt, als eine dunkle Gestalt leise hinter uns erschien. Es war Kayibanda, der Staatspräsident, der ganz in der Nähe wohnte und sich, bevor er mit seinem VW ins Büro nach Kigali fuhr, noch [über den Stand der Dinge] erkundigen wollte.«[50]

Weiter schien Rwanda nahtlos in das schweizerische Selbstbild eines von fremden Herrschern befreiten, widerstandsbereiten Alpenlandes zu passen, auf das die Schweizerinnen und Schweizer in Zeiten beschleunigten Wandels und zunehmender Orientierungsschwäche gerne zurückgriffen. Rwanda bediente in nahezu idealer Weise jene zwei Motive, die bei schweizerischen Identitätsbildern als »imagologische Systeme« immer wiederkehren: die Alpen und die mittelalterliche Geschichte.[51] Mit dem Rekurs auf Berge und Geschichte reduzierten die Architekten der Schweizer Entwicklungspolitik die gesellschaftliche Komplexität des afrikanischen Landes und stellten der schweizerischen Bevölkerung emotionale Anschlussmöglichkeiten bereit. Der Schweizer Einsatz konnte so legitimiert werden. Entsprechend war Rwanda ein »dem Emmental gleichendes grünes Hochland«[52] und mutierte im Sprachgebrauch der frühen 1960er Jahre zur

48 Cart, »Coopération suisse«, S. 465.

49 Lindt, »25 Jahre«, S. 7.

50 Wilhelm, »Anfangszeit«, S. 133f.

51 Marchal/Mattioli, »Nationale Identität«, S. 17.

52 Richard Ulrich, Günstige und ungünstige Umstände für eine schweizerische Entwicklungshilfe in Rwanda, 31.5.1963, DoDiS, DoDiS-30255, S. 1.

»Bergbauernrepublik im innersten Afrikas«[53] oder zur »Bergbauerndemokratie«. Bis in die 1980er Jahre wurden diese Begriffe verwendet, zuletzt allerdings nur noch in Anführungszeichen.[54]

Es ist augenfällig, mit welcher Hartnäckigkeit der rwandischen Gesellschaft eine Wesensverwandtschaft mit der schweizerischen Bevölkerung zugeschrieben wurde und mit welchem Nachdruck Rwanda »demokratische Verhältnisse« attestiert wurden. »Es gelang aufgrund von Wahlen ein für afrikanische Verhältnisse erstaunlich demokratisches parlamentarisches System aufzuziehen«, schrieb etwa die *Neue Zürcher Zeitung* 1963.[55] Auch dieses Bild war von eingeschränkten Wahrnehmungsmustern geprägt. Zwar fanden 1956 und 1960 in Rwanda Kommunalwahlen statt, an denen mehrere Parteien teilnehmen konnten, und auf Beschluss der UNO-Generalversammlung wurden im September 1961 auch Parlamentswahlen sowie ein Referendum über die Abschaffung der Monarchie durchgeführt.[56] Diese Wahlen und Abstimmungen, die fundamentale Machtverschiebungen und die Abschaffung der Monarchie zur Folge hatten, gingen aber mit einer bedrohlichen Ethnisierung von Politik und Gesellschaft einher. Die zunehmend undurchlässige Trennung der Gesellschaft anhand ethnischer Zuordnungen beziehungsweise rassischer Kategorien führte ab 1959 zu »ethnischen Säuberungen«,[57] denen Tausende von Menschen zum Opfer fielen und die Zehntausende von Menschen, die den Tutsi zugeordnet wurden, zur Flucht in die umliegenden Länder zwang.[58] Die wiederholten Massaker und Vertreibungen, etwa 1964, 1966/67 oder 1972/73, mün-

53 Technische Zusammenarbeit mit Rwanda: Gewährung eines Kredites von Fr. 1'290'000 für die Durchführung der 1. Phase des Ausbaus der Genossenschaft »Trafipro«, 30.9.1963, BAR E 2001 (E) 1976/17, Bd. 588.

54 »Wirtschaftsprobleme im übervölkerten Rwanda. Schweizer Hilfe für eine ›Bergbauerndemokratie‹«, *Neue Zürcher Zeitung*, 4.12.1982.

55 »Technische Zusammenarbeit der Schweiz mit Rwanda«, *Neue Zürcher Zeitung*, 15.11.1963.

56 Zu den Wahlen vgl. Wütherich, »Revolution«, S. 59f; Lemarchand, *Rwanda*, S. 181. Zu den Abstimmungen vgl. Strizek, *Geschenkte Kolonien*, S. 164; ders., *Ruanda*, S. 144–147.

57 Der Begriff wurde erstmals von den serbischen Behörden in den frühen achtziger Jahren benutzt, um das Schicksal von Serbinnen und Serben in der damaligen Provinz Kosovo zu beschreiben. 1992 fand er Eingang in den internationalen Sprachgebrauch, als Serbien in Bosnien mit der Vertreibung von Muslimen begonnen hatte. Naimark, *Fires of Hatred*, S. 2f.

58 Für detaillierte Darstellungen dieser Machtverschiebungen vgl. Lemarchand, *Rwanda*; Mamdami, *When Victims Become Killers*, S. 103–131.

deten 1994 in einen Genozid, bei dem über 800.000 Menschen ermordet wurden.[59]

Bis 1959 hat es in Rwanda weder in der vorkolonialen noch in der kolonialen Zeit einen Ausbruch solch organisierter, ethnisch motivierter Gewalt gegeben.[60] Wegbereiter für die fatale Ethnisierung der rwandischen Politik waren die belgische Mandatsmacht und die römisch-katholische Kirche.[61] Beide stützten sich in ihrer Machtausübung und Politikgestaltung bis Mitte der 1950er Jahre weitgehend auf eine Elite, die der kleinen Gruppe der Tutsi zugerechnet wurde. Nachdem 1934 unter belgischer Herrschaft die ethnische Zugehörigkeit im Pass festgeschrieben worden war, erschwerte sich die soziale Mobilität der als Hutu bezeichneten Bevölkerungsmehrheit erheblich, was zu starken gesellschaftlichen Spannungen führte. Diese entfalteten nach dem Seitenwechsel Belgiens und der katholischen Kirche zu den politischen Führern der Hutu-Mehrheit eine gewalttätige Dynamik.[62]

Das Ausblenden dieses Gewaltpotenzials in der Schweizer Wahrnehmung von Rwanda verlangt nach Erklärungen. Perraudin, der sich 1963 mit Lindt und Wilhelm in Rwanda traf, beeinflusste wohl durch seine Förderung der Hutu und seine Einschätzungen die schweizerische Interpretation der politischen und gesellschaftlichen Ereignisse in Rwanda, da er bei den Meinungsmachern im DftZ durch seine langjährige Erfahrung vor Ort große Glaubwürdigkeit genoss. Entsprechend bezogen auch sie auf Seiten der Hutu Stellung, auf Seiten der »underdogs«, wie Wilhelm später einmal bemerkte, obgleich Lindt immer auch die Notwendigkeit einer Integration der Tutsi betont habe.[63] Die Geschichte der »freiheitsliebenden Hutus«, die gegen die »Herrenmenschen« der Tutsi aufstanden und sich befreiten, war der Schweizer Bevölkerung nicht nur leichter zu vermitteln als die Geschichte einer durch Kolonisation und Mission verursachten oder verschärften politischen Ethnisierung. Es scheint, dass die damaligen Meinungsmacher im DftZ von dieser Geschichtsinterpretation auch überzeugt

59 Für eine ausführliche Darstellung des Genozids von 1994 vgl. Melvern, *Ruanda*.

60 Scherrer, *Ethnisierung*, S. 32.

61 Linden, *Church*.

62 Newbury, *Cohesion*, S. 180–206.

63 Wilhelm schrieb über Lindt: »Und es ging ihm immer auch um die underdogs, um die Hutu in Ruanda nach ihrer Befreiung aus der Feudalherrschaft der Tutsis, aber bald schon um die gerechte Behandlung der Tutsis, als sie die Macht im Lande verloren hatten.« Wilhelm, »Gemeinsame Arbeit«, S. 206.

waren. Die *Neue Zürcher Zeitung* erklärte 1965 die Geschichte Rwandas stellvertretend und zusammenfassend folgendermaßen:

»Ein *blutiger Aufstand der Hutu*, die etwa 85 Prozent der Gesamtbevölkerung ausmachen, beendete in gewalttätiger Weise im November 1959 die schätzungsweise 900 Jahre alte Feudalherrschaft der Tutsi. […] Bei diesem Aufstand handelte es sich nicht vor allem um einen Rassenkrieg, sondern um eine *Revolution der Besitzlosen* und Leibeigenen gegen die besitzende und herrschende Klasse.«[64]

Ethnische Abgrenzungen seien durch »Rassenvermischungen« im Laufe der Jahrhunderte verwischt worden und der Aufstand sei »ausgesprochen sozialer Natur« gewesen, führte die *Neue Zürcher Zeitung* weiter aus.

Auf die kritische Nachfrage, ob Parallelen zwischen der rwandischen Geschichte in den 1950er und 1960er Jahren und der schweizerischen Geschichte im 14. Jahrhundert vorhanden seien, antwortete Hans Karl Frey, der erste Schweizer Berater des rwandischen Präsidenten gegenüber einem Journalisten:

»J'y ai souvent pensé, qu'il y a une analogie indiscutable. Nous pouvons dire, en effet, que l'attitude des Tutsi correspond à celle de la noblesse autrichienne et que nos montagnards de Suisse primitive devaient avoir quelques points communs avec les Hutu. […] Nous sommes là-bas dans un autre siècle, et ce qui s'y passe n'est pas différent de ce que nos pays civilisés ont connu à l'époque correspondante.«[65]

Dieser Wiedererkennungseffekt machte eine ausführlichere Legitimation der schweizerischen Haltung zur politischen Lage in Rwanda weitgehend überflüssig. Fast könnte man interpretieren, dass sich der Schweiz in Rwanda die Möglichkeit bot, die von allen Schweizerinnen und Schweizern im Geschichtsunterricht gelernten mittelalterlichen Auseinandersetzungen erneut – und auf der richtigen Seite – zu führen. Diese politisch-historische Einschätzung wurde auch dann nicht grundlegend revidiert, als die rwandische Regierung 1964 den Tutsi mit »Vernichtung« drohte[66] und sich Präsi-

64 »Schweizerische Entwicklungshilfe in Rwanda«, *Neue Zürcher Zeitung,* 20.11.1965, Hervorhebungen im Original.

65 »Ich habe oft gedacht, dass es hier eine unbestreitbare Analogie gibt. Man kann tatsächlich sagen, dass die Haltung der Tutsi jener des österreichischen Adels entspricht und dass unsere Bergler der Urschweiz Gemeinsamkeiten mit den Hutu aufweisen. […] Wir befinden uns dort unten in einem anderen Jahrhundert und was dort abläuft unterscheidet sich nicht von den Erfahrungen unserer zivilisierten Länder, als sie sich in der entsprechenden Zeitepoche befanden.« Hans Karl Frey gegenüber einem Journalisten im Film *La voie lactée*, zit. in: Gianella, *Suisse et le Rwanda*, S. 128.

66 »A supposer par impossible que vous veniez à prendre Kigali d'assaut, comment mesurer le chaos dont vous seriez les premières victimes? Je n'insiste pas: vous le devinez, si-

dent Kayibanda ein Jahr später mit einem nicht gerade für eine freie und demokratische Wahlprozedur stehenden Wahlergebnis von 98 Prozent wiederwählen ließ. Hans Karl Frey entschuldigte diese Entwicklungen mit dem Lauf der Geschichte, der ihn gleichzeitig aber auch optimistisch in die Zukunft blicken ließ:

»Wenn man sich den Werdegang dieses Volkes vor Augen hält, seine jahrhundertelange Unterdrückung und sein mutiger Befreiungskampf, wenn man die Fruchtbarkeit des Bodens, seine Minenvorkommen, die Intelligenz und Arbeitsamkeit seiner Bewohner in Betracht zieht, dann kommt man trotz der im Moment ungünstigen Bilanz zu einer positiven Zukunftsbeurteilung.«[67]

Diese Wahrnehmungen und Entwicklungseinschätzungen sollten die schweizerische Beratungstätigkeit und die Entwicklungszusammenarbeit noch über Jahre beeinflussen.

3. Globale Entwicklungsvorstellungen und lokaler Wandel: Das schweizerische Engagement in Rwanda

Während der Amtszeit von Grégoire Kayibanda stellte die Schweiz dem rwandischen Präsidenten insgesamt fünf Berater für Rechts- und Wirtschaftsfragen zur Verfügung und erhielt so Einfluss auf dessen Politik. Im November 1963 traf Hans Karl Frey als erster Präsidentenberater in der rwandischen Hauptstadt Kigali ein. August R. Lindt hatte als Botschafter in Washington mit Frey zusammengearbeitet und ihn für das Amt in Rwanda gegenüber der Regierung in Bern empfohlen. Zwei Monate später schrieb Frey an seinen Freund Lindt: »Ich erhoffe von unseren Besprechungen, dass die gesamte Rwanda-Aktion neu überdacht und organisiert wird. [...] Es wird darum gehen, die Möglichkeiten der TZ [Technischen Zusammenarbeit] abzustecken und sich dann klar zu werden, ob die Idee der Schwerpunktbildung haltbar ist oder nicht.«[68] Grund für diesen

non vous n'agiriez pas en séides et en désespérés! Vous le dites entre vous: ce serait la fin totale et précipitée de la race tutsi«. Ansprache von Präsident Grégoire Kayibanda, 11. März 1964. Vgl. auch Strizek, *Ruanda*, S. 157.

67 Hans Karl Frey, Politischer Brief Nr. 11, 26.7.1966, S. 3, BAR E 2300–01, 1973/156, Bd. 6.

68 Hans Karl Frey, Brief an August R. Lindt, 21.1.1964, BAR E 2005 (A), 1978/137, Bd. 298.

Wunsch nach Marschhalt und Lageüberprüfung war die Diskrepanz zwischen dem imaginierten Rwanda und den Herausforderungen vor Ort. Das Zurechtfinden in der »Bergbauerndemokratie« war für die ersten Schweizer Entwicklungshelferinnen und -helfer schwierig. Ihre mitgebrachten, spezifisch schweizerischen Vorstellungen über Rwanda mussten sie den lokalen Gegebenheiten anpassen. Diese waren seit 1959 von anhaltenden Gewaltakten, bewaffneten Konflikten und »ethnischen Säuberungen« geprägt. Resultat dieser Konflikte war, dass bewaffnete, den Tutsi zugerechnete Gruppen in die Nachbarländer geflohen waren und von dort aus die Macht in Rwanda zurückerobern wollten. Diese Gruppen griffen Rwanda im Dezember 1963 an, nur Wochen nach Ankunft der ersten Schweizer Entwicklungsfachleute. Auch dieser bislang größte Angriff misslang allerdings und konnte von der rwandischen Armee, teils mit belgischer Unterstützung, zurückgedrängt werden. Gleichzeitig setzten in Rwanda von Hutu verübte Massaker an den Tutsi ein. Einige Tausend Tutsi verloren ihr Leben, Zehntausende mussten wiederum außer Landes fliehen oder sich im Land verstecken.[69]

Die Ereignisse lösten weltweit ein großes Medienecho aus. Auch in der Schweiz wurde die Krise genau beobachtet und sorgte für Kritik am schweizerischen Engagement. »Watussimörder und Entwicklungshilfe«[70] titelten etwa die *Basler Nachrichten* und im *Tages-Anzeiger* hieß es: »Schweigen … und 23'000 Tote«[71] oder »Problematische Entwicklungshilfe in Rwanda«.[72] Für die Entwicklungsverantwortlichen in der Schweiz bedeuteten die Massaker eine Legitimationskrise ihrer Arbeit. In einer internen Besprechung im Februar 1964 zeigte sich Lindt ob der vielen Negativschlagzeilen über Rwanda entsprechend besorgt. Einen möglichen Ausweg aus der Krise sah er in Kontakten der rwandischen Regierung mit UNICEF oder dem Internationalen Komitee vom Roten Kreuz (IKRK). »Wenn die Schweizer Öffentlichkeit erfährt, dass Präsident Kayibanda sich bemüht, in dieser Weise den angerichteten Schaden wiedergutzumachen, wird sie eher mit einer Fortführung unserer TZ-Aktionen [Technische Zusammenarbeit] einverstanden sein.«[73] Innerhalb des DftZ entschied man

69 Zu den Angriffen und den Folgen für das Kayibanda-Regime vgl. Strizek, *Ruanda*, S. 153–161.

70 »Watussimörder und Entwicklungshilfe«, *Basler Nachrichten*, 9.2.1964.

71 »Schweigen … und 23'000 Tote«, *Tages-Anzeiger*, 7.2.1964.

72 »Problematische Entwicklungshilfe in Rwanda«, *Tages-Anzeiger*, 7.2.1964.

73 Besprechung vom 5. Februar 1964, Genossenschaft Trafipro, BAR E 2005 (A), 1978/137, Bd. 298.

sich angesichts dieser ersten großen Belastungsprobe der schweizerischen bilateralen Entwicklungszusammenarbeit, alles daran zu setzen, um die Arbeit in Rwanda weiterführen zu können. Der Entscheid wurde auch von der rund 30-köpfigen *Kommission für technische Zusammenarbeit* unterstützt, in der Personen Einsitz hatten, die nicht in der Bundesverwaltung arbeiteten, und die sowohl als Bindeglied zwischen Verwaltung und Öffentlichkeit als auch als Beratungsorgan des Bundesrats dienen sollte. Mit dem Argument, »dass selbst bei Eintritt widriger Umstände angefangene Projekte wenn irgend möglich zu Ende zu führen sind«,[74] wurde in Rwanda ein Präzedenzfall geschaffen, der das weitere Vorgehen der Schweiz in Rwanda wie auch in anderen Konflikt- und Krisensituationen beeinflussen sollte: Zum einen waren Massaker auf »widrige Umstände« reduziert worden. Zum anderen wird deutlich, dass die Schweiz ihre technische Zusammenarbeit nicht primär durch Aktionen der rwandischen Regierung gefährdet sah, sondern durch Image- und Legitimationsprobleme in der Schweiz.

Die Beratungstätigkeit von Hans Karl Frey sowie die konkrete Projektarbeit müssen vor diesem politischen Hintergrund untersucht werden. Es interessiert dabei zunächst, wie Schweizer Entwicklungsfachleute mit der Diskrepanz zwischen ihrem spezifisch schweizerischen Rwanda-Bild und der vor Ort angetroffenen Lebenswirklichkeit umgingen und nach neuen Deutungsschemata der rwandischen Realität suchten, die es ihnen erlaubten, ihre Arbeit in einem neuen Sinnzusammenhang weiterzuführen. Hierbei waren zwei auf globaler Ebene angesiedelte Interpretationsschablonen entscheidend. Zum einen erlaubten der virulente Ost-West-Gegensatz und die Angst vor einer Ausbreitung des Kommunismus in Afrika, die Geschehnisse in Rwanda in der Logik des Kalten Kriegs zu interpretieren. Auf der anderen Seite ermöglichte die Vorstellung einer primär auf Technik- und Wissenstransfer basierenden Entwicklung der armen Länder, die nun im Zeitraffer »nachgeholt«[75] werden sollte, ein partielles Ausblenden politischer Implikationen im Entwicklungsprozess.

Nach den Massakern ergriff Präsidentenberater Frey ein ganzes Bündel von Maßnahmen. Dabei ging es ihm in erster Linie darum, das beschädigte Bild von Rwanda in der schweizerischen Öffentlichkeit zu kitten:

---

74 Zum Entscheid vgl. Kommission für technische Zusammenarbeit, Sitzung vom 16.11.1965, Exposé zu Traktandum 3. Zum Argument vgl. Kommission für technische Zusammenarbeit, Zusammenfassung der Ergebnisse der 10. Sitzung vom 16.11.1965, BAR E 2005 (A), 1978/137, Bd. 24.

75 Rostow, *Stages of Economic Growth.*

»Ich sagte [dem Präsidenten], wenn es nicht gelinge, im Schweizervolk die Sympathie für Rwanda zurückzugewinnen, werde es schwierig sein, in Zukunft die nötigen Kredite für die Fortführung des vorgesehenen Zusammenarbeits-Programms zu erhalten. – Nach Ansicht meiner Regierung seien zwei Dinge notwendig, eine Klarstellung für die Oeffentlichkeit und eine Hilfsaktion für die Opfer.«[76]

Der Präsident reagierte darauf vor allem mit der Feststellung, dass bei allen zu treffenden Maßnahmen die »efficacité« an erster Stelle stehen müsse, womit er Vorbehalte gegenüber den Ratschlägen von Frey durchblicken ließ.[77]

Als erste Maßnahme drängte Frey Präsident Kayibanda dazu, die von der Regierung verübten oder geduldeten Verbrechen juristisch aufarbeiten zu lassen, und machte sich persönlich daran, Gefängnisse zu besuchen und laufende Gerichtsverfahren gegen die Verantwortlichen der Massaker zu überwachen.[78] Das Maß der Strafen war dabei nach schweizerischen Rechtsvorstellungen zu bemessen: So versuchte Frey mehrfach mit Erfolg, Todesurteile in Freiheitsstrafen umzuwandeln.[79] Auch ließ die rwandische Regierung auf Druck Freys einen Untersuchungsbericht erstellen, der allerdings die Vorgänge massiv verharmloste.[80] Darüber hinaus setzte sich Frey für eine Überprüfung der anfänglich kommunizierten Opferzahlen unter den Tutsi ein. Die zunächst geschätzte Zahl von 8.000 bis 14.000 Toten wurde von ihm auf 2.000 bis 3.000 Tote korrigiert.[81] Ein Schweizer IKRK-Delegierter, der wenig später die Massaker ebenfalls untersuchte und dabei eng mit dem Präsidentenberater zusammenarbeitete, kam auf ähnlich niedrige Zahlen wie Frey.[82] Die genaue Opferzahl ist bis heute unbekannt. Die meisten Schätzungen liegen aber mit 10.000 bis 20.000 Toten erheblich höher als die von den Schweizer Amtsträgern genannten Zahlen.[83] Schließlich riet der Berater dem Präsidenten, eine geplante Reise in die Schweiz zu verschieben. Ein Staatsbesuch würde zuviel Interesse an den Vorgängen in

76 Hans Karl Frey, Bericht Nr. 13, 21.2.1964, BAR E 2005 (A), 1978/137, Bd. 298.

77 Ebd.

78 Hans Karl Frey, Bericht Nr. 4V, 28.6.1964, BAR E 2005 (A), 1978/137, Bd. 298.

79 Gianella, *Suisse et le Rwanda*, S. 75.

80 Der Untersuchungsbericht *Le terrorism Inyenzi au Rwanda* wird erwähnt und taxiert in: Prunier, *Rwanda Crisis*, S. 57.

81 »Der Schweizer Berater Kayibandas zu den Vorgängen in Rwanda«, *Neue Zürcher Zeitung*, 10.2.1964.

82 »Die Welt war empört – aber viele Toten kehrten wieder. Ein Schweizer untersucht ›Völkermord‹ an den Watussis«, *Die Welt*, , 21.4.1964.

83 Zu den Zahlen vgl. Wütherich, »Revolution«, S. 67.

Rwanda wecken. »Ich habe ihn gewarnt, dass dies zu neuen Diskussionen führen würde, die ungünstig wären, solange die Justizfrage nicht geklärt ist«, schrieb Frey an Lindt.[84]

Bei einem Besuch in der Schweiz stellte sich Frey im April 1964 den Medien und musste erklären, wie eine von Präfekten unter der Regierung Kayibanda erlassene Weisung an Missionsstationen, keine Flüchtlinge aufzunehmen, zu interpretieren sei. Frey betonte, diese Instruktion sei »vor allem aus Erwägungen der inneren Sicherheit und um des Schutzes vor Infiltration« erfolgt, »sie sei nicht etwa aus unmenschlichen Motiven erlassen worden«. Er verwies auf das »zeitliche Zusammenfallen gewisser Aktionen in Afrika«, betonte weltpolitische Zusammenhänge und unterstrich die strategisch wichtige Rolle Rwandas in Afrika, die er höher als die des Kongo gewichtete. Ganz in der Terminologie des Kalten Krieges betonte Frey gegenüber der *Neuen Zürcher Zeitung*, die Tutsi würden in ihren Flüchtlingslagern rund um Rwanda von »Rotchina« infiltriert und gegen Rwanda aufgestachelt.[85] Indem Frey das in der Schweiz virulente und anschlussfähige duale Blockdenken mit starken antikommunistischen Abwehrreflexen zur Deutung der aus schweizerischer Sicht unerwarteten Vorkommnisse in Rwanda benutzte, konnten die bisherigen Legitimationsgrundlagen für die Entwicklungszusammenarbeit mit Rwanda, die durch die Massaker an Tragfähigkeit eingebüßt hatten – demokratische Verhältnisse, tugendhafte Bergbevölkerung und parallele Geschichte – wirkungsvoll ergänzt und gestärkt werden. Das Argument des antikommunistischen Widerstands im rwandischen Kontext gewann nach den Massakern entsprechend an Bedeutung. Der bisherige Entwicklungsdiskurs in Rwanda wurde eng mit dem antikommunistischen Diskurs verknüpft und bei der Beurteilung der politischen Konflikte in Rwanda waren die Tutsi nun nicht länger »Herrenmenschen« und »Feudalherrscher«, sondern »Kommunisten« und »Terroristen«. Die Ziele der schweizerischen Entwicklungsabsichten wurden entsprechend erweitert: Es galt nicht mehr nur Rwanda zu entwickeln, sondern ebenso sehr vor der kommunistischen Gefahr zu bewahren. So schrieb Frey an Lindt in Anlehnung an die US-amerikanische »Dominotheorie«:[86] »Die unheimliche Koinzidenz der chinesischen Infiltration in

84 Hans Karl Frey, Bericht Nr. 27, 26.4.1964, BAR E 2005 (A), 1978/137, Bd. 298.

85 »Der Schweizer Berater Kayibandas zu den Vorgängen in Rwanda«, *Neue Zürcher Zeitung*, 10.2.1964.

86 Jervis, »Domino Beliefs«.

Ostafrika zwingt zu einer klaren Haltung. [...] Wenn Rwanda fällt, so bedeutet dies einen gefährlichen Erfolg Rotchinas.«[87]

Neben dieser weltpolitischen Einordnung war die schweizerische Entwicklungspolitik vom Glauben an einen »Entwicklungsautomatismus«[88] geprägt. Als Referenz diente der beispiellose wirtschaftliche Aufschwung des Westens nach dem Zweiten Weltkrieg, als Programm die Idee der »nachholenden Entwicklung«, die im Wesentlichen durch ein Füllen von Finanz- und Wissenslücken in Entwicklungsländern beschleunigt werden sollte. Durch den Aufbau starker staatlicher Institutionen sollte ein ökonomischer Prozess in Gang gesetzt werden, dessen Kraft politische und gesellschaftliche Probleme in absehbarer Zeit von selbst lösen würde. Für dieses mechanistische Entwicklungsverständnis entwarf der Anthropologe und Afrikaspezialist James Ferguson treffend die Metapher der »anti-politics machine«.[89] Diese »Maschine« ist so programmiert, dass sie die Armut der Bevölkerung als ursprünglich von der Natur gegeben definiert und Wege aus der Armut in einer Marktorientierung angeblich isolierter Subsistenzwirtschaften und in der Zugänglichkeit technischer Wissensbestände ortet. Jegliche historische Dimension wird bei diesem Entwicklungsverständnis ausgeblendet. Der Schweiz ermöglichte ein solcher Entwicklungsansatz in den 1960er Jahren eine eigene apolitische und ahistorische »Maschine« aufzubauen und diese weitgehend ungeachtet der politischen Realität in Rwanda und ihrer politischen Implikationen für das gesellschaftliche Gefüge in der Hoffnung auf automatische Entwicklungsprozesse und Demokratisierungsschritte zu betreiben.

Das Kernstück der schweizerischen Entwicklungszusammenarbeit war die Genossenschaft *Travail, Fidélité, Progrès*, kurz: Trafipro. Sie war als ein Entwicklungsvehikel zur Förderung der armen Hutu-Bevölkerung konzi-

87 Hans Karl Frey, Brief an August R. Lindt, 21.1.1964, BAR E 2005 (A), 1978/137, Bd. 298. Schweizer, die sich um das Los der Tutsi sorgten, stießen bei Landsleuten auf scharfe Kritik, was vor allem Denis-Gilles Vuillemin zu spüren bekam. Als der damalige UNESCO-Mitarbeiter, der langjähriges Mitglied der Partei der Arbeit (PdA) gewesen war, seinen Protest gegen die Massaker in der schweizerischen Presse veröffentlichte, löste er einen Sturm der Entrüstung aus. Die schweizerischen Behörden prüften sogar eine Klage im Namen des rwandischen Außenministeriums gegen Vuillemin. Vgl. Störungen der Beziehungen zum Ausland durch Presse-Artikel V., BAR E 2005 (A), 1978/137, Bd. 298.

88 Speich, »Entwicklungsautomatismus«.

89 Ferguson, *Anti-Politics Machine*.

piert worden[90] und wurde 1956 von Pater Louis Pien aufgebaut. Als Produzenten- und Konsumentengenossenschaft kaufte sie einerseits den Kaffeebauern in Rwanda ihren Kaffee zu Existenz sichernden Preisen ab und vermarktete diesen auf dem Weltmarkt. Zum anderen stellte die Genossenschaft ihren Mitgliedern in verschiedenen Filialen ein einfaches Sortiment an Nahrungsmitteln und Ausrüstungsgegenständen zur Verfügung. Mit diesem Ansatz versuchten die Missionare einerseits, den Einfluss arabischer und asiatischer Händler zu reduzieren, denen von den rwandischen Bauern unlautere Machenschaften wie manipulierte Messgewichte nachgesagt wurden.[91] Gleichzeitig reagierten sie damit auf die aus ihrer Sicht ständig drohende »Islamgefahr« in Rwanda.[92] Auf der anderen Seite setzten sich die Missionare mit der Gründung der Trafipro für bessere wirtschaftliche Entwicklungsaussichten der armen Bevölkerungsmehrheit der Hutu ein. Die Trafipro wurde schnell eine wichtige Basis für die ökonomische, aber auch die politische Emanzipation der Hutu gegenüber den Tutsi. Sie war eng mit der aufstrebenden Hutu-Elite rund um den späteren Staatspräsidenten Kayibanda verbunden. Der Verwaltungsrat der Trafipro war mit zahlreichen angehenden Spitzenpolitikern besetzt und wurde von Kayibanda präsidiert. Auch generierte die Genossenschaft die nötigen Gelder für die politischen Aktivitäten von Kayibandas Partei Parmehutu (*Parti du Mouvement de l'Émancipation Hutu*).[93] Bei den »Weissen Vätern« dürfte diese politische Vereinnahmung auf wenig Kritik gestoßen sein, teilten sie doch das Ziel ihrer Zöglinge, den wirtschaftlichen und politischen Aufbruch der Hutu-Bevölkerungsmehrheit voranzutreiben.

Kayibanda und seine Weggefährten wie auch die römisch-katholische Kirche verknüpften ihre Entwicklungskonzeptionen für Rwanda eng mit politischem Widerstand. Für sie hieß Entwicklung in erster Linie Befreiung

90 Im Einzelnen wurden folgende Ziele festgehalten: Versorgung der ländlichen Bevölkerung mit Gütern des täglichen Bedarfs, Handel mit Produkten der heimischen Landwirtschaft, Preisstabilisierung für gehandelte Waren vor allem durch garantierte Festpreise, Impulsgeber für Eigenorganisation landwirtschaftlicher Produzenten und Partizipation der Bauern am Marktgeschehen. Klos, *Mission*, S. 271. Vgl. auch Reyntjens, *Pouvoir et droit*, S. 396.

91 Villiger, »Aufbau«, S. 69f. Das Misstrauen war durchaus gegenseitig. So sollen Bauern den getrockneten Kaffeebohnen auch feuchte beigefügt haben, um das Gewicht zu erhöhen. Vgl.: Hans Karl Frey, Bericht Nr. 26, 19.4.1964, S. 5, E 2005 (A) 1978/137, Bd. 298.

92 Klos, *Mission*, S. 270f.

93 Reyntjens, *Pouvoir et droit*, S. 395f.; Lemarchand, *Rwanda*, S. 251; Chrétien, *L'Afrique*, S. 265.

von der Tutsi-Herrschaft oder von monopolistischen Handelsstrukturen unter der Kontrolle arabischer und asiatischer Geschäftsleute.[94] Die Förderung der armen Bevölkerungsmehrheit war für die Hutu-Elite nicht nur ein Dienst an bedürftigen Mitmenschen, sondern verbunden mit der Absicht, die eigene Macht- und Einflusssphäre zu vergrößern beziehungsweise jene der Tutsi-Machthaber einzudämmen.[95] Das Genossenschaftswesen schien ihnen zu diesem Zweck ein optimales Entwicklungsinstrument zu sein. Nach der Unabhängigkeit Rwandas 1962 erlaubte der Aufbau von Genossenschaften der rwandischen Regierung zudem, Rwanda in der internationalen Gemeinschaft als besonders entwicklungs- und demokratiewilliges Land zu positionieren. Genossenschaften besaßen in der rwandischen Gesellschaft zwar keine gesellschaftliche Verankerung und Tradition,[96] sie kamen aber bei den Gebern gut an. Gegenüber den Schweizern unterstrich Kayibanda gerne die Absicht, die Wirtschaft seines Landes nach genossenschaftlichen Prinzipien aufbauen zu wollen. Eine Vision, die von den Schweizern gerne gehört und erwähnt wurde.[97] In den siebziger Jahren sollte Rwanda dann »eine regelrechte Flut« von Vereinigungen mit assoziativem und kooperativem Charakter erleben, eine Entwicklung, die vom Staat als Beitrag zum Entwicklungsprozess gefordert und gefördert und von den Gebern – meist kirchlichen Organisationen – unterstützt wurde.[98]

Der DftZ übernahm 1963 die operative Führung der Trafipro. Während der politischen Wirren ab 1959 war die Trafipro durch Liquiditätsengpässe und Veruntreuung in eine existenzgefährdende Krise geraten. Zur Sanierung stellte der DftZ mit 1,28 Millionen Franken einen der bislang größten Kredite für die bilaterale Entwicklungszusammenarbeit zur Verfügung. Die Schweizer Experten wählten mit der Trafipro ein enorm politisiertes lokales Instrument für ihre vermeintlich apolitische Intervention.

Ausschlaggebend für den Entscheid, die schweizerische »technische Zusammenarbeit« rund um diese Genossenschaft aufzubauen, dürften Bischof Perraudin und Richard Ulrich gewesen sein, die sich gegenüber

94 In der Schweiz wurde die Verbindung zwischen Entwicklung und Befreiung erst in den 1970er und 1980er Jahren diskutiert. Holenstein, Anne-Marie/Renschler/Strahm, *Entwicklung*.

95 Newbury, *Cohesion*, S. 188.

96 Klos, *Mission*, S. 260.

97 Wilhelm, »Anfangszeit«, S. 134.

98 Klos, *Mission*, S. 260. Nur unmittelbar nach der Unabhängigkeit legte man großen Wert auf den Aufbau der Industrie und des Dienstleistungsbereichs. Bald aber setzte man wieder verstärkt auf Investitionen im landwirtschaftlichen Bereich. Ebd., S. 83.

Schweizer Entwicklungsverantwortlichen für die Trafipro einsetzten.[99] In Bern zeigte man sich fasziniert von der Vorstellung, ganz Rwanda mit dem potentiellen Prestigeprojekt Trafipro entwickeln zu können: »Durch die zentrale Stellung der Genossenschaft in Rwanda vermag hier unser Land seine Hilfe wirklich in einer Art zum Einsatz zu bringen, die auf die ganze Wirtschaft eines kleinen Landes einen wesentlichen Einfluss haben kann«,[100] stand etwa im ersten Kreditantrag an den Bundesrat. Die Idee, durch kooperative Tätigkeit die Entwicklung eines Landes voranzutreiben, war in der Schweiz fest verankert und anerkannt. Nicht nur wies die Schweiz damals eine außerordentlich hohe Kooperationsdichte auf und hatte mit der Migros und dem Konsumverein (heute Coop) zwei Kooperativen an der Spitze des heimischen Einzelhandels. Mit Paul Trappe, Professor an der Universität Basel, verfügte sie auch über einen ausgewiesenen Experten für Genossenschaftsprojekte in Entwicklungsländern.[101]

Anfänglich war die Erfolgsgeschichte der Trafipro im Urteil der Zeitgenossen durchaus beeindruckend.[102] Zwischen 1963 und 1966 entwickelte sich die heruntergewirtschaftete und hochverschuldete Genossenschaft in ein florierendes Unternehmen. 1964 zählte die Trafipro 20.000 Genossenschafterinnen und Genossenschafter, 1965 waren es bereits 40.000. Zwischen 1964 und 1965 stieg der Kaffee-Export von 500 auf 1.800 Tonnen und das Filialnetz weitete sich von 10 auf 27 Verkaufsstellen aus. Erster Geschäftsführer war Rudolf Villiger, damaliger Vizedirektor des Handelsunternehmens Magazine zum Globus in Zürich. Villiger, der nach beruflicher Abwechslung und neuen Herausforderungen suchte, hatte gegenüber Entwicklungsexperten bereits früher Interesse an einem Einsatz im Rahmen der »technischen Zusammenarbeit« bekundet. Während seines von Beginn an auf sechs Monate beschränkten Einsatzes verfolgte er mit der Trafipro die Strategie, die Genossenschafterinnen und Genossenschafter durch materielle Erfolge für weiterführende gesellschaftliche Ideen zu gewinnen:

»Ich glaube, dass ein schwarzer Pflanzer, der ohne Hemd und in zerlöcherten Hosen herumgeht, nicht mit gelehrten Vorträgen über Sinn und Inhalt des Genos-

99 Gianella, *Suisse et le Rwanda*, S. 72f. und 78; Hafner, *Commercialisation*, S. 20.

100 Technische Zusammenarbeit mit Rwanda: Gewährung eines Kredites von Fr. 1'280'000 für die Durchführung der 1. Phase des Ausbaus der Genossenschaft »Trafipro«, 30.9.1963, BAR E 2001 (E) 1976/17, Bd. 588.

101 Trappe, *Entwicklungsfunktion*; ders., *Genossenschaften*.

102 Villiger, »Aufbau«, S. 73f.; Hafner, *Commercialisation*, S. 26.

senschaftswesens zu begeistern ist. Er lässt sich aber gerne durch den wirtschaftlichen Erfolg belehren, und das heisst in diesem Fall: er will – wie alle Menschen und insbesondere die Schweizer – den optimalen Gegenwert für seine Leistung. Der gerechte Pflanzerpreis bildet die Triebfeder einer Genossenschaft.«[103]

Sein Nachfolger, Robert Rebord, sah die Trafipro im Zentrum eines bereits einsetzenden gesellschaftlichen Wandels, der traditionelle und monopolistische Strukturen durch die Verbreitung des kooperativen Grundgedankens aufweichte.[104] Als enthusiastischer Verfechter dieser Genossenschaftsidee verfolgte Rebord mit der Trafipro außerordentlich weit gesteckte Ziele, namentlich deren Verbreitung über Radio und Printmedien, die Ausbildung der Genossenschafterinnen und Genossenschafter, die Förderung der Frauen, die Hilfe für andere Genossenschaften, die Unterstützung von Gesellschaften zur Förderung der Kunst und Kultur, die Unterstützung von Genossenschaftsschulen sowie allgemein »die Förderung der ruandischen Bevölkerung«.[105] Rebord war beflügelt von den damals verbreiteten Entwicklungs- und Modernisierungstheorien und der Idee einer einfach in Gang zu setzenden Entwicklungsmechanik. Er betrieb eine rasante Expansionspolitik und wurde in seinem Bestreben von der Administration Kayibanda unterstützt und gefördert. Der Glaube an zielgerichtete Einflussmöglichkeiten auf die Entwicklung Rwandas war unter den Schweizerinnen und Schweizern so verbreitet, dass sich einzelne auch in neokoloniale Fantasien verstiegen. Ein Beobachter hielt 1965 fest: »Die Schweiz hat grosse Chancen, die Führung des Landes in verschiedenen Beziehungen in die Hand zu bekommen [...].«[106]

Ende 1966 zerschlugen sich solche Hoffnungen. Der schnelle Ausbau des Filialnetzes und die wachsende Zahl der Genossenschafterinnen und Genossenschafter fielen zusammen mit einem massiven Nachwuchsmangel für leitende Stellen. Veruntreuung, Diebstahl und Infrastrukturprobleme führten wiederum nahe an den wirtschaftlichen Abgrund. Überdies sah sich die Trafipro einer enormen Vereinnahmung durch die Politik ausgesetzt. So erfolgte etwa der Ausbau des Genossenschaftsnetzwerks weniger aufgrund wirtschaftlicher Strategien und Standortanalysen, sondern

103 Ebd., S. 70f.

104 Robert Rebord, Rapport sur l'année 1964, manuscrit daté du 1.12.1965, zit. in: Hafner, *Commercialisation*, S. 23.

105 Robert Rebord, Lettre du 1.10.1964, zit. in: Hafner, *Commercialisation,* S. 40.

106 So der Arzt A. Hildebrand 1965 in: Informationen für die Mitglieder der Kommission für technische Zusammenarbeit, BAR E 2005 (A), 1978/137, Bd. 4.

vielmehr aufgrund wahltaktischer Überlegungen einzelner Politiker und Verwaltungsräte der Trafipro. Rebord wurde durch Friedrich Friedli ersetzt, der die Trafipro bis 1970 zu sanieren vermochte, genossenschaftlichen Ideen aber wenig Sympathie entgegenbrachte. Auch er setzte primär auf einen gesellschaftlichen Wandel durch wirtschaftlichen Fortschritt und sah seine Aufgabe vor allem in der Aufrechterhaltung des Betriebs. Obwohl noch bis 1970 von der Schweiz betont wurde, dass die Strukturen der Trafipro mit ihren lokalen Primärgenossenschaften zur Demokratisierung Rwandas beitragen würde,[107] blieb ein zielgerichteter Einfluss auf die Entwicklung des Landes und auf soziale Wandlungsprozesse mehr Wunsch denn Wirklichkeit. Die erwartete »Ausbreitung des Genossenschaftswesens in Form eines Netzes von wahren Zellen demokratischer Aktivität« fand nicht statt.[108] Für die Mehrheit der Genossenschafterinnen und Genossenschafter war die Trafipro schlicht »der reiche Mann, der sie beschützt« und ein potentieller Arbeitgeber. Genossenschaftliche Ideale machten sie sich nicht zu eigen.[109]

Dennoch zeigte die Arbeit der Trafipro Wirkung. Sie erleichterte zahlreichen Bauern den Kaffeeverkauf und ermöglichte den Erwerb von Nahrungsmitteln und Geräten zu erschwinglichen Preisen, was sich positiv auf das Budget bäuerlicher Haushalte auswirkte. Weiter konnte die Trafipro zur Schaffung von Preistransparenz und damit zur Preisstabilität innerhalb Rwandas beitragen. Paradoxerweise waren aber vor allem die politischen Implikationen der schweizerischen »anti-politics machine« für die Entwicklung Rwandas mitentscheidend. Für die Hutu-Machthaber aus Gitarama und dem Süden Rwandas rund um Präsident Kayibanda war die Trafipro ein ideales Instrument zur landesweiten Propagierung politischer Inhalte und zur Finanzierung der Parteipolitik. Auch waren es vor allem Geschäftsleute aus dieser Region, die von der Geschäftstätigkeit der Trafipro zu profitieren vermochten. Entsprechend ungehalten reagierten Politiker und Wirtschaftsvertreter aus dem Norden des Landes. Sie warfen der Trafipro eine Monopolstellung vor, die ihre eigenen wirtschaftlichen Akti-

107 Zu Vergleichen zwischen den lokalen Genossenschaften und Schweizer »Landsgemeinden«, die von Schweizern oftmals angestrengt wurden vgl. Lemarchand, *Rwanda*, S. 252f.

108 Trappe, »Genossenschaften«, S. 45f.

109 »Pour le paysan, c.a.d. la plupart des membres, Trafipro est simplement l'homme riche, qui lui prête sa protection. [...] Pour les employés de Trafipro, jeunes et d'une formation moyenne, elle assure une place payée, l'accès à la technique et au monde des blancs. Eux, vivant loin de leur ›rugo‹, la conception coopérative leur échappe«. Fellenberg, *Conception coopérative*, S. 4.

vitäten beeinträchtigen würde.[110] Es eröffnete sich so rund um die Trafipro eine weitere innenpolitische Konfliktlinie, die mit der Differenz zwischen Hutu und Tutsi zunächst nichts zu tun hatte.

Für Kayibanda war dieser zunehmende regionale Konflikt ein Problem, das er durch eine verschärfte Ethnisierung der Politik zu lösen versuchte. Der Konflikt legte es nahe, die Stereotypisierung der »Tutsi« als gemeinsame Feinde aller »Hutu« – ob in Nord- oder Südrwanda – weiter zu treiben. Dieses Schüren ethnischer Spannungen zur Machterhaltung hatte eine zunehmende Ausgrenzung der Tutsi von Arbeit, Bildung und Armee wie auch gewalttätige Verfolgungen und Vertreibungen zur Folge.[111]

Zu Beginn der 1970er Jahre konnte Kayibanda die politische Gewalt nicht mehr auf einen Hutu-Tutsi-Konflikt beschränken. Frühere Divergenzen innerhalb der Hutu-Bevölkerung[112] oder die Spannungen, die sich Mitte der 1960er Jahre rund um die Trafipro aufbauten, gewannen immer mehr an Sprengkraft und entluden sich in gewalttätigen Aktionen. 1973 mündeten sie in einen Staatsstreich durch den aus dem Norden stammenden Generalmajor Juvénal Habyarimana, der für eine gemäßigte Politik gegenüber der Tutsi-Minderheit eingetreten war und diesbezügliche Meinungsverschiedenheiten innerhalb der Hutu-Elite sowie die daraus resultierende Schwäche der Administration Kayibanda für sich und seine Gefolgschaft zu nutzen wusste.[113] Mit Blick auf die Trafipro kam der Politikwissenschaftler und Rwanda-Experte René Lemarchand bereits 1970 zum Schluss: »It is one of the ironies of the co-operative movement that, while avowedly committed to the promotion of republican unity through economic democracy, it has become associated with one of the most divisive issues in contemporary Rwanda.«[114] Den Schweizerinnen und Schweizern in Rwanda ist diese Einsicht lange verschlossen geblieben.

110 Reyntjens, *Pouvoir et droit*, S. 395–399.

111 Prunier, *Rwanda Crisis*, S. 57–61; Kamola, »Global Coffee Economy«, S. 581.

112 Zur Parteienlandschaft Ende der 1950er Jahre vgl. Rink/Schreiber, »Entdeckung«; Newbury, *Cohesion*, S. 180–206.

113 Wütherich, »Revolution«, S. 69; Prunier, *Rwanda Crisis*, S. 61; Pottier, »Taking Stock«, S. 11.

114 Lemarchand, *Rwanda*, S. 254.

4. Fazit

Die Anfänge der bilateralen schweizerischen Entwicklungszusammenarbeit in Rwanda waren nicht nur das Resultat von persönlichen Netzwerken, sondern auch geprägt von einem neuen Rollenverständnis der Schweiz in der Welt sowie von selektiven Wahrnehmungsmustern. Der Schweiz, die zunehmend Mühe hatte, auf internationalem Parkett ihre Neutralität und ihre Nichtmitgliedschaft in den Vereinten Nationen zu begründen, eröffneten sich durch die Dekolonisation neue Wege, den Wert ihrer Neutralität unter Beweis zu stellen. Indem sie sich den Staaten Afrikas als Vorbild für deren zukünftige Entwicklung präsentierte, vermochte sie sich erfolgreich als Partnerin in der globalen Entwicklungsgemeinschaft zu positionieren. Mit der angestrebten Entwicklung Rwandas versuchte die Schweiz, ihrem Vorbildanspruch Nachdruck zu verleihen. Dabei wurde der afrikanische Staat durch Mechanismen der selektiven Wahrnehmung und der Komplexitätsreduktion so lange modelliert, bis die Schweizerinnen und Schweizer »ihre« Schweiz im tropischen Afrika wiederzuerkennen glaubten. Ansatzpunkte für solche Wiedererkennungseffekte bildeten die Kleinstaatlichkeit, die Berge, das bäuerliche Ambiente, die angebliche Bescheidenheit und die Blockfreiheit, in die sich Parallelen der demokratischen Grundstimmung und des Geschichtsverlaufs projizieren ließen. Weitet man den Blick auf andere zentrale Partnerländer der Schweiz aus, so zeigt sich, dass Schweizerinnen und Schweizer auch im gebirgigen Nepal, in den Hochtälern Indiens und im peruanischen Andenhochland ideale Anknüpfungspunkte zu finden vermochten. Ihre frühe Entwicklungszusammenarbeit diente daher nicht zuletzt der nationalen Selbstvergewisserung in einer sich verändernden Welt.

Auf die Diskrepanz zwischen der Fiktion einer friedlichen »Bergbauerndemokratie« und der von Gewalt und Rassismus geprägten rwandischen Wirklichkeit reagierten die schweizerischen Behörden einerseits, indem sie die ethnischen Spannungen vor der schweizerischen Öffentlichkeit zu relativieren versuchten und sie im Koordinatennetz des Kalten Kriegs verorteten. Auf der anderen Seite verschrieben sich die Schweizer Entwicklungsfachleute mehrheitlich dem Füllen von Finanz-, Technik- und Wissenslücken und hofften auf eine automatische Lösung der Spannungen durch Entwicklungsfortschritte, ohne sich um den offensichtlichen politischen Sprengstoff innerhalb der rwandischen Gesellschaft kümmern zu müssen. Beides ermöglichte eine zumindest partielle Ausblendung der

Gewaltproblematik. Hinzu kommt, dass die rwandische Regierung ihrerseits versuchte, sich durch genossenschaftliche Ideen und Prinzipien als vielversprechendes Entwicklungsland mit demokratischen Grundsätzen gegenüber Gebern zu empfehlen.

Für die bilaterale Schweizer Entwicklungszusammenarbeit hatte dies zur Folge, dass in Rwanda schon früh ein Präzedenzfall geschaffen wurde, der die Schweizer Position des Ausharrens unter schwierigen und problematischen Umständen festlegte, selbst im Falle »ethnischer Säuberungen«. Erst während des Genozids von 1994 zogen sich die Schweizer Entwicklungsverantwortlichen aus Rwanda vorübergehend zurück. Dieses Ausharren trug in den 1960er Jahren trotz der vermeintlich apolitischen Förderung der Trafipro paradoxerweise zur Erhöhung der politischen Spannungen zwischen Hutu-Politikern aus dem Norden und dem Süden bei, die ab 1970 eine verschärfte Anti-Tutsi-Politik zur Folge hatten und 1973 in einen Militärputsch mündeten.

Weiter zu untersuchen wäre, ob und wie die rwandische Erfahrung in den heftig geführten schweizerischen Entwicklungsdebatten der 1970er Jahre einbezogen wurde und woran sich die bilaterale Entwicklungszusammenarbeit angesichts des damals zunehmend hinterfragten schweizerischen Selbstbildes neu orientierte. Dies würde Hinweise auf den engen Konnex zwischen der Entwicklungspraxis im postkolonialen Afrika und der jeweils national spezifischen Situation des Geberlandes liefern und so die Prägungs- und Deutungsmacht von »Entwicklung« als globalem Diskurs der zweiten Hälfte des 20. Jahrhunderts erklären helfen.

Literatur

Bürgi, Jürg/Imfeld, Al, *Mehr geben, weniger nehmen*, Zürich 2004.

Cart, Henri-Philipp, »La coopération suisse au Rwanda ou les limites de l'aide extérieure«, in: André Guichaoua (Hg.), *Les crises politiques au Burundi et au Rwanda (1993–1994)*, Lille 1995, S. 465–485.

Chrétien, Jean-Pierre, *L'Afrique des Grands Lacs. Deux mille ans d'histoire*, Paris 2000.

Dardel, Jean-Jacques de, *La coopération au développement. Certitudes et interrogations*, Genève 1981.

Dreier, Marcel, »Tagungsbericht Towards a Global History of Development – Interweaving Culture, Politics, Science and the Economy of Aid. 16.10.2008–19.10.2008, Zürich«, in: *H-Soz-u-Kult*, 31.1.2009, http://hsozkult.geschichte.hu-berlin.de/tagungsberichte/id=2504 (20.5.2009).

Eigenmann, Patrick, »Die Bildung bilateraler Koalitionen im Rahmen der multilateralen technischen Hilfe. Die Schweiz und der Ecosoc 1956–1965«, in: Peter Hug/Martin Kloter (Hg.), *Aufstieg und Niedergang des Bilateralismus. Schweizerische Aussen- und Aussenwirtschaftspolitik 1930–1960: Rahmenbedingungen, Entscheidungsstrukturen, Fallstudien*, Zürich 1999, S. 541–566.

Fellenberg, Theodor von, *La conception coopérative de Trafipro*, Kabgayi 1969.

Ferguson, James, *The Anti-Politics Machine: »Development«, Depoliticization and Bureaucratic Power in Lesotho*, Cambridge 1990.

Friedli, Richard, »Die schweizerische Entwicklungszusammenarbeit mit Ruanda«, *Der Überblick*, H. 1 (1996), S. 28–30.

Gianella, Tommaso, *La Suisse et le Rwanda: les débuts de la Coopération technique dans le cadre de l'aide au développement de 1960 à 1965*, Lizenziatsarbeit Universität Fribourg 2002.

Graf, Christof, »Die Schweiz und die Dritte Welt. Die Anerkennungspraxis und die Beziehungsaufnahme der Schweiz gegenüber dekolonisierten aussereuropäischen Staaten sowie die Anfänge der Entwicklungshilfe nach 1945«, *Studien und Quellen*, Jg. 12 (1986), S. 37–112.

Hafner, Othmar, *Commercialisation et développement. L'entreprise coopérative Trafipro au Rwanda*, Bern 1973.

Holenstein, Anne-Marie/Renschler, Regula/Strahm, Rudolf, *Entwicklung heisst Befreiung. Erinnerungen an die Pionierzeit der Erklärung von Bern (1968–1985)*, Zürich 2008.

Holenstein, René, »›Es geht auch um die Seele unseres Volkes‹. Entwicklungshilfe und nationaler Konsens«, in: Mario König/Georg Kreis/Franziska Meister/Gaetano Romano (Hg.), *Dynamisierung und Umbau. Die Schweiz in den 60er- und 70er-Jahren*, Zürich 1998, S. 115–126.

Hug, Peter, »Vom Neutralismus zur Westintegration. Zur schweizerischen Aussenpolitik in der Nachkriegszeit«, in: Walter Leimgruber/Werner Fischer (Hg.), *»Goldene Jahre«. Zur Geschichte der Schweiz seit 1945*, Zürich 1999, S. 59–100.

— /Mesmer, Beatrix (Hg.), *Von der Entwicklungshilfe zur Entwicklungspolitik*, Bern 1993.

Imhof, Kurt, »Sonderfallsdiskurse und Pfadabhängigkeit: Der Fall Schweiz«, in: ders./Thomas S. Eberle (Hg.), *Sonderfall Schweiz*, Zürich 2007, S. 25–55.

Irye, Akira, *Global Community. The Role of International Organizations in the Making of the Contemporary World*, Berkeley 2002.

Jervis, Robert, »Domino Beliefs and Strategic Behavior«, in: ders./Jack Snyder (Hg.), *Dominoes and Bandwagons. Strategic Beliefs and Great Power Competition in the Eurasian Rimland*, New York/Oxford 1991, S. 20–50.

Kamola, Isaac A., »The Global Coffee Economy and the Production of Genocide in Rwanda«, *Third World Quarterly*, Jg. 28, H. 3 (2007), S. 571–592.

Keller, Hans, »Die technische Entwicklungshilfe der Eidgenossenschaft«, in: Richard F. Behrendt (Hg.), *Die wirtschaftlich und gesellschaftlich unterentwickelten Länder und wir*, Bern 1961, S. 176–196.

Klos, Stefani, *Der Beitrag von Mission und Kirche zur ländlichen Entwicklung in Rwanda. Zur Problematik kirchlicher Entwicklungsarbeit mit einer Dokumentation ausgewählter landwirtschaftlicher Ausbildungszentren*, Münster 1996.

König, Mario, »Rasanter Stillstand und zähe Bewegung. Schweizerische Innenpolitik im Kalten Krieg – und darüber hinaus«, in: Walter Leimgruber/Werner Fischer (Hg.), *»Goldene Jahre«. Zur Geschichte der Schweiz seit 1945*, Zürich 1999, S. 151–172.

Kreis, Georg, »Nach der schweizerischen jetzt die europäische Integration: Zur Idee der schweizerischen Modellhaftigkeit«, in: ders., *Vorgeschichten zur Gegenwart. Ausgewählte Aufsätze*, Bd. 3, Basel 2005, S. 331–350.

Kuhn, Konrad J., »›Der Kampf der Entrechteten dort ist unser Kampf hier!‹ Entwicklungspolitisches Engagement und internationale Solidarität in der Schweiz«, in: Jean Batou/Brigitte Studer/Janick M. Schaufelbuehl (Hg.), *Die 68er Bewegung in der Schweiz. Eine historische Perspektive*, Zürich (im Erscheinen).

Lemarchand, René, *Rwanda and Burundi*, London 1970.

Linden, Ian, *Church and Revolution in Rwanda*, New York 1977.

Lindt, August R., »25 Jahre. Zu einem Geburtstagsfest«, *Entwicklung/Développement*, H. 23 (1986), S. 6–15.

— , »Das Verhältnis der Schweiz zu den jungen Staaten«, in: Bundesministerium für wirtschaftliche Zusammenarbeit (Hg.), *Für Sie gelesen. Aus deutschen Büchern und Zeitschriften*, H. 8 (1964), S. 15–20.

Mamdani, Mahmood, *When Victims Become Killers. Colonialism, Nativism, and the Genocide in Rwanda*, Princeton 2001.

Marchal, Guy P., »Das ›Schweizeralpenland‹: eine imagologische Bastelei«, in: ders./Aram Mattioli (Hg.), *Erfundene Schweiz. Konstruktionen nationaler Identität*, Zürich 1992, S. 37–49.

— /Aram Mattioli, »Nationale Identität – allzu Bekanntes in neuem Licht«, in: dies. (Hg.), *Erfundene Schweiz. Konstruktionen nationaler Identität*, Zürich 1992, S. 11–20.

Matzinger, Albert, *Die Anfänge der schweizerischen Entwicklungshilfe 1948–1961*, Bern 1991.

Melvern, Linda, *Ruanda. Der Völkermord und die Beteiligung der westlichen Welt*, London/New York 2004.

Möckli, Daniel, *Neutralität, Solidarität, Sonderfall. Die Konzeptionierung der schweizerischen Aussenpolitik der Nachkriegszeit, 1943–1947*, Zürich 2000.

Moos, Carlo, *Ja zum Völkerbund – Nein zur UNO. Die Volksabstimmungen von 1920 und 1986 in der Schweiz*, Zürich 2001.

Naimark, Norman M., *Fires of Hatred. Ethnic Cleansing in Twentieth-Century Europe*, Cambridge/London 2001.

Newbury, Catharine, *The Cohesion of Oppression. Clientship and Ethnicity in Rwanda, 1860–1960*, New York 1988.

Perraudin, André, *Un évêque au Rwanda. Les six premières années de mon épiscopat (1956–1962)*, Saint-Maurice 2003.

Perrenoud, Marc, »Guerres, indépendances, neutralité et opportunités: quelques jalons historiques pour l'analyse des relations économiques de la Suisse avec l'Afrique (des années 1920 aux années 1960)«, in: Sandra Bott/Thomas David/Claude Lützelschwab/Janick Marina Schaufelbuel (Hg.), *Schweiz-Afrika (18.–20. Jahrhundert). Vom Sklavenhandel zum Ende des Apartheidregimes*, Münster 2005, S. 85–104.

Pottier, Johan, »Taking Stock: Food Marketing Reform in Rwanda, 1982–98«, *African Affairs*, Jg. 92, H. 366 (1993), S. 5–30.

Prunier, Gerard, *The Rwanda Crisis 1959–1994. History of a Genocide*, London 1995.

Reyntjens, Filip, *Pouvoir et droit au Rwanda. Droit public et evolution politique, 1916–1973,* Tervuren 1985.

Rink, Eva/Schreiber, Wolfgang, »Die Entdeckung von Ethnizität und die Bildung politischer Parteien«, in: Leonhard Harding (Hg.), *Ruanda – Der Weg zum Völkermord. Vorgeschichte – Verlauf – Deutung*, Hamburg 1998, S. 37–56.

Risch, Paul, *Die praktischen Möglichkeiten der schweizerischen Entwicklungshilfe im Fremdenverkehr*, Bern 1966.

Rostow, Walt Whitman, *The Stages of Economic Growth: A Non-Communist Manifesto*, Cambridge 1991 [1960].

Scherrer, Christian P., *Ethnisierung und Völkermord in Zentralafrika. Genozid in Rwanda, Bürgerkrieg in Burundi und die Rolle der Weltgemeinschaft*, Frankfurt/M./New York 1997.

Schrötter, Dieter Freiherr von, *Schweizerische Entwicklungspolitik in der direkten Demokratie*, München 1981.

Siegenthaler, Hansjörg, »Strukturen und Prozesse in der Schweizergeschichte der Nachkriegszeit«, in: Jean-Daniel Blanc/Christine Luchsinger (Hg.), *achtung: die 50er Jahre! Annäherungen an eine widersprüchliche Zeit*, Zürich 1994, S. 11–17.

Speich, Daniel, »Der Entwicklungsautomatismus. Ökonomisches Wissen als Heilsversprechen in der ostafrikanischen Dekolonisation«, *Archiv für Sozialgeschichte*, Jg. 48 (2008), S. 183–212.

Strizek, Helmut, *Geschenkte Kolonien. Ruanda und Burundi unter deutscher Herrschaft*, Berlin 2006.

—, *Ruanda und Burundi. Von der Unabhängigkeit zum Staatszerfall. Studie über eine gescheiterte Demokratie im afrikanischen Zwischenseegebiet*, München/Köln/London 1996.

Tanner, Jakob, »Die Schweiz in den 1950er Jahren. Prozesse, Brüche, Widersprüche, Ungleichzeitigkeiten«, in: Jean-Daniel Blanc/Christine Luchsinger (Hg.), *achtung: die 50er Jahre! Annäherungen an eine widersprüchliche Zeit*, Zürich 1994, S. 19–50.

Thimonier, Olivier, »Aux sources de la coopération franco-rwandaise«, *Golias Magazine*, H. 101 (2005), S. 14–21.

Trachsler, Daniel, »Partizipation oder Alleingang? Die UNO-Beitrittsfrage aus der Sicht Max Petitpierres (1945–1961)«, *Politorbis, Zeitschrift zur Aussenpolitik*, Jg. 44, H. 1 (2008), S. 13–20.

Trappe, Paul, *Die Entwicklungsfunktion des Genossenschaftswesens am Beispiel ostafrikanischer Stämme*, Neuwied/Berlin 1966.

— , *Warum Genossenschaften in Entwicklungsländern? Soziologische Essays,* Neuwied/Berlin 1966.

Villiger, Rudolf, »Der Aufbau des landwirtschaftlichen Genossenschaftswesens in Rwanda«, *Aussenwirtschaft. Zeitschrift für internationale Wirtschaftsbeziehungen*, Jg. 21, H. 1 (1966), S. 69–79.

Voyame, Joseph/Friedli, Richard/Gern, Jean-Pierre/Keller, Anton, *La Coopération Suisse au Rwanda. Rapport du Groupe d'Etude institué par le DFAE*, Bern 1996.

Wilhelm, Rolf, »Aus der Anfangszeit der schweizerischen Entwicklungshilfe«, in: ders./David Vogelsanger/Pierre Gygi/Esther Iseli (Hg.), *August R. Lindt. Patriot und Weltbürger*, Bern/Stuttgart/Wien 2002, S. 127–138.

— , »Gemeinsame Arbeit schuf Freunde«, in: ders./David Vogelsanger/Pierre Gygi/Esther Iseli (Hg.), *August R. Lindt. Patriot und Weltbürger*, Bern/Stuttgart/Wien 2002, S. 205–208.

Wirz, Albert, »Die humanitäre Schweiz im Spannungsfeld zwischen Philanthropie und Kolonialismus: Gustave Moynier, Afrika und das IKRK«, *traverse*, Jg. 5, H. 2 (1998), S. 95–111.

Wüthrich, Peter, »Revolution und Erste Republik: 1959 bis 1973«, in: Leonhard Harding (Hg.), *Ruanda – Der Weg zum Völkermord. Vorgeschichte – Verlauf – Deutung*, Hamburg 1998, S. 57–70.

Nachwort

Andreas Eckert

Es ist eine Besonderheit unserer Zeit, konstatierte der Ethnologe James Ferguson, dass das Konzept ›Entwicklung‹ so zentral für das Nachdenken über so viele Gebiete unserer Erde ist. Wie ›Zivilisation‹ im 19. Jahrhundert steht heute ›Entwicklung‹ für ein dominantes Raster der Interpretation, durch welches uns die verarmten Regionen der Welt vertraut sind und in dessen Rahmen alltägliche Beobachtungen verständlich werden. Arme Länder sind demnach *per definitionem* ›unterentwickelt‹, und die Armut und Machtlosigkeit der dort lebenden Menschen sind gleichsam nur die äußeren Anzeichen dieser zugrunde liegenden Bedingung.[1] Der Aufstieg des Konzepts ›Entwicklung‹ vollzog sich im Kontext der globalen Neuordnung nach dem Zweiten Weltkrieg. Große Gebiete, vormals als Kolonien bekannt, wurden im Zuge der Dekolonisation zu unterentwickelten Gebieten oder zur Dritten Welt. ›Entwicklung‹ mauserte sich in diesem Zusammenhang zum Schlüsselkonzept für die grundlegende Transformation der politischen Geografie der Welt. Dieser Begriff sagte den politischen Oberhäuptern der »unterentwickelten« Gesellschaften ebenso zu wie den Menschen in »entwickelten« Ländern. Denn er ließ Bürger beider Weltregionen in einem intellektuellen Universum zusammentreffen: in der moralischen Gemeinschaft, die nach 1945 im Kontext weltweiter Entwicklungsinitiativen entstand. Diese Gemeinschaft teilte die Überzeugung, dass die Linderung der Armut keineswegs durch ökonomische und soziale Selbstregulierungsversuche möglich sei. Vielmehr bedürfe es konzertierter Interventionen von Regierungen armer und reicher Länder in Zusammenarbeit mit der wachsenden Gruppe internationaler Hilfs- und Entwicklungsorganisationen. Im Laufe der Zeit wurde ›Entwicklung‹ zu einer Großindustrie, die mehrere Milliarden US-Dollar, eine Vielzahl von pri-

1 Ferguson, *Anti-Politics Machine.*

vaten, staatlichen und internationalen Organisationen sowie eine globale Gemeinschaft von Experten umfasst.[2]

Kritik am Konzept ›Entwicklung‹ sowie an der »Entwicklungshilfe« – oder wie es seit einiger Zeit politisch korrekter heißt: Entwicklungszusammenarbeit – gibt es, so lange diese Praxis existiert. ›Entwicklung‹ steht seit geraumer Zeit von zwei Seiten unter Beschuss. Postmoderne Kritiker sehen Entwicklungsdiskurse und -projekte als Imperialismus des Westens, welcher auch dem letzten Winkel der Welt das Projekt der europäischen Moderne aufzuzwingen suche. Aus der »ultramodernen« Ecke tönt der Vorwurf, Entwicklungsprojekte störten den freien Weltmarkt.[3] Zudem sei ›Entwicklung‹, so eine gängige Kritik, ohnehin zu einem qualligen, amöbengleichen Wort geworden, das nichts mehr fasse, weil seine Konturen verschwänden. Denn ständig entwickelt sich etwas oder wird entwickelt: Beziehungen, Kinder, Theorien. Über das Alltagsverständnis hinaus tragen wissenschaftliche Disziplinen zum Wirrwarr bei. Psychologie, Physiologie und diverse Sozialwissenschaften bezeichnen bestimmte Prozesse jeweils mit ›Entwicklung‹ und bilden Teildisziplinen aus, die sich als sehr unterschiedlich darstellen.[4] In der Wissenschaft dominiert heute in weiten Teilen eine Sichtweise, die ein Scheitern der Entwicklungszusammenarbeit konstatiert; dieses Scheitern wird, wie Hubertus Büschel und Daniel Speich in der Einleitung zum vorliegenden Band zu Recht konstatieren, »in einer ungemeinen Bandbreite und unter vielfältigen Perspektiven beschrieben«. Während etwa in der deutschsprachigen Forschung in den vergangenen Jahren kritisch-differenzierte Darstellungen zum Thema Entwicklungszusammenarbeit entstanden sind,[5] reduziert sich die öffentliche Diskussion zu dieser Frage jedoch leider zumeist auf die Debatte: »Entwicklungshilfe ja oder nein?«

Eine breite Koalition aus Politik, Entwicklungsorganisationen und engagierten Prominenten (darunter Popmusiker, aber auch Vertreter des wissenschaftlichen *Establishments*) plädiert dafür, die »Entwicklungshilfe« noch zu erhöhen. Zu dieser Gruppe gehört etwa der nordamerikanische Ökonom Jeffrey Sachs, einst Advokat einer strengen Marktdisziplin.[6] Die Zu-

---

2 Cooper/Packard, »Introduction«.

3 Vgl. ebd.

4 Vgl. dazu: Kößler, *Entwicklung*.

5 Vgl. etwa: Nuscheler, *Lern- und Arbeitsbuch*; Bierschenk/Elwert, *Entwicklungshilfe und ihre Folgen*; Neubert, *Entwicklungspolitische Hoffnungen*.

6 Sachs, *Ende der Armut*.

kunft Afrikas stelle sich keineswegs so desperat dar wie vielfach behauptet, argumentiert Sachs, der durch seine Tätigkeit als Direktor des von den Vereinten Nationen initiierten Millennium-Projekts zur globalen Armutsbekämpfung internationale Bekanntheit erlangt hat. Das Ende der Armut ist möglich, lautet seine Botschaft. Das Rezept, das der selbstbewusste Starökonom liefert, klingt simpel: mehr Geld. Sechzig bis siebzig Milliarden US-Dollar müssten die reicheren Nationen pro Jahr springen lassen, um weltweit der schlimmsten Not abzuhelfen und den Ärmsten der Armen Perspektiven auf ein selbstbestimmtes Leben zu ermöglichen. Sachs zufolge reicht es nicht, Staatsversagen und Staatszerfall als Ursachen für Afrikas Misere anzuführen. Die politische Krise resultiere aus der wirtschaftlichen Krise. »Die Regierungen in Afrika versagen, weil Afrika arm ist.« Warum ist Afrika arm? Sachs bringt von Wirtschaftswissenschaftlern in der Regel vernachlässigte geografische und ökologische Faktoren ins Spiel. Extremes Klima, Seuchen, Naturkatastrophen und die geografische Isolation vieler Regionen hätten die Armutsfalle in Afrika zuschnappen lassen, die nur mit Hilfe von außen geöffnet werden könnte.[7]

Sachs und viele andere sind der festen Überzeugung, dass mehr Entwicklungsgelder langfristig positive Wirkung entfalten können. Dem widersprechen energisch Kritiker der vermeintlich »tödlichen Hilfe«.[8] »Nicht fehlende Mittel oder kolonialistische Spätfolgen«, so der pensionierte Diplomat Volker Seitz in seinem jüngst erschienenen Plädoyer für die Abschaffung von Entwicklungshilfe, »hemmen den Fortschritt, sondern mangelnder politischer Wille der Regierungen, mangelndes Verpflichtungsbewusstsein und mangelnde Leistungsbereitschaft, ungenügende Konzepte, eine träge und unzuverlässige Verwaltung und das für die ›res publica‹, die Gemeinschaft unerlässliche Zusammengehörigkeitsgefühl aller Bürger, das in vielen afrikanischen Staaten nach wie vor fehlt«.[9] Seitz beruft sich, wie es inzwischen viele Kritiker hierzulande gerne tun, auf James Shikwati aus Kenia, in den Medien häufig als »kenianischer Ökonom« tituliert, obwohl er keine formale wirtschaftswissenschaftliche Ausbildung vorzuweisen hat.[10] Shikwati fordert, die »Entwicklungshilfe« sofort einzu-

7 Dieses Argument vertreten in differenzierter Form auch Historiker wie Iliffe, *Africans*.

8 So lautete der Titel einer der hierzulande ersten lautstarken und medienwirksamen Abrechnungen mit der Entwicklungshilfe aus der Feder einer ehemaligen Entwicklungshelferin: Erler, *Tödliche Hilfe*.

9 Seitz, *Afrika wird arm regiert*, S. 47.

10 Vgl. für das Folgende: Neubert, »Weg mit der Entwicklungshilfe!«.

stellen. Denn die Afrikaner müssten anfangen, in Wirtschaftskategorien zu denken und ihre Probleme zu lösen, »statt andauernd die internationale Gemeinschaft zu bitten, es für uns zu tun … Wir müssen persönlich Verantwortung übernehmen«.[11]

Ganz simpel also: Die Afrikaner müssen sich mental ändern und überdies auf den freien Markt vertrauen. Allerdings ist Shikwatis Plädoyer für einen radikalen freien Weltmarkt historisch nicht besonders überzeugend. Denn die heutigen Industriestaaten haben sich keineswegs unter derartigen Bedingungen entwickelt; ihre Unternehmen waren in entscheidenden Phasen durch Zollschranken geschützt. Und keines der sogenannten Entwicklungsländer, die in den vergangenen drei Dekaden Anschluss an die Industrieländer erlangt haben, ist den von Shikwati gepriesenen radikalen Weg gegangen. Es ist wie so oft: Einfache Rezepte klingen zunächst plausibel, bleiben aber den Beweis ihres Erfolges schuldig. Bisher hat ›Entwicklung‹ im Übrigen alle Anfeindungen und Selbstkritik überstanden. Ein zentraler Grund liegt vielleicht darin, dass Kritik an Entwicklungsinstitutionen und -ideologien zwar berechtigt sein mag, diese Kritik jedoch nicht jenen sauberes Trinkwasser liefert, die über keines verfügen, Medikamente gegen Durchfallerkrankungen und Malaria verteilt oder das Schicksal von AIDS-Waisen mildert.

Es gibt endlose Debatten über die Frage, ob Entwicklungszusammenarbeit nun gut oder schlecht ist, ob ›Entwicklung‹ in der Lage ist, Armut, Krankheit, Analphabetismus und die Unterdrückung der Frauen zu beseitigen oder im Gegenteil eine kapitalistische westliche Moderne auf die ganze Welt oktroyiert. Antworten auf diese Fragen werden anders ausfallen, wenn sie systematisch und differenziert in historischer Perspektive gestellt werden. In der Tat gibt es in der Geschichte der ›Entwicklung‹ inzwischen jahrzehntelange Erfahrungen zu analysieren. Die großen spätkolonialen Entwicklungsprogramme, der »Colonial Development and Welfare Act« und der »Fonds d'Investissement pour le Développement Economique et Social« datieren aus den 1940er Jahren. Die Mehrheit der lateinamerikanischen Staaten ist seit nahezu zwei Jahrhunderten formal unabhängig, in Afrika sind es rund fünf Dekaden, in Asien oft einige Jahre mehr. Die bisherigen Forschungen verweisen darauf, dass die Erfahrungen mit ›Entwicklung‹ weder einheitlich noch durchgängig negativ waren. Diesen Befund bestätigt der vorliegende Band. Er greift den seit wenigen Jah-

11 Zit. nach ebd., S. 22.

ren lebhaften Trend zur Historisierung von ›Entwicklung‹ auf und führt ihn in anregender Weise weiter.

In den wenigen verbleibenden Abschnitten soll jedoch keine detailliert-kritische Würdigung der einzelnen Beiträge erfolgen. Dies bleibt den hoffentlich zahlreichen Rezensionen vorbehalten. Ich möchte lediglich auf einige übergreifende Aspekte verweisen, die mir wichtig erscheinen. Hervorzuheben ist, dass der Band insgesamt sowohl die begriffsgeschichtliche Dimension von ›Entwicklung‹ im Blick hat, als auch auf konkrete historische Konstellationen fokussiert. Reinhart Koselleck hat einst ein Forschungsprogramm aus der Feststellung entwickelt, dass die Herausbildung und Karriere von Begriffen nicht abzulösen ist von gesellschaftlichen Prozessen. »Ein Begriff«, schreibt er, »ist nicht nur ein Indikator der von ihm erfassten Zusammenhänge, er ist auch deren Faktor. Mit jedem Begriff werden bestimmte Horizonte, aber auch Grenzen möglicher Erfahrung und denkbarer Theorie gesetzt«.[12] *Entwicklungswelten* bietet zwar keine expliziten Studien zum Begriff der ›Entwicklung‹ und von Entwicklungsdiskursen, doch reflektieren einige Aufsätze in der Entwicklungsarbeit gängige Kategorien wie »Übersee«, »Hilfe zur Selbsthilfe« oder eben »Entwicklungshilfe«. Die große Stärke des Bandes liegt gleichwohl in der Analyse konkreter historischer Situationen. Auf diese Weise gelingt es der Autorin und den Autoren, jenseits des Levels von Abstraktionen und Generalisierungen, einige Fallgruben des gängigen Diskurses über Entwicklungszusammenarbeit zu vermeiden. So unterbleibt etwa die Dichotomie von »bösen« westlichen Entwicklungshelfern und »guten« sozialen Bewegungen und agrarischen Praktiken in Afrika und Asien. Es wird deutlich, dass die Resultate von Entwicklungsprojekten desaströs sein konnten, diese Projekte aber durchaus auch Leiden konkret zu mildern vermochten. Vor allem aber akzentuiert der Band, dass die Geschichte der Entwicklungszusammenarbeit nicht zuletzt die Geschichte von sich beständig wandelnden, oft enttäuschten Erwartungen ist.

Die vielleicht wichtigste Konsequenz von ›Entwicklung‹ seit Mitte des 20. Jahrhunderts liegt darin, dass die damit verbundenen Aspekte überall auf der Welt konkret diskutiert werden können. Die Tatsache, dass das Leiden von Kindern in afrikanischen Flüchtlingslagern in Genf oder New York Anlass zu kontroversen Debatten liefert, mag zu stereotypen Bildern über die »Anderen« als »die Armen und Elenden« beitragen. Sie unter-

---

12 Koselleck, *Vergangene Zukunft*, S. 120.

streicht jedoch auch »unsere« Verwobenheit mit der Vergangenheit und Zukunft aller Menschen. Die globale Dimension von Entwicklungszusammenarbeit aufzuzeigen ist zentrales Programm dieses Bandes und bleibt, trotz im Detail unterschiedlicher Umsetzung in den einzelnen Beiträgen, kein modisches Etikett. Anhand spezifischer Beispiele werden *Entanglements* nicht nur beschworen, sondern konkret nachgezeichnet und analysiert.

Last but not least gibt der vorliegende Band viele Anregungen für weitere Forschungen. Eine lange Liste potentiell interessanter Themen verbietet sich hier, aber einige wenige Aspekte möchte ich nennen. Besonders interessant erscheint mir etwa die Verquickung von ›Entwicklung‹ und Gewalt, von der Tendenz der »Entwickler«, die »zu Entwickelnden« mit Gewalt zu ihrem vermeintlichen Glück zu zwingen. Stephan Malinowski hat kürzlich auf sehr interessante Weise am Beispiel der spätkolonialen französischen Entwicklungspolitik in Algerien auf die enge Verbindung zwischen harscher Gewalt und »moderner« Wohlfahrt verwiesen.[13] In diesen Zusammenhang gehören aber auch jüngere Arbeiten zum globalen Diskurs über Bevölkerungswachstum und zur Bewegung für Bevölkerungskontrolle, die intensiv mit Projekten der Entwicklungszusammenarbeit verknüpft waren. Matthew Connelly hat in seiner beeindruckenden Studie, die ich kurz referieren möchte, gezeigt, dass Familienplanung eine Form der Bevölkerungskontrolle werden konnte, wenn Befürworter dieser Politik danach trachteten, das Leben der Familien *anderer* Menschen zu planen und entsprechende »Zielgruppen« definierten – so etwa mehrere zehn Millionen Menschen in Asien und auch in Afrika, die Geld erhielten oder unter Druck gesetzt wurden, um sich sterilisieren zu lassen.[14]

Connelly führt weiter aus, dass die ambitioniertesten Pläne zur Bevölkerungskontrolle nicht weniger anstrebten, als die Menschheit gleichsam neu zu schaffen. Dies bedeutete in der Regel, die Fruchtbarkeit armer Menschen und armer Länder zu reduzieren. Alle entsprechenden Projekte teilten die Annahme, dass Gesellschaften sich »nach Plan« reproduzieren sollten, selbst wenn dies bedeutete zu kontrollieren, wie Menschen über ihren Körper verfügten. Und all diese Projekte konzeptualisierten menschliche Wesen nicht als Individuen, sondern als Bevölkerungen, welche durch die kombinierte Kraft von Glauben und Wissenschaft gebändigt und geformt werden konnten. Viele Planer und Protagonisten der demografi-

13 Vgl. Malinowski, »Modernisierungskriege«.

14 Connelly, *Fatal Misconception.* Ferner etwa Frey, »Experten, Stiftungen und Politik«.

schen Projekte seien, so Connelly, durchaus von guten Absichten beseelt gewesen und hofften mit ihren Vorhaben die Armut zu reduzieren und Konflikten vorzubeugen. Zugleich glaubten sie jedoch einen »Krieg gegen Überbevölkerung« führen zu müssen, um die Menschheit zu retten.

In der ersten Hälfte des 20. Jahrhunderts bildete sich ein – zunächst noch nicht besonders engmaschiges – internationales Netzwerk mit dem Ziel heraus, die globale Bevölkerungsentwicklung zu regulieren. Insbesondere das vermeintlich stark »überbevölkerte« Indien geriet bald in den Fokus der Bevölkerungsexperten. Nach dem Zweiten Weltkrieg spielten private amerikanischen Stiftungen, allen voran die *Rockefeller*- und die *Ford-Foundation*, eine wichtige Rolle bei der Etablierung von einschlägigen Einrichtungen wie dem *Population Council* sowie bei der Finanzierung bevölkerungspolitischer Aktivitäten. Verschiedene Organisationen der Vereinten Nationen engagierten sich ebenfalls verstärkt in diesem Bereich. Verhütungsmittel wurden in großem Umfang in arme Länder exportiert, darunter Millionen Intrauterinpessare, obwohl diese bekanntermaßen Infektionen und Sterilität verursachen konnten.

Connelly präsentiert in diesem Zusammenhang höchst zynische Aussagen von Experten. So verkündete ein Teilnehmer einer Konferenz des *Population Council* Anfang der 1960er Jahre ungerührt, dass »die individuelle Patientin mit Blick auf das Gesamtanliegen nicht viel zählt, besonders wenn die Infektion, die sie bekommt, nur zur Sterilisation und nicht zum Tod führt«. Und einige Jahre darauf erklärte der damalige Weltbankpräsident Robert McNamara, er wolle Gesundheitsfürsorge in der Dritten Welt nur dann finanzieren, wenn sie eng mit Bevölkerungskontrolle verknüpft werde. Denn »gewöhnlich führt bessere medizinische Versorgung zum Absinken der Sterberate und trägt somit zur Bevölkerungsexplosion bei«.[15]

Das Beispiel der Bewegung zur Bevölkerungskontrolle verdeutlicht die große Bedeutung epistemischer Gemeinschaften, internationaler und Nichtregierungsorganisationen, die ja zentraler Teil der »Entwicklungswelten« sind, für die Geschichte des späten zwanzigsten Jahrhunderts. Aber auch nationale Regierungen betrieben dezidiert Bevölkerungspolitik in Afrika und Asien, vor allem die Vereinigten Staaten. Washington koppelte etwa 1966 amerikanische Getreidelieferungen an das von einer Hungersnot bedrohte Indien an die Anstellung amerikanischer Bevölkerungsexperten. Einige der drastischsten demografischen Maßnahmen führten jedoch,

15 Für die Zitate vgl. Connelly, *Fatal Misconception*, S. 184, 263.

darauf verweist Connelly, asiatische Eliten an ihrer eigenen Bevölkerung durch. Während des Ausnahmezustandes in Indien zwischen 1975 und 1977 wurden in einem einzigen Jahr über acht Millionen Inder sterilisiert. Die Regierung bestach sie mit Geld, drohte ihnen die Zerstörung ihrer Häuser an oder zwang sie mit Gewalt.[16]

Der Zwangscharakter vieler Familienplanungsprogramme erfuhr seit den 1970er Jahren verstärkt Kritik, nicht zuletzt im Kontext eines globalen Menschenrechtsdiskurses. Hier liegt ein weiteres interessantes Feld, das der vorliegende Band lediglich andeutet. Der Aufstieg von Entwicklungs- und Menschenrechtsdiskursen verläuft nahezu parallel, institutionell gibt es zahllose Überlappungen. Der Frage nach der gegenseitigen Prägung dieser Felder wurde bisher nur sehr unsystematisch nachgegangen. In einer unveröffentlichten Studie hat Lasse Heerten am Beispiel des Biafrakrieges (1967–1970) den Aufstieg des humanitaristischen Diskurses zu einer globalhistorischen Kraft nachgezeichnet. Er stellt heraus, dass der nigerianische Bürgerkrieg am Beginn eines neuen Diskurses über »Entwicklungsländer« und insbesondere Afrika steht. Aus dem »Kontinent der Hoffnung« wurde ein krisengeschüttelter und zur ›Entwicklung‹ unfähiger »Hungerkontinent«, bestenfalls Gegenstand des Mitleids und der Hilfe. Vor allem aber markierte der Biafrakrieg ganz entscheidend den Aufstieg der Menschenrechte als globale Leitkategorie in der postkolonialen Weltordnung.[17]

Die Produktion von Entwicklungswissen und die Frage nach den Produzenten dieses Wissens gehören ebenfalls zu den in diesem Band angesprochenen Themen. Hier liegt ein weiteres Feld, welches noch intensiverer Bearbeitung bedarf. Wer produziert eigentlich Wissen über die Geschichte der Entwicklungszusammenarbeit? Bei den Kritikern von »Entwicklungshilfe« ist es inzwischen Mode geworden, sich auf einige wenige afrikanische Personen zu berufen. Der bereits erwähnte James Shikwati dient hier als beliebte Referenz, daneben wird gerne die Kamerunerin Axelle Kabou zitiert, die in ihrem Buch *Weder arm noch ohnmächtig* kräftig gegen afrikanische Eliten wettert. Es wäre interessant, darüber hinaus weitere Stimmen von Wissenschaftlerinnen und Wissenschaftlern aus Asien, Afrika und Lateinamerika zu dieser Thematik einzufangen, nicht aus Gründen der *political correctness*, sondern um die Vielfalt des Diskurses über »Entwicklungswelten« auch wirklich abzubilden.

---

16 Vgl. ebd., S. 317ff.

17 Vgl. Heerten, *Biafra*. Neuere Forschungen zur Geschichte der Menschenrechte demnächst in Hoffmann, *Moralpolitik*.

Literatur

Bierschenk, Thomas/Elwert, Georg (Hg.), *Entwicklungshilfe und ihre Folgen. Ergebnisse empirischer Untersuchungen in Afrika*, Frankfurt/M. 1993.

Connelly, Matthew, *Fatal Misconception. The Struggle to Control World Population*, Cambridge Mass. 2008.

Cooper, Frederick/Packard, Randall, »Introduction«, in: dies. (Hg.), *International Development and the Social Sciences. Essays on the History and Politics of Knowledge*, Berkeley 1997, S. 1–41.

Erler, Brigitte, *Tödliche Hilfe. Bericht von meiner letzten Dienstreise in Sachen Entwicklungshilfe*, Freiburg i. Br. 1985.

Ferguson, James, *The Anti-Politics Machine. Development, Depoliticization, and Bureaucratic Power*, Cambridge Mass. 1990.

Frey, Marc, »Experten, Stiftungen und Politik: Zur Genese des globalen Diskurses über Bevölkerung seit 1945«, *Zeithistorische Forschungen/Studies in Contemporary History*, Jg. 4, H. 1–2 (2007), S. 137–159.

Heerten, Lasse, *Biafra. Diskurshistorische Perspektiven auf den »neuen Humanitarismus«*, unveröff. Masterarbeit, HU Berlin 2008.

Hoffmann, Stefan-Ludwig (Hg.), *Moralpolitik. Geschichte der Menschenrechte im 20. Jahrhundert*, Göttingen (im Erscheinen).

Iliffe, John, *Africans. The History of a Continent*, 2. Aufl., Cambridge 2007.

Kabou, Axelle, *Weder arm noch ohnmächtig. Eine Streitschrift gegen schwarze Eliten und weisse Helfer*, Basel 1995.

Koselleck, Reinhart, *Vergangene Zukunft. Zur Semantik geschichtlicher Zeiten*, 2. Aufl., Frankfurt/M. 1992.

Kößler, Reinhart, *Entwicklung*, Münster 1998.

Malinowski, Stephan, »Modernisierungskriege. Militärische Gewalt und koloniale Modernisierung im Algerienkrieg (1954–1962)«, *Archiv für Sozialgeschichte*, Jg. 48 (2008), S. 213–248.

Neubert, Dieter, *Entwicklungspolitische Hoffnungen und gesellschaftliche Wirklichkeit. Eine vergleichende Länderfallstudie von Nicht-Regierungsorganisationen in Kenia und Ruanda*, Frankfurt/M. 1997.

— , »Weg mit der Entwicklungshilfe! Die provokanten Thesen des kenianischen Publizisten James Shikwati«, *Le Monde Diplomatique*, H. 5 (2009), S. 20–25.

Nuscheler, Franz, *Lern- und Arbeitsbuch Entwicklungspolitik*, 5. Aufl., Bonn 2004.

Sachs, Jeffrey, *Das Ende der Armut*, München 2005.

Seitz, Volker, *Afrika wird arm regiert oder Wie man Afrika wirklich helfen kann*, München 2009.

Evaluationsbericht

Am Anfang des langen Prozesses, der zu diesem Band geführt hat, stand eine Selbsthilfegruppe von uns zwei Habilitanden, die ihre eigene Entwicklung von den wissenschaftlichen *Have-nots* zu den *Haves* beschleunigen wollten. Mit etwas *Hilfe zur Selbsthilfe*, für die wir Andreas Eckert, David Gugerli, Rebekka Habermas, Joachim Nettelbeck, Alexander Nützenadel, Hans-Jörg Rheinberger, Richard Rottenburg und Martin Sabrow herzlich danken, realisierten wir im Frühjahr 2007, dass offenbar mehrere Habilitationsvorhaben zur Geschichte der Entwicklungszusammenarbeit im Entstehen waren. Im akademischen Markt, dessen Unberechenbarkeit im Zeitalter des Neoliberalismus zugenommen zu haben schien, stellte eine solche potentielle Konkurrenzsituation ein gewisses Risiko für gelingende Entwicklung dar. Die Idee der Selbsthilfegruppe war es, transparente Marktbedingungen zu schaffen, um so die eigenen komparativen Vorteile erkennen und nutzen zu können.

So beschlossen wir, im Oktober 2008 eine internationale Tagung auszurichten, zu der wir Doktoranden und Postdoktoranden mit Forschungsvorhaben zur Entwicklungsgeschichte sowie einige *Haves* aus verschiedenen Disziplinen (Deutsche und Europäische Geschichte, Afrikanische Geschichte, Ethnologie, Recht) einluden, gemeinsam einen Überblick über das Feld zu erarbeiten und die unterschiedlichen Perspektiven darauf zu vergegenwärtigen. Allen Teilnehmerinnen und Teilnehmern des Workshops »Towards a Global History of Development« danken wir für die engagierten Diskussionen während der drei intensiven Tage in Zürich. Dass wir uns in der boomenden Forschungslandschaft relativ rasch orientieren konnten, hat viel mit den Anregungen und der Bestätigung zu tun, die wir im Vorfeld der Tagung von Frederick Cooper, Arturo Escobar, Michael Geyer, Akhil Gupta, Akira Iriye, Gesine Krüger, Charles S. Maier und Shalini Randeria erhielten. Auch ihnen gilt unser Dank. Und dass die Tagung überhaupt stattfinden konnte, verdanken wir nicht nur dem unermüdlichen Einsatz von Christian Mentel und Patricia Hongler, sondern auch unseren Gebern, dem Schweizer Nationalfonds, der Gerda Henkel Stiftung, der Deutschen Forschungsgemeinschaft, der Friedrich-Ebert-Stiftung und der ETH Zürich. Der Gerda Henkel Stiftung danken wir überdies für die großzügige Finanzierung dieser Publikation.

Die Evaluation unseres Entwicklungsprojekts zeigt verschiedene Entwicklungserfolge. Unsere komparativen Vorteile sind uns tatsächlich klarer geworden, und unsere Forschungsprojekte haben deutliche Konturen erlangt. So existiert das Gespenst der Themenkonkurrenz nicht mehr. Was vor wenigen Jahren noch als handhabbarer Forschungsgegenstand erschien, für den im Markt der deutschen Zeitgeschichtsforschung vielleicht Platz für zwei, allenfalls drei sorgfältig abgezirkelte Qualifikationsarbeiten war, hat sich als überaus fruchtbare Zugangsweise zur Globalgeschichte des 20. Jahrhunderts erwiesen. Dass wir – und sicher auch andere – die Breite des Themas zunächst unterschätzten und kaum ahnten, wie stark das Entwicklungsdenken und die Entwicklungspraxis die neuere Weltgeschichte geprägt haben, wirkt im Rückblick etwas beschämend und könnte Anlass zur weiterführenden Forschung sein. Wir möchten das Potential des Themas im vorliegenden Band andeuten und hoffen zugleich, er rege zu zahlreichen weiteren Forschungsvorhaben an.

Wir danken der Autorin und den Autoren für ihre Bereitschaft, ihre Überlegungen in dieses Buch einfließen zu lassen, und für ihre Disziplin angesichts des eher dichten Produktionszeitplans. Wir danken Patricia Hongler für Korrekturen und Christian Mentel für Übersetzungen, Korrekturen und Satz. Wir danken Tanja Hommen und dem Campus Verlag für die professionelle Begleitung unseres Projekts, und wir danken Andreas Eckert, Sebastian Conrad und Ulrike Freitag für die Aufnahme dieses Bandes in ihre Reihe »Globalgeschichte«. Schließlich danken wir dem *International Graduate Centre for the Study of Culture* in Gießen und dem *Instiut d'études avancées de Nantes* für die Freiräume des Austauschs und der Forschung, die sie schaffen. Bei der Fertigstellung dieses Buches haben wir von diesen institutionellen Umfeldern sehr profitiert.

Hubertus Büschel und Daniel Speich, Gießen und Nantes, Juni 2009

Autorin und Autoren

Anghie, Antony ist Samuel D. Thurman Professor of Law an der S. J. Quinney School of Law, University of Utah, Salt Lake City. Seine Forschungsinteressen liegen in der Geschichte des Völkerrechts, der Menschenrechte, der Globalisierung und des internationalen Wirtschaftsrechts. Er ist Mitglied des Netzwerks »Third World Approaches to International Law«. Zu seinen wichtigsten Büchern gehören *Imperialism, Sovereignty and the Making of International Law* (2004) und die von ihm mitherausgegebene Aufsatzsammlung *The Third World and International Order: Law, Politics, and Globalization* (2003).

Büschel, Hubertus ist Juniorprofessor für Kulturgeschichte am International Graduate Centre for the Study of Culture der Justus-Liebig-Universität Gießen. Zuvor war er als wissenschaftlicher Mitarbeiter im Rahmen seines durch die DFG geförderten Forschungsprojektes zum Thema westdeutsche »Entwicklungshilfe« und ostdeutsche »Solidarität« in Afrika tätig. Aufbauend auf diesem Projekt arbeitet er an einer Kulturgeschichte von »Entwicklungshilfe« in Tansania, Togo und Kamerun 1920–1975. Büschels Forschungsinteressen liegen in der europäischen Kulturgeschichte, in afrikanischer Geschichte, Globalgeschichte und der Geschichte der Kulturwissenschaften. Er ist Autor von *»Untertanenliebe« – Der Kult um deutsche Monarchen 1770–1830* (2006); »In Afrika helfen: Akteure westdeutscher ›Entwicklungshilfe‹ und ostdeutscher ›Solidarität‹ 1955–1975«, *Archiv für Sozialgeschichte* 48 (2008).

Eckert, Andreas ist Professor für die Geschichte Afrikas an der Humboldt Universität zu Berlin und Leiter des Internationalen Geisteswissenschaftlichen Kollegs »Work and Human Life Cycle in Global History«. Er hielt mehrfach die Position eines Directeur d'Etudes an der Maison des Sciences de l'Homme, Paris, war unter anderem Visiting Fellow an der School of Oriental and African Studies, London sowie Visiting Professor an der Harvard University. Seine Forschungsgebiete umfassen die Geschichte Afrikas im 19. und 20. Jahrhundert, besonders die Geschichte des Staates, der Urbanisierung, sowie die Geschichte der Arbeit und des Kolonialismus. Zu seinen Veröffentlichungen gehören *Kolonialismus* (2006), *Herrschen und Verwalten: Afrikanische Bürokraten, staatliche Ordnung und Politik in Tansania 1920–1970* (2007), *Globalgeschichte: Theorien, Themen, Ansätze* (2007, herausgegeben mit Sebastian Conrad und Ulrike Freitag) und *Vom Imperialismus zum Empire: Nichtwestliche Perspektiven auf die Globalisierung* (2009, herausgegeben mit Shalini Randeria).

Gupta, Akhil ist Professor am Department of Anthropology der University of California Los Angeles. Zuvor lehrte er Anthropologie an der Stanford University und Internationale Beziehungen an der University of Washington in Seattle. 2010 soll sein Buch *Red Tape* erscheinen, zwei weitere Publikationen über den indischen Staat nach der Liberalisierung und über Arbeit im transnationalen Indien sind in Vorbereitung. Zu seinen zahlreichen Veröffentlichungen gehören *Postcolonial Developments: Agriculture in the Making of Modern India* (1998) und *Culture, Power, Place* (1997, herausgegeben mit James Ferguson) sowie *The Anthropology of the State: A Reader* (2006, herausgegeben mit Aradhana Sharma). Gupta hatte ursprünglich Maschineningenieurwesen studiert und sich dann Entwicklungsfragen zugewendet, weil er sich für angepasste Technologien und für Entwicklungsökonomie interessierte.

Hong, Young-Sun ist Associate Professor am Department of History an der State University of New York, Stony Brook. Sie wurde mit dem Woodrow Wilson Fellowship ausgezeichnet und war unter anderem Fellow am International Center for Advanced Studies an der New York University. In ihrer Arbeit setzt sie sich mit der globalen Gesundheitspolitik des Kalten Krieges, Transnationalismus, Dekolonisation, dem Nord-Süd-Gefälle und der Globalgeschichte von Migration auseinander. Hong publizierte *Welfare, Modernity, and the Weimar State* (1998), »The Challenge of Transnational History«, *H-German Forum on Transnationalism* (2006); »International Solidarity, Health, and Race in East German Encounters with the Third World«, in: Katherine Pence/Paul Betts (Hg.), *Socialist Modern: East German Everyday Culture and Politics* (2008). Sie arbeitet zurzeit an einem Projekt mit dem Titel »The Third World in the Two Germanys: Development, Migration, and the Global Cold War, 1945–1975«.

Lepenies, Philipp H. studierte Volkswirtschaftslehre an der Freien Universität Berlin und Development Studies an der London School of Economics. Er arbeitet als Senior Economist in der Strategieabteilung der KfW Entwicklungsbank in Frankfurt am Main. Zurzeit ist er Fellow am Swedish Collegium for Advanced Study in Uppsala/Schweden. Seine Forschungsgebiete umfassen die Geschichte der Entwicklungshilfe, Strategien der Kleinunternehmerförderung und Armutsbekämpfung. Zuletzt erschienen von ihm »An Inquiry into the Roots of the Modern Concept of Development«, *Contributions to the History of Concepts* 4 (2008) sowie »Wie erklärt sich kollektives Handeln?«, *Leviathan* 37 (2009). Er vertritt in seinem Beitrag nur seine persönliche Meinung.

Petersson, Niels P. ist Senior Lecturer für Geschichte an der Sheffield Hallam University. Er promovierte 1999 an der Fern-Universität Hagen und schloss 2008 seine Habilitation an der Universität Konstanz ab. Seine Forschungsschwerpunkte konzentrieren sich auf Imperialismus, Weltwirtschaft und Globalisierung. Zu seinen Veröffentlichungen zählen: *Anarchie und Weltrecht: Das Deutsche Reich und die Institutionen der Weltwirtschaft 1890–1930* (2009); *Imperialismus und Modernisierung: Siam, China und die europäischen Mächte, 1895–1914* (2000); *Geschichte der Globalisierung: Dimensionen, Prozesse, Epochen* (4. Aufl. 2007, mit Jürgen Osterhammel).

Rempe, Martin ist Stipendiat des DFG-Graduiertenkollegs »Verfassung jenseits des Staates« an der Humboldt Universität zu Berlin sowie Mitglied im Doktorandenkolleg »Wege der Repräsentationen«, das von der Deutsch-Französischen Hochschule getragen wird. Derzeit arbeitet er an einem Dissertationsprojekt zur Entwicklungspolitik der Europäischen Wirtschaftsgemeinschaft im Senegal. Letzte Publikationen: »Crashkurs zum europäischen Entwicklungsexperten? Das Praktikantenprogramm der EWG-Kommission für afrikanische Beamte in den 1960er Jahren«, in: Lorraine Bluche/Veronika Lipphardt/Kiran Klaus Patel (Hg.), *Der Europäer – ein Konstrukt: Wissensbestände, Diskurse, Praktiken* (2009); »Airy Promises: Senegal and the EEC's Common Agricultural Policy in the Nineteen-Sixites«, in: Kiran Klaus Patel (Hg.), *Fertile Ground for Europe? The History of European Integration and the Common Agricultural Policy since 1945* (2009).

Speich, Daniel ist wissenschaftlicher Mitarbeiter im Bereich Geschichte und Philosophie des Wissens an der Eidgenössischen Technischen Hochschule Zürich. Er war Visiting Scholar am Max-Planck-Institut für Wissenschaftsgeschichte, Berlin, Gastprofessor an der Université de Nantes und chercheur invité am Institut d'études avancées de Nantes. Seine Forschungsinteressen umfassen die Kulturgeschichte von Wissenschaft, Technik und Umwelt sowie die Globalgeschichte. Gegenwärtig arbeitet er an einer Wissensgeschichte der Entwicklungsökonomie. Zu seinen Publikationen zählen unter anderem *Topografien der Nation: Politik, kartografische Ordnung und Landschaft im 19. Jahrhundert* (2002, mit David Gugerli); *Helvetische Meliorationen: Die Neuordnung der gesellschaftlichen Naturverhältnisse an der Linth (1783–1823)* (2003); und *Travelling with the GDP through Early Development Economic's History* (Working Paper, 2008).

Zürcher, Lukas, lic. phil., ist Historiker und promoviert am Lehrstuhl für Geschichte der Neuzeit und für Aussereuropäische Geschichte an der Universität Zürich mit einer Arbeit zur Geschichte der Entwicklungszusammenarbeit. Publikationen: *»Gute Dienste in Südafrika«: Die Politikgestaltung des Schweizerischen Evangelischen Kirchenbundes zwischen 1970 und 1990* (2004), voraussichtlich 2009 erscheint *»Im Dienst der Menschheit«: Meilensteine der Schweizer Entwicklungszusammenarbeit seit 1945* (mit Daniele Waldburger und Urs Scheidegger).